本书得到北京市财政专项
——教学名师资金资助

文化创意产业与产品贸易

Creative Industry and Trade

白远 刘雯 编著

经济管理出版社
ECONOMY & MANAGEMENT PUBLISHING HOUSE

图书在版编目（CIP）数据

文化创意产业与产品贸易/白远，刘雯编著．—北京：经济管理出版社，2016.6
ISBN 978－7－5096－4432－4

Ⅰ.①文…　Ⅱ.①白…②刘…　Ⅲ.①文化产业—研究—世界　Ⅳ.①G114

中国版本图书馆 CIP 数据核字(2016)第 118110 号

组稿编辑：王光艳
责任编辑：杨雅琳
责任印制：黄章平
责任校对：赵天宇

出版发行：经济管理出版社
（北京市海淀区北蜂窝 8 号中雅大厦 A 座 11 层　100038）
网　　址：www. E－mp. com. cn
电　　话：（010）51915602
印　　刷：三河市文阁印刷有限公司
经　　销：新华书店
开　　本：720mm×1000mm/16
印　　张：21. 25
字　　数：405 千字
版　　次：2017 年 1 月第 1 版　　2017 年 1 月第 1 次印刷
书　　号：ISBN 978－7－5096－4432－4
定　　价：68. 00 元

前　言

联合国发展署在2008年发表的《创意经济报告》中指出，“一种新型的经济模式正在出现，它将经济与文化相结合，在宏观和微观层面上将经济、文化、技术和社会融合在一起。这一模式从本质上说明了这样一个事实：创意、知识和信息获取已经越来越成为全球化时代推动经济增长、促进发展的强大力量”。自从1996年澳大利亚政府提出“创意产业”，以及英国政府1997年正式提出“创意经济”的概念以来，发达国家和地区提出了“创意立国”或以“创意”为基础的经济发展模式，发展创意产业已经被发达国家或地区提到了发展的战略层面。创意产业不仅成为众多国家经济的新增长点，而且成为其他产业的“推力器”，带动了整体经济的发展。“创意产业”与传统产业最大的区别在于，创意为产品或者服务提供了实用价值之外的文化附加值，最终提升了产品的经济价值。

创意产业在国际贸易中是最具活力的部门。在2000～2005年，创意产品和服务的国际贸易以前所未有的年均8.7%的速度增长，2005年创意产品和服务出口价值达到4244亿美元，占世界贸易总量的4.4%。2009～2011年，全球文化创意产品贸易更是以年均10.06%的速度增长，在全球贸易中的比重逐年增加。创意产业的迅速崛起，标志着创意经济时代的到来。

目前，我国国内从理论界、企业到政府部门在中国未来的发展方向上已经达成的一项共识就是，转变以往的以增加自然资源投入为主的粗放型经济增长模式，向高效益的集约型经济增长方式转变，实现产业结构的合理调整。为实现这一目标，20世纪90年代末在发达国家兴起的文化创意产业也成为我国最受追捧的产业，特别是文化创意产业所具有的低能耗、高效益的产业性质以及我国文明古国的悠久历史背景使文化创意产业成为各地政府未来经济发展规划中不约而同的选择。在中国经济从“中国制造”向“中国创造”转变的过程中，文化创意产业的发展无疑担当了重要的角色。

为了系统学习和了解文化创意这一既古老又新兴的产业，在国际上和在中国的发展情况以及贸易情况，首先，本书从理论学习入手，了解文化创意产业发展的理论渊源和发展脉络，包括对文化创意产业基本概念的界定、创意经济与新经济社会学、创意经济与三大产业理论、创意经济与人力资本理论、创意经济与新增长理论、文化创意产业价值链理论、文化创意产业竞争力理论、文化创意产品消费理论与产品贸易理论等。其次，本书从文化创意产品国际贸易的角度论述全球文化创意产品贸易的格局与发展，进而论述中国文化创意产业与产品贸易的发展状况。最后，本书从文化创意产业分类的角度介绍和分析世界和我国文化创意产业与产品贸易的情况，范围既包括文化创意货物产品贸易和服务产品贸易，如设计、广告、电影动漫、表演艺术、视频游戏、建筑设计等，也包括相关的产业与产品贸易，如计算机与软件和知识产权等。

为了便于学生的学习和理解，本书设计了扩展学习部分。除了针对教学内容的问题与思考外，还配合有每章内容的案例研究和专家观点。为了培养学生自主学习的能力与兴趣，扩展学习部分还设计了在线学习，提出学习要求并提供相应的网站名称。本书适用于国际经济与贸易专业、贸易经济专业、文化产业管理专业、投资专业、艺术类等专业的本科或研究生层次的学生学习。

本书的编写分工如下：白远负责全书的构架与通稿，并负责编写前言、第一章、第二章、第三章、第四章和第五章；朱迎负责编写第六章；刘雯负责编写第七章、第八章、第九章、第十章、第十一章和第十二章。

白远

2016 年 5 月

目　录

第一章
文化创意产业的基本概念

文化创意产业是20世纪90年代发展起来的新兴产业，对该产业的理解与认识还在进行中，因而对于该产业的界定与产业范畴不免存在不同意见，对此本章分别从国际和国内两个角度介绍了各方代表性的观点，特别介绍了联合国贸易与发展组织的定义与产业分类方法，以便学习者客观地了解各方的见解。

第一节　何谓“文化创意产业”

对于文化创意产业的含义，国际上和国内存在不同的表达方式。国际上比较普遍的表达是“创意产业”，在国内则有“文化产业”和“文化创意产业”之分。随着国际、国内文化创意产业的发展，“文化产业”与“文化创意产业”两个概念也经常融合使用。本书结合国际及国内的相关文献，认为“文化创意产业”比较准确、全面地概括了这个新兴产业的全貌和产业特色，因而全书使用“文化创意产业”这一表达。

一、国际上的代表性定义

对于文化创意产业的定义经历了一个发展的过程，应当说，至今学者们对于它的确切定义和所涵盖的产业范围还处于不断的探索中，因而很难给出一个唯一正确的定义。但是经过近20年的发展，国际上对于文化创意产业的概念逐渐形成了一些具有代表性的模式。

1. 英国模式

文化创意产业早在第二次世界大战（以下简称“二战”）结束后便在一些发

达国家出现端倪，并经历了几十年的产业变迁。德国在“二战”后为了适应现代大工业生产和生活的需要便出现了创意产业的雏形。美国自20世纪50年代以来以好莱坞电影和迪士尼主题公园为标志的文化娱乐业逐渐成为美国最大的产业。现代文化创意产业概念最早形成的国家是澳大利亚，它在1994年发表的题为“创意国家”的报告中首次提出。之后英国布莱尔政府在1997年在国际上首次以政府直接倡导的方式，将创意产业正式列入了国家发展规划。在1998年出台的《英国创意产业路径文件》中提出了“创意产业”的概念。当时的英国首相布莱尔提出“新英国”这样一个构想，希望改变英国老工业帝国的陈旧落后的形象。英国文化、传媒和体育部在2001年给予创意产业如下定义：“创意产业”是源于个人创意、技巧和才华，通过知识产权的开发和运用，形成具有创造财富和就业潜力的行业。既然叫作产业，必定要与商业相结合，由某些企业通过一整套的商业运作来实现其价值。简而言之，创意产业是指那些从个人的创造力、技能和天分中获取发展动力的企业以及那些通过对知识产权的开发可创造潜在财富和就业机会的活动。

国外除了英国提出的模式外，其他具有代表性的模式还有以下几种：

2. 象征性体裁模式

这一模式将高尚或严肃艺术作为创意产业的根本，而非流行艺术。在高尚和严肃艺术基础上，象征性体裁如电影、广播和出版通过工业生产、传播和消费建立和塑造社会文化。

3.“涟漪模式”模式

这一模式认为是文化产品的文化价值给予这些产业突出的特性，因而某一产品的或服务的文化内涵越知名对这种产品的需求就越高。这一模式认为来自核心创意艺术，如声音、文体和形象的创意思想与影响向外层层传播，形成一个个“涟漪”，其文化内涵相对于商业内涵的比重随着由中心向外围地不断传播逐渐降低。

4. 世界知识产权组织模式

这一模式认为，创意产业指的是直接或间接地与包括创意、生产、制造、宣传和传播与知识产权相关的作品有关的产业。因而其侧重点在于包含和知识产权内容的产品和服务。

5. 联合国贸易和发展会议（United Nations Conference on Trade and Development，UNCTAD）模式

2004年联合国贸易和发展会议举行了一次重要的部长级会议，在此会议上创意产业成为世界经济发展的一个议题。该组织在此次会议上将创意的概念扩大，从具有鲜明艺术内涵的产业扩展到所有高度依赖知识产权生产具有象征意义

的经济活动和服务于尽可能广大的市场。联合国贸易和发展会议之后在其发表的《创意经济报告》（2008，2010）中在充分比较论证了其他4种模式的基础上，提出将文化创意产品分为创意货物产品与创意服务产品。创意货物产品与服务产品都是以文化、创意为核心，是在生产制造的过程中明显消耗了创意想象力和创造力的货物与服务。此类产品同时具有文化价值和商业价值，处于技术创新和研发等价值链的高端位置，其科技和文化的融合度显著高于普通产品和服务，具有高智能性、高知识性、高融合性和高附加值的特点。该组织提出了"上游"经济活动（如传统的文化活动，包括表演艺术和视觉艺术等）和"下游"经济活动（更接近市场的活动，如广告、出版、传媒等）的概念。根据这一理念该组织提出了自己的定义：①创意产业是以创意和知识资本为基本投入形成的产品和服务的创造、生产和销售的循环；②形成了一系列以知识为基础的活动，侧重但不局限于艺术，通过贸易和知识产权的交易产生收益；③由具有创意内容、经济价值和市场目标的有形产品和无形的知识与艺术服务组成；④是艺术、服务和产业部门的边缘产业；⑤形成世界贸易中一个全新的充满活力的部门。

二、中国学者对文化创意产业定义的思考

文化创意产业的概念传入我国后，起初在缺少准确的概念和定义的情况下，我国学者谈文化产业的内涵时，与国际上一些先行国家和地区存在一些细微的差异。2002年，中国台湾借鉴英国创意产业发展经验，提出发展文化创意产业，将其定义为"源自于创意或文化累积，通过智慧财产的形式与运用，具有创造财富与就业机会潜力，并促进整体生活提升之行业"。

北京市作为发展文化创意产业的代表性城市在《北京市文化创意产业分类标准》中指出，文化创意产业是以创作、创造、创新为根本手段，以文化内容和创意成果为核心价值，以知识产权实现或消费为交易特征，为社会公众提供文化体验的，具有内在联系的行业集群。

随后中国传媒大学文化创意产业研究中心进一步对文化创意产业的概念进行了界定，提出文化创意产业是指依靠创意人的智慧、技能和天赋，借助于高科技对文化资源进行创造与提升，通过知识产权的开发和运用，产生出高附加值产品，具有创造财富和就业潜力的产业。他们借鉴联合国教科文组织的观点，认为文化创意产业包含文化产品、文化服务与智能产权三项内容。任何一种文化创意活动，都要在一定的文化背景下进行，但创意不是对传统文化的简单复制，而是依靠人的灵感和想象力，借助科技对传统文化资源的再提升。

本书认为，文化创意产业应该包括文化和产业两部分，因此其属性也分为两

部分，其在社会当中承担的角色也分为两部分。虽然“文化性”是其中的重要组成部分，但是“产业性”目标也是重要部分，其中包括就业、经济增长、经济结构调整等。鉴于文化创意产业的这个属性，本书认为文化创意产业包含了三个内容，分别代表了文化创意产业既有区别又相互关联的三个阶段，三位一体，共同构成了文化创意产业的内涵。因此文化创意产业可以简洁地定义为：源于文化元素的创意和创新，经过高科技和高艺术的加工形成的具有规模化生产市场潜力，主要用于满足人们精神需求的产业。首先，文化创意产业中的创意必须来源于文化元素或包含文化元素。这里所指的文化元素可以是中国的，也可以是任何其他国家的。其次，这些文化元素必须通过高科技手段和高艺术形式的加工赋予其增值的潜力，成为高附加值的产品。再次，文化创意产品应当具有大规模市场化的潜力，它可以通过产业链的形成和延伸创造产生巨大的市场价值。最后，文化创意产品的效用主要是满足人们的基本物质需求之上的精神需求。

第二节　文化创意产业的分类

文化创意产业是一个大的产业群，由众多的产业组成。对于文化创意产业应当覆盖哪些产业群，国际、国内有不同的看法，本节从国际、国内和创意城市三个层面介绍了对该议题的理解和建议，并提出以联合国贸易和发展会议的分类作为本书的分类依据。

一、对文化创意产业分类的争论

文化创意产业的行业部门和产品的划分应如何确定是国际、国内争论不休的问题。约翰·霍金斯将版权、专利、商标和设计定为创意产业或创意经济。约翰·霍金斯在对创意产品的进一步解说中提出创意经济是创意产品之间进行的交易。每次交易或许都有两个相互补充的价值，无形的知识产权和有形载体或物品的价值（如果存在的话）。在某些诸如数字产业的行业中，知识产权的价值比较高；而在另一些行业中，如艺术品行业，有形物品的单位成本就比较高。他指出，创造力本身不能量化，例如，我们可以说某人更具创造力，但不能说他的创意是另一个人创意的 2.5 倍。但是创意产品的数量可以量化。因而衡量创意经济的规模可以使用一个等式：创意经济（CE）等于创意产品的价值（CP）与交易次数（T）的乘积，即：

$CE = CP \times T$

霍金斯认为，判断某个产业是否属于创意经济，其标准是看该产业是否符合对创意经济的定义，创意产品的金融交易，或者 $CE = CP \times T$。所谓创意产品就是创造性的、具有经济价值的商品或服务项目。所谓交易就是指依据有经济价值发生的交换行为。总的来说，创意产品都是起码享有知识产权中的一种形式（专利、版权、设计和商标），即使某些有形商品（如艺术和时装）可以获得更大的价值，该产品还是属于知识产权范畴。霍金斯的定义具有相当的广泛性，也包括了科学和专利产业。

英国和澳大利亚则将创意产业局限于艺术和文化产业。1998 年，《英国创意产业路径文件》中首次将广告、建筑、艺术和文物交易、工艺品、设计、时装设计、电影、互动休闲软件、音乐、表演艺术、出版、软件、电视广播 13 个行业确认为创意产业。

在中国，人们基本接受英国对创意产业的行业界定，但又增加了一些产业，例如，百度百科提出创意产业又叫创意工业、创造性产业、创意经济等，指那些从个人的创造力、技能和天分中获取发展动力的企业，以及那些通过对知识产权的开发可创造潜在财富和就业机会的活动。它通常包括广告、建筑艺术、艺术和古董市场、手工业品、时尚设计、电影与录像、交互式互动软件、音乐、表演艺术、出版业、软件及计算机服务、电视和广播等。此外，还包括旅游、博物馆和美术、遗产和体育等。

然而，目前国内对文化创意产业的行业界定的一个争论是不少人认为文化产品就是文化创意产品；文化创意产业属于服务业范畴。

事实上对于文化创意产业和文化产业的概念的区分是一个发展的过程。早期（20 世纪 90 年代末）联合国教科文组织将文化产业基本视同于文化创意产业，但是在 2006 年该组织发表的一份名为《文化产品与服务的国际流动，1994～2003》的报告中，联合国教科文组织认为，文化创意产业包含文化产品、文化服务与智能产权三项内容，并对文化产品、文化创意产业和文化服务做了如下区别：

文化产品指的是能够传达思想、形象和生活方式的产品。这些产品拥有丰富的文化内涵，因此属于“核心”文化产品。联合国教科文组织将七个行业 16 种产品确定为核心文化产品，这七个行业包括文化遗产（收藏品、100 年以上的古玩等）、书籍、报纸与杂志、其他印刷品（有录制内容的）、多媒体产品（唱片、磁带录音等）、视觉艺术品（绘画、雕塑等）、视听产品（电子游戏、摄影和影视制作等）。另有一些产品并不具有鲜明的文化内涵，但却对文化的传播起着重要的作用，如空的 CD 盘或 CD 播放机、乐器、电视、收音机、录音机等，此类产品属于“相关文化产品”。文化产品包括有形产品和服务两部分，文化服务有视听服务和相关服务、信息服务、新闻中介服务、其他个人文化和休闲服务。文化创意产业由于包含了创意的过程，它所涵盖的内容超出了传统意义上的核心文化产品的范畴，因此也涵盖了一些其他行业，如知识产权和许可证、软件、广告、建筑、商业情报服务等。

二、国际上五个代表性模式对文化创意产业的分类

前文所提到的五大模式分别根据自己对文化创意产业的定义提出了产业分类，表1-1和表1-2是对五个代表性模式分类的总结。

表1-1　国际上四个代表性模式对文化创意产业的划分

英国模式	象征性体裁模式	涟漪模式	世界知识产权组织模式
广告	**1. 核心文化产业**	**1. 核心创意艺术**	**1. 核心版权产业**
建筑	广告	文学	广告
艺术与古董市场	电影	音乐	收藏协会
手工艺品	互联网	表演艺术	电影与影像
设计	音乐	视觉艺术	音乐
时尚	出版	**2. 其他核心文化产业**	表演艺术
电影与影像	电视与广播	电影	出版
音乐	视频与电脑游戏	美术馆与图书馆	软件
表演艺术	**2. 外围文化产业**	**3. 宽泛文化产业**	电视与广播
出版	创意艺术	遗产服务	视觉与绘画艺术
软件	**3. 边缘文化产业**	出版	**2. 关联性版权产业**
电视与广播	消费者电子产品	录制	空白录制材料
视频与电脑游戏	时尚	电视与广播	消费者电子产品
	软件	视频与电脑游戏	乐器
	体育	**4. 相关产业**	纸张
		广告	影印机、影印器材
		建筑	**3. 部分产权业**
		设计	建筑
		时尚	时装、鞋类

续表

英国模式	象征性体裁模式	涟漪模式	世界知识产权组织模式
			设计
			时尚
			居家产品
			玩具

资料来源：联合国贸易和发展会议，《创意产业报告（2010）》。

表 1－2　联合国贸易和发展会议模式下产业分类及部门

文化遗产类	传统文化表达：艺术与手工艺品、节日与庆典
	文化遗迹类：考古遗迹、美术馆、图书馆、展览馆
艺术品类	视觉艺术：绘画、雕塑、摄影、古董
	表演艺术：音乐播放、剧院、舞蹈、歌剧、马戏、木偶戏
媒体类	出版与印刷：书籍、印刷和其他出版物
	视听：电影、电视、广播、其他广播
功能性创意类	设计：内部与绘图设计、时尚、珠宝、玩具
	新媒体：软件、视频游戏、数字创意产品
文化创意服务	建筑、广告、文化与休闲、创意研究与研发、数字及其他创意服务

上述五种模式的分类体现了以下几个特点：首先，第二种、第三种和第四种模式都划定了核心行业与关联性行业，形成了由内向外扩散的模式特点，而联合国贸易和发展会议则按照上下游的承接方式表明了文化创意产业间的关系。其次，每种模式虽然都定义了什么行业应当成为文化创意产业，并且划定的产业范围也有所不同，但有一些产业是几乎所有模式中都包括的，如设计、出版、电影、电视、艺术与工艺品、广告、建筑、音乐、表演艺术等。最后，以上所有分类中都包括了有形产品和无形产品，即文化创意产业既有属于制造业范畴的产业又有属于服务业范畴的产业。

三、中国代表性城市对文化创意产业的分类

北京市作为国内重点发展文化创意产业的城市出台了文化创意产业目录，这个目录为了解这些城市对文化创意产业选择的思考提供了一个参考。北京市公布

的文化创意产业分类将《国民经济行业分类》中的82个行业小类和6个行业中类纳入北京市文化创意产业范围。根据文化创意活动的特点，北京市文化创意产业主要包括九个大类：文化艺术、新闻出版、广播、电视、电影、软件、网络及计算机服务、广告会展、艺术品交易、设计服务、旅游、休闲娱乐、其他辅助服务。

北京市文化创意产业的选择特点是关注科技发展对文化、经济活动的深刻影响，更加强调文化、技术和经济三者的深度融合，其范围既包括文化产业的全部内容，同时也包括文化产业以外的科技创新活动内容（见表1-3）。

表1-3　北京市文化创意产业分类标准

类别名称	国民经济行业代码
一、文化艺术	
1. 文艺创作、表演及演出场所	
文艺创作与表演	9010
——文艺创作服务	
——文艺表演服务	
——其他文艺服务	
艺术表演场馆	9020
2. 文化保护和文化设施服务	
文物及文化保护	9040
——文物保护服务	
——民族民俗文化遗产保护服务	
博物馆	9050
纪念馆	9060
图书馆	9031
档案馆	9032
3. 群众文化服务	
群众文化服务	9070
——群众文化场馆	
——其他群众文化活动其他文化艺术	9090
4. 文化研究与文化社团服务	
社会人文科学研究与试验发展	7550
专业性团体＊	9621
——文化社会团体	

续表

类别名称	国民经济行业代码
5. 文化艺术代理服务	
文化艺术经纪代理	9080
二、新闻出版	
1. 新闻服务	
新闻业	8810
2. 书、报、刊出版发行	
（1）书、报、刊出版	
图书出版	8821
报纸出版	8822
期刊出版	8823
其他出版	8829
（2）书、报、刊制作	
书、报、刊印刷	2311
包装装潢及其他印刷 *	2319
（3）书、报、刊发行	
图书批发	6343
图书零售	6543
报刊批发	6344
报刊零售	6544
3. 音像及电子出版物出版发行	
（1）音像制品出版和制作	
音像制品出版	8824
音像制作	8940
（2）电子出版物出版和制作	
电子出版物出版	8825
——电子出版物出版	
——电子出版物制作	
（3）音像及电子出版物复制	
记录媒介的复制 *	2330
——音像制品复制	
——电子出版物复制	

续表

类别名称	国民经济行业代码
（4）音像及电子出版物发行	
音像制品及电子出版物批发	6345
音像制品及电子出版物零售	6545
4. 图书及音像制品出租	
图书及音像制品出租	7321
三、广播、电视、电影	
1. 广播、电视服务	
广播	8910
——广播电台	
——其他广播服务	
电视	8920
——电视台	
——其他电视服务	
2. 广播、电视传输	
有线广播电视传输服务	6031
——有线广播、电视传输网络服务	
——有线广播、电视接收	
无线广播电视传输服务	6032
——无线广播、电视发射台、转播台	
——无线广播、电视接收	
卫星传输服务 *	6040
3. 电影服务	
电影制作与发行	8931
——电影制片厂服务	
——电影制作	
——电影院线发行	
——其他电影发行	
电影放映	8932
——电影院、影剧院	
——其他电影放映	

续表

类别名称	国民经济行业代码
四、软件、网络及计算机服务	
1. 软件服务	
基础软件服务	6211
应用软件服务	6212
其他软件服务	6290
2. 网络服务	
其他电信服务	6019
互联网信息服务	6020
——互联网新闻服务	
——互联网出版服务	
——互联网电子公告服务	
——其他互联网信息服务	
3. 计算机服务	
计算机系统服务	6110
其他计算机服务	6190
五、广告会展	
1. 广告服务	
广告业	7440
2. 会展服务	
会议及展览服务	7491
六、艺术品交易	
1. 艺术品拍卖服务	
贸易经纪与代理 *	6380
——艺术品、收藏品拍卖服务	
2. 工艺品销售	
首饰、工艺品及收藏品批发	6346
工艺美术品及收藏品零售	6547
七、设计服务	
1. 建筑设计	
工程勘察设计 *	7672
2. 城市规划	

续表

类别名称	国民经济行业代码
规划管理	7673
3. 其他设计	
其他专业技术服务	7690
八、旅游、休闲娱乐	
1. 旅游服务	
旅行社	7480
风景名胜区管理	8131
公园管理	8132
其他游览景区管理	8139
城市绿化管理	8120
野生动植物保护 *	8012
——动物观赏服务	
——植物观赏服务	
2. 休闲娱乐服务	
摄影扩印服务	8280
室内娱乐活动	9210
游乐园	9220
休闲健身娱乐活动	9230
其他娱乐活动	9290
九、其他辅助服务	
1. 文化用品、设备及相关文化产品的生产	
（1）文化用品生产	
文化用品制造	241
乐器制造	243
玩具制造	2440
游艺器材及娱乐用品制造	245
机制纸及纸板制造 *	2221
手工纸制造 *	2222
信息化学品制造 *	2665
照相机及器材制造	4153

续表

类别名称	国民经济行业代码
（2）文化设备生产	3642
印刷专用设备制造	403
广播电视设备制造	4151
电影机械制造	407
家用视听设备制造	4154
复印和胶印设备制造	4159
其他文化、办公用机械制造*	
（3）相关文化产品生产	
工艺美术品制造	421
2. 文化用品、设备及相关文化产品的销售	
（1）文化用品销售	6341
文具用品批发	6541
文具用品零售	6349
其他文化用品批发	6549
其他文化用品零售	
（2）文化设备销售	6376
通信及广播电视设备批发*	6548
照相器材零售	6374
家用电器批发*	6571
家用电器零售*	
3. 文化商务服务	
知识产权服务	7450
其他未列明的商务服务*	7499
——模特服务	
——演员、艺术家经纪代理服务	
——文化活动组织、策划服务	

注：1. “*”表示该行业类别仅有部分活动属于文化创意产业。2. 类别前加“——”表示行业小类的延伸层。

由于存在着对文化创意产业定义的争议，因而对文化创意产业的分类也存在不同的方法，对此联合国贸易和发展会议认为没有正确与错误的分类，只是对于文化创意产业生产结构特点的不同解释，然而从数据获取的角度和产业分类目的出发，需要一个标准的定义和普遍可行的框架以便适用于更大范围的标准产业分类体系①，同时也便于文化创意产业的研究与分析。因而从权威性和数据的可获得性与可比性的角度考虑，本书采用联合国贸易和发展会议对文化创意产业的分类标准及其该组织所提供的数据进行介绍与分析。联合国贸易和发展会议自2008年以来每3~4年发布一次《创意经济报告》，该报告对全球文化创意产业从发达国家、发展中国家以及各国的角度提出全面的分析，此外，联合国贸易和发展会议还在数据库中提供了较为完整的文化创意产品贸易的官方数据并及时更新相关数据，是目前国际上最权威和覆盖面最广的数据。

扩 展 学 习

问题与思考

1. 文化创意产业中的“创意”与其他产业如制造业中的“创意”有何不同?

2. 比较国内外文化创意产业的分类，对于哪些产业应当放入文化创意产业的范畴提出自己的看法。

3. 你是否同意凡是有文化特色的产业都应将其纳入文化创意产业的范畴?

4. 你如何看待将饮食、中医药、旅游业等划入文化创意产业的范畴?

5. 比较国外五大模式与北京市文化创意产业的划分，找出它们的共同点与不同点。

英德老工业区“生死变迁”启示录

综观英国、德国等发达国家的工业发展史，随着经济发展格局的变化，其传统工业普遍经历了一个由兴到衰而后再度复兴的过程。分析发达国家老工业区复兴的历程，一个共同也是基本的途径，就是始终着眼于经济结构的战略性调整，通过艰难的产业转型，提升产业竞争力，再造新的竞争优势。

---

① 资料来源于联合国贸易和发展会议2010年发布的《创意经济报告》第7页。

1. 英国曼彻斯特的多元化发展

曼彻斯特，英国中部重镇，工业革命诞生地。过去，由于制造业是主要经济支柱，人们曾用“蒸汽加汗水”形容曼彻斯特，如今它成功转型，成为多元化发展城市。

曼彻斯特在英国工业发展史上曾占据重要地位，是英国最早建成铁路的城市，也是英国重要的交通枢纽之一。19 世纪，曼彻斯特成为英国重要的棉毛纺织和纺织机械制造业中心。随着工业化发展，曼彻斯特逐步发展成多种工业相结合的重要工业城市，其中纺织、机床、通用机械、电机、食品加工、化工尤为突出。“二战”期间，这里又成为英国的重要军事工业中心之一。工业的迅速和高度发展给曼彻斯特带来不少“副产品”，其中包括严重的环境污染。

然而在今天，人们漫步在曼彻斯特街头，看到的不再是老工业城市的灰暗和陈旧，而是新型城市的亮丽与活力。在曼彻斯特，人们可以看到不少老城市遗迹，包括刻意保留下来的具有 19 世纪风格、外表简洁略显陈旧的“科学与工业博物馆”，但更多是现代化街道、高层建筑、会议中心和体育场馆。曼彻斯特已成功从以制造业为经济主体的老工业城市转型为多元化产业发展的新型城市。

曼彻斯特的经济结构转型始于“二战”结束后不久。当时，战争使工业面临严重困难，失业人数迅速增加，曼彻斯特由此走上长达半个多世纪的凤凰涅槃般的经济转型之路。制造业就业机会减少，服务业顺势崛起。曼彻斯特政府和企业也顺应这种城市发展和转型的趋势，及时引导经济向多元化方向发展。如今，曼彻斯特已成为英国一个以金融、服务业、交通、教育和体育为支柱经济的城市。

20 世纪 60 年代初，制造业在曼城经济中所占比例仍高达 70% 左右，但到 90 年代初，这一比例就急剧降至 20% 上下。服务业就业人口在总就业人口中的比例迅速上升为 84%，而制造业就业人口占比则急剧降至 11%。近十几年来，曼彻斯特经济多元化转型仍在加速。其中，金融、教育、旅游等行业的就业人数增长尤其迅猛。如 2007 年，金融服务业从业人员数量迅速增至 6.82 万人，比 1997 年猛增近一半。

尤其引人注目的是，曼彻斯特在创意产业和文化产业方面发展迅速。现在，曼彻斯特已成为英国中部和西北地区的创意产业集散地，拥有多个高等教育、文化和媒体创作机构和体育品牌，进一步推动了当地经济发展。

以体育为例，2002 年曼彻斯特成功举办英联邦运动会，使体育设施得到进一步完善，从而为此后一系列重要国际体育赛事的举办奠定了基础，使曼彻斯特获得世界“最佳体育城市”等多个荣誉称号，也使其体育旅游和观赛收入大幅增加。例如，2007 ~ 2008 年，到曼彻斯特短期旅游的人数急剧增至 654.6 万人次，带来9.52亿英镑的收入。根据曼彻斯特政府部门的计划，曼彻斯特今后将在改善交通、节约能源、发展绿色城市、环境改造和应对气候变化方面加大力度，使城市更加适应当代经济发展趋势。

2. 德国鲁尔区的悠然转身

德国鲁尔区曾经是煤钢基地和重工业摇篮，在很多人印象中烟囱林立、灰尘漫天。但那已成为永远的过去。今天的鲁尔区是“欧洲文化首都”、德国时尚中心，“灰姑娘”悠然转身，已然变成“白雪公主”。

2010年，鲁尔区以欧盟授予的“欧洲文化首都”称号被世人记住。这个拥有53个城市、530万居民的欧洲最大城市群，在整整一年时间里奉献上千场文化活动，吸引了来自全球的500万观众。

为期一年的活动也成为鲁尔区展示“经济发展方式转变”的最佳舞台。自20世纪60年代起，鲁尔区用了50年时间，从一个没落工业区转变成为现代化文化都市群。科隆、波恩、杜塞尔多夫、埃森、杜伊斯堡、多特蒙德，这些鲁尔区响当当的名字，50年后都以崭新的面目示人。

在鲁尔区重镇杜塞尔多夫市中心依然矗立着钢铁巨头蒂森—克虏伯的总部大楼，却已没有钢花四溅，它背后的天空也由灰转蓝，脚底的莱茵河已由浊变清。与蒂森—克虏伯大楼并立的则是鳞次栉比的电信区、金融区、媒体区等楼群，这些新兴经济支柱拥有一个共同的标签，那就是“无烟”。

如今杜塞尔多夫已成为可与巴黎、米兰、伦敦媲美的欧洲第四大时尚中心。这里每年春秋季举行的时装展、美容展美轮美奂，市中心的国王大道当之无愧是顶级服装品牌的购物天堂。莱茵河畔设计奇特的十几栋建筑里，更是聚集了上千家服装设计和广告策划公司，它们正是这个新兴时尚中心的制造者。

杜塞尔多夫仅是鲁尔区悠然转身的一个缩影。如今在鲁尔区，一条“工业文化游览路线”更让人领略到了工业遗迹巨大的“剩余价值”。波鸿市昔日的钢铁厂被改造成世纪剧院。奥伯豪森市的天然气储备厂内，一个高近120米、直径近70米的巨型天然气储存库被就地改造成展览馆，展品从科技、体育到现代艺术，五花八门，每年吸引观众10万人以上。

“文化鲁尔”体现出这一老煤钢基地向“思想沃土”的转变。鲁尔区直到1962年才建起第一所大学——波鸿鲁尔大学，但此后高校如雨后春笋般涌现，这里成为欧洲大学最密集的经济区。特别是各大学与企业联手成立“技术转化中心”，孕育着一家家新兴企业、一个个新兴产品。如今鲁尔区拥有200座博物馆、120家剧院、100个音乐厅和250个文化节等，“欧洲文化首都”并非虚名。

50年来，鲁尔区成功转型离不开政府精心规划。早在20世纪60年代，北威州政府就出台了第一个产业结构调整方案《鲁尔发展纲要》，核心思路是“抓大

放小”，关闭小煤矿，发展大煤矿。20 世纪 70 年代全球经济危机后，鲁尔区又开始了由重工业向新兴无烟工业和服务业的系统性结构调整。80 年代，政府继续推动城市结构改造，昔日矿区和厂房变身为城市景观。90 年代后，工业区位竞争成为政府规划的主导思想，鲁尔区内不同城市充分发挥自身区位优势，重点发展各自的优势行业。到如今，区内已形成各具特色、优势互补的产业格局，例如，多特蒙德依托众多高校和科研机构大力发展软件业，杜伊斯堡发挥港口优势打造贸易中心，埃森市则凭借广阔的森林和湖泊成为休闲和服务中心。

思考题：

1. 英国的曼彻斯特与德国的鲁尔区由工业城市转型为文化创意城市对于世界各国类似的城市转型有什么样的借鉴意义？

2. 中国的工业城市发展中是否存在同样的转型问题？从中国的城市中选一两个例子说明文化创意产业是怎样帮助它们实现转型发展的。

联合国《创意经济报告（2013）》
联合国教科文组织与联合国贸易和发展会议

2013 年，联合国《创意经济报告》（以下简称报告）以发展中国家本地创意经济的发展为重点。报告肯定了创意经济是世界经济中发展最快的部门，指出涵盖音像产品、设计、新媒体、表演艺术、出版和视觉艺术的创意经济，在促进收入增长、创造就业和增加出口收益方面具有高度变革性。例如，2011 年世界创意产品和服务贸易总额达 6240 亿美元，比 2002 年多出两倍以上，平均年增长率为 12.1%。同时，创意和文化还拥有重大非货币价值，对社会包容式发展以及民族对话和理解做出贡献。

这是《联合国创意经济报告专刊——拓宽本地发展道路》传递的主要信息，该书由教科文组织和开发计划署联合国南南合作办公室联合出版，在巴黎教科文组织大会举行发布仪式，它是对塑造全新而大胆的 2015 年后可持续发展议程的重大贡献，因为发展议程认同文化作为使能器和驱动器的重要作用。

教科文组织总干事伊琳娜·博科娃说：“在创造就业机会的同时，创意经济还有助于社会整体福祉、个人自尊和生活质量的提高，从而取得包容和可持续发展。当世界正塑造新 2015 后全球发展议程时，我们必须认识到文化和创意行业作为发展引擎的重要性和力量。”

联合国开发署行政官海伦·克拉克说："文化是人类和可持续发展的使能器和驱动器。它赋予人们自主发展自我的权利和能力，激励推动全面和可持续增长的革新与创造。"

报告纳入了发展中国家的多样化和创新性，列举了创意经济是如何提高当地生活和谋生水平的案例。例如，阿根廷的文化和创意产业人数大约30万人，占国家生产总值的3.5%。在摩洛哥，出版和印刷业吸纳了1.8%的劳动力，产值超过3.7亿美元。2009年的音乐产业市值达5400多万美元，且平稳增长。在泰国曼谷，仅时尚产业就有2万多家企业，而整个区域的年轻人主要以小型设计谋生。在塞内加尔皮金市，非洲文化协会创立的"嘻哈文化学院"培训当地青年掌握数字图形和设计、音乐和影音制作、宣传管理和营销以及流行音乐主持和英语。这一创新项目帮助年轻的创意产业专业人士在艺术和技术不断发展的本地和全球市场上更有效地施展才华。

在泰国北部城市清迈，清迈创意城市计划——一项智库活动和网络平台——已经发起，教育、私营和政府部门以及本地社区团体的积极分子参与合作。该计划调动当地所有文化资产，目标是使清迈成为更加吸引人居住、工作和投资的城市，成为投资、企业和创意产业的首选之地。报告还特别提到尼日利亚电影产业(尼莱坞)、中国南通家纺产业和布宜诺斯艾利斯城市扶持内容制作人等案例分析。

为开辟新的文化发展道路，报告提出如下10条重要建议：①要认识到创意经济除提高经济效益外，还制造着对取得以人为中心、全面和可持续发展贡献显著的非货币化价值；②要使文化成为经济、社会和环境发展进程的驱动器和使能器；③要通过绘制当地创意经济资源图展现发展机遇；④通过严格的数据采集加强证据基础，这是对任何相关创意经济发展政策的基础上游投资；⑤调查对创意经济政策发展有重要影响的正式部门和非正式部门之间的联系；⑥分析有助于当地创意经济发展，打造新道路的关键成功因素；⑦在整个价值链内为创造、革新和可持续创意企业发展投资；⑧投资当地能力建设，赋予创业者和文化创业家、政府官员和私营企业权利；⑨参与南南合作，促进富有成效的相互学习，了解国际发展的政策议程；⑩即使面临其他优先目标时，也要将文化纳入当地经济和社会发展计划主流。

思考题：

1. 讨论为什么"文化是人类和可持续发展的使能器和驱动器"；用报告所举的例子以及你所观察到的现象来说明这个观点。

2. 报告提出的十项建议为什么重要，请一一分析。

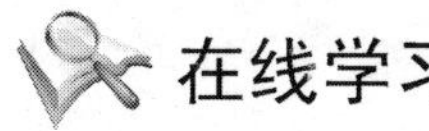

在线学习

目前无论国际还是国内的网络媒体上都有关于文化创意产业与产品贸易的专门的网站，大家可进入有关网站了解更多的内容进行扩展学习。国内的网站有中国广播网、新华文化、中国文化产业网、中国经济网文化产业、人民网文化产业、文化中国等，此外，各地方和行业协会等也都有自己的文化创意产业网，为大家提供了丰富的信息。

第二章
文化创意产业的经济学诠释

创意经济是20世纪90年代发展起来的新兴经济形态。虽然创意经济历史不长，但是创意却历史悠久，而经济学更是老生常谈。文化创意产业理论的真正不同在于如何将创意与经济学相结合使创意思想创造出非比寻常的经济价值。换句话说，创意本身不一定是经济行为，然而创意一旦具有了经济意义或产生了可供交换的产品，创意就转化为经济行为。本章重点介绍了文化创意产业理论的发展渊源及其与相关理论的融合发展趋势。

第一节　创意产业理论研究的发展

最早将创意作为经济行为研究的学者是德国经济学家熊彼特。他在1912年发表的《经济发展理论》中提出现代经济发展的根本动力不是资本和劳动力而是创新。所谓创新，就是建立一种新的生产函数，也就是说，把一种从来没有过的关于生产要素和生产条件的新组合引入生产体系。这种新组合包括以下内容：引入新产品，引入新技术，即新的生产方式，开辟新市场，开拓并应用新的原材料，实现工业的新组织。继农业经济以土地、工业经济以资本和矿产为最重要资源之后，创意经济使技术创新和创意、知识生产和人才资源作为经济资源获得了空前重要的战略地位，越来越多的国家和地区开始认识到，在创意经济时代，推动经济增长的主要因素不再是物质要素，而是创意和创新。

目前，对创意经济的理论研究也在兴起，比较有代表性的理论有创意经济与新经济社会学、创意经济与人力资本理论、创意经济与三大产业理论、创意经济与新增长理论、文化创意产业价值链理论等。

一、创意经济与新经济社会学

新经济社会学（New Economic Sociology）于19世纪80年代崛起，是运用社会学的理论和方法来研究经济行为和经济体系的一门学科，它把人与人之间以经济为媒介物所相互缔结的关系作为研究课题，是研究社会经济部分的社会学。新经济社会学认为，经济现象是嵌入社会结构之中的。在新经济社会学家看来，社会结构就是一种网络。社会结构牵涉个人之间、角色之间、群体之间、组织之间等多种层次的社会单位之间的关系模式。具体而言，新经济社会学就是运用社会学基本理论、变量和解释性模型研究稀缺物品以及服务的生产、分配、交换、消费的复杂行为，将非理性选择的维度加入新古典经济学对经济生活现象的解释模型中，从而促进了经济学和社会学的思想交流。

新经济社会学主要有三大理论主张：第一，经济行动是社会行动的一种。经济主体（个体或组织）并不是简单的、原子式的理性行动者，社会价值观念、规范等因素渗透于经济行动者的决策与具体行动过程之中。第二，经济行动具有社会性的定位。经济行动者，不管是个体或组织都是与其他社会群体联系时而存在，行为者之间频繁的交往与联系构成了群体关系网络，一个个相互交错、互相联系的网络在更大层面上又构成了他们所依存的社会结构。格兰诺维特（Granovetter）在此对嵌入性做了发挥，认为嵌入性可分为两种，一种是关系性嵌入（Relational Embeddedness），即经济行动者是嵌入于其所在的关系网络中并受其影响和决定的；另一种是结构性嵌入（Structural Embeddedness），在更宏大层面上，行为者们所构成的关系网络是嵌入于由其构成的社会结构之中并受到来自社会结构的文化、价值因素的影响或决定。第三，经济制度是一种社会性的建构，经济制度并不是如新制度经济学所认为的只是单纯地解决经济问题的最有效安排，而是经济活动者之间的稳定、持续社会网络互动的结果，它具有明显的路径依赖性。在分析框架上，新经济社会学主要沿用三大核心概念：嵌入性（Embeddedness）、社会网络（Social Network）以及社会资本。

新经济社会学的研究领域主要包括五个方面：网络研究、市场研究、企业研究、性别研究和文化研究。在新经济社会学的第五个研究领域中，不少学者开始关注文化在经济生活中的作用。他们认为，文化因素存在于所有的经济行为中。迪马奇奥（Paul Dimaggio）等指出，如果在研究市场、消费、工作互动时不考虑文化因素，那么，这样的研究必然是不全面的。扎勒泽（Viviana Zelizer）等则试图在经济制度和行为的分析中加入文化维度。

创意经济理论吸收了新经济社会学等理论精华，特别强调宽容的社会、文化环境对经济发展的重要作用。新经济社会学理论的核心观点就是经济行为是根植于网络与制度之中。该理论指出，新增长理论在强调知识、技术和人力资本的同时，忽略了制度、市场等因素。创意经济理论特别突出了社会、文化环境中包容、信任、同情性的一面。根据布迪厄（Bourdieu，1973）的理论，文化资本居于经济资本和社会资本之间，文化资本的显性作用可以直接通过教育、出版、销售转化为经济资本，文化资本的隐性作用可以通过知识和培训转化成社会资本，建构以信任、规范、网络互动为基础的良好投资环境。

佛罗里达（R. Florida，2005）认为，城市发展的关键在于城市社会环境的多样性、包容性和创造性所吸引而来的创意阶层。一个具有开放的和低门槛的城市在吸引创意人才和人力资本中具有截然不同的优势，从而可以产生和吸引高科技产业，实现城市经济繁荣。包容性和多样性可以有利于高科技的集中和成长。有才干的人喜欢到开放和具有容忍以及能提供生活质量的地方去。一个地方越是多样性和多文化，对他们越具有吸引力。能吸引这些具有创意人的地方可以吸引公司和产生更多的创新，从而实现当地的经济良性循环。查尔斯·兰德里（Charles Landry，2002）预言，创意城市（Creative City）开始出现，文化正从经济发展的边缘向核心位置转移，地区发展同时应对各种各样的人才具有包容心和同情心。总之，宽容的社会、文化环境等非正式制度代表了一种正的外部性，一系列共同的资源，给工人熟悉就业规则提供了方便，给创意和创新活动提供了平台。

二、创意经济与人力资本理论

创意经济理论特别强调人力资本在推动城市经济增长中的重大作用。自从发展经济学家强调经济发展要素之一的“人力资本”的作用后，城市经济学者对人力资本的研究一直没有停止过。简·雅各布斯（Jane Jacobs）于 1969 年出版了《城市经济》一书，挑战了企业和资本的集聚会促进城市经济发展这一主流经济学论点。他提出，城市发展的原动力是地理上相邻的多种多样的产业共存与人力资本的集聚。在以后的几十年里，经济学家一直尝试着用计量经济学的手法来验证雅各布斯的假说。诺贝尔奖得主罗伯特·卢卡斯（Lucas，2002）证明了人力资本的集中能提高地方的生产率，从而推动经济成长的假说，并称此效果为“简·雅各布斯效果”。人力资本的集中是企业和投资接踵而来的必要条件。企业选择配置在某个城市的原因不仅在于该地区的市场和供给网络，更重要的是希望从当地受过良好教育、高质量的人力资本中获得生产力提高的收益。佛罗里达（R. Florida）的创意阶层论发展了雅各布斯等的观点。他认为，在创意时代为了能得到那些受过高等教育的劳动力，企业会跟随创意阶层来到他们居住的城市。

正因为如此，佛罗里达（2005）主张地方政府与其为了吸引企业投资而实行各种减税政策，不如投入一些资金用于城市便利性的建设，从而吸引创意阶层，因为他们才是经济发展的主要推动力。

三、创意经济与三大产业理论

经济学家威廉·配第（William Petty）、克拉克（Clark Colin Grant）、费希尔（A. G. B，Fisher）指出，随着经济的发展和人均国民收入水平的提高，劳动力会由第一产业向第二产业转移；当人均国民收入水平进一步提高时，劳动力就会向第三产业转移。劳动力在各产业间的分布变化规律是，第一产业逐渐减少，第二产业、第三产业逐渐增加。这一定理由英国经济学家 C. G. 克拉克提出，但因 17 世纪英国经济学家威廉·配第在其名著——《政治算术》中曾描述过这种现象，克拉克把它称为"配第定理"，即随着经济的发展，就业结构的中心将按照从第一产业向第二产业转移、再由第二产业向第三产业转移的规律发生变化。从三次产业劳动力比重的变化趋势看，一国国民经济的发展，人均国民收入水平的提高，劳动力首先由第一产业向第二产业转移；随着人均国民收入水平的进一步提高，劳动力便向第三产业转移。人均国民收入水平越高的国家，第一产业劳动力所占全部劳动力的比重越小，而第二产业、第三产业劳动力所占的比重越大；反之，人均国民收入水平越低的国家，第一产业劳动力所占的比重越大，而第二产业、第三产业劳动力所占的比重越小。这一变化规律被命名为"配第—克拉克经济法则"。从一个国家三次产业国内生产总值比重的变化趋势看，也表现出从第一产业向第二产业再向第三产业发展的趋势。进入工业化后期，以金融、保险、医疗、教育为主导的第三产业迅猛发展，产业结构迅速软化，国内生产总值三次产业比重格局随之演化为"三、二、一"态势。在"配第—克拉克经济法则"的作用下，第三产业内部的就业结构和利润结构继续"分化—集中"，并在 20 世纪 90 年代飞速崛起了以计算机技术、通信技术、卫星技术为核心的信息通信产业，成为第三产业的就业重点和利润中心。20 世纪 60 年代的日本经济学家坂本二郎又将第三产业中的脑力服务部分与体力服务部分区别开来，独立成为第三产业下游的第四产业，人们普遍承认以信息技术为核心的产业为第四产业。

然而，第四产业还不是产业下游化的终点，20 世纪七八十年代，日下公人等经济学家又主张将第三产业、第四产业中满足心理需要的文化服务和创造活动独立出来，称之为第五产业。丹麦未来学家蒙沃尔夫·伦森认为，人类在经历狩猎社会、农业社会、工业社会和信息社会之后，将进入一个以关注梦想、历险、精神及情感生活为特征的梦幻社会，人们消费的注意力将主要转移到精神需要上。他断言，在未来25年里，人们从商品中购买的主要是故事、传奇、感情及生活方式。贫穷将被重新定义为“无力满足物质需要以外的需求”。他甚至预言，未来收入最高的人要数那些“故事大王”，一个产品价值的大小取决于他们给产品所编的故事。在此基础上，许多经济学家预言，未来的经济学将让位于文化心理学。文化产业化作为时代发展的潮流，已被世人关注，以精神生产方式满足人们精神文化需求的文化创意产业的兴起，也将成为社会经济发展的必然。

四、创意经济与新增长理论

1. 新增长理论

在20世纪80年代中期，以罗默（Romer P.）、卢卡斯（Lucas R.）等为代表的一批经济学家，在对新古典增长理论重新思考的基础上，发表了一系列以“内生技术变化”为核心的论文，探讨了长期增长的可能前景，重新引起了人们对经济增长理论和问题的兴趣，掀起了一股“新增长理论”（New Growth Theory）的研究潮流。

新增长理论将经济增长的源泉由外生转化为内生，从理论上说明知识积累和技术进步是经济增长的决定因素，并对技术进步的实现机制做了详细的分析，这些研究填补了西方经济理论研究的空白，其贡献主要包括以下几方面：

第一，新增长理论为经济持续增长找到了源泉和动力。它将知识和人力资本因素纳入经济增长模型，为经济持续增长找到了源泉和动力。古典增长理论学家大卫·李嘉图得出经济发展最终处于停滞的悲观结论。凯恩斯学派和新古典增长理论都认为，一旦没有技术进步，经济发展也将停止。新增长理论则认为，技术是经济系统的一个中心部分，是“内生”的。并且技术进步可以提高投资的收益，投资又使技术进步更有价值，形成一个良性循环，长期恒定地促进经济的增长。专业化的知识和人力资本的积累可以产生递增的收益并使其他投入要素的收益递增，从而总的规模收益递增，这突破了传统经济理论关于要素收益的递减或不变假定，说明了经济增长持续和永久的源泉与动力。

第二，新增长理论对于一些经济增长事实具有相当的解释力。例如，新增长理论证明了垄断竞争经济中均衡的存在。由于对新技术的垄断以及由此带来的超额利润提供了投资和技术研究的动力，以及由于知识和人力资本有外溢效应，高人力资本的发达国家资本利用率高，从而这些国家的物质资本收益率与人力资本收益率也较高。因此，当生产要素可以在各国自由流动时，资本和人才可能会从发展中国家流向发达国家。

第三，新增长理论对制定经济政策也产生重大影响。新增长理论认为，市场

力量的作用无法使社会达到可能的最大创新潜力，一部分创新潜力被浪费了。政府有责任、有理由进行干预，这样做的结果是提高了经济增长率。但是，政策制定者们把注意力集中在经济周期上，忙于进行“微调”和寻求操纵“软着陆”的方法是不对的。因为支撑经济周期的是探索发现与创新过程。因此，政府应致力于能促进发展新技术的各种政策。例如，支持教育，刺激对物质资本的投资，保护知识产权，支持研究与开发工作，实行有利于新思想形成并在世界范围内传递的国际贸易政策以及避免政府政策造成市场的扭曲等。

总之，新增长理论最重要的突破是将知识、人力资本等内生技术变化因素引入经济增长模式中，提出要素收益递增假定，其结果是资本收益率可以不变或增长，人均产出可以无限增长，并且增长在长期内可以单独递增。技术内生化的引入，说明技术不再是外生和人类无法控制的东西，而是人类出于自身利益而进行投资的产物。

2. 文化创意产业与收益递增

文化创意产业具有低能耗、高效益的产业性质，被誉为是“点石成金”的产业。文化创意产业所具有的这些产业特性已经超出传统的“边际收益递减规律”所能解释的范畴。古典经济学理论的基石之一是边际收益递减规律，它是由大卫·李嘉图首先提出的：即生产要素的增加达到一定限度时，增加的价值和产量将会逐渐递减，甚至没有增长或衰减。这一定律之所以被广泛接受是由于大家普遍承认这样一个事实，那就是资源的有限性和人们欲望的无限性。边际收益递减揭示了以有形物质的投入为发展基础的农业经济时代和工业经济时代的生产规律，但是对于文化创意产业来说，传统经济学的这一定律却失去了它的解释力，因为文化创意产业显示的是边际收益递增规律。

“新增长理论”从“内生增长”的角度解释了当知识或者是创新科技这种新型要素作为要素投入其他生产要素中时，对其投入应用和改进越多，这个要素所创造的价值就越大；产品的核心价值越高，则市场价格就越高。新创意会衍生出无穷的新产品、新市场和财富创造的新机会，所以新创意才是推动一国经济成长的原动力。创意经济理论建立在上述内生增长理论基础之上并声称找到了保证新经济可持续增长的发动机。

文化创意产业具有内生增长的动力，从而实现收益递增，最主要的原因是因为文化创意产业的发展所依赖的不再是稀缺的有形资源，而是无形的、取之不尽用之不竭的人类智慧和创造力。有价值的创意思想一旦形成便可一次投入，多种产品使用；一人创造，多人同时拥有。对于这种现象，著名的创意经济学家约翰·霍金斯将其称为“创意思想的非竞争性”。文化创意正如信息一样并不因为被多次应用、多人拥有而降低自己的价值，相反该项创意被应用的产品越多它的价值增长越快。这与传统的以成本决定效益的产品完全不同，可以说文化创意产品改变了传统产品竞争的基础和方式。一项文化创意思想如果不被应用于产品生产，其价值等于零；对该创意的开发越多，技术含量越高，则其价值越高。因此创意经济的价值，如前文所提到的约翰·霍金斯的总结应当是：创意经济（CE）等于创意产品的价值（CP）与交易次数（T）的乘积，即 CE = CP × T。例如，中国奥运会吉祥物——福娃的创意设计由于与奥运会这一世界著名体育品牌以及丰富的中国文化内涵相联系，具有了产生巨大经济效益的潜力。当福娃形象被开发应用于多种产品生产中时，如体育用品、旅游纪念品、动画动漫制作等，所有使用这一创意设计的产品由于拥有了福娃形象而使产品价值大大提升（见图2-1）。世界银行前首席经济学家约瑟夫·斯蒂格利茨（Joseph Stigliz）就曾经指出，“在知识经济中，公司或者制定远远高于边际成本的价格，或者免费赠送自己的产品”。这一现象也正如霍金斯所总结的，在创意经济中成本与价格之间往往没有关联，价格竞争已不再扮演决定性的角色，需求成为市场的主要推动力。

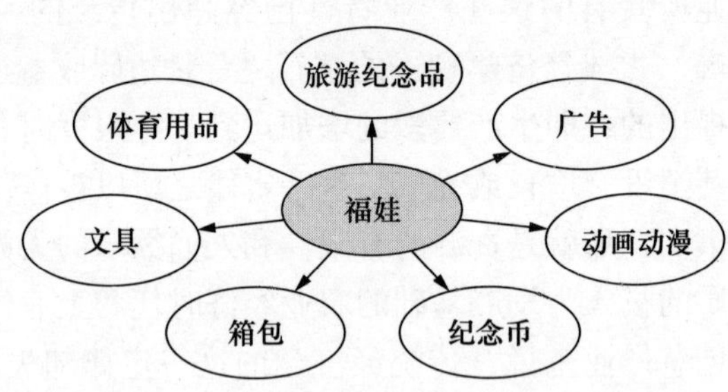

图2-1　文化创意用于产品开发——福娃

文化创意产业是源于文化元素的创意和创新在经过高科技和高艺术的加工后形成的具有规模化生产和市场潜力的产业。当知识和创造力成为产品价值增值的主要源泉时，人类便逐渐进入了收益递增的时代。这就是为什么如今企业拥有的具有创造力的人才越多，其财富越多，因为具有创新力的人才能不断地开发新产品和高效的管理与营销模式，成为企业财富的源泉。

随着创意经济时代的来临，“脑力”、“创意”密集型产业已渐渐取代了“土地”、“劳力”密集型的产业在国民经济中的地位。哈佛大学教授 J. S. Nye（1996）认为，在信息时代，资本、自然原料甚至土地不见得是财富。今天投资驱动型经济已经走到尽头，人类须走向创新驱动型经济与知识驱动型经济的领域。

第二节　文化创意产业价值链理论及其阶段分析

文化创意产业价值链理论总结了文化创意产业发展的核心要素，从理论上阐述了文化创意产业发展的价值。本节在分析、介绍产业价值链理论的基础上，对文化创意产品生产过程中各阶段的附加值进行了分析。

一、波特的价值链理论

对于文化创意产业为什么是具有高附加值特性的产业，迈克尔·波特的"价值链分析法"给出了进一步的解释。美国哈佛商学院著名战略学家迈克尔·波特在他提出的"价值链分析法"中指出，"不同的企业参与的价值活动中，并不是每个环节都创造价值，实际上只有某些特定的价值活动才真正创造价值"。这些真正创造价值的经营活动，就是价值链上的"战略环节"。企业要保持的竞争优势，实际上就是企业在价值链某些特定的战略环节上的优势。从事文化创意产业的企业具有所有商业企业的共同特点。因此，对文化创意产业的价值链研究可以从一般企业的价值链分析开始。

根据迈克尔·波特提出的"价值链分析法"（见图2－2），企业内外价值增加的活动分为基本活动和支持性活动，基本活动涉及企业生产、销售、进料后勤、发货后勤、售后服务。支持性活动涉及人事、财务、计划、研究与开发、采购等，基本活动和支持性活动构成了企业的价值链。

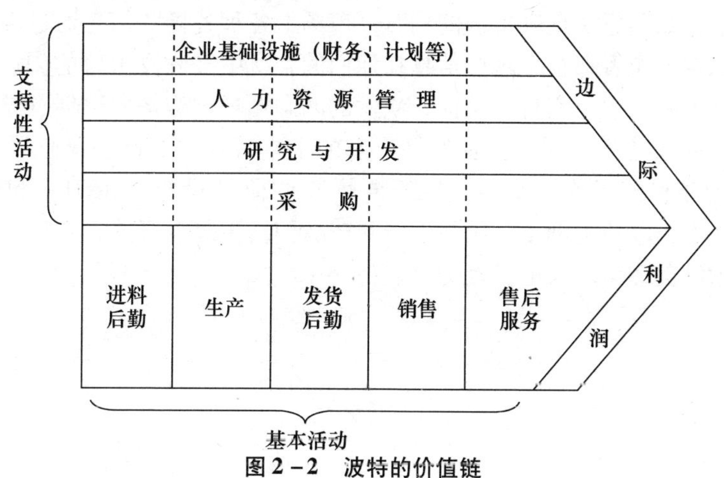

图2－2　波特的价值链

该图清楚地表述了企业从生产经营到获得利润的主要价值链条。就一般企业来讲，生产经营价值链都会有以上几个部分，但是具体到不同的企业，每个部分的价值贡献率会有很大的差别。例如，微软公司和埃克森石油公司在企业产生经营过程中，各部门对企业价值生成的贡献比率是截然不同的。

与传统企业价值链不同的是，文化创意产业的生产经营更多地偏向于创意型的生产经营，其特点是以知识创造为主，因而企业活动中创造价值的最初阶段也由单纯的进料后勤发展成为了以创意策划为起点的初始部门。这是由于文化创意型企业是以创意设计作为基本要素投入，而物质投入则处于次要地位。另外两项与传统企业价值链重要的不同点是，一项创意设计的价值必须经过高技术的加工才能得到大幅度提升，因此技术研发部门成为产品生产中的基本活动。然而使设计和研发得以实现的基本保证是具有创新能力和创新意识的人力资源的投入，因此，人力资源已不再是企业价值链中起辅助作用的要素，而成为基本的要素投入，这是符合知识经济发展特点的。此外，在文化创意产业价值链中，市场营销部门对产品价值链增值的贡献率可能会起到决定性的作用，这是用于文化产品的特殊性使得品牌的影响力更加突出。

美国卡内基梅隆大学教授理查德·佛罗里达（Richard Florida）在《创意阶层的崛起》一书中总结了文化创意产业价值链的循环生产过程。由于创意经济的源泉是创意的产生，而创意来源于人，因此，创意经济是以人为本的经济形态。创意阶层在整个创意经济中处于关键地位。正是由于创意者的创新思维，一个个鲜活的创意灵感迸发并与现代科技相结合，形成了独特的知识产权。知识产权是创意的有形载体，也是创意经济商品化的表现形式。在现代法律政策的保护下，通过知识产权交易，创意资本与传统生产要素结合，创造出了独特、新颖的商品和服务，并在高度发达的市场经济中实现其价值。由此，形成了创意经济强有力的推动引擎。在创意实现其价值的同时，市场上各种各样的信息通过各种渠道不断反馈到创意工作者那里，这些信息在他们的脑海中又激发出新的创意灵感。整个创意信息不断产生、实现、反馈、激发的动态循环过程构成了创意经济的独特魅力，也是创意经济区别于其他经济形态的根本特征。它以创意阶层（Creative Class）的智能和创意作为资源，以不断增长的研发投资（R&D）和创业投资（VC）为动力，以技术创新、组织创新和产品创新为表现形式，在科技手段的支撑下，成为欧美经济增长的新动力（见图2－3）。

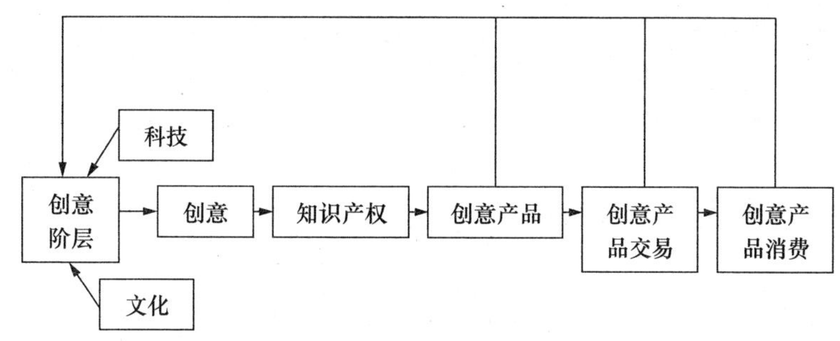

图 2-3　创意经济循环示意①

二、文化创意产业链阶段分析

创意阶段是文化创意产业价值链的源头，或称上游阶段。文化创意产业的中游与下游阶段分别是制造阶段与营销阶段。

1. 创意阶段

文化创意产业的上游阶段是创意阶段，形成整个产业链的上游产业。上游产业最具代表性的是版权产业，也是文化创意产业中最具增值价值的部分。作为知识产权领域的先行者，版权在 21 世纪的今天在世界范围内又有了更大的发展。各主要国家和地区的版权已经迈入产业化道路。根据美国“国际知识产权联盟”（IPPA）经济学家的调查，在 1990 年之前，只有少数几个国家——瑞典（1978）、德国和澳大利亚（1986）——评估过他们的版权产业。自 1990 年以后，美国几乎每年都要颁布一份版权产业报告。加拿大受美国的影响，近年也开始颁布版权报告。在英国，他们报告中的称谓不是版权产业，而是和版权产业范围基本类似的创意产业。受到英国的影响，新西兰、新加坡和中国香港也开始发布创意报告。

根据世界知识产权组织（WIPO）的界定，版权产业分为 4 类：核心、部分、边缘和交叉产业。

“核心版权产业”是指那些主要目的是为了生产或发行版权产品的产业。这些产业包括图书出版、唱片、音乐、报纸和期刊、电影、广播和电视播放以及计算机软件（包括商业性软件和娱乐软件）。“部分版权产业”是指那些有部分产品为版权产品的产业。这些产业从纺织品到家具，再到建筑物。“边缘版权产业”包括将版权产品发行给商家和消费者的产业。这样的例子有为发行版权产品

① 蒋三庚，王晓红，张杰．创意经济概论［M］．北京：首都经济贸易大学出版社，2009：14.

的运输服务以及批发商和零售商。世界知识产权组织也把长途电信纳入其中。“交叉版权产业”是指那些生产、制造和销售其功能主要是为了促进有版权作品的创造、生产或使用的设备的产业。

世界知识产权组织副总干事俞寿谷（Geoffreg Yu）在2006年9月5日于北京举行的“2006国际版权论坛”上表示，“版权产业对GDP的贡献可达4%～12%”。

不同国家知识产权占GDP百分比如表2-1所示。

表2-1 不同国家知识产权占GDP百分比

	美国	新加坡	加拿大	拉脱维亚	匈牙利	菲律宾	俄罗斯
占GDP（%）	12	5.7	5.38	4	6.67	8.17	—
使用率（%）	8.41	5.8	6.9	4.5	7.1	8.89	4.59

资料来源：世界知识产权组织，2005.

2. 制造阶段

文化创意产业价值链的第二个阶段是制造阶段。任何独具匠心的创意只有投入到生产中才能产生价值。文化创意产业的制造阶段的关键在于将传统艺术、文化或创意与高科技表现形式相结合。《花木兰》、《功夫熊猫》、《末代皇帝》等中国文化和历史的传统素材被好莱坞和迪士尼运用现代化的声、光、电等高科技手段拍成电影，不仅在全球而且在中国赚取了大量利润。在这方面，美国迪士尼和好莱坞的成功模式是创意制作的典范。

1980年，好莱坞影业在国际电影市场上的占有率为30%，今天，全世界的影院85%的片源来自好莱坞。好莱坞的7家大型影业公司，环球、派拉蒙、华纳兄弟、20世纪福克斯公司、米高梅公司、哥伦比亚三星和博伟国际电影公司每年出品的电影数量占到美国电影数量总数的60%～70%。美国的文化产业（以好莱坞文化为主体）和军事工业一起成为主导美国经济的两大产业。好莱坞的核心竞争力可以说是它的“高概念”电影，大量的制作投入和对高科技的大量应用。这种高投入带来的结果是电影年产值达到600亿美元以上。

美国的迪士尼公司是又一个将创意成功制作成为产品的典范。它从其受欢迎的一系列荧幕形象（米老鼠、唐老鸭等）出发，制作发行了无数深入人心且票房可观的电影。然而迪士尼公司盈利的核心，也是最为人津津乐道的产品，是其建立在世界各地的迪士尼乐园。迪士尼乐园采用了现代的信息技术、灯光、音响，与传统的童话故事及烟火技术相结合，在全球获得甚高的利益，市值达500亿美元。

尽管迪士尼创造的产品已经具有强大的吸引力，它仍在不断地为人们提供新产品。除了不断发明创新，还对已成型的产品深化、扩展。例如，迪士尼公司利用一切手段来丰富各个主题乐园的内容，现代的电子技术被广泛应用，并且公司根据时代的变化和科技的发展，每年补充更新娱乐内容和设施，结合了购物、餐饮、娱乐，在发现了婚庆行业的巨额利润后还开发了迪士尼婚礼系列，当然这些无一例外不与先进的技术相结合。

在我国，一些成功的先行者也鼓舞了文化创意产业在高科技上投入的积极性，比较典型的例子就是在国内外上演近百场并大受欢迎的《云南映象》。《云南映象》尽管远不具有迪士尼的资金与技术，但原生态的文化创意、现代的灯光技术，这种组合正是文化创意产业所要追求的，也是其魅力所在。2006～2008年，《云南映象》的国际巡演版《香格里拉传奇》在欧洲、美国等地做巡回演出，共计400多场，总观众人次达100多万，预计收入在1140万～2000万元。国际上有一个与之相类似的成功案例，就是爱尔兰的《大河之舞》。由苏格兰风笛和爱尔兰踢踏舞编织而成的《大河之舞》，11年来共演出7900场，创造了7亿美元的票房佳绩，综合总收入达100亿美元。

3. 营销阶段

文化创意产品的价值增加必须通过先进的营销手段来完成，也就是走市场化道路。走市场化道路依靠营销手段来提高文化创意产品的价值需要解决的第一个问题是建立受众意识，要培育自己产品的市场。以大型歌舞剧《云南映象》为例。从问世起，杨丽萍便宣称《云南映象》要走市场之路，自己养活自己。这个思路的结果便是，如今的《云南映象》有了三个版本和三套班子，这样的安排是为了适应不同的市场要求。

在国际营销过程中建立受众意识则需要考虑能够被各国人民普遍接受的形式和内容，也就是说具有共性的内容。以日本为例，日本经历了十余年的经济低谷，但文化产业一枝独秀，1996～2003年，文化产业出口额增长近两倍，由5343亿日元上升到1.5779万亿日元。单向文化产品出口额超过钢铁行业。这其中的主导产业便是动漫。日本的国粹是歌舞剧，但歌舞剧由于形式过于独特，看来冗长沉闷。所以日本人向世界推销的是他们的动漫，而不是歌舞剧。目前，全世界观看的动漫产品大约有60%产自日本，日本占领了欧洲80%的市场。

品牌在文化创意产品营销中起着举足轻重的作用，是文化创意产品的价值核心。文化创意产品公司可以凭借品牌的优势进行各种营销活动，取得巨大的经济利益。美国迪士尼公司便是凭借其品牌优势建立起一个巨大的娱乐消费王国。目前迪士尼公司经过80多年的发展壮大，已经成为全球最大的娱乐公司之一，而迪士尼也成为世界领先的娱乐品牌。根据商业周刊2014年对全球品牌的价值排名，迪士尼公司以322.23亿美元的品牌价值名列世界第13位。作为一个综合性娱乐巨头，迪士尼公司拥有众多子公司，业务涉及多方面，包括影视娱乐、主题乐园度假区、消费品和媒体网络四大部分，而迪士尼这个品牌成为了整个迪士尼公司和其他附属公司的核心竞争力所在。其他一些著名的娱乐品牌如发现（Discovery）其品牌价值2014年达到61.43美元，全球排名第67位；MTV的品牌价值达到51.02美元，全球排名第80位。

扩 展 学 习

问题与思考

1. 创意经济学的理论是如何与其他经济学理论融合发展的？
2. 新经济社会学理论对创意经济学理论的主要贡献是什么？
3. 人力资本为什么对文化创意产业发展具有关键性作用？
4. 如果如日下公人等经济学家所称的“第五产业”的主张成立，那么按照“配第—克拉克经济法则”，是否未来文化创意产业将成为劳动力流入的主要部门？请根据中国及其他文化创意产业大国的劳动力变化情况做出判断。
5. 通过调查确定某一创意思想所创造的增值效应，如世博会吉祥物设计等。

案例研究

文化创意产业价值链

体现创意思想巨大增值潜力的案例比比皆是，其中，最有代表性的中外案例当属2005年湖南卫视推出的《超级女声》栏目和《哈利·波特》的巨大成功。这两个案例充分说明新兴媒体、影视和信息技术，特别是互联网技术、移动通信技术和3G新技术的高速发展是如何改变文化创意产业的价值结构，使创意人和制作商获取超额利润的。

1.《超级女声》的创意与价值链

当前，新兴媒体和技术的高速发展正在改变文化创意产业组织结构和运作方式，文化创意产业的“核心产品”与“外围相关产品”的界限正变得越来越模糊。特别是互联网技术、移动通信技术和3G新技术对文化创意产业价值链产生

了深远影响。网络游戏、手机短信、手机电视和游戏成为文化创意产业新的增长点，使产业价值链各环节有了新的增值收益。下面首先以近年红遍全国却也颇受争议的真人秀栏目为例，可以看到该产业价值链上各个环节的利益分配。

2005 年湖南卫视的《超级女声》栏目，改变了以往电视台以广告收入为主要经济来源的盈利模式，充分利用了电视、电台、报纸、杂志等传统媒体和手机、网络等新媒体，创新了传统电视的盈利手段。虽然在国际上早有《Pop Idol》、《American Idol》等选秀节目的先例，但《超级女声》对中国的影响力是空前巨大的。《2005 年中国文化产业发展报告》显示，2005 年《超级女声》栏目中，以不同方式获得收益的各方，其直接总收益达 7.66 亿元。比照品牌估价的一般方法，其品牌价值在 2005 年就已经达到 20 亿元。按照产业链间倍乘的经济规律分析，《超级女声》对社会经济的总贡献达几十亿元（见图 2－4）。

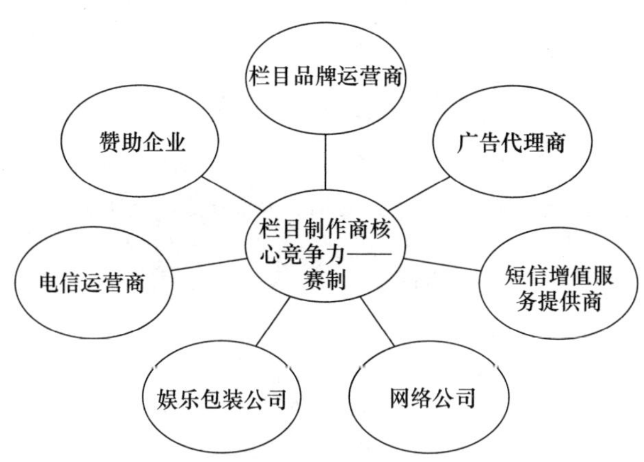

图 2－4 《超级女声》的产业链分析

《超级女声》的栏目品牌运营商——上海天娱传媒有限公司，签订了各个分赛区前 10 名的选秀选手。其旗下艺人，2005 年《超级女声》冠军李宇春当年为某品牌产品做广告代言人的身价已达 150 万元，亚军周笔畅也签下一单总收入 500 万元的两年广告合同。同时，节目品牌运营商还从商演门票、唱片销售中抽取分成。SMG 综艺部下辖的东方之星演艺经纪公司，在《舞林大会》的 7 场商演中，产值达 100 万元的衍生产品中，抽取了 4 万多元的版税。《我型我 SHOW》两届冠军的专辑销量都超过 20 万张，也为其节目品牌运营商上腾娱乐赚得大笔收益。

赞助商同样也是其中的盈利者，蒙牛集团凭借三届《超级女声》，使得蒙牛酸酸乳家喻户晓。据蒙牛集团宣称，三届《超级女声》其赞助费加上品牌推广本身将近4亿元。而据估算，蒙牛获得了超过10亿元的回报，造就了品牌营销的经典案例。

手机网络运营商从中得到的利润则是在为选秀节目投票的过程中，凭借“运营商∶合作伙伴＝15%∶85%”的原则，用户每发一条短信投出一票，付出信息费1元，同时付出0.1元或者0.15元的基本通信费。电信运营商收取基本通信费后，还抽取信息费的15%，剩下的85%即0.85元由CP（内容服务商，通常为栏目制作商）与SP（短信增值服务提供商）瓜分，比例为7∶3或是8∶2。当然，SP不仅依靠提取短信投票费用，它还为选秀栏目的短信参与者提供相关资讯服务来盈利。掌上灵通正是依靠《超级女声》获得巨大收益的，其短信增值服务的基本服务费为6元，定制后服务提供商会提供短信资讯、彩信和WAP等方式的消费（见图2-5）。

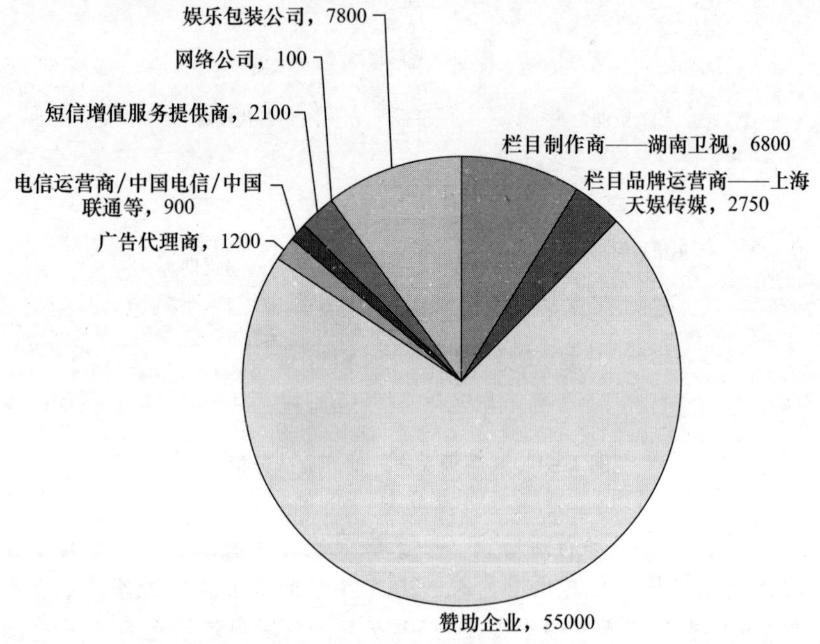

图2-5 《超级女声》产业链各环节盈利分析（单位：万元）

《超级女声》产品的生产过程印证了文化创意产业链理论，说明人的创意设计成为产业链的基本要素，同时市场营销部门对“超级女声”产业链的价值增加起到了举足轻重的作用。

由于《超级女声》的巨大成功，从2006年开始，上海东方卫视的《加油！

好男儿》、北京卫视的《红楼梦中人》、江苏卫视的《绝对唱响》、重庆卫视的《第一次心动》等各类选秀栏目纷纷登陆，上海文广新闻传媒集团SMG更是其中翘楚，SMG将旗下娱乐资源整合为综艺、音乐、大型活动、时尚四大板块后，已形成完整的媒介产业链。2006年，SMG同时打造《加油！好男儿》、《我型我SHOW》、《创智赢家》及《舞林大会》四档选秀节目。

2006年底，国家广电总局广播电视规划院、发展改革研究中心调研组到上海，对四档真人秀节目的产业价值链进行了跟踪调查研究和评估，得出以下结论：《加油！好男儿》、《我型我SHOW》、《创智赢家》、《舞林大会》四档真人秀节目产业价值链中各环节的直接参与者所获得的直接经济回报，预期累计超过14亿元。目前，四个品牌的商业价值将达到38.45亿元。按照上下游产业价值链倍乘的经济规律分析，对社会经济的总贡献达到76.89亿元，未来可预期贡献可能超过百亿元。

其中的巨额利润基本由节目制作者（电视台）、栏目品牌运营商、赞助商和媒体四者所分享。制作者（电视台）的收入由冠名赞助费、广告费和短信收入三部分组成。冠名赞助费是其中的主体。2005年，蒙牛集团以大约2000万元的费用获得《超级女声》的栏目冠名权，蒙牛集团对媒体宣称，其投入远远不止2000万元，冠名费以及后续支持达9400万元。纽曼理想数码，在花费2000万元夺得央视《梦想中国》的冠名权后，为该节目投入近8000万元的赞助；江中亮嗓也斥资2000万元冠名《红楼梦中人》；仁和闪亮则为冠名《快乐男声》付出了5000万元。选秀节目的短信收入是由短信投票和短信增值服务两部分收入贡献的。据天娱传媒内部人士透露，湖南卫视大约能从每场比赛的短信收入中分得100万元左右，总决选能够翻倍达到200万元。更不用提电视台从中获得“虚拟价值”，即该频道品牌价值的提升，对商家吸引力的增加等，这些都是无法用短期价值估算的。

2.“哈利·波特”产业链分析

英国作家J. K. 罗琳的一只魔笔所塑造的哈里·波特使她在10年时间内获得10亿美元的收益，而同期《哈利·波特》所创造的产业链价值通过出版、电影、游戏及其他衍生品如DVD、录像带、电视片、唱片、广告等创造了60亿美元的价值。《哈利·波特》的产业价值链分解如下：

出版：迄今为止，《哈利·波特》系列小说的前六部已被译成60多种语言，全球总销量已超过3.25亿册，成为有史以来销量第三名的书籍，仅次于《圣经》和《毛主席语录》。

电影《哈利·波特》迄今五部电影票房成绩累计达43亿美元。此外，华纳公司宣布投资5亿美元，携手奥兰多环球影城建造“哈利·波特魔法世界”主题公园已于2010年正式对外开放。哈利·波特主题公园已经走出美国进入英国和日本。

游戏：SONY公司的PS2自2001年开始与影片同步发行游戏软件，2007年的《哈利·波特与凤凰社》更是游戏界迎来的大事，首度在SONY的PS2、PS3、任天堂的Wii上同时发行同名游戏。

其他衍生品——杜莎夫人蜡像馆与电影一同在全世界范围巡展。各行各业制造商模仿电影魔法物品，如“魔法扫帚”、魔杖、摄魂怪、火焰杯三强赛中的火龙等玩具，霍格沃茨四个魔法学院各自的院服，魁地奇球服，波特的隐形衣等风靡全球，拥有巨大且稳定的消费群体。

如今这一链条还在继续延伸，索尼、任天堂的游戏软件以及各行各业制造商模仿电影魔法物品和服饰产品都拥有巨大且稳定的消费群体。

《哈利·波特》的成功历程也是对边际收益递增的最好诠释。作家罗林的创意构思从一开始无人问津，分文不值，到首次发行500本，收入仅仅为3000英镑稿酬，再到全球销量3.25亿册，收入达5.45亿英镑（10亿美元），一跃成为世界第二“富婆”。预计当《哈利·波特》小说系列完成后最终将使罗琳的个人收入达到上百亿美元。

《超级女声》与《哈利·波特》同是文化创意产业的成功案例，但两者的成功既有相同之处，又有不同之处。相同之处在于，这两个案例的成功首先都依赖创意思想与技术的结合，这种结合使创意能够以最受欢迎和便捷的方式与最广大的受众见面；其次通过市场运作成功地塑造了《超级女生》与《哈利·波特》两个文化品牌，使其成为精品文化产品；最后不断地通过各种衍生产品打造自己的产业链，在高技术和品牌作用的催化下使各种行业与产品不断融合，最终锻造出具有巨大增值价值的产业链。

然而《超级女声》与《哈利·波特》相比，其成功更多依赖的是媒体、互联网络和手机等市场营销方式的运作，具有很强的时效性。这种运作方式成功掌握了观众的好奇心与热情，通过轰炸式的媒体传播，收到了短、平、快的效应。但由于《超级女声》所具有的文化内涵有限，甚至其运作方式也可能是舶来品，因而《超级女声》在短暂的热闹之后大有偃旗息鼓的可能。然而《哈利·波特》的成功却具有深刻的文化内涵和底蕴，更有体现各国大众的同质的价值观和生活观，因而《哈利·波特》不仅在英美家喻户晓，而且成为全球知名的文化品牌，《哈利·波特》系列小说前六部已被译成60多种语言，全球总销量超过3.25亿册，《哈利·波特》五部电影票房累计达43亿美元。《哈利·波特》能够在盛行10年后依然势头不减。

思考题：

1.《超级女声》价值链与《哈利·波特》价值链相比有何不同？

2. 在《超级女声》和《哈利·波特》案例中，哪个环节是最具增值的部分？

专家观点

中国城市是否是真的创意城市①

查尔斯·兰德利：今天我们讨论的主题是上海、北京这些大城市是否具有创意性。

第二个问题，我们今天讨论的是什么样一种创意，因为创意也可以有很多层面的意思。例如，香港某商城中向上直达的扶梯，同时也可以是一个创意产品。所以为什么人们要提到创意城市这个概念呢？那是因为在城市化进程中每个城市都在经历深刻的变化。所以从工业化城市到服务性、功能性城市的转化过程中，大家可能会把它概括成一个范式转变的过程，世界变得越来越小，以至成为一个地球村，城市都在新的技术条件下相互连接，而且世界在转换，美国的影响力不如以往，欧洲也是一样，因为生产的中心已经东移。

按照我们西方人传统意义上看地图的视角根本看不到中国在哪里，但现在世界的目光都聚集到了中国，你去港口看一看就知道经济已经不像原来那个样子了。现在人们为什么这么隆重地要谈创意城市，是因为古旧的城市规划办法已经不再适用，现在我们的目的就是要重新审视这个城市的功能和目的。这是我在北京照的一张照片，我觉得很能说明问题，就是老的观念可能很多时候不再适用了，所以有些人不愿意看到这个事实，就把脑袋扎到墙里面藏头露尾。

所以创意城市这个过程很大程度上是重新定义一些东西，我们要想不同、做不同，所以就是要转变思路，不是把上面这个人头拧下来，只是要转变思路考虑问题。例如，大家谈到运输的时候，往往第一个概念是想到汽车，创意城市其实要求我们从大路转变成小街，其实大路跟小街的感觉是完全不一样的，大路是非生活化的，小街是非常生活化的。

另外，要转变思路，把废物看作一种有用的资源，所以废物也有可能会变现。所以大学不仅是生产知识的工厂，而且很大程度上是激发好奇心和想象力的中心。我们要转变城市规划的范例，少一些自上而下，多一些自下而上，更多的参与性，是一群人共同在讨论，然后讨论出一个解决问题之道。

---

① 根据2008年1月6日新浪财经实录查尔斯·兰德利（Charles Landry）（英国COMEDIA总裁）讲话整理。

在城市的规划中有一些盲点，我们需要更多地考虑这个城市给人们的心理感受是怎样的，所以我们在一些城市规划的过程中往往忽视了城市，它其实不完全是一个数据化的过程，而是一个情感的过程。我们也许不应该太过度强调文化和创意的价值所在。相反，如果我们想一想不这样做的后果，那么答案很快就出来了。一个规划得不好看，甚至是丑陋的城市，可能会在一个程度上导致犯罪率的增加，导致人们心情抑郁以致犯罪率增加，所以决策者们通常要考虑这些因素。所以这是一个很大的转变，就是从传统意义上的城市规划转变为创意城市规划。

这是城市规划的一个例子，是传统规划的结果，就是所有的城市看起来都是一样的，所以很多人说这是一个不正确的思路。现在很多人呼吁把基础设施从城市里面去掉，波士顿市政府花了140亿美元，就是为了把一个原来行车的街道改变成一个街心公园。

纽约原来的一个城市的街道，现在改成了公园，成为一个休闲区，大家可以在里面休闲度假，所以在创意城市里面实际上要创造大家可以互相见面的空间，这就是为什么我刚才说创意城市需要的是小街，而不是大路。

这就要求人们从一种硬件的思想转变为一种软件的思想，是人与人之间交流的一种关系，通过这种人与人之间的联系人们才能取得灵感。这种软件式的思维其实很多时候是难以琢磨的，就像这个词描述的一样。所以工厂城市往往感觉起来和看起来都和创意城市、知识城市是不一样的，工厂当然有它自己的美感，但是也许现在的城市不再需要这样的工厂了。现在的城市更多的像是一个舞台。城市的停车场改到了地下，原来的停车场变成了一个生态公园。像刚才有代表说的那样开展了循环经济。公共艺术在这里面非常繁荣，大家可以参与，大家实际上是在消费这样一个文化产品，所以城市可以被当成一种舞台。法国里尔原来的一个火车站被改造成像孟买一样的地方；德国某地的钢铁支架现在变成了主题公园的一部分，保留原来的建筑或者遗迹的同时，把它改变成一种新的形式。

阿尔巴尼亚首都的旧房子，重新修整了以后非常漂亮，市长说灰色的房子让人感到沮丧，所以他花4%的市政收入来买油漆，把这些房子都油漆了，把整个城市都改变得色彩斑斓。另外一个例子是机场路上的一幢房子，所有箭头都指向机场，但是之前确实是一幢灰色的房子，所以颜色、光等这些因素都可以用来作为创意城市的因素来使用。

在法国的一个游泳池内，大家普遍对这个游泳池都有非常美好的回忆，但是突然有一天有一个人说我们把它改造成博物馆吧，所以他们就把博物馆搬到了游泳池里面，甚至在水面上举行T台秀，所以创意城市不仅是旧的一些东西，而且是在旧的东西上加一些新的元素。

柏林有条河其实是非常脏的，但是人们在沿河两岸建了很多人工沙滩，把河

弄得看起来像海一样，他们在河的旁边建了一些游泳场，大家到那里都好像可以享受到沙滩。所以在创意城市这个行动当中，大家要注意分清个人的创意和组织机构的创意以及整个市级层面的创意，它是有所不同的。

个人创意的一个表现，就是想干什么干什么，只是张扬自己的个性而已。组织机构的创意很大程度上像一些人在一起讨论，然后大家各自会做一些妥协。整个市级层面的创意就更加广一点，就是把公共的和私人的，还有其他城市，甚至其他国家的一些经验都借鉴过来，但是这个过程往往是比较艰巨的。

从中央集权化到权利下移，从关闭的态度到开放的态度，从控制到公众影响，从政府指导到政府让大家去做一些事情，从通知到大家参与，从数量到质量，从整齐划一到多样化，当然也从低风险到高风险，从做不好，大家怪政府到大家没有什么人可怪了，也就是从失败到成功之路。所以归根结底就是更加灵活。所以大家不能只想只有一条路通向成功，我们也不能像小孩子一样被人牵着鼻子走，可能性不止一个，大家会面临很多选择，所以我们需要用一种开放的态度。

从我们生活的智库中解脱出来，与更多的机构建立联系。创意城市的成功方法其一就是要有人才，你对这个城市的创意发展有多少点子，而且要从不同的来源——这种创意的点子要有不同的来源，与外部世界和内部世界的联系，很大程度上取决于创新的程度。要发现城市自己的独特性，例如，在麦当劳这种非常世界化里面也可以展现自己的风格，我们所说的创意城市其实就是跟麦当劳的这种形式相反的一种模式。创意城市不仅包括生活质量，而且要感觉像一个村落，但是同时它又要具有国际大都市的风采，要有一种对外部世界开放的态度。一个创意的城市必须要对自己的市民展现出一种爱。

这里打个问号，很多人可能现在想的是创意城市必须要有很多的艺术聚集区，当然艺术为你看世界提供一种不同的眼光，在艺术里面可以为你提供一种完全不同的视角，有的时候提升你。在新加坡的图书馆和一些艺术馆里面，有一些房间，他们称为可能性房间，在北京798艺术区也有创意广场这样的地方，奥运之后这个还会保留吗？但是很重要的一点是要建立一种文化的标识，创意产业同时也要扩展到其他的领域，如电影、音乐等方面。

创意城市的另一个概念就是创意城市会有一个潜在的创意群体，每个人都有创意，扩展在社会的各个层面，鼓励好奇心，对于问题的解决他们自己有非常创意的一套解决办法。对于一些问题他们往往是创造性地解决。提醒一下，其实历史和创意是一对非常好的朋友，今日的经典往往就是昨日的创新，但是在谈到创意的时候我们往往也要承担风险。

总的原则就是要保持灵活性，从这个意义上来说一个创意城市很像一个爵士乐的演奏，而不是由一个指挥家指挥的交响乐。如何从一个跳板上跳出来，有时候不一定非那么合逻辑。既然每个城市现在都非常愿意有创意，当大家都在想创意的时候你的强势落脚点在哪里？所以就是要突破一个瓶颈或者一个限制，你要用创意来回报这个世界，而不是争取在这个世界上成为最有创意的。所以一个好的领导人应该是具有前瞻性的，而不是一直在挖坑，不看前面，这是传统意义上不提倡的。

思考题：

1. 总结查尔斯·兰德利对创意城市的看法和观点。
2. 根据查尔斯·兰德利的观点，北京和上海是否是创意城市？

在线学习

上网查看查尔斯·兰德利讲话中所提到的城市及其改造项目，体会他所讲的创意城市的含义。查看中国城市中你认为最具创意的街道。

第三章 文化创意产业竞争力理论

从历史的观点看，竞争力的概念具有多角度、多层次的含义。竞争力的内涵也是动态的，是随着经济和文化的发展而不断变化与充实的。当代学者对竞争力的研究已经发展演化出产业竞争力、企业竞争力、城市竞争力、国家竞争力、可持续发展竞争力、国际竞争力、区域竞争力等多个研究分支，在同一个领域中也出现了侧重科技研发能力、侧重国家财富创造能力、侧重综合对比和地缘政治、侧重硬实力和软实力等多种研究方法。文化创意产业作为20世纪末发展起来的新兴产业，其竞争力应当如何评价成为国际上竞争力研究的一个新课题。

本章重点介绍和分析传统的产业竞争力理论以及在此基础上发展起来的文化创意产业竞争力的评价方法。

第一节　竞争优势理论

竞争优势理论经历了一个不断发展的过程，一些著名的学者和实践者为其发展做出了重要贡献。本节在介绍竞争优势理论的发展脉络过程中重点介绍了最具有代表性的学者及其观点。

一、传统竞争优势理论

竞争力理论渊源可以追溯到古典经济学派的经济理论。在以物质生产为主的经济发展阶段，以农业经济和工业经济为代表，市场中的主要竞争是产品竞争。因此，早期的竞争力分析的焦点集中在这一方面，其代表人物是亚当·斯密基于资源禀赋建立起来的绝对成本优势与李嘉图的相对成本优势以及马歇尔的集聚优势理论。在这些理论分析中，以市场竞争主要是相同产品的竞争为依据，提出产品成本是竞争占优势的决定性因素。他们认为，产品竞争力的强弱取决于因为资源条件或者企业和生产要素集聚而形成的成本优势。谁拥有更多的资源，如大规模的生产设备和组织形式，谁提供了更优质和更便宜的产品，谁就将在市场上获得决定性的胜利。集聚优势理论认为，当企业集聚时，由于大量生产要素的集聚所产生的相互间积极影响，可以大大降低生产成本，从而提高竞争力。时至今日，这些理论观点仍是建立市场竞争力优势的主要基础。当然，亚当·斯密和李嘉图的成本优势主要是基于资源禀赋，因此导致了认为竞争力的强弱取决于是否占有和控制世界上的资源产地，是否具有生产上的高效率技术和组织方式等。

二、制度创新竞争优势理论

随着市场经济的发展，特别是科学技术在竞争中的作用越来越突出，资源要素的重要性逐渐下降，而制度的重要性越来越凸显。所以，制度创新竞争优势理论应运而生。制度创新理论的提出者是美国经济学家道格拉斯·诺斯（D. North）、兰斯·戴维斯（Lance E. Davis）、罗伯特·汤玛斯（Robert P. Thomus）。1971 年，诺斯和戴维斯合著并由剑桥大学出版社出版的《制度变革与美国经济增长》一书被认为是制度创新理论的重要代表作，也是西方经济学界第一部比较系统地阐述制度创新的著作。诺斯认为，科学技术的进步对经济的发展虽然起到重要作用，但真正起关键作用的是制度，包括所有制、分配、机构、管理、法律政策等。诺斯的许多著述都在寻求解释为什么有些国家穷、有些国家富？为什么一些经济是强盛的，而另一些经济则失败了？他认为，必须从制度上找原因。制度是促进经济发展和创造更多财富的保证，若社会群体发现现有制度已不能促进发展，就应当酝酿建立新制度，否则，经济就会处于停滞状态。因此诺斯等认为，制度竞争力优势在于通过制度创新，营造促进技术进步和经济潜能发挥的环境。从制度变迁的主体和诱因来看，制度创新方式分为强制性制度变迁和需求诱导性制度变迁。在许多情况下，社会规则并不是按照经济的效率原则发展的，它受到政治、军事、文化以及意识形态的约束。因此一个民族完全有可能为了多种考虑特别是意识形态方面的考虑，长期地停留在低效率的经济制度中，所以推动制度创新就显得格外重要。①

① 斯蒂格利茨．经济学（第 2 版）［M］．中国人民大学出版社，2000；斯坦利．L. 布鲁．经济思想史［M］．机械工业出版社，2003.

三、世界经济论坛（WEF）和瑞士洛桑国际管理发展学院（IMD）的竞争力理论

随着冷战的结束，以经济为中心内容的综合国力竞争日益加剧，各国对国际竞争力的关注日益高涨。以企业竞争优势为内容的理论研究可追溯到20世纪80年代初世界经济论坛组织的达沃斯年会上，与会的各国企业家、银行家、经济学家和政府官员就企业竞争力及企业国际竞争力的问题展开讨论。当时大家对什么是企业的国际竞争力，如何比较各国竞争力，甚至存不存在国际竞争力等问题众说纷纭。在这种情况下，为使世界各国的实业领袖、金融巨头和政界要人对世界经济的发展及实力对比的变化有综合、全面的了解，并掌握更多的信息，促进各国提高各自的国际竞争力，世界经济论坛开始酝酿竞争力研究并发表专题研究报告。开始时，在理论原则、方法论、评估体系和指标数据等方面很不完善。但经过数年努力，1986年，对国际竞争力包括企业竞争力的研究初步形成了相对独立的体系。1989年，世界经济论坛与瑞士洛桑国际管理发展学院开始携手合作共同进行国际竞争力的研究，大大推进了国际竞争力研究进展。1995年底，世界经济论坛与洛桑国际管理发展学院分道扬镳，各自组成研究队伍进行国际竞争力的研究。总体上说，瑞士洛桑国际管理发展学院所提交的《世界竞争力年鉴》，强调竞争力是一个国家和一个地区在先天资源和后人生产活动的配合下，所能创造的国家财富的能力，比较侧重的是静态的比较。世界经济论坛则强调竞争力是一个国家和地区提高经济增长率，并且持续地增进人民生活水准的能力，注重一个国家和一个地区在未来5～10年的经济成长潜力，比较侧重动态的评比，特别是把企业竞争力、产业竞争力和一个地区的社会凝聚力、文化普及程度等结合起来。

虽然世界经济论坛和瑞士洛桑国际管理发展学院对国际竞争力研究的报告各有侧重，但双方对国际竞争力的观点解释比较一致，都认为竞争力是指一国的企业或企业家在目前和未来在各自的环境中以比国内和国外的竞争者更具吸引力的价格和质量来进行设计、生产和销售产品和劳务的能力，或认为竞争力是指一个国家或一个公司在世界市场上均衡地生产出比其竞争对手更多财富的能力。这种能力取决于一个产业的国际化程度、政府管理能力、金融体制、公共设施、科研成果转化率、企业管理体制等体制性因素。

根据以上共识，萨拉·伊·马丁教授为世界经济论坛设计了全球竞争力指数（GCI），旨在衡量一国在中长期取得经济持续增长的能力。全球竞争力指数由12个竞争力支柱项目构成，为识别处于不同发展阶段的世界各国竞争力状态提供了

全面图景，并于2004年首次使用。这些支柱是制度、基础设施、宏观经济稳定性、健康与初等教育、高等教育与培训、商品市场效率、劳动市场效率、金融市场成熟性、技术设备、市场规模、商务成熟性、创新。目前，由总部设在日内瓦的世界经济论坛每年公布一次全球竞争力指数排名。

四、波特的竞争优势理论

对企业竞争优势做出最为系统研究的是美国哈佛经济学院教授迈克尔·波特（Michae E. Porter），他的经典之作是《竞争战略》、《竞争优势》和《国家竞争优势》三部曲。前两部发表于20世纪80年代初，重点研究企业竞争优势；最后一部发表于1990年，虽然讨论的是国家竞争优势的问题，但波特仍是以产业和企业竞争优势作为核心。

波特发现，任何产业企业都受到五种竞争的作用力：来自潜在新竞争对手的威胁，来自其他产品创新的本企业产品被替代的威胁，来自供应商的议价能力，来自消费者的议价能力，来自产业内部的现有企业之间的竞争。这五种竞争作用决定了产业的盈利能力，它们影响着企业的价格、成本和企业投资等多种因素，综合起来决定产业中的企业获取超出行业平均利润水平的盈利率的能力。波特教授细分了五种竞争力的内容，他认为，尽管企业相对于其他对手可以拥有很多的优势或者劣势，但有两种基本优势是最为重要的：成本优势和差异性（歧异性）。具有成本优势和产品差异性优势的企业可以在较大程度上对五种竞争的作用力加以控制。

企业的竞争优势和竞争目标相结合，便产生了三种基本战略：成本领先战略、标歧立异战略和集聚战略。成本领先战略是指企业成为产业中的低成本生产厂商，以低成本为优势；标歧立异战略是企业在某些产品、服务上保持与其他企业有鲜明差别的竞争战略；集聚战略是在市场内部的特定狭小空间做出的战略选择，具有细分目标市场的针对性。聚集战略还可以细分为成本集聚战略和歧异集聚战略，前者是企业将成本作为在目标市场上的竞争优势，后者则把歧异性作为优势。波特认为，企业可以使用任何一种基本战略获得竞争优势，也可以将几种战略予以混合使用。在三种基本战略中，成本优势是长期的、稳定的，是最基本的优势来源，歧异性战略则通过产品、服务的创新，发展企业的新的竞争优势。《竞争优势》一书以价值链为工具作为一种新的观察视角，阐述企业在实践中将上述三种竞争战略付诸实施的问题，核心内容是企业如何保持持久的竞争优势。企业保持竞争优势的基础是技术的不断创新，这是由技术在企业生产经营活动中的地位所决定的。

对于国家的竞争优势，波特在1990年出版的《国家竞争优势》一书中提出，国家竞争力是由四个基本方面构成，它改善或制约该国企业的竞争环境，促进或阻碍国家竞争优势的产生。它们包括以下内容：①资源与才能要素：指一个国家的生产要素状况，包括熟练劳动力以及必须具备的基础设施条件。②需求条件：指对某个行业产品或服务的国内需求性质。③关联和辅助性行业：指国内是否存在具有国际竞争力的供应商和关联辅助行业。④企业战略、结构和竞争策略：指一国内支配企业创建、组织和管理的条件以及竞争的本质。波特将这四个方面构成一个菱形，认为当某些行业的菱形条件处于最佳状态时，该国企业取得成功的可能性最大。例如，颁布鼓励或者限制消费的法规可以改变国内需求，反托拉斯的政策将影响行业内竞争的激烈程度，政府在教育领域的投资可以改变劳动力能力资源等。

波特的竞争力理论对于竞争力研究的贡献可以归纳为以下几点：一是提出了一个重要的分析工具。二是强调动态的竞争优势，特别是回答了如日本、韩国这类自然资源稀缺的国家能够在众多领域获得竞争优势而许多自然资源丰富的国家却长期落后的原因，认为不断创造的动态要素比静态要素更能持久，其优势会随着时间的推移、知识的积累而增加，而靠静态要素禀赋获得的竞争优势会随着消耗而减少。随着科学技术的迅猛发展，新能源、新材料的大量问世，初级要素的相对重要性进一步降低，动态竞争优势的重要性进一步加强。三是强调国内需求的重要性，认为首先要有一个活跃的国内消费市场，才能进一步去开拓一个广阔的国外消费市场。四是强调国家在决定企业竞争力方面的关键作用。一个国家或地区的制度和政策，决定了企业竞争力的基本成本，构成了各要素流动的一个基本环境。

第二节　文化创意产业竞争力评价

如何评价某个产业的竞争力成为产业竞争力理论的一个核心部分。由于文化创意产业具有自己鲜明的产业特征，因此文化创意产业竞争力评价体系的建立对产业竞争力理论的发展做出了贡献。

一、创意指数

基于国家、产业和企业竞争力特别是国际竞争力指数的研究，为了更好地体现文化创意产业的竞争力，21 世纪初以来，欧美一些研究机构和学者率先提出了衡量一个国家和城市文化创意产业竞争力的“创意指数”。所谓创意指数是指衡量创意产业或创意产业的创新性和竞争力的一种指数，用以衡量和评价一个国家、地区、城市、行业或创意产业的发展状况，分析其产业增长的各种影响因素，评价其产业竞争力。创意指数的建立实际上融合了前文所述的竞争力评价理论，使其更适合文化创意产业竞争力的评价。

对于创意指数的研究值得关注的有以下几方面：联合国社会发展研究所和教科文组织的《针对文化和发展的全球性报告：建立文化数据和指数》（1977）；贝克（Baeker）的《地区文化发展的衡量和指数》（2002）；理查德·佛罗里达（Richard Florida）的先驱性著作——《创意阶层的崛起》以及他后来与艾琳·泰内格莉（Irene Tinagli）合著的《创意时代的欧洲》等。这些研究运用了众多的其他学科如人类学、社会学和经济学等来建立文化指数体系，如多样性、创造力、社区、全球化、参与度等。在以上研究中，理查德·佛罗里达的研究被世界各地特别是亚洲地区的学者广泛接受，因为他的分析框架比较完整，可操作性强。目前国际上较有影响力的三大指数，即美国创意指数和欧洲创意指数都是在佛罗里达的参与下制定了，之后的中国香港地区创意指数也参照了前两个指数。以下是对这 3 种指数的详细介绍。

1. 美国创意指数①

美国创意指数是世界上第一个评价创意产业发展程度的指数。美国卡内基梅隆大学区域经济发展教授理查德·佛罗里达在《创意阶层的崛起》一书中提出了创意资本理论。该理论认为，一个地区的经济发展是由创意阶层带动的，他们喜欢生活在多元化和包容力强以及对新观念很开放的地方。多元化可以增加一个地方的吸引力，聚集各种不同技术与观念的创意人，各种创意人混杂的地方更可能产生新的组合。此外，多元化加上创意资本集中更可以加速知识的流通；各种创意资本越集中，就越能带来更高的创新能力、更多的高科技企业、新的就业机会以及经济的成长。

在此基础上，佛罗里达教授进一步提出了 3T 理论，指出创意经济发展的关键在 3T，即技术指数（Technology）、人才指数（Talent）和宽容指数（Tolerance）。

（1）技术指数。技术指数包括两方面：①高科技指数。佛罗里达教授在高科技指数中直接引用了美国米肯机构的技术标杆指数的成果。米肯机构于 1999 年发布的一份调查报告，是最出色的高科技排名调查。它针对美国 350 个地区多

① 蒋三庚．创意经济概论［M］．首都经济贸易大学出版社，2009：273.

方面的高科技表现，提出了综合衡量高科技产业集中和发展程度的技术标杆指数。这些排名主要依据两项指标：地区高科技企业产出占全国高科技产出的比例和某一地区高科技产出占当地全部产出的比率。②创新指数。佛罗里达教授的创新指数是根据美国1990～1999年的年均专利增长情况，通过衡量专利申请总量的年增长率来衡量创新的发展程度。

（2）人才指数。一个地区或城市成长的关键不是降低企业运营成本以及产品成本，而在于拥有大量受过良好教育、具备高生产力的人力资本。最初，大多数经济学家在如何评价人才这个问题上，提出的是人力资本理论，即由就业人口中大学以上学历人数占就业总人口的比例来衡量。许多研究美国经济发展的人员发现，美国的经济成长与它的人力资本有明显的关系。依据人力资本理论，经济成长一般容易发生在众多高等教育人才聚集的地方。佛罗里达教授在此基础上提出了创意资本理论。他认为，创意阶层是经济成长的关键，是推动区域经济成长的动力；创意资本始于创意阶层，创意阶层由一些新型人才构成，影响这些人选择工作地点的根本原因是创意人喜欢创新、多元和包容的地方。佛罗里达教授主张用职业即人们实际所做的工作来衡量创意产业的人才状况，即用创意阶层人数占总人口的比例作为人才指数的基础。

（3）宽容指数。很多产业的人才都选择多元化汇集和拥有极好休闲生活的地方作为生活和工作的场所。包容性是创意人才赖以聚集的环境。学者们研究发现，一个地区或城市对移民、同性恋的开放性和宽容度与其经济发展和国家政策之间存在着密切的关系。因此宽容指数包括以下三个方面：

1）同性恋指数。同性恋指数即为一个地区同性恋人数占总人口的比例。美国一些学者认为，在某种程度上，同性恋代表着社会多元化的最后界限，接受同性恋的社会通常意味着会接受任何人，因此，同性恋指数可以作为衡量多元化的一个标准。在佛罗里达教授所做的统计分析中，同性恋指数比其他衡量多元化的方法更能作为高科技地区的衡量标准。

2）波希米亚指数。波希米亚指数是某一地区的波希米亚人口占全国波希米亚人口的比率。“波希米亚族”是创意阶层的代名词，一般指文化从业者，包括从事以下职业的人员：作家、音乐家、设计师、演员及导演、画家、雕塑家、摄影师、舞蹈家、艺术家以及相关工作者。他们偏爱自由的生活形态，喜欢享受生活和自我表现。波希米亚族的地理分布非常集中。一个地区如果有大量的波希米亚人口聚集，则代表该地区环境是开放的并且对高人力资本很有吸引力，而这样的环境通常能够激发与高科技产业相关的创意和创新。

佛罗里达教授的分析显示，波希米亚指数不论是与人力资本还是与高科技产业密集地区之间，都有显著的正相关关系。

3）熔炉指数。熔炉指数是外国移民占总人口的比率。许多研究者均高度评价外国移民在经济发展中的作用，认为对外来移民开放，让全球有创意活力的人不断进入，是保持一个国家创新与成长的重要因素。美国经济的成功在很大程度上取决于移民的涌入。

美国创意指数体系实际上就是从文化创意产业的概念和基本特点出发，分别突出了其中科技、智力和文化三个要素，选取对于评价或蕴蓄文化创意产业有效的指标来进行测量。但就某些指标而言，并不合适，如同性恋指数，在很多国家是不可能体现宽容度的。

2. 欧洲创意指数①

佛罗里达教授和艾琳·泰内格莉（Richard Florida）合作，在 Alfred P. Sloan 基金会资助下，发表了一份《创意时代的欧洲》研究报告，从欧洲的实际出发，于 2004 年发布了欧洲创意指数。欧洲创意指数是在美国创意指数的基础上建立的，并在一定程度上进行了扩展，在 3T 模型的基础上添加了新的数据，而且选取的数据更加细致。该指数不仅可以用来衡量一个地区创意产业的发展，而且也是衡量和比较各国之间创意产业发展的重要指标。因此，欧洲创意指数是目前在全球影响力最大的创意指数。

欧洲创意指数也包括三个方面的要素：技术指数、人才指数和宽容指数。虽然结构和美国的相同，但是内容却有了很大的变化。

（1）欧洲技术指数。欧洲技术指数主要选取了发明专利、研究开发指数和高科技创新指数来衡量技术的发展。

1）创新指数。该指数使用发明专利来代表创新能力。世界经济论坛《2002～2003 年全球竞争力报告》提出了“核心创新”的概念，即指每 100 万人口所获得的美国专利与商标局（United States Patent and Trademark Office，USPTO）授予的发明专利并在 15 个以上的国家或经济体获得授权的数量。按照这一概念，根据 2001 年美国专利和商标局的数据，有 24 个国家和经济体满足这一标准（见表 3－1）：

表 3－1 获得发明专利授权数目

国家	获得发明专利授权数目	国家	获得发明专利授权数目
美国	314	奥地利	72
日本	261	新加坡	72
中国台湾	240	比利时	70

① 蒋三庚．创意经济概论［M］．首都经济贸易大学出版社，2009：281.

续表

国家	获得发明专利授权数目	国家	获得发明专利授权数目
瑞士	196	法国	68
瑞典	196	英国	66
以色列	163	冰岛	63
芬兰	140	挪威	59
德国	136	澳大利亚	45
加拿大	116	爱尔兰	37
丹麦	90	中国香港	34
荷兰	83	新西兰	32
韩国	74	意大利	30

2）研发指数。研发指数是指研发经费支出占 GDP 的比重。研发是科技创新之源。研发的结果通常是指在知识和经验总结的基础上形成的技术和知识存量，而技术创新能带来未来的市场价值。研究开发投入的稳定增长会带来经济增长率的提升。

3）高科技创新指标。高科技创新指标是每百万人在生物技术、信息技术、制药以及航空等高科技领域拥有的专利数量，数据同样来自于美国专利与商标局。

（2）欧洲人才指数。人才指数可以综合反映一个地区或机构人才数量及质量的变动，可以用来分析一个地区或机构的竞争力和可持续发展的能力，预测一个地区或机构的人才结构发展趋势，可以对一个地区或机构的人力资本发展状况提出建议。欧洲人才指数包括三个方面：一是创意阶层指数，即创意从业人数占整个从业人数的百分比。二是人力资本指数，即 25 ~ 64 岁人群中有学士及以上学位的人数比例。三是科技人才指数，即每千名工人所拥有的从事研究性工作的科学家与工程师的数量。

（3）欧洲宽容指数。欧洲宽容指数与美国的宽容指数有很大的不同。欧洲衡量宽容度的标准，即全球宽容指数建立在密歇根大学英格哈特的综合研究基础上，它包括影响宽容度的三个指数：

1）态度指数。态度指数衡量对待少数民族的态度，是建立在欧洲种族主义与排外仇外现象观察所（EUMC）发起的欧洲晴雨表调查结果之上。社会研究分析机构针对 EUMC 的调查，对欧洲国家的人口进行了分类，共分成 4 类：容忍性、对人的矛盾心理、消极容忍度和积极容忍度。态度指数是指由 EUMC 归类为积极和消极容忍度的感应百分比。

2）价值指数。衡量一个国家或地区对现代或者世俗的价值观表现出的传统或者宗教的反对程度。

3）自我表达指数。衡量一个民族对个人权利和自我表达的重视程度，包括的问题涉及对自我表达、生活质量、民主、科学和技术、休闲、环境、新人、政治抗议、移民和同性恋的态度。

欧洲的创意指数体系本质上和美国的一样，同样是从科技、智力和文化三个方面着手，都是从孕育"文化创意产业"的源头来评价的。

3. 中国香港地区创意指数①

香港创意指数在编制过程中首先借鉴了佛罗里达教授创立的3T创意指数。其中，创意阶层人数、人力资本、研发支出等数据可以在香港人口普查和相关数据中找到。因此，3T模型中的关键部分被用到了香港创意指数中。但在采用3T的整体构架来构建香港创意指数时也遇到了困难：香港地区缺乏美国创意指数中宽容指数的相关数据。所以，香港创意指数不得不对佛罗里达教授的3T模型进行改良，特别是增加了与创意产业有关的经济和社会文化参数，作为新的指数或副指数。香港创意指数可以简单地表述为5C模型（见图3－1）。

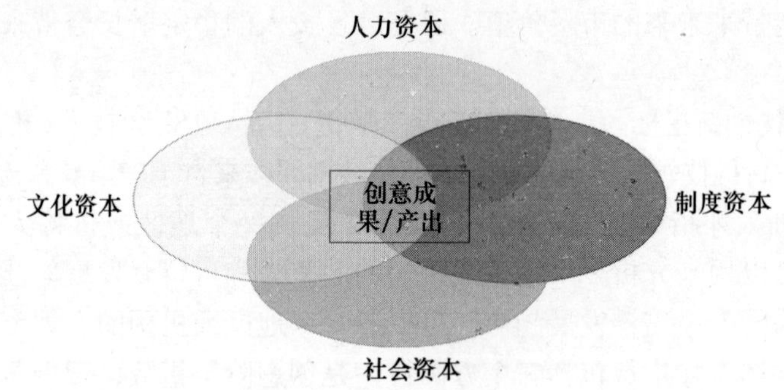

图3－1　香港创意指数

图3－1中的"创意成果/产出"这项要素直接表现创意经济的规模和经济总量，可以认为是其他所有要素相互作用的累计成果。其他4项要素可以认为是对创意产业经济发展及重要影响的核心要素。这5项要素的作用，可以进一步通过具体的116项指标进行衡量。

（1）第一项要素：创意成果/产出。创意活动和创新所带来的成果或产出一方面表现为业绩指标，如GDP；另一方面还表现为对社会进步的促进，包括满足公众的精神文化生活需求，以及促进社会发展的活力。创意成果或产出分别从经济和非经济成果角度描述了社会创造力所达到的程度。

① 蒋三庚．创意经济概论［M］．首都经济贸易大学出版社，2009：289.

香港“创意成果或产出”指数设计了用以衡量创意成果的三大类指标，即创意经济的贡献、创意活动的经济成分和其他创意活动成果，具体细分为如下三个方面（见表3－2）：

表3－2 香港“创意成果或产出”指数设计

创意经济的贡献指标	创意活动的经济成分指标	其他创意活动成果指标
香港创意产业增加值占GDP的百分比	本地企业在国际市场上销售有商标产品能力的计数值	人均每天发行的报纸量
从事创意产业的人数占总就业人数的百分比	本地企业获得新技术能力的计数值	人均最新出版的图书数
创意产业商品贸易占总商品贸易的份额	经济成分中生产力的增加值	中国香港唱片在总音乐唱片销售量中所占的份额
创意产业中的服务业占总服务业的份额	每个抽样组申请的专利总数	每个抽样组作曲总数
中小型企业在GDP中所占百分比的增加值	香港人申请的专利占申请总专利数的百分比	每个抽样组填写歌词总数
通过电子商务销售商品、提供服务和信息，营业收入占社会商品销售和服务收入总额的百分比	年平均增加的专利申请数	每个抽样组制作电影总数
		每个抽样组每年参与当地表演艺术节目制作总数
		每个抽样组每年参与非当地表演艺术节日的总数
		新设计的建筑总数

（2）第二项要素：制度或结构。这项要素包括六大类指标，如表3－3所示。

表3－3 制度/机构指标

法律体系在香港的重要性和效率指标	言论自由指标	履行国际管理指标	信息基础设施指标	社会文化基础设施指标	企业和金融指标
香港独立法律体系的计数值	香港新闻自由度的计数值	批准涵盖人权、艺术和文化等方面的国际性合约的数量	使用个人计算机设施的百分比	每100人中公共图书馆的登记用户	香港中小企业总数
香港法律体系效率的计数值			连接互联网设施的百分比	每100人中公共图书馆拥有的图书数量	在香港上市的公司总数

续表

法律体系在香港的重要性和效率指标	言论自由指标	履行国际管理指标	信息基础设施指标	社会文化基础设施指标	企业和金融指标
香港对财产权保护的计数值			浏览网站/网页设施的百分比	每个抽样组中表演艺术展览馆的座位容量	香港股票市场每年的资本增长率
香港对知识产权保护的计数值			使用个人计算机住户的百分比	每个抽样组中所拥有的社区中心的数量	内部直接投资的市场价值
和前一年相比在香港购买盗版或伪劣产品的计数值			连接互联网住户的百分比	每10万人中所拥有的市政中心的数量	外部直接投资的市场价值
			每个抽样组所拥有的手机用户	每个抽样组所拥有的公共纪念碑的数量	在香港政府管理下风险资本的增长率
				每个抽样组所拥有的休闲娱乐设施的数量	
				每个抽样组所拥有的宗教聚会地点的数量	
				每个抽样组所拥有的非营利性机构的数量	
				每10万人所拥有的公共博物馆的数量	
				每个抽样组所拥有的影院座位的数量	
				每100人中拥有的收音机的数量	
				每100人中拥有的电视机数量	

（3）第三项要素：人力资本。这项要素包括三大类指标，如表3-4所示。

表 3-4 人力资本指标

研发开支和教育开支指标	脑力劳动者人口指标	临时性/流动性人力资本指标
研发开支（企业部门）在 GDP 中所占百分比	15 岁以上达到第三等级教育（中学毕业以后的教育）人口的比例（无学位）	临时性（流动性）人口占总人口的比例
研发开支（教育部门）在 GDP 中所占百分比	15 岁以上达到第三等级教育人口的比例（有学位）	在国外的留学生数量
研发开支（政府）在 GDP 中所占百分比	研发人员数量占总工作人口的比例	每个抽样组中工作签证的数量
政府的教育开支在 GDP 中所占百分比	参加在职培训人员数量占总工作人口的比例	游客增长总数
		每年增长的游客数
		每个抽样组中当地离港居民总数
		当地离港居民增加数量
		每个抽样组中估计香港移居国外人数

（4）第四项要素：社会资本。这项要素与美国和欧洲创意指数体系中的“宽容度”在一定程度上相对应，包括三大类指标，如表 3-5 所示。

表 3-5 社会资本指标

衡量社会资本的发展指标	规范和价值指标	社会参与程度指标
企业捐赠除以税前盈余的比例	从“世界价值调查”中得到的关于一般化信任的指数	从“世界价值调查”中得到的关于参与社会活动的指数
企业捐赠的增长率	从“世界价值调查”中得到的关于制度性信任的指数	从“世界价值调查”中得到的关于社会参与保障的指数
每次个人慈善捐赠的总价值	从“世界价值调查”中得到的关于互惠的指数	俱乐部、机构和协会会员的数量
个人慈善捐赠的增长率	从“世界价值调查”中得到的关于合作的指数	运用时间模式的指标
企业和个人捐赠在 GDP 中的百分比	从“世界价值调查”中得到的关于对变化和包容性接受程度的指数	社会交流频率和强度的指标
社会福利支出在总公共支出中所占的比例	从“世界价值调查”中得到的关于对少数民族态度的指数	参与志愿者工作的指标

续表

衡量社会资本的发展指标	规范和价值指标	社会参与程度指标
用于社会福利的公共支出在GDP中的百分比	从“世界价值调查”中得到的关于传统和现代价值观对抗的指数	每次活动志愿者的总数量
	从“世界价值调查”中得到的关于自我表达的指数	

（5）第五项要素：文化资本。这项要素是香港创意指数体系中另一个反映宽容度的指数，其结构与“社会资本”相似，也包括三大类，如表3-6所示。

表3-6 文化资本指标

衡量文化支出的发展指标	规范和价值指标	文化参与程度指标
艺术和文化支出在总共共支出中的比例	对创意活动的重视程度	过去1年中15岁及以上人口参加文化活动的参与度
艺术和文化支出在GDP中的比例	对学龄前儿童创意活动的重视程度	15岁以上人口以业余身份参加文化艺术活动的比例
文化领域的“经常性支出”（公共）	对日常生活和个人发展中艺术和文化的重视程度	过去1年中学龄前儿童参加文化活动的参与度
文化领域的“资本支出”（公共）	对鼓励文化参与的环境的重视程度	不同场合参与文化活动的小时数
文化领域的“经常性收入”（公共）	对关于购买盗版产品的道德观的重视程度	每100个人使用者所借图书的数量
总慈善捐款中企业对艺术和文化捐赠的百分比	对保护人权以发展当地创意产业的重视程度	付给“CASH”组织的版权费除以总人口（不包括海外收入）的人均版权费
总慈善捐款中个人对艺术和文化捐赠的百分比		过去1年中处于休闲目的进行阅读的次数
家庭对指定文化产品和服务的消费占家庭总消费的百分比		每周看电视的小时数
家庭消费中艺术教育支出的百分比		每周收听收音机广播的小时数
		每周用于私人上网的小时数
		访问博物馆的人数占总人口的比例
		参加表演的人数占总人口的比例
		观看电影和录像艺术的人数占总人口的比例

与美国和欧洲的创意指数体系相比，香港的创意指数的特点主要在以下几方面：首先，增加了衡量文化创意产业最终成果的“创意成果/产出”的指标，因为科技、智力和文化到底有没有很好地结合起来促进文化产业创意的发展，最终促进经济和社会的发展是要靠最终的结果来说话的。其次，香港创意指数评价体系增加了“结构或制度”类指标，更加从创意信息循环这一角度出发，从各个环节保证其循环的顺利进行。

4. 上海创意指数①

除了以上 3 种国际上较流行的创新指数体系之外。我国上海地区也制定了自己的创意指数体系。上海是我国内陆第一个发表创意指数的城市。上海创意指数是在借鉴美国、欧洲和中国香港地区创意指数体系的基础上，从中国国情和上海创意产业发展情况出发建立的一套创意指数体系，上海创意产业中心应用该体系对上海市 2004 年和 2005 年文化创意产业的发展做出评价与比较（见表 3－7）。

表 3－7　上海创意指数

指数名称	指标	计量单位	2004 年	2005 年	计算结果	权重
产业规模指数	创意产业的增加值占全市增加值的百分比	%	5.8	6.0	107.2	30%
	人均 GDP	万元	4.63	5.14		
科技研发指数	研究与发展经费支出占 GDP 比值	%	2.11	2.34	125.2	20%
	高技术产业拥有自主知识产权产品实现产值占 GDP 比值	%	10.9	11.9		
	高技术产业拥有自主知识产权的拥有率	%	26.9	27.5		
	每 10 万人发明专利数	件	39	59		
	每 10 万人专利申请数（按常住人口计算）	件	118	184		
	市级以上企业技术中心数	个	157	189		
文化环境指数	家庭文化消费占全部消费的百分比	%	8.65	8.26	94.4	20%
	公共图书馆每百万人拥有量	个	1.61	1.57		
	艺术表演场所每百万人拥有量	个	10.16	9.00		
	博物馆、纪念馆每百万人拥有量	个	5.17	5.62		

① 蒋三庚．创意经济概论［M］．首都经济贸易大学出版社，2009：306.

续表

指数名称	指标	计量单位	2004 年	2005 年	计算结果	权重
文化环境指数	人均报纸数量	份	113.15	107.20	94.4	20%
	人均期刊数量	册	11.08	10.69		
	人均借阅图书馆图书的数量	册	0.77	0.58		
	人均参观博物馆的次数	次	0.27	0.32		
	举办国际展览会项目数	项	383	276		
人力资源指数	新增劳动力人均受教育年限	年	13.0	13.5	105.2	15%
	高等教育毛入学率	%	55.0	57.0		
	每万人高等学校在校学生数	人	278	293		
	户籍人口与常住人口比例		3.5∶1	3.3∶1		
	国际旅游入境人数	万人次	491.92	571.35		
	因私入境人数	万人次	26.27	27.76		
	外省市来沪旅游人数	万人次	6346.24	6804.98		
社会环境指数	全社会劳动生产率（按常住人口计算）	元/人	88893	98545	114.9	15%
	社会安全指数	100.3	92.1			
	人均城市基础设施建设投资额	元	3861	4982		
	每千人国际互联网用户数	户	363	452		
	宽带接入用户数	万户	158.82	247.4		
	每千人移动电话数	户	750	812		
	环保投入占 GDP 百分比	%	3.03	3.07		
	人均公共绿地面积	平方米	10.1	11.0		
	每百万人拥有的实行免费开放公园数（按常住人口计算）	个	8	8		
2005 年上海城市创意指数					109.1	

资料来源：上海创意产业中心，《上海培育发展创意产业的探索与实践》。

应用上海创意指数对上海市文化创意产业发展的评价结果表明，与 2004 年的上海创意指数 100 相比，2005 年增幅为 9.1%，增长比较快。其中，科技研发指数增幅最大，表明上海的科技创新能力迅速增强，并成为拉动上海创意产业发展的主要力量；社会环境指数为 114.9，表明上海的社会环境显著改善，成为推动上海创意产业发展的另一重要因素。

二、中国学者对文化创意产业竞争力的评价体系

以上各种关于竞争力优势的理论，具有明显的社会经济发展演变的印记，反映了人们对竞争力的理论探索不断深化的过程，同时也为文化创意产业竞争力分析提供了重要的理论基础。我国学者借鉴以上对于产业竞争力理论的研究成果，对文化创意产业竞争力评价提出了自己的评价体系。

在我国对文化创意产业竞争力的研究分为两支，目前成果较多地集中在对文化产业竞争力的研究上。国家行政学院研究员祁述裕（2004）运用波特的竞争力优势理论，借鉴世界经济论坛和瑞士国际管理发展学院的多指标综合评价的方法，结合我国文化产业发展现状，对我国文化产业竞争力进行整体性研究。依据文化产业竞争力的内涵和竞争力系统层次，按照系统性、层次性及文化产业竞争力整体性评价的原则，建立了由三大模块（核心竞争力、基础竞争力、环境竞争力）、五大要素（生产要素、需求状况、相关产业集群、文化企业战略、政府行为）、17 个竞争面、67 个竞争力评价指标，构成了全面反映文化产业竞争力的综合评价指标体系。

花建等在《文化产业竞争力》（2005）中对竞争力有着不同的见解，他认为，竞争力通常是指综合竞争的能力。它包括微观竞争力层次、中观竞争力层次、宏观竞争力层次。

从微观层次上来说，企业是直接进行具体生产经营活动的主体，企业竞争力主要表现为将一定的资源按照预定的目标进行处理后的产出能力。它具体表现为：对产品或者劳务的研发能力、对成本和价格的控制能力、对市场的占有能力、对企业内部的管理能力、对政府和其他公共组织的协调能力等。

从宏观层次上来说，一个国家或者地区的综合竞争力，包括经济实力、军事实力、科技实力和文化实力。它不但包括“硬权力”，也就是资源总量、经济实力、军事实力、科技实力，而且包括“软实力”，也就是政府的组织动员能力、文化的生产和传播能力、在国际组织中的作用及对国际社会的影响能力等。[①]

从中观层次上来说，产业竞争力是指某一产业如金融产业、造船产业、汽车产业、文化产业等通过对生产要素和资源的高效配置和转换，稳定、持续地生产出比竞争对手更多、更好财富的能力。它不仅表现为市场竞争中现实的产业实力，而且还表现为可预见的未来的发展潜力。花建将文化产业的四大内涵概括为四大能力：整体创新能力、市场拓展能力、成本控制能力和可持续发展能力。在

---

① 花建，王泠一，郭洁敏，董德兴，吴文娟．软实力之争——全球化视野中的文化竞争潮流［M］上海：上海社会科学院出版社，北京：高等教育出版社，2001.

此基础之上，花建将四大能力展开为7个竞争力指标的体系板块：

第一，产业实力。市场竞争首先是实力的较量。

第二，产业效益，它是成本控制能力的直接体现，可以由投入产出比和动态指标来反映。文化产业的投入产出比越高，证明它的产业效益越高，它的文化产品和文化劳务在文化市场上的竞争力就越强。产业效益和产业规模在体现产业竞争力方面具有同样重要的意义。

第三，产业关联，是成本控制能力的间接体现，也是文化产业竞争力的重要标记。文化产业的最大特点之一，就是通过一个上下游联动的产业链条，利用文化资源的投入，对内容进行深入开发而达到反复产出，包括为相关产业提供丰富的市场附加值。国际上许多著名的文化节庆、会展都给当地相关产业带来了明显的效益，成为名副其实的“黄金周”、“黄金月”。

第四，产业资源，是整体创新能力的基础，包括发展文化产业所需的人力、装裱、资本、技术、信息等方面的条件。

第五，产业能力，是文化产业的成长性因素，包括科技创新能力、产品研发能力、资源汇聚能力等。

第六，产业结构是可持续发展能力的前提。产业结构是产业发展到一定程度的结果，但是产业结构的主动性调整和升级则是提升产业竞争力的重要前提。

第七，产业环境，是产业可持续发展能力的重要基础，因为产业发展必然在一定的体制和机制的背景下进行，文化体制和机制是文化产业得以运行的法律性、制度性整体框架，是培育和发展文化生产力的规则性平台。花建从这7个板块出发最终确定了4个一级指标（四大内涵）、7个二级指标（七大板块）和30个三级指标（具体数据指标）的文化产业竞争力评估指标模型。

扩 展 学 习

问题与思考

1. 古典经济学中的比较优势理论是否可以用来评价文化创意产业的竞争力？

2. 比较波特的产业价值链，文化创意产业价值链与波特所描述的价值链有何相同与不同？

3. 你认为创意指数中的哪一个要素体现了制度创新理论的精髓？

4. 比较美国创意指数、欧洲创意指数、中国香港和上海创意指数的不同与相同点。

5. 为什么以上4个创意指数在对宽容度的衡量方面有较大的不同点?
6. 应用价值链理论阐述动漫产业的价值链。

中国城市品牌指数排名

"城市品牌指数"(City Brands Index, CBI)一词最先由美国品牌专家西蒙·安霍尔特(Simon Anholt)联合全球在线市场调查公司(Global Market Insite Inc., GMI)在2005年12月发布的《世界如何看待城市:Anholt城市品牌指数》报告中提出。城市品牌指数是一个面向全球城市的年度排名,其调研结果源自对18个国家上万名18~64岁的男女参访者的网上调研。他们提出这一概念旨在对世界范围内主要城市的城市品牌进行测量和评比。表3-8是2013~2014年中国100个城市的CMI[①]城市品牌指数得分与排名情况。

表3-8 2013~2014年中国100个城市的CMI城市品牌指数得分与排名

城市	品牌指数	排名	品牌吸引力	排名	品牌关注度	排名	品牌独特性	排名	文化包容	排名
北京市	0.70525	1	0.68352	1	0.62685	1	0.55062	2	0.96	7
上海市	0.63748	2	0.47355	2	0.47152	2	0.60483	1	1	1
重庆市	0.53931	3	0.28372	4	0.42496	3	0.52858	4	0.92	22
广州市	0.50646	4	0.28602	3	0.37358	13	0.36623	24	1	3
杭州市	0.50109	5	0.18029	7	0.393	7	0.43106	16	1	2
成都市	0.50075	6	0.15409	10	0.38395	10	0.46498	10	1	6
天津市	0.49524	7	0.1894	6	0.42059	4	0.45098	14	0.92	14
武汉市	0.49417	8	0.16278	9	0.40109	6	0.53282	3	0.88	28
西安市	0.48649	9	0.17013	8	0.38561	9	0.47023	9	0.92	23
苏州市	0.47331	10	0.1334	13	0.37897	12	0.46088	11	0.92	16
南京市	0.47142	11	0.136	12	0.3891	8	0.40058	18	0.96	9
深圳市	0.464	12	0.2829	5	0.4036	5	0.16949	58	1	4
中山市	0.46081	13	0.01638	83	0.36005	28	0.50681	5	0.96	13

① CMI城市营销指数(City Marketing Index)。

续表

城市	品牌指数	排名	品牌吸引力	排名	品牌关注度	排名	品牌独特性	排名	文化包容	排名
济南市	0.45876	14	0.09586	19	0.36698	16	0.45222	13	0.92	18
青岛市	0.45557	15	0.0852	24	0.36771	15	0.44937	15	0.92	19
宁波市	0.45164	16	0.11466	15	0.36492	18	0.36698	23	0.96	10
无锡市	0.44227	17	0.06994	32	0.35654	31	0.5026	6	0.84	36
郑州市	0.42732	18	0.15382	11	0.38316	11	0.45232	12	0.72	71
沈阳市	0.41677	19	0.10442	17	0.36301	22	0.35965	25	0.84	34
烟台市	0.41127	20	0.08153	25	0.34699	53	0.41655	17	0.8	53

资料来源：http：//www. sina. com. cn，2015－07－15，17：49 新浪城市.

从3－8的排名情况来看，前四位的城市确实是文化创意产业发展较好的几个城市，而南京、杭州和青岛这些城市又是新兴的文化创意产业发展较快的几个城市。从某种意义上说，城市品牌价值指数还是在一定程度上说明了城市的竞争优势。

思考题：

1. 关注表3－8的几个排名，特别是“文化包容”一项。你认为“文化包容”的排名是否符合你的预期？

2. 你认为在进行城市品牌排名时，客观指标和主观指标（个人感受）应如何协调才能使排名更具有说服力？

世界经济论坛全球竞争力报告

世界经济论坛于2014年9月2日公布了《2014～2015年度全球竞争力报告》，共有144个国家参加了评比。在2015年的国家及地区竞争力评估中，瑞士和新加坡继2014年之后再次分列第一名和第二名，其后依次为美国、芬兰、德国、日本、中国香港、荷兰、英国和瑞典。中国排名上升一个位次，至第28名；俄罗斯上升了11名，至第53名；印度下降11名，至第71名，在金砖国家中排名最低，比巴西落后14个位次。

根据该报告的全球竞争力指数（GCI）排名，亚洲有三个经济体进入世界十大最具竞争力的国家与地区行列，它们分别为新加坡（第2名）、日本（上升3

位到第6名）和中国香港（第7名）。排名垫底的是几内亚，因成为埃博拉疫情源头而受到瞩目（见表3－9）。

表3－9　全球竞争力指数排行榜

国家/经济体	2014～2015年排行		2013～2014排行
	排行	得分	排行
瑞士	1	5.70	1
新加坡	2	5.65	2
美国	3	5.54	5
芬兰	4	5.50	3
德国	5	5.49	4
日本	6	5.47	9
中国香港	7	5.46	7
荷兰	8	5.45	8
英国	9	5.41	10
瑞典	10	5.41	6
挪威	11	5.35	11
阿拉伯联合酋长国	12	5.33	19
丹麦	13	5.29	15
中国台湾	14	5.25	12
加拿大	15	5.24	14
卡塔尔	16	5.24	13
新西兰	17	5.20	18
比利时	18	5.18	17
卢森堡	19	5.17	22
马来西亚	20	5.16	24
奥地利	21	5.16	16
澳大利亚	22	5.08	21
法国	23	5.08	23
沙特阿拉伯	24	5.06	20
爱尔兰	25	4.98	28
韩国	26	4.96	25
以色列	27	4.95	27

续表

国家/经济体	2014～2015 年排行		2013～2014 排行
	排行	得分	排行
中国	28	4.89	29
爱沙尼亚	29	4.71	32
爱尔兰	30	4.71	31
泰国	31	4.66	37
波多黎各	32	4.64	30
智利	33	4.60	34
印度尼西亚	34	4.57	38
西班牙	35	4.55	35
葡萄牙	36	4.54	51
捷克共和国	37	4.53	46
阿塞拜疆	38	4.53	39
毛里求斯	39	4.52	45
科威特	40	4.51	36
立陶宛	41	4.51	48
拉脱维亚	42	4.50	52
波兰	43	4.48	42
巴林	44	4.48	43
土耳其	45	4.46	44
也门	46	4.46	33
马耳他	47	4.45	41
巴拿马	48	4.43	40
意大利	49	4.42	49
哈萨克斯坦	50	4.42	50

资料来源：2014 世界经济论坛，http：www.weforum.org/gcr.

思考题：

1. 根据世界经济论坛全球竞争力报告，GCI 排名靠前的国家是否也是文化创意产业较为发达的国家？

2. 一个国家的竞争力是否与其文化竞争力有必然的联系？

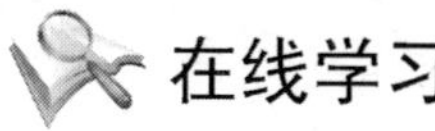

在线学习

中国人民大学文化产业研究院于2014年4月27日发布了《2014中国文化企业竞争力排行榜》。上网了解该排行榜的情况，包括行业、企业、评价标准等。

第四章 文化创意产品的消费需求理论与消费格局

创意产业并非新出现的产业，而是由于人们的需求结构从低层次向高层次发展，即从物质需求向精神需求转移过程中，从制造业与服务业中将服务于人们精神层面的产业分离组合而形成的新型产业群。如何发展这一新兴产业群对于发达国家和发展中国家都是一个有挑战性的课题。

创意产业发展战略研究的一个重要内容是产业发展的战略重心和实现产业战略目标的基本路径。创意产业发展的最终目标是“满足人民群众日益增长的精神文化需求”，文化创意产业属于典型的需求拉动的产业，其产品的消费具有典型的高收入弹性性质。研究文化创意产品需求的内在规律与消费格局是本章的重点。

第一节 文化创意产品消费需求理论

文化创意产业的发展是建立在消费者对文化创意产品需求的不断增长之上的。消费者对某类产品需求的增长遵循其内在规律，对于文化创意产品的需求的增长也是如此。对于消费者的需求变化，美国学者马斯洛在20世纪50年代就从心理学研究的角度提出了需求层次理论。

一、马斯洛的需求层次理论

来自布兰德斯大学的亚伯拉罕·H. 马斯洛在他的名为《动机与人行》一书中，提出了人类行为基本要素的五种需求。之后在1954年，马斯洛在《激励与个性》一书中探讨了他早期著作中提及的另外两种需要：探索需求和审美需求，共同构成了七种需求。

以下为马斯洛提出的七种需求：

1. 生理需求

生理需求人所共有，其目的就是满足生物学上的诸如饥饿、疲劳、性欲等本能欲望和冲动。近来发展起来的体内平衡这一概念指人体为保持自身处于正常、平衡状态而做出的自发尝试。毫无疑问，体内平衡需求是所有需求中最重要的。一个人可能缺少许多东西，诸如爱、安全、自尊，但如果当他很渴或很饿时，他在至少部分满足他的饥渴之前不会注意其他需求。一个饥肠辘辘的人是无心画画或作诗的。对他而言，除了吃的东西其他一概不感兴趣。他必须全力以赴获取食物，而在得到食物之前，其他需求事实上并不存在。

应该注意的是，整个机体都参与了对一种需求的满足过程。没有人会说“我的胃好饿”，而是说“我很饿”。一个人在饥饿时，他的整个身心都受到影响，他的感知也变了，记忆力也受到影响了，情绪变得紧张和焦躁。在他满足了饥饿需求之后所有这些变化便会减弱。在一些需求得到适当满足后，另外一些需求又成为他行动的动力。

2. 安全需求

当生理需求得到满足后，机体将安全放在首位，此时人的机体便开始寻求安全了。寻求安全的个体同饥饿的人一样，他的整个生活都受到缺乏安全感的影响。没有什么比成功得到安全而更具有吸引力了。我们在儿童身上更容易观察到对安全的需求，因为我们的文化使成人学会了克制对危险做出显性的反应。但是任何突发而有威胁的事情都会使儿童感到不安，使他们的世界从一个光明、稳定的状态变成一个任何事情都会发生的黑暗之地。儿童在一个可以预见的、有秩序的世界中才感到安全；他喜欢不受干扰的常规生活。他在一个有组织、有秩序和可依赖的世界中，也就是在一个有父母保护他免受伤害的世界中感到更安全。

在我们的社会中，成人除在战争中很少直接面对暴力。他们一般不会遭受诸如野生动物、极端气候、杀戮或大屠杀的危害。然而，人们在寻求银行存款、失业保险和退休计划等此类的活动时对稳定和保障的安全要求便体现出来。尽管人类不再住在丛林中，但他们需要在险象环生的经济竞争的“丛林”中遭遇危险时得到保护。

3. 爱与归属的需求

在生理需求和安全需求得到合理满足后，接下来的一个占主导地位的需求便是对爱和情感的渴望。渴望知己、爱人或亲人会占据一个孤单的人的心。在他饥饿或面临危险时，他只会想到食物和安全，但现在这些需求已经得到满足，在这个世界上他最想要的就是别人对他的爱。他渴望与人们建立一般的感情关系，渴望在他的人际圈内得到一席之地。但我们不应将这种对爱的需求等同于对性的需求。虽然我们不得不承认，爱也受性欲的驱动，但性行为体现在多方面，从根本上说属于生理需求。

4. 尊重需求

在基本需求的阶梯上，下一个便是得到尊重的需求。这一需求其实是多种需求的体现，有共同的特点。这些需求可以分成两类。第一类也是最重要的一类是渴望自由与独立，与此相伴的还有面对这个世界时的毅力、能力和自信。第二类包括对名声的追逐，对地位、权势、他人尊重的渴望。满足得到尊重的需求让一个人感到他在这个世界上的价值和存在的必要。最健康的自我尊重建立在他人对自己的应有的尊敬上，而非毫无根据的一味逢迎。

研究以及经验一再表明，获得尊重对人有巨大的激励作用。通过对商业界不同阶层人士的研究表明，人们对自己的工作最强烈、最持久的“良好”感觉来自于在工作中不断学习、不断成长，提高自己的能力，对工作更加精通，最终成为专家而得到别人的认可。

5. 自我实现的需求（内在动力，成为能够成为的人）

假使上述的所有需求得到了充分满足，人们依旧不会知足。他又会寻求什么需求呢？多数人只有真正从事他们感到适合自己的工作时才会幸福。音乐家想作曲，艺术家要作画，人人都喜欢做他们能做也乐于做的工作。然而不幸的是，人们并不总能如愿以偿，但只有当他实现自己的目标时他才会感到平静。这一近乎普遍的需求被马斯洛称为自我实现。从广义上讲，自我实现包括人们力所能及的所有愿望和努力。这些努力形式多样，因人而异。

6. 探索需求

在正常人身上都具有认知周边环境，探索和理解相关知识的动力。我们都受到活跃好奇心的驱使，去试验和探索尝试神秘的未知世界。调查并解释未知事物的需求是人类活动的基本元素。然而，满足好奇心的需求是在自由和安全的条件下进行的。

7. 审美需求

最后，人类的行为又受到审美需求的驱使。有些人在肮脏的环境中健康受到影响，而搬到环境优美的地方时便得到康复。自然，这种对美的追求在艺术家中表现最为强烈，他们中一些人无法忍受丑陋的事物。但是马斯洛把具有此类行为的人都归入到有审美需求的类别中，例如，“看到墙上挂得歪歪斜斜的画时有强烈意识的冲动去把它摆正”。的确，对次序和平衡的需求是一切审美行为的基本表现。

以上七大基本需求按其重要性降序排列。这种固定的排列顺序适用于多数人和多数人类行为。当然这种排列不是不变的，也并非适用于所有人（所有的归纳模式都有其自身的局限性）。毫无疑问，对许多人而言，自尊比爱更重要；对于有创造力的人来说审美需求的满足与获得与基本的需求同等重要。但一般说来，人人都有需求，按照需求层次，人们首先满足迫切需求，当某一层次的需求相对满足了，就会向高一层次发展，追求更高一层次的需求就成为驱使行为的动力。一个人在同一时期可能有几种需求，但每一时期总有一种需求占支配地位，对行为起决定作用。任何一种需求都不会因为更高层次需求的发展而消失。各层次的需求相互依赖和重叠，高层次的需求发展后，低层次的需求仍然存在，只是对行为影响的程度大大减小。

按照马斯洛的需求分级，可以分为三个级别的需求，首先是低级别的需求，其中生理上的需求、安全上的需求和感情上的需求都属于低一级的需求，这些需求通过外部条件就可以满足；而尊求的需求和自我实现的需求是高级需求，它们通过内外因素才能满足，而更高一级别的需求是审美需求，即满足精神层面的需求。

马斯洛和其他的行为心理学家都认为，一个国家多数人的需求层次结构，是同这个国家的经济发展水平、科技发展水平、文化和人民受教育的程度直接相关的。在发展中国家，生理需求和安全需求占主导的人数比例较大，而高级需求占主导的人数比例较小；在发达国家，则刚好相反。

马斯洛的需求理论为产业发展与升级从需求方面提供了理论基础，例如，三大产业的发展就是从满足人们最基本的生理需求开始的，逐渐地向满足人们的更高需求发展，这也很好地解释了为什么文化创意产业是20世纪90年代末才发展的产业，因为它只能在前三大产业发展的基础上发展起来，这不仅符合产业发展的时间和层次逻辑，也符合人们的需求逻辑。

二、文化创意产品的需求与需求特征

当人们对文化创意产品的需求产生后，消费者选择什么样的产品消费、如何消费，还需要理解消费需求的理论含义。

1. 消费需求的基本含义

需求就是指消费者具有货币支付能力的实际需要，具体包括两方面的内容：一是消费者的实际需要。二是消费者愿意支付并有能力支付的货币数量。前者取决于消费者实际需要的商品的价格（P）和替代商品的价格（P）。后者取决于消费者的实际收入水平（I）和消费者的支付心理（E）。于是，消费需求可以用函数模型表示为：

Q = f（P、P、I、E）

根据函数模型，可以得出以下结论：①消费需求由消费者的实际需要决定。②消费需求量总是受消费者收入水平的限制。作为理性的消费者总是希望用较少的钱去获得尽可能多的商品。因此，商品的价格与需求量呈反比例关系。③消费者的收入增加，有利于消费支出的增加。但是理性的消费者绝不会愿意用更多的钱去购买与过去完全同质的商品。因此，只有提高商品的档次，才能满足收入增加后的消费者的实际需要。

按消费需求的实质内容不同，可分为物质消费需求和精神消费需求。这也是对生活消费需求进行分类的一种方法。

物质消费需求是指人们对物质生活用品的需要。精神的需求是指满足人的心理和精神活动的需要，如人的自尊、发挥自己的潜能、精神上的娱乐等需要。与物质的需求相比，精神上的需求是高一层次的需求。

物质消费需求具有一些伸缩性，但伸缩程度相对不大。精神消费则有很大的伸缩性，一旦基本物质生活需要得到满足后，精神消费决定了人的生活质量，对于提高人的思想觉悟、道德修养、心理素质、审美观等起着关键作用。[①] 文化创意产品是满足人们精神层面需求的产品，随着人们生活水平的不断提高，对文化创意产品的需求也越来越多，文化创意产业是典型的需求驱动的产业，因此人们收入水平的提高是该产业发展的前提。

2. 文化创意产品的需求模型

如消费需求理论所论述的，消费需求不仅是对某种商品的消费愿望而且是对这种产品的支付能力。那么文化创意产品的价格如何影响消费者的行为，对此王玉英与郭丽岩（2010）在分析文化创意产品的需求时分别分析了三种类型的文化创意产品需求，即大众文化娱乐产品、民族传统文化与艺术品、严肃和高雅艺术品。她们认为，大众文化娱乐产品适用于一般需求模型。也就是说，消费者购买文化创意产品的数量取决于其价格。当某种文化创意产品高于人们的支付承受能力时，消费者选择不购买，或者购买其他的替代产品。例如，一个中低收入家庭对看某一部心仪电影的心理价位是40元，但如果该电影票超过40元时，就可能会选择买碟或者看电视。此处影碟和电视就成为电影的替代品，而且价格低很多。如果影院搞促销，降低了该电影的票价及其他电影的票价，消费者可能连看两场电影。同样一部电影，有的消费者则愿意出更高的价格，如在条件更好的场地观看以获得更好的观感。如果综合足够多的消费者的需求特性，最终可以得到电影这种产品的需求函数，即 $Q = D(P)$，如图4-1所示。其中，Q表示电影消费数量，P表示电影票的价格。

① 洪名勇等．中国经济发展战略研究［M］．贵阳：贵州人民出版社，2004.

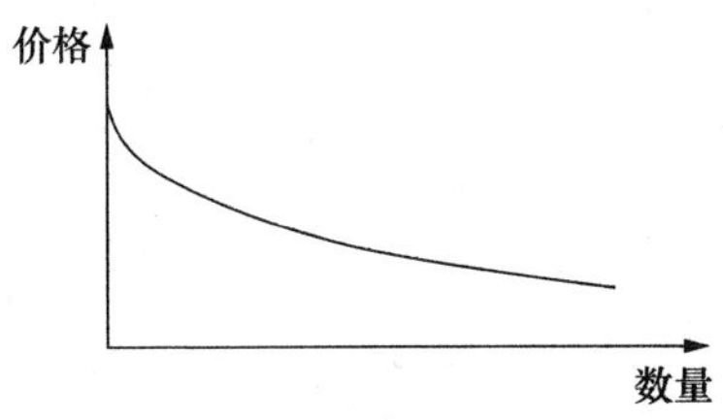

图4－1　一般需求模型

对于民族传统文化与艺术品，王玉英与郭丽岩认为，由于民族传统技艺反映的是传统社会与农耕文明的特征，这对于现代社会群体来说比较难以理解与接受，因而传统技艺的现实需求不旺，民族传统技艺的需求曲线明显不同于大众文化娱乐类产品的需求曲线，其需求数量与价格基本没有相关性，或者说需求的价格弹性极小。传统艺术需求数量的萎缩表现在，无论价格高或低，随着时间的推移都会从A－B段（较高需求）向C－D段（更少需求）演变的趋势（见图4－2）。

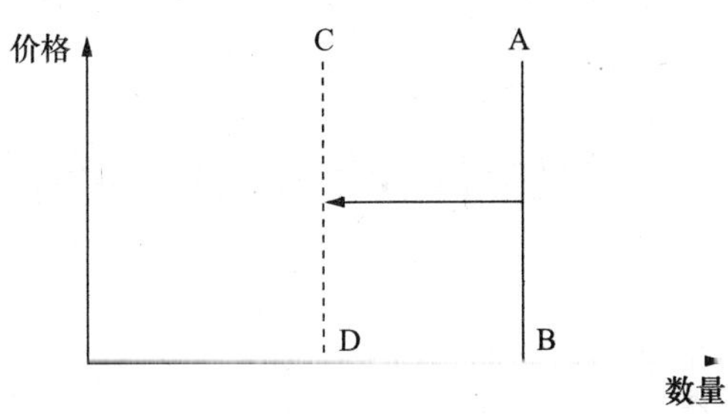

图4－2　需求弹性较小的需求模型

严肃和高雅艺术品指的是芭蕾、交响乐、歌剧等从欧美国家传入的文化产品。这些文化“舶来品”与西方社会中的贵族传统文化密不可分，这类产品对消费者的文化背景与素质有较高的要求，加之价格较高，因此对于收入水平较低，又没有机会接触西方文化的普通大众来说，属于文化创意产品中的奢侈品。即使有支付能力的人群也往往受对产品文化背景的不理解和接受水平的限制而使消费受到抑制。因此此类高雅艺术的需求曲线明显不同于前两类产品的需求曲线。从图4－3可以看到，当高雅艺术的高昂价格有所下降时可以刺激出一部分市场需求，这部分人属于喜欢欣赏高雅艺术但经济实力不强的人群。图4－3中A段到B段的需求曲线表示随着产品价格下降需求数量有所上升，但由于像中国这样能欣赏高雅艺术但囊中羞涩者毕竟是少数，加之高雅艺术的降价空间有限，因此很难吸引更多的消费者。如图4－3所示，B段到C段的需求曲线基本变成直线，说明需求的刚性。

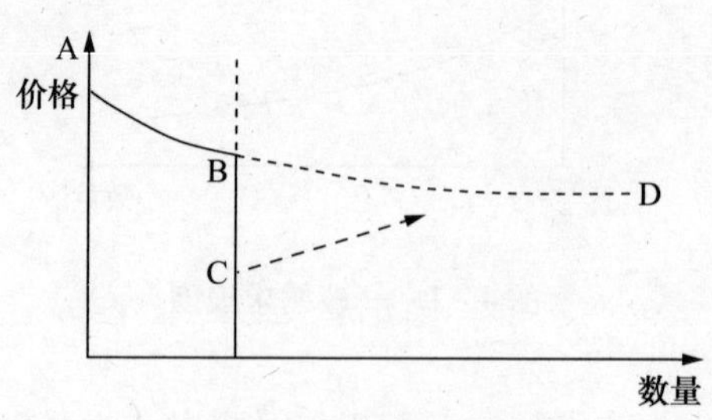

图4-3 刚性需求模型

从长期看，能够改变高雅艺术需求曲线形状的是社会经济发展水平的较快提升，更多的人将从物质性消费转向满足精神型和发展型消费，逐渐懂得欣赏并愿意接受高雅艺术的熏陶，届时，高雅艺术一定程度上降低价格有望吸引更多的消费者，消费曲线B-C段逐渐向B-D段靠拢（如箭头所示）。

第二节 文化创意产品消费与结构变化

产业的发展取决于供给和消费的相互作用。经济社会的不断发展使人们的福利水平不断提高，这表现在以下几方面：技术进步带来的生产效率的提高使人们享受的闲暇时间增加；人们收入水平的提高带来消费结构的变化，即不断地从满足人们的物质消费向满足人们的精神消费转移，以上变化都会使人们对文化创意产品消费的需求增加。消费需求的增加进而又将带动产业的发展，形成由消费驱动的经济发展模式。

一个国家文化消费市场的大小是由居民对文化产品的消费能力所决定的。一个国家居民对文化产品的消费能力是支撑文化创意产业发展的主要动力，特别是在它的发展初期必须有广大的国内市场需求作为支撑。文化产品属于高收入弹性的消费品，是典型的需求推动发展的产业，因此，一个国家居民的收入水平和消费偏好决定了一项文化产品是否具有市场潜力。一般来说，文化产品品质越高，受版权保护就越严格，价位也就越高。这样就要求消费者拥有较高的收入水平。同时，文化产品品质、品位越高，对消费者鉴赏能力的要求越高，鉴赏能力的高低取决于消费者的文化修养和受教育程度，文化修养和受教育程度一般取决于消费者及其家庭的收入水平。本节从消费角度介绍和分析世界及中国居民对文化创

意产品的消费与结构变化情况，从中看到文化创意产业与产品贸易的发展规律。

一、中国及文化创意产品贸易大国居民消费倾向比较

消费趋势的变化可以从消费者的角度反映一国居民的消费倾向性。本书将采用居民的文化消费指数的国际比较对主要文化创意产品贸易大国居民的文化消费变化进行对比。文化消费指数，即一国居民文化娱乐类支出在人均 GNI 中所占的比重。通过该指标的变化，可以反映出一国居民文化消费意愿。由于可获得的国家数据有限，在此仅选取了在文化创意产品贸易中较为活跃的部分国家并且按人均收入将其划分为三个组，即高等收入、中等收入和低等收入，并与中国的文化消费指数变化做比较，以确定各个收入层次国家居民的文化娱乐类消费支出所处的水平以及动态变化趋势。

联合国官方数据库对各国的文化娱乐消费有专门的统计数据，但是中国的数据缺失，而《中国统计年鉴》中对于中国居民文化娱乐产品消费的统计只有城镇居民的数据，而农村居民文化娱乐消费的支出与教育支出合并计算。因此，为了对比的目的，首先需要确定中国的人均居民文化消费量，之后再与其他国家居民进行对比。为了确定中国农村居民的文化消费量，本书参考城镇居民文化消费的增长比例以及农村居民文教类消费增长情况比例估算出中国农村居民文娱类产品与服务支出。《2010 年中国家庭教育消费白皮书》指出，由于低收入人群迫切希望通过教育改善或提升生活现状，致使收入越低的家庭对教育的消费支出占比反而越高，因而可以确定农村居民家庭的文化娱乐支出占文教娱乐支出比例要低于城镇居民。本书根据历年城镇居民与农村居民此项支出的差距变化规律，估算农村家庭平均每人每年文化娱乐支出比城镇家庭人均支出大约低 5 个百分点。表 4 - 1 根据以上方法计算得出中国居民从 2003 ~ 2012 年历年的文化娱乐产品与服务消费总额。

表 4 - 1　2003 ~ 2012 年中国城镇与农村文化娱乐产品与服务家庭人均现金支出与增速

区域＼年份	2003	2004	2005	2006	2007	2008	2009	2010	2011	2012
城镇（%）	420. 38	473. 85	526. 14	591. 04	690. 76	736. 09	826. 88	966. 30	1101. 74	1213. 88
农村（%）	94. 26	101. 22	126. 89	134. 64	143. 59	154. 71	174. 20	199. 37	216. 03	243. 68
全国（%）	514. 64	575. 07	653. 03	725. 68	834. 35	890. 80	1001. 08	1165. 67	1317. 77	1457. 56

资料来源：根据各年《中国统计年鉴》数据计算所得。

表4-2根据以上计算结果将中国的文化消费指数，即人均文化娱乐支出占人均国民总收入（GNI）的比例变化情况与其他三个收入组群国家的指数进行对比之后可以看出，三组国家中，高等收入国家的文化消费指数最高，一般在4%~5%；其次是中等收入国家，平均在3%以上；低等收入国家的文教娱乐类支出比例最低，刚超过1%。这一结果再次证明了文化消费属于高收入弹性产品，一国居民对文创产品的消费与人均收入密切相关，即一般情况下，人均收入越高，对文创产品的需求就越旺盛。对于不同收入水平的国家来说，如果能达到同等收入国家的平均值应当属于正常消费比例，显然印度大大低于同组的平均水平，这其中一个原因是印度属于中等低收入国家，与其他同组国家还有较大的收入差距，但同时也说明印度的文化消费的确需求不足，甚至达不到低收入国家的平均消费比例，这与印度贫富差距较大、基础教育普及率较低有直接关系。同样，韩国虽然进入了高收入国家，但由于与其他几个高收入国家仍存在收入差距，因而文化消费比重与其他国家相比也有一定差距。从文化创意产品消费变化趋势看，2002~2012年几乎所有高等和中等收入国家的文化消费都呈现出了相对人均国民总收入占比小幅下降的趋势，然而如果只观察不同收入组群国家文化创意产品消费的年均增长速度，高收入国家的增幅明显低于中等收入国家，平均只相当于它们的50%左右，这完全符合文化消费的发展规律，即高收入国家的消费在达到一定的比例后增幅趋缓，而中等收入国家与低收入国家的增幅将加快，然而无论是高收入国家还是低收入国家，数据表明，在经济发展低靡和居民收入预期下降时期，文化消费也同时下降。

表4-2　文化消费指数：高收入、中等收入、低收入国家的国际比较

国家 \ 年份		2002（%）	2004（%）	2005（%）	2007（%）	2009（%）	2010（%）	2011（%）	2012（%）
高收入国家	美国	6.22	6.32	6.27	6.39	6.17	6.08	6.09	5.95
	荷兰	5.29	4.84	4.81	4.74	4.76	4.64	4.46	4.05
	日本	6.21	5.96	5.87	5.74	5.85	5.85	5.62	5.23
	德国	5.38	5.19	5.14	4.89	4.98	4.85	4.72	4.62
	韩国	4.52	3.93	4.13	4.19	4.08	3.98	4.00	3.64
中等收入国家	土耳其	3.62	3.81	3.77	3.19	3.12	2.88	2.90	2.90
	墨西哥	3.50	3.40	3.37	3.36	3.39	3.29	3.26	3.17
	中国	5.28	4.67	4.64	4.13	3.92	3.90	3.78	3.79
	泰国	3.40	3.79	3.81	3.22	2.93	2.91	3.06	3.24
	印度	0.94	0.77	0.78	0.81	0.79	0.75	0.94	

续表

国家 \ 年份		2002 (%)	2004 (%)	2005 (%)	2007 (%)	2009 (%)	2010 (%)	2011 (%)	2012 (%)
低收入国家	吉尔吉斯斯坦	1.00	1.90	1.89	—	—	—	—	—
	塞拉利昂	—	—	3.02	3.10	3.08	2.73	2.84	—
	埃塞俄比亚	0.34	0.30	0.35	0.36	0.38	0.38	0.37	0.31
	马拉维	—	—	—	0.18	0.22	0.21	—	—

资料来源：根据世界银行官方数据库和《中国统计年鉴》数据整理而成。

中国的人均文化消费占人均国民总收入的比例虽然也呈现下降趋势，但与同等收入国家相比属于正常水平，并且略高于同组国家，甚至高于韩国。如果观察中国居民文化消费支出的增长速度，可以看到与高收入和中等收入国家相比，中国的文化消费支出年均增幅是高收入国家的大约三倍，是中等收入国家的将近一倍，因此中国居民的文化消费意愿随着收入的增长得到快速提升的趋势显著。

基于以上分析，本书认为，中国的文化消费与中国的人均收入水平相匹配，在中等收入国家中处于领先地位。然而也应当看到，中国在 2002 ~ 2012 年的平均文化消费指数距离高收入国家仍有一定的差距。所以，虽然我国拥有世界第二的经济规模，但受制于较低的人均国民总收入，使我国对文化创意产品的消费比例低于大多数高收入国家，甚至包括一些高收入的发展中国家，这种状况将随着中国居民人均收入水平的提高和对文化创意产品需求的提高得到改善。

二、中国居民文化创意产品的需求规模与结构变化

1. 需求规模

确定中国居民对文化创意产品的需求规模的目的是确定文化创意产品消费在居民消费中的重要性，比例越高说明该产品的消费越重要。中国居民的文化消费规模分析使用 2013 年国内居民的消费总量和人均消费支出数据入手，分析所用数据来自 2014 年《中国统计年鉴》。表 4 - 3 是 2013 年我国城镇居民及农村家庭平均每人消费性支出和用于教育文化娱乐产品与服务方面的支出。与以往统计方式不同的是，城镇居民文化娱乐消费与农村居民文化娱乐消费在 2014 年的统计中都被放在与教育同一项下。本书参照 2012 年城镇居民文化娱乐消费占教育文化娱乐消费的 59.7%，保守估计 2013 年为 60%，并据此估计农村居民文化娱乐消费占该项支出的 55%，由此计算得出 2013 年我国居民文化娱乐消费支出总量约为 22354.3 亿元，占当年居民消费的 12.43%。由此可见文化创意产品消费在中国居民的消费构成中占据了重要位置。

表 4-3 我国居民消费性支出与文化娱乐产品服务人均支出与总量（2013 年）

全国居民人均消费性支出（元）	人均教育、文化和娱乐支出（元）	人均文化娱乐产品与服务支出（元）	文化娱乐总支出（亿元）	占人均消费比例（%）
13220.4	2780	1643.7	22354.3	12.43

资料来源：根据《中国统计年鉴》计算。

从城镇和农村居民个人在文化娱乐消费的情况看，城镇居民由于收入水平高于农村居民，因此在支出构成中用于文化娱乐方面的消费明显高于农村居民，是农村居民的 4.7 倍。显而易见，随着家庭收入水平的提高，人们的消费性支出也在不断提高，而且用于文化娱乐的支出占消费性支出的比例也在不断提高，这在城镇和农村居民的消费性支出中都得到体现。

这个结果进一步证实了文教娱乐用品与服务属于高收入弹性消费品，居民在满足了基本的物质需求后才去考虑其他需求，如教育文化娱乐需求。但从另一个角度讲，即使是最贫困的家庭也要有一定的精神文化消费需求，因此文化娱乐产品的价格和档次对于满足不同层次居民的需求具有重要的作用。

2. 消费结构变化

（1）城镇与农村居民消费结构。消费结构是指一定社会经济条件下，人们所消费的各种不同类型的消费资料（包括服务）之间的比例关系（尹世杰，1991），消费结构的变化可以从消费者的角度反映一国居民消费的倾向性。

收入及其结构的变化带来了需求结构的变化，根据恩格尔系数所揭示的规律，需求结构变化表现为物质产品效用的下降和精神文化产品效用的提高。物质产品重要性相对降低，消费者更加注重生活品质，更讲究精神文化方面需要的满足。在现实中，经济越发达收入水平越高，文化产品的消费需求越高，消费量也越大。20 世纪 90 年代，美国消费结构的变化表现为：吃、穿、住三大项生活必需品消费比例下降，文化娱乐教育和医疗保健两项的支出则明显上升。20 世纪 90 年代，韩国的变化表现为：吃、穿、住等基本生活必需品消费支出明显下降，家具用品和医疗保健方面的支出也呈下降趋势，而文化娱乐等方面的支出提升快，比重超过服装、住房、家具用品、交通通信等。属于中低收入国家的印度，恩格尔系数高达 50% 以上，文化娱乐教育方面的支出仅为收入的 3%。可见，经济越发达、收入越高，文化娱乐的支出和消费水平越高；反之，经济越落后、收入越低，文化娱乐的支出和消费水平越低。总之，消费者的消费需求成为产业升级的力量，进而成为拉动文化产业发展的内在动力，也就是说，需求高级化是文化产业兴盛的拉动力量。表 4-4 与表 4-5 是中国城镇与农村居民消费支出比例的变化，从中可以看到自 20 世纪 90 年代以来我国居民消费结构的变化。

表 4-4　中国城镇居民人均消费结构变化

项目 \ 年份	1990	1995	2000	2010	2011	2012	2013
食品（%）	54.2	50.1	39.4	35.7	36.3	36.2	35.0
衣着（%）	13.4	13.5	10.0	10.7	11.0	10.9	10.6
居住（%）	4.8	8.0	11.3	9.9	9.3	8.9	9.7
家庭设备及用品（%）	8.5	7.4	7.5	6.7	6.7	6.7	6.7
交通通信（%）	3.2	5.2	8.5	14.7	14.2	14.7	15.2
文教娱乐（%）	8.8	9.4	13.4	12.1	12.2	12.2	12.7
医疗保健（%）	2.0	3.1	6.4	6.5	6.4	6.4	6.2
其他（%）	5.2	3.2	3.4	3.7	3.8	3.9	3.9

资料来源：《中国统计年鉴》，中华人民共和国国家统计局，2014。

中国居民的消费结构变化反映出几个共同点：第一，食品在消费结构中的比例都持续下降，城镇居民在2000年即下降至40%以下，而农村居民则在2012年下降至40%以下。第二，居民用于交通通信方面的支出增长速度最快。这一升一降是消费结构改善的重要依据。第三，从文教娱乐消费支出的比例变化可以看出，中国城镇居民用于文教娱乐方面的支出呈现稳定的增长趋势，说明随着人均消费支出的增长，人们更愿意在提升自身素质和满足精神消费方面支出更多。农村居民的消费结构与城镇居民有所不同。首先在文化娱乐消费上，农村居民此项消费占比自2010年以来一直呈现稳步下降趋势，而与城镇居民不同的另外一点是农村居民的新增收入更多地支出在医疗保健方面，这说明农村居民的医疗负担加重，使得用于教育与娱乐方面的支出占比下降，这进一步说明人们的收入分配首先要用来满足基本需求，之后才能满足精神消费需求。

表 4-5　中国农村居民人均消费结构变化

项目 \ 年份	1990	1995	2000	2010	2011	2012	2013
食品（%）	58.8	58.6	49.1	41.1	40.4	39.3	37.7
衣着（%）	7.8	6.9	5.7	6.0	6.5	6.7	6.6
居住（%）	17.3	13.9	15.5	19.1	18.4	18.4	18.6
家庭设备及用品（%）	5.3	5.2	4.5	5.3	5.9	5.8	5.8
交通通信（%）	1.4	2.6	5.6	10.5	10.5	11.0	12.0
文教娱乐（%）	5.4	7.8	11.2	8.4	7.6	7.5	7.3

续表

项目＼年份	1990	1995	2000	2010	2011	2012	2013
医疗保健（%）	3.3	3.2	5.2	7.4	8.4	8.7	9.3
其他（%）	0.7	1.8	3.1	2.1	2.3	2.5	2.6

资料来源：《中国统计年鉴》，中华人民共和国国家统计局，2014。

（2）分地区居民消费结构。中国由于地域广阔，经济发展不平衡，家庭用于文化娱乐消费的增长也不均衡，但毋庸置疑的事实是各地区用于该项消费的支出都呈现出了增长的势头，并且在整个消费结构的比重不断提升。表4－6显示，在31个省、市、自治区的城镇中，居民家庭人均平均消费超过2万元的有7个，上海、北京、广东、浙江、天津、江苏和福建，集中在东部沿海地区和直辖市。在文教娱乐用品支出中按照绝对值排名，占前7位的也是这7个省市。

表4－6　分地区城镇居民人均现金消费支出（2013年）

地区＼项目	现金消费支出（元）	食品（元）	衣着（元）	居住（元）	家庭设备及用品（元）	交通通信（元）	文教娱乐（元）	医疗保健（元）	其他（元）
全国	18022.6	6311.9	1902.0	1745.2	1215.1	2736.9	2294	1118.3	699.4
北京	26274.9	8170.2	2794.9	2126	1974.3	4106.0	3984.9	1717.6	1401.1
天津	21711.9	7943.1	1950.7	2088.6	1205.6	3468.9	2353.4	1694.3	1007.3
河北	13640.6	4404.9	1488.1	1526.3	977.5	2149.6	1550.6	1117.3	426.3
山西	13166.2	3676.65	1627.5	1612.4	870.91	1775.9	2065.4	1020.6	516.84
内蒙古	19249.1	6117.93	2777.3	1951.1	1233.4	2719.9	2111.0	1394.8	943.7
辽宁	18029.7	5803.9	2100.7	1936.1	1145.6	2589.2	2258.5	1343.1	852.69
吉林	15932.3	4658.13	1961.2	1932.2	908.43	2217.9	1935.0	1692.1	627.30
黑龙江	14161.7	5069.9	1803.5	1543.3	796.4	1661.4	1396.4	1334.8	556.2
上海	28155	9822.9	2032.3	2847.9	1705.5	4736.4	4122.1	1350.3	1537.8
江苏	20371.5	7074.11	2013.0	1564.3	1378.9	3135	3290	1122	794
浙江	23257.2	8008.2	2235.2	2004.7	1400.6	4568.3	2848.8	1244.4	947.1
安徽	16285.2	6370.2	1687.5	1663.6	898.6	2411.2	1904.2	869.9	480.2
福建	20092.7	7424.7	1685.1	2013.5	1416.9	3219.5	2448.4	935.5	949.2
江西	13850.5	5221.1	1566.5	1414.9	1004.2	1812.8	1671.2	672.50	471.6
山东	17112.2	5625.9	2277.0	1780.1	1269.7	2474.8	1909.8	1109.4	665.5

续表

项目 地区	现金消费支出（元）	食品（元）	衣着（元）	居住（元）	家庭设备及用品（元）	交通通信（元）	文教娱乐（元）	医疗保健（元）	其他（元）
河南	14822	4913.87	1917	1315.3	1281.1	1768.3	1911.2	1054.5	660.8
湖北	15749.5	6259.22	1881.9	1456.3	1059.2	1745.1	1922.8	1033.5	391.6
湖南	15887.1	5584	1520.4	1529.5	1146.7	2409.8	2080.5	1078.8	537.5
广东	24133.3	8856.91	1614.9	2339.1	1539.1	4544.2	3222.4	1122.7	893.95
广西	15417.6	5841.16	1015.9	1662.5	1086.5	2564.9	2084	776.3	386.5
海南	15593	6979.2	932.6	1578.7	1030.8	2005.7	1923.5	734.3	408.3
重庆	17813.86	7245.12	2333.8	1376.2	1325.9	1976.2	1722.7	1245.3	588.7
四川	16343.5	6471.8	1727.9	1321.5	1196.7	2185.9	1877.6	1019.0	543
贵州	13702.9	4915.0	1401.9	1496.5	1083.8	1870.1	1950.3	633.7	351.7
云南	15156.15	5741.01	1356.9	1384.9	987.2	2197.7	2045.3	1085.5	357.6
西藏	12231.9	5889.5	1528.1	964	541.5	500.6	1551.3	618	638.9
陕西	16679.7	6075.6	1915.3	1465.8	1060.5	2019.1	2208.1	1310.2	626.2
甘肃	14020.7	5162.9	1747.3	1596.0	939.5	1503.6	1547.7	1117.4	406.4
青海	13539.5	4777.1	1675.1	1684.8	890.1	1743	1472	813.1	484.4
宁夏	15321.1	4895.2	1737.2	1498	1001.8	2503.7	1868.4	1158.8	658
新疆	15206.2	5323.5	2036.9	1275.4	977.8	2210.3	1598	1179.8	604.6

资料来源：《中国统计年鉴》，中华人民共和国国家统计局，2014。

表4－7是各地区农村居民家庭平均每人生活消费支出情况。消费支出合计超过万元的省市有4个，分别是上海、北京、浙江和天津，其中文教娱乐消费支出超过千元的省市有3个，分别是北京、浙江和江苏，上海位于第4位。可见居民的消费支出总额排名与文教娱乐支出排名有直接的关系。

表4－7　各地区农村居民人均消费支出（2013年）

地区	消费支出合计（元）	食品（元）	衣着（元）	居住（元）	家庭设备及用品（元）	交通通信（元）	文教娱乐（元）	医疗保健（元）	其他（元）
全国	6625.5	2495.5	438.3	1233.6	387.1	796.0	485.9	614.2	174.9
北京	13553.2	4695.9	1172.9	2387.0	898.2	1452.2	1330.9	1167.1	449.1
天津	10155.0	3539.7	927.6	1403.4	599.1	1816.2	750.4	732.6	386.0
河北	6134.1	1963.3	458.0	1266.8	382.6	792.3	399.0	696.0	176.1

续表

地区	消费支出合计(元)	食品(元)	衣着(元)	居住(元)	家庭设备及用品(元)	交通通信(元)	文教娱乐(元)	医疗保健(元)	其他(元)
山西	5812.7	1920.7	471.8	1206.0	288.2	699.1	502.5	559.0	165.4
内蒙古	7268.3	2583.5	564.7	1111.6	302.3	1106.5	555.2	831.2	213.3
辽宁	7159.0	2518.9	584.2	1279.3	299.4	850.3	632.9	789.5	204.4
吉林	7379.7	2438.5	535.2	1288.4	273.1	961.2	691.4	968.6	223.4
黑龙江	6813.6	2397.7	551.1	1120.9	288.7	809.3	601.4	839.2	205.2
上海	14234.7	5334.6	770.7	2260.4	693.7	1718.7	963.7	1990.9	501.9
江苏	9909.8	3283.2	685.1	1788.7	556.4	1420.8	1022.3	809.9	343.4
浙江	11760.2	4190.9	848.1	1933.8	564.9	1891.1	1048.0	943.9	339.5
安徽	5724.5	2269.7	335.2	1138.9	390.4	540.9	376.7	551.7	121.0
福建	8151.2	3600.8	483.6	1418.4	483.4	806.3	592.8	481.7	284.3
江西	5653.6	2389.1	308.6	1163.1	323.9	587.6	356.4	401.3	123.8
山东	7392.7	2553.7	493.4	1409.6	438.1	1040.5	571.7	738.8	146.8
河南	5627.7	1938.5	481.8	1043.9	416.0	616.0	408.1	603.7	119.7
湖北	6279.5	2308.5	347.7	1415.7	425.0	605.9	407.4	624.4	144.9
湖南	6609.5	2537.0	342.3	1438.3	420.3	640.0	426.3	638.3	167.1
广东	8343.5	3736.6	309.2	1337.9	474.1	1041.0	685.3	502.0	257.5
广西	5205.6	2084.7	170.9	1360.5	281.1	516.3	276.2	413.4	102.5
海南	5465.6	2625.0	181.0	937.7	291.5	589.2	354.5	362.2	124.4
重庆	5796.4	2539.0	411.0	674.4	474.3	581.8	443.3	535.9	136.7
四川	6308.5	2665.0	467.3	986.8	446.6	665.0	385.8	557.4	134.5
贵州	4740.2	2036.2	254.2	980.8	272.4	489.7	301.4	302.3	103.2
云南	4743.6	2097.6	211.4	906.3	258.8	589.9	241.1	352.9	85.5
西藏	3574.0	1938.9	370.6	189.7	273.1	522.8	63.6	71.5	143.9
陕西	5724.2	1821.3	385.1	1206.2	344.1	581.0	463.8	776.4	146.5
甘肃	4849.6	1798.5	352.7	794.0	302.6	598.4	366.5	513.3	123.5
青海	6060.2	1872.0	449.3	1449.1	314.9	910.9	270.1	676.7	117.1
宁夏	6489.7	2021.8	453.3	1409.6	382.8	827.0	439.7	702.0	253.4
新疆	6119.1	2072.0	484.7	1623.8	256.4	693.9	286.9	593.4	108.0

资料来源：《中国统计年鉴》，中华人民共和国国家统计局，2014。

从以上对我国居民文化娱乐消费现状的分析可以得出的结论是：文化娱乐消

费在我国居民生活消费支出中已经占据了较为重要的地位，全国城镇居民平均为12.7%，农村居民平均达到7.9%。在城镇居民消费结构中，文化娱乐消费成为仅次于食品和交通通信之后的第三大消费品；在农村地区，文化娱乐消费是位于食品、居住和交通通信之后的第四大类消费品。由于中国的巨大市场规模，文化创意产业已经成为中国重要的支柱性产业。

扩　展　学　习

问题与思考

1. 你认为按照马斯洛的需求层次理论，穷人是否就没有文化消费需求？

2. 决定实际消费发生的条件有哪些？举例说明。

3. 计算城镇与农村居民消费结构中各部分的消费占总消费支出的比例，并按照这个比例重新排名，看看排名前10位的省市自治区是哪些。解释绝对值与相对值之间的不同点。

4. 舆论界曾经认为中国居民的文化消费与中国人均收入不符，大大低于正常的消费水平，你认为中国居民文化消费指数与其他国家的比较说明了什么？

5. 居民消费结构的变动说明了消费的变化趋势。观察中国城镇居民与农村居民消费结构的变化，提取出恩格尔系数并说明它的变化意味着什么。

案例研究

对我国居民文化创意产品消费意愿的实证研究——以大学生为样本

为了更好地了解我国居民对文化创意产品的消费情况，本案例以大学生为对象进行了文化创意产品消费研究（2010年）。选择大学生作为调查对象的原因是大学生受教育程度高，对文化创意产品应当有较高的认知度和欣赏能力，是未来文化创意产品潜在的消费人群。本研究选择图书（纸质图书）为调查内容，原因是图书是学生最有支付能力同时也是最早接触的文化产品。调查同时还选择服装和餐饮消费做对比研究。研究数据通过问卷调查方式获取，在三省五所高校的在校大学生中展开，分别为浙江省的杭州师范大学、杭州电子科技大学、浙江理工大学、河北省的河北理工大学和山东省的山东大学威海分校。共发放问卷750份，收回有效问卷701份，有效率为93.5%。杭州师范大学有效回收问卷47份，杭州电子科技大学有效回收308份，浙江理工大学有效回收104份，河北理工大学有效回收117份，山东大学有效回收125份。

问卷设计包括选择题、排序题、填空题。内容涉及在校大学生的月消费状况，对服装类、图书类、餐饮类消费的选择偏好，外出用餐的动因与付款方式的选择，影响服装与图书选择的因素。

1. 大学生月生活费需求与现状

在被调查的三省五校中，大学生月生活费基本集中在500~1000元。浙江省的三所高校——杭州师范大学、杭州电子科技大学、浙江理工大学的问卷所反馈的数据基本一致，因此本研究在进行分析时将浙江三所大学作为一个整体数据进行分析比较（见表4-8和表4-9）。

表4-8　大学生目前月生活费用

学校选项	500元以下	500~1000元	1000~1500元	1500~2000元	2000元以上	不定，需要时向父母要
浙江省三所高校（%）	7.0	67.8	14.4	2.0	0.2	8.7
河北理工大学（%）	27.4	44.4	16.2	4.3	4.3	3.4
山东大学威海分校（%）	38.4	53.6	4.0	0	0	4.0
平均比例（%）	16.0	61.3	12.8	2.0	0.9	7.0

注：填入数据为人数所占比例。

表4-9　大学生期望月生活费用

学校选项	500元以下	500~1000元	1000~1500元	1500~2000元	2000元以上
浙江省三所高校（%）	6.1	58.4	21.1	4.4	10.0
河北理工大学（%）	14.5	42.7	17.1	7.7	17.9
山东大学威海分校(%)	29.6	45.6	9.6	1.6	13.6
平均比例（%）	11.7	53.5	18.4	4.4	12.0

注：填入数据为人数所占比例。

从表4-8与表4-9中不难发现：首先，大学生目前的月生活费基本集中在500~1000元，多数学生满意目前的收入水平，仅有不到10%的学生期望更高档次的月生活费用；其次，三省五校间最大的差异在于，浙江地区的高校学生500

元以下比例最低，不到山东大学的1/5。在1000元以上的消费档次中，浙江三校与河北理工所占的比例均高于山东大学。由此可见，从地域上看浙江地区的在校大学生的生活水平略高于其他两地。

2. 对图书、餐饮、服装三类消费的比较

为了了解当代大学生对于图书、餐饮、服装三类消费的支出状况，在调查问卷中将其归为排序题，让大学生按月支出的金额依次排列该三类消费。为了便于统计将排序为第一位的项目记为1，排序为第三位的项目记为－1，加总得到统计结果，如表4－10所示。

表4－10 大学生对图书、餐饮、服装三项消费额的排序

选项学校	杭州师范大学	杭州电子科技大学	浙江理工大学	排序（浙江）	河北理工大学	排序	山东大学威海分校	排序
图书类	－30	－201	－66	第三位	－29	第三位	－76	第三位
餐饮类	36	226	91	第一位	83	第一位	106	第一位
服装类	－6	－25	－25	第二位	－4	第二位	－30	第二位
被调查人数	47	308	104	—	117	—	125	—

表4－10显示，五所高校的统计结果基本一致：在月生活费用途中，在校大学生对餐饮类消费的支出额最高，占据绝对优势。相反，对于图书类产品的消费份额最低。在问卷调查中笔者还了解到，半数以上的在校大学生月购书款为零。

3. 大学生购书偏好分析

从表4－10的统计结果中不难发现，被调查的大学生群体用于图书的支出额是极其有限的，但这并不完全代表了大学生对读书的兴趣和购书的选择，对大学生购书的现状及持有的心态做进一步分析（见表4－11）。

表4－11 大学生购书偏好

选项学校	杭州师范大学	杭州电子科技大学	浙江理工大学	河北理工大学	山东大学威海分校	平均比例
教学参考书、考试用书（%）	25.3	39.2	26.8	21.5	30.7	32.9
报纸杂志（%）	22.8	17.2	16.8	12.4	20.5	17.4
网络图书、电子书（%）	3.8	4.2	6.7	6.2	2.4	4.5
（其他）课外书籍（%）	15.2	10.7	11.4	20.9	15.6	13.4
一般只从图书馆借书（%）	13.9	17.2	13.4	20.3	19.0	17.3
几乎不买书（%）	19.0	11.4	24.8	18.6	11.7	14.6

注：填入数据为人数所占比例。

根据表4-11的统计结果可以看出：30%左右的被调查学生把有限的图书消费投资在教学用书或考试用书上；图书零消费群体一般选择从图书馆借阅，平均有14.6%的学生选择了不购书，其中，浙江理工大学的这一数据占到了24.8%。由此看出，大学生对图书的购买兴趣不强，图书类消费状况不温不火。

4. 大学生餐饮类月消费状况

从表4-10中了解到，目前在校大学生餐饮类的消费占其月生活费的较大份额。值得强调的是，本案例所调查研究的“餐饮类消费”是指除基本费用中的伙食费以外的费用，主要有外出聚餐、零食花销等。表4-12显示，目前大学生外出用餐的意图集中在朋友间的往来，五所大学所显示的数据大致相同，情侣约会和家庭聚餐居次要位置。

表4-12　大学生外出用餐动因

选项学校	杭州师范大学	杭州电子科技大学	浙江理工大学	河北理工大学	山东大学威海分校	平均比例
家庭聚餐(%)	9.6	6.5	2.6	6.3	3.2	5.6
好友庆生(%)	22.9	23.5	26.1	34.4	26.8	26.5
同学聚会(%)	41.0	50.1	56.2	39.8	50.5	48.4
情侣约会(%)	10.8	12.0	9.2	14.0	15.8	12.6
其他（%）	15.7	7.9	5.9	5.4	3.7	7.0

注：填入数据为人数所占比例。

5. 大学生消费选择偏好成因分析

消费偏好是指消费者对于所购买或消费的商品和劳务的爱好胜过其他商品或劳务，又称“消费者嗜好”。它是对商品或劳务优劣性所产生的主观的感觉或评价。偏好受文化因素、经济因素、社会因素等多种因素影响。偏好的重要性质是偏好的有序化，即消费者对于商品组织的偏好程度是有顺序的，偏好的有序化具有偏好公理中所规定的行为公理。本文通过大学生对餐饮类消费、服装类消费、图书类消费三项的消费选择得出如下结论。

(1) 重人际消费（餐饮类消费），轻知识消费（图书类消费）。从调查问卷中对图书类、餐饮类、服装类三项消费的排序中不难发现，大学生对额外饮食支出的热情远高于对购买图书的热情。当代大学生普遍认为同学、朋友、师生的交往，谈恋爱等都离不开必要的经济支持，而最有效、最便捷、最受欢迎的途径莫过于聚餐聚会。额外餐饮类支出的普遍升高，正是大学生交际手段选择的最好证明。大学生作为最有活力的社会群体，有更强烈的交往、归属和爱的需要。如需

要朋友，渴望与他人建立感情联系，希望在团体中有一个位置，积极寻求社会认同感、群体归属感。这种需要促使当代大学生积极地通过物质、精神手段与外界紧密联系，从而形成了大学生交际性消费。

然而由于资源的稀缺性，如果个人对交际的需求增大，则留给读书看报的时间和费用就减少了，对图书的需求也会降温，因而也就出现了图书类开销占生活费比例较低的状况。当然，除此原因外，个人的性格特质、价值观甚至是周围群体偏好也会影响消费选择的偏好。

在调查中发现，有14.6%的受调查大学生表明自己从来不买书，有些大学甚至高达25%。当然并不排除有些学生在图书馆借阅读书，但是与餐饮类、服装类的消费份额比较，相差悬殊。从学生购买图书的种类来说，多集中在教学参考书和考试用书。

对于当代大学生轻图书类消费的情况，总结原因如下：一是高年级的大学生更侧重使用学校图书馆等教育资源；二是掌上电脑、MP4、iPod、手机等电子产品越来越发达，直接造成网络书籍、电子杂志的普及；三是校园文化的多样化导致学生生活的复杂化，大部分学生都“没有多余的精力”花费在阅读上。

（2）发展性消费（服装类消费）备受青睐。发展消费即指大学生用于自身成长，以发展为目的的投资性消费支出，包括表现性消费和提升性消费。前者诸如追逐名牌，攀比消费；后者有参加课外培训、考取证照等。当服装类的消费需求超越了维持自身需求的基本条件，而是为了满足自我体现的欲望时，对于服装类的消费也就从基础消费范畴转移到发展性消费项目下。调查问卷显示有50%以上的女生在对图书、餐饮、服装三类消费的排序题中，将服装类的消费列于首位。在本次调查中，服装类消费仅次于餐饮类消费，在大学生的月开支中占绝对份额。

（3）从众现象。大学生的消费行为在群体引力下容易形成从众行为。从众是一种比较普遍的社会心理和行为现象。通俗地解释就是“人云亦云”、“随大溜儿”。具体到对服装的消费上，一方面，大学生容易受群体中流行的穿着打扮影响，盲目地跟风；另一方面，商业广告宣传正是利用人们的从众心理，把自己的商品炒热，从而达到目的。在其他发展性消费项目中也常涌现出从众心理，比如“考证热”、“考研热”、“培训热”等。

思考题：

1. 从上述对大学图书消费的调查，你认为大学生的消费结构是否符合他们的收入水平（零花钱）？

2. 图书属于大众文化创意产品还是奢侈文化创意产品？如果图书价格下降，你认为会刺激学生的购书意愿吗？

3. 其他影响大学生购书意愿的因素是什么？图书的替代品是什么？

文化消费与消费文化

中经在线访谈：曾昭晖采访陈少峰（2010 年 10 月 11 日）

主持人：各位好，欢迎走进今天的《文化名人访》，今天依然是我们中国经济网《文化名人访》栏目与北京市文资办共同推出的特别节目，“文化消费是什么”系列访谈，今天我们非常荣幸地邀请到了北京大学文化产业研究院副院长陈少峰先生，和我们来谈一谈消费文化如何引领文化消费的问题，同样呢，今天非常荣幸请到了我们的嘉宾主持，我们的老朋友，武岳峰资本投资合伙人曾昭晖老师。

曾昭晖：观众朋友们大家好，陈老师，咱这是第一次见面，但我知道，你在文化学者里面是鼎鼎有名的，对我们邀请的嘉宾，我们都会问些比较难的问题，那么今天我准备从一个最难的问题问起。就是你作为一个文化学者，平日的文化消费是什么？

陈少峰：我的消费，最多的就是看书，我买书比较多，然后偶尔去看一下动画电影。但是我最重要的一个特点是观察别人怎么消费，消费什么，这是我主要的一个研究方向。我自己也从别人的消费当中得到了很多信息的反馈。

曾昭晖：刚才概括的，文化学者主要以知识、文化、书本消费为主，那你研究的其他消费者，他们消费文化里面有些什么样的特点？

陈少峰：因为我们平时每个人都在消费各种不同的东西，那么作为一种文化产品的消费，可能不同的人有一些偏向，比如说有的人可能去参加瑜伽训练，有的人喜欢去旅游，有的人可能就喜欢看电影或者电视，比如说最近很火爆的选秀栏目，可能很多人从头看到尾，可能各不相同的。但是至少对学者来说，有一个很基础的东西，就是图书的消费和杂志、报纸的消费是比较多的。

曾昭晖：因为刚才你说的学者消费可能是一种研究需要，但作为老百姓出去旅游，可能是一种娱乐消费。国家一般用来推动经济的，通常都是投资、出口、政府采购，文化消费也是这样，也是推动社会经济发展一个很好的方式。

陈少峰：对。

曾昭晖：现在北京市文资办正在做文化消费季活动。我现在发现文化消费是一个非常大的概念，我们老百姓一两句话都说不太清楚，你能给我们解释一

下吗？

陈少峰：我觉得文化消费从内容来说，其实就是只跟文化有关的产品或者服务的消费，内容很多。比如说年轻人现在玩游戏、看电影、看电视、玩音乐等，这都是属于文化消费的范围。还有一种是文化旅游，比如说会展、主题公园，这些也是属于文化消费。最直接的可能大家感触最深的，就是电影或者是演出。那么这个消费呢，跟我们日常生活，特别是跟传统的文化形态关系最密切。现在有一些新的消费，互联网上看各种各样的视频等，这种消费当然有时候是要付费的，有时候不用付费，但是它消费的对象就是文化产品或者是服务。

曾昭晖：对。这种网上消费，尤其这种消费，做研究时我也发现，作为普通老百姓，现在提出中产阶级消费、草根消费，但更多的是网上消费，这三个消费文化有什么不一样吗？

陈少峰：如果讲消费文化的时候，那么它就是根据不同的人形成一种不同的消费习惯和消费方式。比如说有的是按照收入的多少，有的是按照爱好，有的是按照年龄。年龄上有文化的代沟，不同时代的人有不同的文化消费习惯，比如说我就喜欢看纸质的媒体，但是，年轻人就喜欢上网看，通过手机或者是平板电脑等来阅读，那么在阅读消费习惯上，这种消费文化是有很大区别的。我现在很担心将来纸质媒体全垮了之后怎么办，因为新的一代消费习惯或者是消费文化，它形成了一种势力以后，它就变成一种主流的形态，我们现在一直很关注这种变化。

另外，我们会发现网上有海量的内容，跟我们平时一张报纸仅仅有这么一些内容是不一样的。另外再加上消费者现在的变化，消费者现在比较有钱，特别是年轻人有钱，我发现一个很重要的规律，就是在中国，没有收入的人群消费力最旺盛，特别是在文化产业方面。3～35 岁这个群体现在是主流的消费群体。那么我发现他们背后有六个以上的“赞助商”，父母、爷爷、奶奶、外公、外婆，赞助商很多，这种情况，我把它叫作收入权和收入支配权的分离。就是有钱的人不一定自己消费，他是有收入权，消费的人拥有消费的支配权。

曾昭晖：你这些话非常精辟，像中年人这一拨，有钱之后储蓄，为孩子的教育、为医疗做准备，但年轻人没有这个收入，但演出他们都参加，你看写书，像大学者，一册书能够发个二十万册，但像韩寒、郭敬明一发行就是一百万册，为什么，全是年轻人买这些书。

陈少峰：对，他们消费种类也很多，有些东西就是以他们为主力的，他们在消费。比如电影，现在电影平均年龄是二十一点几岁，基本上也就是这个年龄群体，好多东西都是。以前我们都认为中年人可能收入更高，但是他不一定消费更多，所以这就是消费文化形态，在中国跟国外非常不一样，在国外是年纪越大的人消费越多，因为他们年龄越大收入越高，跟我们情况不一样。

曾昭晖：咱们这是中国特色。

陈少峰：中国特色。

主持人：其实在这之前，我们提到两个概念，一个是消费文化，一个是文化消费，可能之前大家对这两个概念不是很清楚，刚才经过介绍我们可能有了一个认识，这两个绕口令绕来绕去的话，消费文化、文化消费，那它们之间一定有必然联系，它们之间的关系是怎么样的？

陈少峰：很简单嘛，就是有人卖东西，那买东西的人就是属于文化消费，就是他卖的时候就有人去消费，这个就属于文化消费。但是，从消费者的角度看，也在寻找我们所喜欢的东西，这就是消费文化。换句话说，你卖东西我买不买，就要看你的文化是否能吸引我的消费，这就是从文化消费的时候讲，它有没有这个吸引力。那从我这个角度上来讲的话，我本身涉及很多消费习惯。比如说我现在已经越来越喜欢上网了，原来的图书销售额就会下降，它就是消费文化，这个消费文化其实涉及的往往比文化消费范围要广得多，文化消费可能涉及买房等各种各样的东西，很多消费行为习惯以及生活方式的变化，反过来会影响你的文化消费。

举个例子来说，如果现在我们出国的人很多，他可能去国外消费得越来越多，在国内的消费就很少，或者说有的人已经习惯了，他就是不花钱，他想干什么事情都尽可能不花钱，那么这就是他的一种消费文化，这种消费文化，可能有些是需要改变的或者是需要引导的。其实文化消费就是产业发展的一种驱动力，文化产业要有很多的文化消费才能够推动这个产业的发展。但是，消费文化讲的是我们日常生活当中是怎么去消费这些东西，它跟文化产业没有直接的驱动关系。但有关系，如果你放弃了消费图书，转向消费别的东西，这只是一种替代，说不定看内容、看文字的东西越来越多，只不过就是不买你的书来看，我就去看各种各样的电子阅读的内容，那么这个图书市场就没了，这个是由消费文化带来的，反过来会对它带来文化消费产生影响。

曾昭晖：你看陈老师做学者处处充满了忧患意识。

陈少峰：这个跟我的消费习惯有关，我维护自己的利益，我是希望纸质媒体不要消亡，长期地持续下去，这样我的消费习惯就不用改变，否则的话，我下一次还要去搞微信，去电子阅读，那种方式我还不习惯。

曾昭晖：确实，我们讲消费文化，每一代都有一个集体的记忆，到今天为止，像你这一代或我这一代，都还习惯于纸质的消费，因为我觉得它给人的感觉不一样。其实我有 iPad、电子书，但跟我翻开书（纸质书）是不一样的，刚来时在地铁上面我就在看一本书。我习惯于用一支笔，在好的书上面做一个记号，或

者放一个书签，闻闻书签的香味，给人带来的这种感觉非常好。

陈少峰：你这个话当中就包含了一种非常重要的信息，就是文化消费，人们所消费的这种文化的内容正在发生变化。

曾昭晖：对。

陈少峰：那这个内容发生变化我们就会发现，数字文化产业现在发展的速度特别快。比如说京剧，有多少人愿意掏钱，价钱很高，像看赵本山二人转那么高的价格去得很少。现在是数字文化产业的趋势，文化消费产品的形态，服务的形态都在发生很大的变化。

曾昭晖：是，你刚才也提到了赵本山，我特别感兴趣，而且我知道你对赵本山是很有研究的，因为我在看一份资料的时候，你曾经对赵本山整个的产业链做了全方位的研究。

现在有一些普通老百姓就喜欢看赵本山的二人转，刘老根大舞台很火爆，有的听郭德纲的相声，有的要看什么中央电视台的国庆七天乐。好像整个草根文化，甚至说通俗文化特别占主导，相对来说，那种高雅文化、精英文化，似乎慢慢受到冷落，对这个现象的观察你是怎么一个观点？

陈少峰：这个是一个必然的趋势，就是文化产业的核心是大众娱乐消费，大众娱乐，也就是说大家就是想放松，想乐一乐，这个是最基本的，我们把它叫作休闲，其实它更多是以娱乐为主。比如说我去看书，可能就选一本故事情节比较好的，电影也是一样，我去看电视节目，现在电视节目可能更偏向于一些选秀的、有悬念的，舞台气氛营造得很好的，然后我们最好是能够投投票，能够发发议论，这种东西我们把它叫作大众文化，或者叫通俗文化，或者叫娱乐文化。这些东西都是大家都能参与的，而不是少数的，少数的是指精英文化。比如说你要懂京剧，你要懂得欣赏你才会去看这个京剧，那我不懂啊，我就不去了。所以精英文化往往需要受到政府的扶持，因为老百姓的消费对这种产品的依赖性很弱，他不看也可以，因为他有好多很好玩的东西来看。或者倒过来说，专业人士喜欢看精英文化，比如说懂得演出的、有艺术水平的、鉴赏力很高的，他要看一些更高水平的，就像我们看图书，我们不会去看《论语心得》，我们要看专业人士研究《论语》，这种书可能只卖几十本、几百本，《论语心得》可能卖几千万本，跟我们就没关系了。学者一般关注的就是精英文化。

我们平时看大众的时候，或者我们自己作为大众，休闲娱乐的时候其实还是喜欢看那种很轻松的东西。

曾昭晖：是。

主持人：我这里有个数据，我们一起来分享一下，就是首届北京惠民文化消费季，是从9月3号开始启动，截至10月7号，我们看到现场参加的人数达到了515.7万人，直接消费数额超过30亿元，其中，国庆长假期间，消费额达到了11.35亿元。我们刚才说到几个数字，515.7万人，30亿元，以及11.35亿元，其实可以看出，这个整个消费水平还是很高的，从这些数字来看很高，那您认为这个消费能力跟各自消费文化到底有没有关系？还是只跟他们的经济水平有关系呢？

陈少峰：这两者都有关系。现在人们满足基本的物质需求之后，其实是有经济能力来消费这些精神产品的，比如参加各种节庆活动，去买书、看电影、玩游戏等，再加上有好多免费的东西可以消费。所以比较一下，我们黄金周的消费和消费季的消费，其实有一个比较大的区别，就是政府希望去推动消费，把文化消费通过政府的引导和推动，进一步促进文化消费的繁荣。这种消费在政府的推动过程当中，消费者有可能会形成一种更好的消费习惯，会更积极地消费，那么就会影响消费文化的变化。其实我觉得从北京的角度来说，文化消费量是很大的，春节期间，进公园进各种庙会的人次，可能就达到800万人以上。这说明什么，说明人们在休闲的时候，有时间的时候，会参加各种各样的文化活动，或者去做文化的消费，现在比重越来越大。

曾昭晖：你看刚刚这些数据，在春节期间六天有800万人进园的记录，但是它带来一个巨额的经济收益，北京市文资办惠民文化消费季活动，也有一个直接的措施，通过发行惠民文化消费卡，这个卡能打折，能给你优惠，这方面它确实直接刺激了文化产业的发展，不但惠民，而且惠企。另外，还有最大内的潜在含义，政府通过这个活动，引领老百姓的消费文化。通过必要的行政和市场化相结合的手段，引领老百姓文化消费，对这个您有什么好的建议吗？

陈少峰：我觉得在推动产业文化发展的同时，政府跟企业是两大力量，市场的力量和政府的力量，这两大力量可以有结合点，有独立的地方，企业最主要的就是要提供好的产品，因为没有好的产品就没有消费。比如电影，一定要非常吸引人，大家就会去看，所以我们讲文化消费虽然不是完全刚性的消费需求，但是，它是完全取决于作品的好坏，所以它是上不封顶的。假定都是好的产品的话，它不会出现简单的供过于求，主要取决于品质的好坏。质量或者说产品的吸引力是最主要的，企业最主要的是要做好产品，然后通过市场竞争去吸引人们。那么政府可以跟企业合作，比如说演出、电影，都可以降价。票价很低的时候，政府可以买一部分单，比如说让消费卡持有者，到电影院去看电影，原来80元钱一张电影票，现在30元钱，然后政府补贴20元钱，企业本身也便宜，降价30元钱，这个电影本来只能放一星期，现在可以放两星期，这样对所有人都是有利的，政府和企业合作，我们也把它叫作政府采购。就是政府采购企业里面的一部分内容来便民，来让老百姓受益，这是一种情况。

还有另一种情况，现在很多文化事业机构，应该更多去做文化消费的吸引措施。举个例子，博物馆跟美术馆应该开设讲座，经常讲怎么美术鉴赏，经常讲博物馆的知识，对学生从小进行教育。那么这样的话，这些人成长起来以后，会经常去买美术品，就有一种习惯，因为他已经形成了一种对它的爱好和消费习惯，所以在某种意义上来讲，我们的公共文化服务设施将来应该更多地去为学生服务，为培养下一代的消费者做出更多的努力。做便民卡，然后跟有关的机构合作，甚至是可以动员事业单位、企业，还有老百姓，共同来促进消费市场的繁荣，多方各自做一些事情，这样结合起来将会引导和促进消费。

曾昭晖：我能不能理解，就是你刚才说北京市惠民文化消费季，发惠民卡，它的积极作用是值得肯定的。

陈少峰：对。因为这种便民服务，就是通过政府来支持，促进文化消费，这是一种积极健康的活动。特别是便民，我觉得今后还可以进一步由政府来支持，比如给那些低收入的人群，由政府去采购。比如说送消费券，消费相关的文化产品可以打折，这完全可以。就像肉食品补贴，或者各种各样的补贴。

曾昭晖：或者做一些老年人专场，甚至做一些公益的，都可以。

陈少峰：那个是更广泛意义上的公共文化的服务，那种服务可以由政府来做，也可以发动企业来赞助。比如学生免费的专场，可以由企业来赞助，或者是由政府来买单，它可以在这个基础上去完善，形成一个系统，特别是让弱势群体能够有更多的文化消费。

主持人：其实我们感受到了，之前大众消费主要是以物质消费为主，刚才我们二位也提到了，以前有些福利可能就是发一些米和油，但现在不一样了，大家说你们单位发什么，说我们发了票，我们什么电影院的优惠券等，也感觉到我们从物质消费，已经慢慢地走上精神消费这样一个过程。其实在这个过程当中，它的催化剂到底是什么，我们说文化消费其实还是受到了一些因素的限制的，那这些因素到底是什么呢?

陈少峰：我觉得是文化消费，从它自身条件来说，要有钱、有闲，从产品的形态上来说，要产品好，而且定价不一定太高，要适合于消费能力，所以这几方面正好要形成对接，它就能够盘活这个市场。但是，这只是就产品和我们具备的条件来说的，还要有一种习惯，比如我们中国可能过去就是制造业，我们要解决温饱问题，所以我们对物质的东西可能看得很重，对精神的消费，还没有把它作为很重要的事情，现在已经进入到了这样的一种精神产品消费的时代，或者叫文化消费的时代。那怎么样来促进它，这需要引导。

曾昭晖：陈老师，如何培养我们老百姓比较良好的文化消费习惯?

陈少峰：这个不好说。因为不同的人群消费习惯不同，有一部分人其实已经是在文化消费上面贡献巨大，电影、游戏一直在成长，其实它已经有良好的消费习惯了。因为只要有钱就去买书，就去消费，但是，有一些单位经常发票，不发就不看，这种人其实就有点机会主义，其实是可以掏钱去看的，这个是可以引导的，或者是说我们至少可以鼓励他。当然一开始的时候，转变他的习惯可能有点不容易，所以应该从价格比较便宜的地方开始。比如说政府有一些买单的支持，比如说从开始送票到现在让他掏50元钱，他可能心里不平衡，那政府能不能组织一些采购，或者跟企业合作，做一些优惠，让他自己掏30元钱，政府补贴20元钱等，这样来引导消费。

曾昭晖：对，用价格的杠杆来吸引一部分观众。

陈少峰：还有像美术品、书画，其实在国外，这种装饰品消费很多，但是中国很少，很少受到美术的教育。要么就是收藏家，要么就是投资，其实日常生活当中可以去购买美术品，但要有美学的教育，然后要有艺术欣赏的基础，那么这是要从我们教育的角度去改造。一定要在平时形成这种消费习惯，通过教育加消费来引导。

主持人：陈院长，您觉得在引领文化消费这条路上，我们还能做些什么呢？

陈少峰：引领文化消费，从某种意义上来讲，就是让人们加大对文化消费的投入。你可能看电影少了，你能不能多看一些电影，或者说多看一些演出。其实最主要的，要有好东西，好东西是前提，所以文化产业的核心是什么，就是要有好东西，好东西更容易吸引人。另外，要改变一些传统的做法，比如说传统的很多演出，现在强推其实没办法去消费的，因为我们的生活方式跟传统时代的文化内涵已经不对应，像大家关注的、谈论的都是《中国好声音》里面歌唱得好不好，但与包公在断案的那种表情完全就是不对应的，所以可以把传统的东西改编成电影，说不定更受欢迎，所以在某种意义上来讲，文化消费不是靠政府，它一定是靠企业，靠文化人，靠文化企业家，靠产业的运作。换句话说，我认为，只要有好的东西，加上好的营销，就一定能够推动文化消费。但是，消费文化习惯的培养，需要教育，需要政府，比如补贴给一些没钱的人，或是借鉴国外的经验，赠送文化消费券，或者减免税收。比如在文化上的消费，可以拿着存根，可以抵税，这可以学习国外的一些做法。

曾昭晖：最后一个问题就是，你是一个纸质优质文化的爱好者，你如何把自己从纸质的爱好者变成将来也是个无纸化消费的未来学者？你怎么看这个问题？

陈少峰：从内心上我不情愿，但是从理智上，它是一个趋势，如果不去培养习惯去附和这种趋势，我将来就没东西可消费了。

曾昭晖：怎么做呢？

陈少峰：我现在就在习惯这样的过程，比如先开微博，然后开微信，现在很

多人都要加入我的微信或者我加入他们，总之这个事情是压力越来越大。但是我心里面也想，既然它是一种方式，那我要去习惯它。

你会发现，现在玩手机游戏的人越来越多，那我也要习惯，我以前不怎么玩游戏，因为我比较喜欢看小说，玩游戏的时间比较少，但是我觉得好多人玩游戏也挺高兴。所以我想，既然我要变成手机消费者、手机内容的消费者，那年轻人会玩什么东西，我也需要学习，这可能算是一种习惯的改变。但这里面确实有很多被迫的成分，对年轻人来讲，所有新奇的东西很容易养成习惯，但对我们已经形成习惯的人，要改变习惯，就需要付出很大的努力。

曾昭晖：尤其是你过去已经有一个很优秀的文化消费习惯。

陈少峰：不一定是好的习惯，比如现在很多人去旅游，也许这种旅游比我天天看书——从身体健康角度来讲——是更好的习惯。只能说我们有这种习惯，然后换成另一种习惯，但两种习惯可能相互之间有冲突，但总体上来讲，凡是增加精神消费或者是增加兴趣爱好的，应该都是一种比较好的结果，可以让我们的生活更丰富多彩，可选择的东西更多。

主持人：非常感谢陈教授做客我们的节目，让我们对文化消费、消费文化，以及它们之间的关系有了一个更深的认识，非常感谢。下期再见。

思考题：

1. “我现在很担心将来纸质媒体全垮了之后怎么办，我没东西了。”你认为陈少峰的担心可能发生吗？

2. 你是否认同陈少峰的观点，在中国“3～35 岁这个群体现在是主流的（文化）消费群体”？请做一个问卷调查，证实这个观点。

3. 少数人看的文化产品是精英文化，你同意吗？京剧属于陈少峰所说的“精英文化”，你认为现在人们较少看京剧的原因是什么？

4. 你认为如何培养对文化产品消费的消费文化？在这个过程中，谁起主导作用？

在线学习

各国的文化消费有各自的文化习惯。通过网络了解一下我们的近邻，如日本、韩国等的消费文化有什么特点，例如，他们在周末、节假日喜欢消费什么文化产品？

第五章 文化创意产品国际贸易理论与全球贸易格局

在经济发展的“三驾马车”中，国内消费与国外消费是两个重要的因素，因此文化创意产业的发展是否得到内需与外需的支撑，决定了文化创意产业发展的速度、规模与方向。

文化创意产品和服务的国际贸易自20世纪90年代末以来发展迅猛，人们开始进一步认识到创意产业贸易的规模和市场发展潜力。进入21世纪以来，世界文化创意产品的国际贸易更是发展迅速。2008年，联合国贸易和发展会议发布了全球文化创意产业国际贸易发展报告，首次发表了对文化创意产业贸易的权威统计。之后该组织每3年左右发布一次创意经济报告，根据该组织所提供的数据，可以相信文化创意产业是21世纪开始以来一个充满活力的部门。为了尽快了解文化创意产业的发展，联合国贸易和发展的官方网站在其数据库中提供文化创意产品贸易的最新数据。根据该数据库的统计，文化创意产品和服务的出口总值在1996年为2274亿美元，而2011年（最新统计）则达到7768.3亿美元（不包括相关产品贸易），增长了341.6%。根据联合国贸易和发展会议公布的数据显示，2011年世界文化创意产品的贸易总值已跃升至15262亿美元，2003～2011年年均增长率达到10.89%。

在文化创意产业与产品贸易的发展中，虽然发达国家占据主导地位，但是文化创意产业与产品贸易为发展中国家跃入世界经济发展中具有高发展速度的领域提供了机会，也为发展中国家增加在国际贸易中的份额提供了机会。事实上，文化创意产业正在成为一些发展中国家特别是亚洲国家从贸易和发展中获得利益的驱动力量，发展中国家在该领域世界贸易市场上的份额逐年上升，其出口增长速度已经超过发达国家，如货物贸易的出口和进口增长率在2003～2012年发达国家平均为4.9%和4.5%，但是发展中国家达到12.99%和13.40%，其中，发展最为迅速的当属中国。虽然文化创意产业的增长主要发生在亚洲，其他发展中国家也显示出了增长的势头。为了更好地学习和掌握文化创意产品贸易的基本规律与实践，本章首先从论述文化创意产品贸易理论的适用开始，之后结合有关理论对世界文化创意产品的出口和进口的现状与格局做出分析。

第一节　文化创意产品贸易理论适用

文化创意产业是一个新兴的产业群，对于它的国际贸易的发生，从理论方面的解释还在不断地探讨中，但无论是传统的国际贸易理论或是当代国际贸易理论，都或多或少的可以部分地解释文化创意产品贸易的发生。

一、文化创意产品贸易的含义与特点

1. 文化创意产品贸易的含义

国际贸易是指不同国家（和/或地区）之间的商品和劳务的交换活动，是商品和劳务的国际转移。文化创意产品贸易则是指以文化创意产业为基础，以文化传播为主体的商品和劳务的交换活动，因此文化创意产品贸易既包括实物形态的货物贸易，又包括无形的服务贸易。

2. 文化创意产品贸易的特点

文化创意产品贸易与其他产品贸易既有相类似的共性又有不同的特性，总结其特性有如下几点：

（1）文化多样性。文化创意产品，无论是有形产品还是无形产品，都包含不同的文化元素，即使是同一国家的不同地区也都有自己的文化元素与文化符号，它们通过产品形式体现出来，这就构成了文化创意产品的文化多样性。

（2）文化的社交属性。很多学者认为文化创意产品消费具有社交属性（Cowen 2002；Eaton、Pendakur、Reed，2006）。哥伦比亚大学社会学家 Duncan Watts（2007）在他所做的关于流行歌曲的社会影响研究时指出，“人们通常需要的往往不是最‘好’的产品，而是和其他人体验相同的产品，从而可以体会与人分享的乐趣”。文化创意产品的社交属性往往发生在同一种文化当中，但是由于互联网的聊天室和音乐的分享功能已经强化了不同文化间的社交互动，更进一步强化了它的社交属性，因而也就有了被称之为文化产品消费的网络外部性。这个属性为文化创意产品的跨国界流动创造了更多的机会。

（3）文化渗透性。文化的渗透性一方面表现在它可以融入各种不同的产品与领域中，使几乎所有的产业与产品都可以具有某种文化的特征，如体育、餐饮、医药等行业虽然不属于文化创意产业范畴，但都可以具有鲜明的文化特色；同时它又可以通过产品的方式渗入人们生活的方方面面，对消费者产生潜移默化的作用，其影响有时甚至超过任何形式的政治宣传与说教。由于这个原因，就有了文化创意产品贸易的另外一个特性，即文化多样性的保护。

（4）文化多样性的保护。在“冷战”结束以后和经济全球化时代，关于全球政治的一个共同认可的假设是谁赢得文化，谁就将赢得世界。也就是说，谁的文化观念、价值标准、行为方式在全球赢得更多人的认可，谁将成为国际规则的制定者。在全球化发展过程中，发达国家凭借经济、技术和综合国力的优势，加紧了对发展中国家从意识形态和经济模式的全面输出，因此，推广传播各自的文化成为当代各个国家特别是西方发达国家不遗余力的战略目标。面对发达国家强势文化的冲击，民族国家出于维护本民族和国家利益的需要，本能地以民族主义来抵抗，特别是通过保护自己的民族文化对抗强势文化的冲击。在国际贸易领域，发展中国家包括一些发达国家都特别强调文化产品的例外性，对文化产品的进口设置了比其他产品更多的壁垒，这种做法虽然与世界贸易组织所一贯倡导的贸易自由化原则不一致，但是对本国文化市场的适当保护显然得到了国际社会的广泛理解。

二、比较优势理论及其适用

1. 比较优势理论的基本概念

比较优势理论是国际贸易理论中最重要的理论基石，它是大卫·李嘉图在其代表作《政治经济学及赋税原理》中提出的。比较优势理论认为，国际贸易的基础是生产技术的相对差别（而非绝对差别），以及由此产生的相对成本的差别。每个国家都应根据“两利相权取其重，两弊相权取其轻”的原则，集中生产并出口其具有“比较优势”的产品，进口其具有“比较劣势”的产品。两个国家分工专业化生产和出口其具有比较优势的商品，进口其处于比较劣势的商品，则两国都能从贸易中得到利益。这就是比较优势原理。

比较优势理论对国际贸易理论的最大贡献是，首次为自由贸易提供了有力证据，并从劳动生产率差异的角度成功地解释了国际贸易发生的一个重要起因。尽管自李嘉图提出比较优势理论至今已近200年，但仍不失为指导一般贸易实践的基本原则。不仅如此，比较优势理论的原理除了可以用于对国际贸易问题的分析以外，还有较为广泛的一般适用性。

自比较优势理论诞生以来，后人以该理论为基础不断地丰富和扩展该理论，使其更具有广泛的解释力，如要素禀赋理论的提出，之后这种发展又经历了从静

态比较优势到动态比较优势、从先天优势到后天优势、从比较优势到竞争优势等的发展。比较优势理论近年来的发展主要是基于对外生比较优势这一主流理论的完善和挑战。在近年来关于比较优势的诸多研究中，一个比较突出的现象是，以克鲁格曼、赫尔普曼和格罗斯曼为代表，在引入规模经济、产品差异等概念体系批评传统比较优势理论的基础上形成了所谓的新主流（Helpman、Krugman，1985；Grossman、Helpman，1989、1990），而其他学者们又在批评这一新主流的基础上，从专业化、技术差异、制度、博弈以及演化等不同的角度对比较优势理论进行了拓展。

2. 比较优势理论与文化创意产品贸易

文化创意产品贸易，按照联合国贸易和发展会议对文化创意产品的分类方法，分为货物贸易、服务贸易、知识产权贸易及相关产品贸易。从联合国贸易和发展会议数据库提供的数据看，全球文化创意产品贸易所展现的格局依然是发展中国家在某些劳动密集型产品、中低技术含量和艺术表现的货物产品出口中占有较大的比较优势，而发达国家则在技术含量和艺术含量以及原创性较高的领域占有明显的优势，如服务贸易、知识产权贸易等。因此，尽管文化创意产品贸易有其文化特性，但是比较优势理论仍然能够部分解释文化创意产品国际贸易的情况。详细的数据分析在本章的第二节。

然而由于文化创意产品包含了文化因素，因而其贸易具有自己的一些特殊性，因此在分析文化创意产品贸易的理论适用时还要从多角度进行分析。

三、产业间与产业内贸易理论

1. 产业间贸易（Inter－industry Trade）与产业内贸易（Intra－industry Trade）的定义及其特点

产业间贸易是产业间国际贸易的简称，是指一个国家或地区，在一段时间内，同一产业部门产品只出口或只进口的现象。在产业间贸易中，同一产业产品基本上是单向流动，即要么进口，要么出口，如一国生产的工业品和另外国家生产的农产品进行交易，它主要是国与国、劳动生产率差别较大的和不同产业之间的贸易，其形成基础是产业之间的分工。由于各国在各种产品的生产上有自己的成本优势，从而形成价格优势，这就构成了各国产业间分工与贸易的基础，而这种优势来源于自然禀赋或技术的差异。传统国际贸易理论主要是针对产业间贸易。

产业内贸易是双向流动的，也就是一国同时出口和进口同类型的制成品，因此这种贸易通常也被称为双向贸易（Two Way Trade）或重叠贸易（Over－lap

Trade)。产业内贸易理论的出发点与传统贸易理论研究的出发点不同，它的假设前提是：基本是从静态出发进行的分析；分析不以完全竞争（垄断竞争）市场而以非完全竞争市场为前提（过去的贸易理论的前提大多为完全竞争市场）；经济中具有规模收益；在分析中要考虑需求不相同与相同的情况。

产业内贸易指数是用来测度一个产业的产业内贸易程度的指数。这一指数的计算公式为：

$$T = 1 - |X - M| / (X + M)$$

式中，X 和 M 分别表示某一特定产业或某一类商品的出口额和进口额，并且对 X－M 取绝对值。T 的取值范围为 0～1。

与产业间贸易相比，产业内贸易在内容上与其存在着极大的差异，表现出产品多样性的特点。虽然产业内贸易的产品具有多样性的特点，但这些产品必须具备两个条件才能进行产业内贸易，一是在消费上有一定的相互替代性，二是在生产中需要相近或相似的生产要素的投入。符合上述条件的产品可以分为两类：同质产品和异质产品，也称作相同产品或差异产品。

同质产品或相同产品是指产品间可以完全相互替代，也就是说产品有很高的需求交叉弹性，消费者对这类产品的消费偏好完全一样。这类产品的贸易形式，通常都属于产业间贸易，但由于市场区位、市场时间等的不同，也会发生产业内贸易。

异质产品的产业内贸易。差异产品又可以分成三种：水平差异产品、技术差异产品和垂直差异产品。不同类型的差异产品引起的产业内贸易也不相同，分别为水平差异产业内贸易、技术差异产业内贸易和垂直差异产业内贸易。

根据以往的研究成果，由于产业间贸易的发生基于自然禀赋或技术的差异，因而产业间贸易多发生在发达国家与发展中国家之间；基于规模收益和消费需求的产业内贸易则大多发生在发达国家之间。

2. 产业间与产业内贸易理论与文化创意产品贸易

产业间与产业内贸易在传统的三大产业贸易中所体现的特点也基本上符合文化创意产品贸易的特点。从实际发生的文化创意产品贸易情况看，货物贸易领域的贸易格局是发达国家在较高技术含量和艺术含量产品贸易中的产业内指数较高，而与发展中国家的贸易则以产业间贸易为主，即发达国家主要进口发展中国家的劳动密集型和较低技术与艺术含量的产品，如工艺品贸易中的地毯、庆典、柳条制品、纺织品等；发达国家主要向发展中国家出口一些高附加值的产品，同时也向发达国家出口此类产品，如音乐和视听、出版和印刷、视觉艺术等。在文化创意产品服务贸易领域，发达国家的产业内贸易指数高于发展中国家，这与非文化创意产业服务业的研究结果一致（白远，2011）。

除了劳动成本和技术差异因素外，在文化创意产品货物贸易中，文化的相似性与多样性是另外一个产业间与产业内贸易发生的重要原因。当消费者追求对不同文化的欣赏时，由于文化折扣的存在，消费者更多追求一般和表面层次的了解，因此具有文化外在形式且价廉物美的有形产品是各国各地区产业间贸易发生的基础，此时价格起到重要作用。当消费者追求的是文化共享和精神层面的沟通和理解时，具有相同文化背景和价值观的国家与地区间的贸易则成为产业内贸易发生的原因，而满足消费者对此类文化创意产品需求的作品多为艺术含量高、深入挖掘文化内涵的产品。

瑞典经济学家林德从需求的角度提出的需求相似理论可以进一步解释文化创意产品产业内贸易发生的原因。他认为，国际贸易是国内贸易的延伸，在本国消费或投资生产的产品才能够成为潜在的出口产品；两个国家的消费者需求偏好越相似，一国的产品也就越容易打入另一个国家市场，因而这两个国家之间的贸易量就越大。他同时提出，贸易国之间收入水平和国内需求结构越相似，相互贸易的倾向就越强。在文化创意产业服务贸易领域，发达国家之间产业内贸易指数高的一个重要原因就是由于近似的文化背景所形成的价值观相似，因而彼此能够更好地了理解相互的文化创意产品，如电影、音乐、舞台艺术等较高艺术和文化含量的产品。此外，发达国家的人均收入水平都较高，有能力支付高技术和高艺术投入的文化创意产品。

四、“文化折扣”

1. “文化折扣”（Cultural Discount）的内涵

“文化折扣”，亦称“文化贴现”，指在国际文化贸易中，某国的文化创意产品会因为其内蕴的文化因素不被其他民族认同或理解而导致的价值折扣现象。由于任何文化产品的内容都源于某种文化，因此对于那些生活在此种文化之中以及对此种文化比较熟悉的受众有很大的吸引力，而对那些不熟悉此种文化的受众的吸引力则会大大降低，由于文化差异和文化认知程度不同，受众在接受不熟悉的文化产品时，其兴趣、理解能力等方面都会大打折扣，这就是所谓的“文化折扣”，它是文化创意产品区别于其他一般商品的主要特征之一。“文化折扣”的概念可以在普通经济学中找到其起源，在普通经济学中，它是指在确定娱乐产品交易的经济价值时，必须要考虑文化差异因素。

“文化折扣”的概念由希尔曼·埃格伯特（Seelmann Eggebert）首次使用于少数派语言和文化版图的保护。由于人们对这些少数派语言和文化版图的理解存在一些障碍，因此应该得到更多的关注，以保护其文化特性。1988 年，霍斯金斯（Colin Hoskins）和米卢斯（R. Mirus）将“文化折扣”的概念用于影视节目贸易的研究。霍斯金斯和米卢斯在其发表的论文《美国主导电视节目国际市场的原因》（“Reasons for the U. S. Dominance of the International Trade in Television Programmes”）一文中从文化差异的角度深刻论述了为什么美国电视、电影和录像等能够取得世界市场主导地位的原因，是对“文化折扣”理论应用的较为全面的阐述。

2. “文化折扣”产生的原因

（1）文化结构差异。霍斯金斯等（1988）认为，“文化折扣”的产生是因为进口市场的观赏者通常难以认同所交易的文化产品中描述的生活方式、价值观、历史、制度、神话以及物理环境。霍斯金斯等所提出的上述这些方面就是构成文化结构的主要要素。文化结构差异是导致出现“文化折扣”现象的主要原因。它包括文化物质生活要素、制度要素、精神文化要素等不同的层次，形成自下而上的层次结构。一般说来，不同的文化之间在物质层面的交往与融合比较容易实现，因而也较好理解，但随着文化结构层次的上移，不同文化之间的认同与理解难度逐渐加大，这就是为什么一些包含文化元素的有形产品，如食品、服装、工艺品等能够销往不同的市场，其价格更多的由产品成本所决定，因而“文化折扣”率较低；一些体现较多意识形态、宗教、文化价值观的产品，如电影、电视、音乐、舞台艺术等，则在文化相同或文化差别较小的国家有更好的市场，而在文化差异较大的国家和地区“文化折扣”率较高。

（2）语言差异。语言的不同也是“文化折扣”产生的一个重要原因，因为语言自身就是重要的文化要素，同时它又是文化传播的重要载体，特别是在传统的语言、文字类文化产品中，因而语言也成为文化创意产品能否被接受过程中的第一道屏障。文化创意产品中不同的语言表达方式，电影电视产品中的配音、字幕、不同口音的理解难度等，都可能干扰受众的欣赏与理解。即使是在文化背景相同或接近的国家与地区，不同的口音也会带来“文化折扣”。例如，中国香港产的电影或电视剧在中国大陆上映时最好有字幕或普通话的配音；还有调查显示，当英国 BBC 把节目卖给美国的时候，美国也必须找一个有美国口音很重的人做主持。从全球角度看，美国电影之所以能够在国际市场上占据重要地位，除了它的品牌效应外，英语语言作为世界第一大通用语也成就了美国影片的销售。

（3）文化背景。任何人都是在特定的文化环境中成长起来的。在同一文化环境中成长起来的人们由于享受共同的文化背景，因而能够分享许多约定俗成的文化要素。这些要素使他们能够轻易地理解以他们熟悉的文化为背景的产品，并彼此分享文化产品中的乐趣。然而，当受众不熟悉某种文化背景时，便很难理解该文化产品的内容，这点在观看具有幽默内涵的文艺作品时最为典型。

（4）价值观、信念、社会制度。价值观是基于人的一定的思维感官之上做出的认知、理解、判断或抉择，也就是人认定事物、辨定是非的一种思维或取向，从而体现出人、事、物一定的价值或作用。价值观反映人们的认知和需求状况，对人们的需求有导向作用。价值观的形成与人们生活的环境有直接的关系，因而带有鲜明的文化烙印。例如，长期生活在西方国家的居民由于受当地宣传媒体的影响，对于民主、宗教与社会制度形成了一些固有的观念，当某些文化创意产品所蕴含的价值取向、精神内涵与受众的价值取向一致时会引起共鸣，否则可能导致受众对此种文化产品的冷漠乃至抵制。

（5）国内市场规模与经济实力。霍斯金斯和米卢斯指出，“文化折扣”和国内市场大小相互作用，使得拥有最大的国内市场的国家成为其文化产品最具竞争优势的主要原因。霍斯金斯等认为，在所有节目生产者的成本相同，所有国家的“文化折扣”度相同的条件下，“文化折扣”本身就足以解释为什么拥有最大国内市场的国家，如美国会主导国际文化贸易。

此外，在经济全球化背景下，经济大国与贸易大国更容易通过经济手段影响其他国家的文化市场。如果一个国家特别是一个小国一开始就开放自己的市场，很可能更容易导致大国的文化最终成为小国文化的一部分，即大国文化将小国文化同化，这似乎已经成为一个趋势。在现实中，随着国家市场规模的变化，尤其是对于处在“追赶”过程中的发展中大国，将经历由文化小国向文化大国的发展，如中国。中国的文化市场随着中国经济总量的扩大而迅速扩张，近年来，中国经济总量在世界范围内的排名已经迅速上升到第二位。也就是说，改革开放30多年来，中国正在经历着由一个“文化产业小国”向一个“文化产业大国”的过渡，随着中国完成这一转变，中国的文化产品也可能会成为一种强势文化产品而在世界范围内传播。

3. 如何计算“文化折扣”

如何计算“文化折扣”是一个难题，因为除了客观原因外，主观原因起到很重要的作用。即使如此，为了更直观地体现“文化折扣”的大小，霍斯金斯以电影为例提出了电影产品文化贴现的计算公式，即文化贴现 =（国内电影产品的价值 - 进口电影产品的价值）÷国内电影产品的价值。这个计算公式可以用来解释电影国际贸易中的不平衡问题，然而对其他众多文化产品的折扣率该如何计算仍然是一个问题。对此，霍斯金斯等（1977）指出，电影和音乐等文化产品的交通成本可以忽略不计，交通成本被消费者在不同文化中所感受到的“文化折扣”所取代。因而使用交通成本替代“文化折扣”成本也是一种间接计算方法。

五、消费者偏好理论

1. 基本概念

消费是人们为满足自身精神或物质需要而产生的一种行为活动。消费者偏好是指消费者对一种商品（或者商品组合）的喜好程度。它是对商品或劳务优劣性所产生的主观的感觉或评价。偏好的重要性质是偏好的有序化，即消费者对于商品组织的偏好程度是有顺序的。每一个消费者都拥有一个特定的偏好，消费者基于偏好对商品做出主观价值判断，并据此对可供消费的商品及其数量组合所带来满足程度的大小进行排序。这种排序反映了消费者个人的需要、兴趣和嗜好。某种商品的需求量与消费者对该商品的偏好程度正相关：如果其他因素不变，对某种商品的偏好程度越高，消费者对该商品的需求量就越多。

偏好是微观经济学价值理论中的一个基础概念。消费者对商品的偏好可以根据某些客观指标，也可以基于因心理感受而给出的主观判断。偏好是主观的，也是相对的概念。偏好实际是潜藏在人们内心的一种情感和倾向，它是非直观的，引起偏好的感性因素多于理性因素。偏好有明显的个体差异，也呈现出群体特征。

2. 文化消费偏好生成的原因

消费者偏好是潜藏在人们内心的一种情感和倾向，它是非直观的，引起偏好的感性因素多于理性因素。偏好的形成受消费者成长环境的影响，包括文化因素、经济因素、社会因素等多种因素。偏好产生的原因有一般原因，如示范效应（环境的影响）、方便与否、习惯、天生偏好等，也有面对不同的产品产生的偏好，如文化创意产品的消费。文化创意产品消费偏好的产生来自以下原因：

（1）消费价值观。消费价值观是消费群体对消费对象整体化的评价或价值取向，是消费者心理结构的核心。它反映着消费主体所处的文化环境和文化传统对其心理的制约与影响，这种作用集中体现在消费者对商品的使用价值、社会价值和文化价值的评价上，同时也规定着消费行为的基本特点。不同的国家、民族和地区的消费者由于所处的文化背景不一样，导致了他们价值评估和取向的差异性，形成了不同的消费行为特征。

这个特征在文化创意产品消费中体现得尤为突出，这说明消费价值观念是和各民族的传统价值文化理念紧密地联系在一起的，它们之间具有深厚的认识基础。消费者对所购商品的享用，一方面是为了获取它的使用价值，另一方面则是为了追求商品的文化价值，只有当企业提供的商品所蕴含的价值取向与消费者的价值取向产生共鸣时，消费者才会对这种取向认同而进入购买过程。例如，好莱坞电影所塑造的人物一般非好即坏，黑白分明。它所塑造的英雄一般也都是凭借个人的努力取得成功，这些都是基于“个人主义”价值观塑造的人物。中国等东方文化则强调集体主义精神，任何英雄的产生都离不开国家、集体、家庭等的支持。这些价值观使以美国为代表的西方观众更喜欢形象高大上、身怀各种绝技、具有绝处逢生本领的独胆英雄的电影。

（2）消费审美。消费审美取向是指人们对消费对象的欣赏和情趣的感受，它是文化环境与人的心理交互作用的衍生物。文化的民族性和国度性在消费者的审美取向上都有深刻的反映，这造成消费者的求美消费行为具有文化的选择性。研究发现，同种文化中的消费者的审美标准和审美情趣具有高度的趋同特征，它作为一种消费需求反映在市场活动中构成了同质市场。从这个意义上说，文化因素对消费者审美取向的制约和选择是区分市场性质的隐性标准之一，忽视了这一点，就是缺乏对市场的深刻考察，必然对其营销活动产生不利的影响。

（3）民族性格倾向。长期生活在一种文化中的人们，在其性格塑造过程中必定会打上文化的烙印。文化对人的性格的制约，一是规范人们的基本生活态度和基本观点，二是调控人们行为的基本倾向。最能反映文化对性格形成作用的、在大多数民族成员身上都体现出来的典型特征，构成了民族性格。不同的文化形成不同的民族性格，不同的民族性格造成了消费行为倾向的差别。

例如，西方民族的典型性格是外向和奔放，中华民族的典型性格则是内向和含蓄，这两种民族性格的不同使中国人和西方人的消费偏好有许多不同。中国人更偏好间接表达自己的喜、怒、哀、乐等各种情绪的作品；西方消费者则更喜欢直截了当地表达自己的情感，具有鲜明性格的作品。

（4）民风民俗和消费禁忌。由于自然环境、物质生活条件、经济发展水平和历史的作用，不同的国家和民族都有自己独特的、习惯化的生活方式，在生活的各个方面都形成了一些有别于其他国家和民族的传统风俗习惯，这些民风、民俗等文化因素对消费者的感受和行为影响颇大。各民族成员对自己民族的风俗习惯都十分尊崇，以市场需求的方式形成了不同的消费导向。除了影响人们的爱好，民风民俗还有一些禁忌，导致了消费禁忌的形成。不同的宗教有着不同的文化偏好和禁忌，如佛教、基督教等宗教团体对其教徒的行为都有明确的规定，这些因素都制约着人们的消费行为。此外，节日是人类文化中非常典型的象征，这对人们的生活具有重要的象征意义，能激发起人们的情感，并有一套习惯化、程式化的消费模式。

3. 消费偏好的变化趋势

消费偏好并非一成不变，它也随着人们所处环境的变化、外来因素的影响，特别是收入水平的提高等发生变化。因此人们的消费偏好，特别是群体性消费偏好会构成一个具有共性的消费时代。即理性消费时代——重视品质性能及价格，以好、坏为判断；感性消费时代——重视品牌设计及使用性，以喜欢、不喜欢为判断；感动消费时代——重视满足感及喜悦，以满意、不满意为判断。文化创意产品的消费属于感动消费时代，认清楚这点对于从事文化创意产品贸易的人们来说十分重要。

第二节　世界文化创意货物产品贸易格局与分析

自20世纪90年代末期以来，由于文化创意产业的迅猛发展，创意产品国际贸易规模迅速扩大，国际、国内需求市场发展极具潜力，文化创意产品贸易成为最具活力和高速发展的领域。本节将主要介绍世界文化创意产品的进出口状况以及贸易格局。

根据联合国贸易和发展会议数据库的数据，2012年全部文化创意产业货物产品进出口贸易总额达到9054.94亿美元，总体说来保持良好的态势。下文分别从出口与进口角度分析2003~2012年货物产品进出口格局。

一、世界文化创意货物产品出口格局与分析①

1. 世界文化创意货物产品出口现状与趋势

文化创意产业货物产品的出口价值在2003~2012年增长显著，到2012年出口总值已经达到4737.9亿美元（2012年部分国家数据缺失，见表5-1）。2003~2012年，除2009年由于全球性金融危机的影响出现了负增长以及2012年由于一些国家的数据缺失造成增长下降外，其他年份都超过10%，年均增长率达到8.68%，高于世界同期贸易增长率，成为国际贸易发展的新增长点，各国和地区都从这样的快速增长中获益。

表5-1　文化创意产品货物出口总额

项目＼年份	2003	2004	2005	2006	2007	2008	2009	2010	2011	2012
出口总额（亿美元）	2238	2590.5	2875.2	3131.1	3644.2	4172.9	3753.1	4163.2	4898.1	4737.9
增长率（%）	—	15.75	10.99	8.9	16.39	14.51	-10.06	10.93	17.65	-3.27

① 对文化创意产品国际贸易的全球统计数据来自联合国贸易和发展会议的数据库。对文化创意产品贸易数据截至2012年，部分国家的数据截至2011年，特别是服务贸易数据缺失较多。本章表格中的数据来源不再另作说明，除非有来自不同的渠道时将另行标注。

如果分别分析发达国家、发展中国家和转型国家三个组群，可以看到，发展中国家和转型国家引领了货物贸易的增长，特别是2008年全球金融危机爆发后，发达国家的出口受到较大影响，转为负增长；另外两个组群的国家，特别是发展中国家则保持了强劲的增长势头，充分显示了发展中国家在文化创意产品货物贸易领域的发展潜力（见表5－2）。

表5－2　世界文化创意产品货物贸易增长率

组群 / 年份	世界	发达国家	发展中国家	转型国家
2003～2012（%）	8.68	4.91	12.99	9.48
2008～2012（%）	5.34	－2.39	13.70	8.74

从表5－3的数据可以看到，在货物贸易出口方面，发达国家在2009年前在全球文化创意货物产品出口中的份额一直没有低于50%，但是随着发展中国家在这一领域发展速度的提高，发达国家的整体优势已经不存在。发展中国家和转型国家的市场份额则保持了持续的增长，分别从2003年的39.24%和0.59%提高到2012年的57.57%和0.79%（见表5－3）。

表5－3　发达国家、发展中国家和转型国家文化创意货物出口市场占比

年份 / 组群	2003	2004	2005	2006	2007	2008	2009	2010	2011	2012
发达国家（%）	60.16	58.59	57.11	56.94	62.00	58.00	52.28	49.60	47.33	41.64
发展中国家（%）	39.24	40.72	42.16	42.32	37.43	41.29	47.08	49.85	51.96	57.57
转型国家（%）	0.59	0.69	0.73	0.73	0.57	0.71	0.64	0.55	0.71	0.79

2. 全球文化创意货物分类产品出口现状与趋势

按照联合国贸易和发展会议的分类方法，文化创意产品货物贸易共有七大类产品，表5－4是七大类产品名称及其项下细分产品。

表5－4　联合国贸易和发展会议文化创意货物产品分类体系

工艺品	视听产品	设计	新媒体	表演艺术	出版物	视觉艺术
庆典	电影胶片	玩具	视频游戏	录制音乐	图书	雕塑
柳条制品	CD、DVD、录音带	时尚	数字录音	音乐（CD、磁带）	报纸	摄影
其他工艺品		内部装饰			其他出版物	古董

续表

工艺品	视听产品	设计	新媒体	表演艺术	出版物	视觉艺术
编织物		珠宝				绘画
纸制品		玻璃制品				
地毯		建筑				

2003~2012 年，这七大类产品的出口都保持了持续的增长，其中，超过一倍增长速度的有视听产品、设计、新媒体和视觉艺术（见表 5-5）。从七大类产品出口所占有的份额来看，设计产品占比持续保持高位，2012 年更是超过了 60%以上，显示出强劲的增长态势。其他占比有所增长的是新媒体、视听产品和视觉艺术产品，而出版物下降的份额较大，这与新媒体占比有较大的增长形成鲜明的对照，说明传统的出版物市场在逐渐萎缩，并让位于新型媒体传播方式（见图 5-1、图 5-2）。

表 5-5 文化创意产品货物贸易出口（2003~2012 年）

项目 \ 年份	2003	2004	2005	2006	2007	2008	2009	2010	2011	2012
总额（亿美元）	2238	2590.5	2875.2	3131.1	3644.2	4172.9	3753.1	4163.2	4898.1	4737.9
工艺品（亿美元）	213.1	240.3	258.8	279.4	272.8	302.4	266.3	304.3	357.3	343.4
视听产品（亿美元）	121.6	139.6	155	152.6	368.7.	382.9	348.7	354.1	361.5	320.5
设计（亿美元）	1279.9	1504.1	1685.6	1837.7	1892	2210.3	2076	2388.8	2982.2	2848.9
新媒体（亿美元）	93.9	101.9	125.8	160.6	358.3	466.3	401.9	403.6	403.9	408.7
表演艺术（亿美元）	28.4	34.2	35.8	37.3	40.3	45.5	39.2	46.2	51.9	50.5
出版物（亿美元）	336.1	372.3	393.5	413.7	434.9	475	396.4	401.8	429	382.6
视觉艺术（亿美元）	164.9	198	220.7	249.9	277.3	290.5	224.5	264.5	312.3	383.2

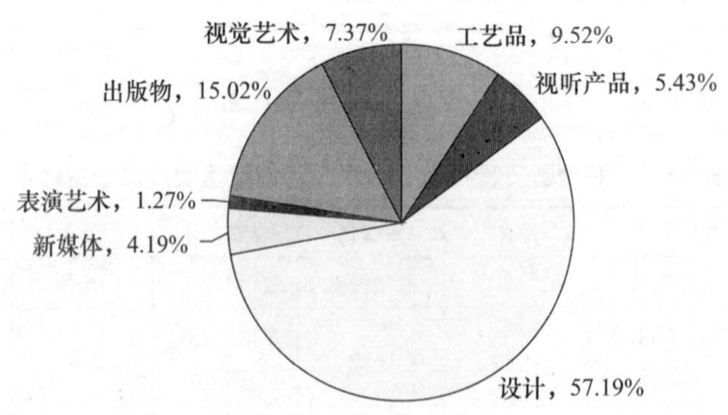

图 5-1 文化创意货物分类产品出口贸易占比（2003 年）

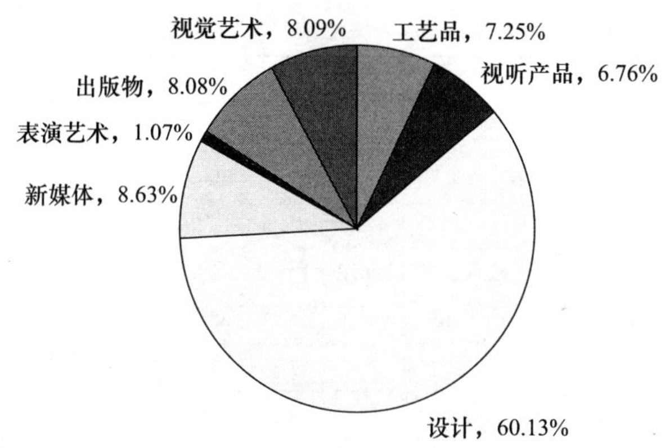

图 5－2　文化创意货物分类产品出口贸易占比（2012 年）

表 5－6 是世界文化创意产品货物贸易细分类出口情况。从表中的数据可以看到，在工艺品类产品中，全部产品基本保持了持续增长的态势，纺织品与地毯出口占据主导地位。在视听产品中，电影胶片出口从 2008 年达到高峰后迅速下降，从 2008 年的 7.7 亿美元下降至 2012 年的不足 2 亿美元，显示出传统电影媒介的不景气。设计产品是文化创意产业货物贸易中的最大类，在其项下有 6 类产品，其中，珠宝设计无论从出口总值还是增长速度都拔得头筹，出口值从 2003 年占设计类总值的 20% 上升到 2012 年的 35.5%。设计类产品中另外一个出口值和增长率都较高的产品是时尚设计，其增长速度达到年均 11.5%。这两项产品出口的发展趋势充分说明随着人们生活水平的不断提高，人们对于时尚与高端产品需求也不断增长。出版物是货物产品出口增长较慢的一项，这也解释了为什么它的占比从 2003 年的 15.02% 下降至 2012 年的 8.08%。新媒体是文化创意货物产品出口增长最快的，特别是数字媒体，2012 年的出口值是 2003 年的 10 倍以上，这充分说明了新技术在文化创意产品中的作用及其对传统媒介的冲击（见表 5－6）。

表 5－6　世界文化创意产品货物贸易细分类产品出口（2003～2012 年）

项目 \ 年份	2003	2004	2005	2006	2007	2008	2009	2010	2011	2012
总额（亿美元）	2238	2590.5	28752	3131.1	3644.2	4172.9	3753.1	4163.2	4898.1	4737.9
工艺品（亿美元）	213.1	240.3	258.8	279.4	272.8	302.4	266.3	304.3	357.3	343.4
地毯	52.5	58.3	63.4	67.3	56.3	63.6	60.4	69.9	87.3	77.6
庆典	32.4	31.4	31.3	30.9	35.9	37.8	30.9	34.7	43.2	51.2
其他	23.8	25	25.6	25.9	26.1	30	23.8	28.3	34.8	34.3

续表

项目＼年份	2003	2004	2005	2006	2007	2008	2009	2010	2011	2012
纸制品	0.6	0.6	0.7	1.2	0.6	0.9	0.8	0.9	0.7	0.9
柳条制品	11.8	15	16.1	17.9	18.6	25	18.7	18.5	21	19.5
纱织品	92	110.1	121.7	136.2	135.2	145.1	131.7	152	170.4	159.9
视听产品（亿美元）	121.6	139.6	155	152.6	368.7.	382.9	348.7	354.1	361.5	320.5
电影胶片	5.7	6.6	6.7	7.4	7.9	7.7	7.3	6.3	4.9	1.4
CD，DVD	116	133	148.3	145.3	360.8	375.3	341.4	347.7	356.6	319.1
设计（亿美元）	1279.9	1504.1	1685.6	1837.7	1892	2210.3	2076	2388.8	2982.2	2848.9
建筑	2.4	2.7	2.4	2.6	4.1	4.3	3.6	2.5	2.2	2.3
时尚	354.2	414.1	459.7	484	505.8	587.1	535.1	645.3	813.8	721.4
玻璃制品	14.9	17.1	16.5	16.1	17.1	17.6	15.9	18.1	18.7	28.3
内部装饰	407.5	483.6	530.9	579.5	577.9	662.5	576.5	667.9	751.3	711.6
珠宝	259.3	321.3	371	435.9	424.6	526	576.8	680.3	960.8	1012
玩具	241.6	265.5	305.1	319.5	362.4	412.7	368.2	374.6	435.3	373.4
新媒体（亿美元）	93.9	101.9	125.8	160.6	358.3	466.3	401.9	403.6	403.9	408.7
数字媒体	22.1	24.3	28.1	29.6	170.9	191.1	192.8	215.8	232.3	223.9
视频游戏	71.7	77.6	97.7	130.9	187.3	275.2	209.1	187.7	171.7	184.9
表演艺术（亿美元）	28.4	34.2	35.8	37.3	40.3	45.5	39.2	46.2	51.9	50.5
乐器	27.4	33.1	34.6	36.1	39.1	44.3	38.1	45	50.8	49.5
录制音乐	0.99	1.11	1.19	1.13	1.18	1.19	1.08	1.26	1.09	1.05
出版物（亿美元）	336.1	372.3	393.5	413.7	434.9	475	396.4	401.8	429	382.6
书籍	128.2	142.2	152.8	161	174.5	187.7	167.4	170.8	182.1	167.2
报纸	134.8	147.6	152.1	158.9	160	174.3	133.6	135.8	150.1	130.5
其他印刷品	73.2	82.5	88.5	93.8	100.4	112.9	95.4	95.1	96.8	84.9
视觉艺术（亿美元）	164.9	198	220.7	249.9	277.3	290.5	224.5	264.5	312.3	383.2
古玩	24.7	29.6	34.5	35	31	31.6	23	27.9	35.1	39.2
绘画	67.2	85	97.6	117.7	145.3	148.6	104.2	116.7	132.7	152.6
摄影	17.03	20.07	21.8	23.4	22.7	23	19.4	21	21.5	22.7
雕塑	55.9	63.3	66.8	73.8	78.3	87.3	78	99	123	168.8

表5－7是世界文化创意产品货物贸易细分类出口增长率，是2003～2012年10年的年均增长率和2008～2012年5年的年均增长率。从年均增长率的变化可

以看出不同组群的国家在文化创意产品货物贸易领域的发展趋势。发达国家在全部细分类产品出口增长都不尽如人意，特别是2008～2012年的增长情况，除了少数几个产品（节庆、珠宝设计、古董、绘画和雕塑）取得正增长外，其余产品全部为负增长。其中，跌幅最大的产品是电影胶片、建筑、视频游戏，都超过了两位数。发展中国家的情况与发达国家形成鲜明对照，10年平均发展率均为正，而5年年均发展率除少数产品外（柳条制品、视频游戏、报纸、绘画）也均为正增长。5年年均增长率超过两位数的产品达到14项，超过总数的56%。其中，玻璃制品、珠宝、雕塑均超过30%。转型国家的总体情况虽然不如发展中国家，但大大优于发达国家，大多数产品都实现了正增长，10年年均增长率中有4类产品增长为负值，占16%；5年年均增长率为负值的产品增加到9类，占36%，其中跌幅超过两位数的有4类产品。

表5－7　世界文化创意产品货物贸易细分类出口增长率

项目＼年份／组群	2003～2012	2008～2012	2003～2012	2008～2012	2003～2012	2008～2012	2003～2012	2008～2012
	世界		发达国家		发展中国家		转型国家	
增长率（%）	8.68	5.34	4.91	－2.39	12.99	13.70	9.48	8.74
工艺品（%）	4.86	5.64	－0.38	－3.45	7.78	10.05	14.40	32.29
地毯	4.09	7.96	0.45	－2.92	7.21	18.18	13.10	35.06
节庆	4.29	9.93	3.20	3.84	4.60	11.87	36.58	93.27
其他	3.71	6.68	4.84	－0.41	3.14	10.50	7.82	16.97
纸制品	2.84	－1.98	1.79	－8.98	4.21	11.53	33.91	15.86
柳条制品	4.95	－3.69	－0.64	－6.67	5.85	－3.33	4.97	3.44
纱制品	5.68	4.61	－2.66	－6.07	10.78	9.30	18.41	28.82
视听（%）	14.28	－3.15	9.18	－7.71	37.86	9.43	13.94	－9.30
电影胶片	－8.72	－31.68	－12.4	－40.1	7.74	8.88	－1.71	－30.8
CD，DVD，磁带	14.87	－2.77	9.72	－7.24	38.52	9.44	14.47	－8.77
设计（%）	9.03	9.09	5.33	－0.49	11.97	16.82	12.80	19.41
建筑	－0.37	－16.35	－2.01	－22.4	9.73	17.34	－10.2	－28.1
时尚	8.38	8.67	5.98	－1.40	9.67	14.72	7.84	21.06
玻璃制品	4.24	11.75	－3.56	－3.65	23.36	37.54	1.39	－10.6
内部装饰	5.84	4.16	1.62	－4.54	10.96	14.32	16.58	19.51

续表

项目＼组群＼年份	2003～2012	2008～2012	2003～2012	2008～2012	2003～2012	2008～2012	2003～2012	2008～2012
	世界		发达国家		发展中国家		转型国家	
珠宝	15.66	19.95	10.14	6.61	20.64	31.83	-2.44	25.93
玩具	5.58	-0.33	5.61	-3.47	5.50	1.45	21.45	20.83
新媒体（%）	21.20	-2.55	15.05	-8.11	27.22	1.75	22.83	-5.49
录音媒体	37.51	5.15	18.59	-5.21	73.67	11.79	31.08	-4.69
视频游戏	12.29	-9.45	12.90	-10.2	11.64	-8.87	19.43	-6.46
舞台艺术(%)	6.02	5.03	3.10	-0.66	10.45	13.27	11.55	13.90
音乐、乐器	6.19	5.22	3.26	-0.56	10.44	13.26	10.27	15.33
录制音乐	0.31	-2.50	-0.26	-2.89	6.44	22.61	45.24	2.67
出版（%）	1.35	-3.48	-0.09	-5.17	8.66	3.66	5.24	0.02
图书	2.99	-1.46	1.25	-3.46	8.52	4.10	2.84	-3.69
报纸	-0.71	-4.52	-1.48	-5.09	5.66	-1.65	6.38	0.80
其他印刷物	1.82	-5.41	0.20	-7.91	11.00	5.58	8.85	12.72
视觉艺术(%)	7.16	9.24	5.37	3.78	11.90	23.87	-0.61	3.03
古董	1.84	8.88	1.18	9.58	10.81	3.26	13.99	28.29
绘画	6.93	3.00	7.03	3.51	5.66	-2.94	4.77	-1.58
摄影	1.41	0.77	-0.43	-2.09	13.07	17.25	-5.62	-10.6
雕塑	10.74	19.41	7.28	3.27	12.71	30.29	1.02	13.40

从以上数据可以得出的结论是，发达国家在文化创意货物产品出口方面的优势逐渐让位于发展中国家和转型国家，这种发展趋势是国际分工的必然结果。文化创意货物产品中劳动密集型产品较多，如工艺品类中的地毯、纸制品、柳条制品等，设计类中的玻璃制品、内部装饰、玩具等，因此发展中国家在货物贸易出口中实现较大幅度的增长是符合比较优势理论的。珠宝设计、绘画与雕塑是技术和艺术含量较高的产品，也是发达国家少数实现正增长的产品。

二、世界文化创意货物产品进口格局与分析

1. 总趋势

全球文化创意货物产品的进口同出口一样保持了持续增长的态势。根据联合

国贸易和发展会议的统计，全球货物产品进口总额从 2003 年的 2424. 2 亿美元增加到 2012 年的 4317 亿美元，年均增长 7. 8%（见表 5－8）。从进口市场占有率看，发达国家依然是文化创意产品最主要的需求国家，其市场占有率基本保持在 70%，这说明以下几点：第一，由于发达国家居民人均收入高，对满足精神层面的产品有更高的需求；第二，发达国家在文化创意货物产品贸易中不具有比较优势，因而更多地依靠进口满足居民的需求。但从发展趋势上看，发达国家的进口份额在 10 年间持续小幅下降，从 2003 年的 82. 74% 下降至 2012 年的 69. 08%；发展中国家和转型国家的情况恰恰相反，其份额在 2012 年虽然未达到 30% 和 4%，但是与 10 年前相比，这两组国家对文化创意产业货物产品的需求逐年上升，2012 年比 2003 年分别提高了 11. 53% 和 2. 12%（见表 5－9），表明随着发展中国家居民收入水平的不断提高，人们对于满足精神文化消费产品的需求不断提高，这将是一个长期的发展趋势。

表 5－8 世界文化创意产品货物贸易进口量

年份 项目	2003	2004	2005	2006	2007	2008	2009	2010	2011	2012
进口（亿美元）	2424. 2	2762. 5	3080. 9	3286. 3	3952. 3	4385	3698. 8	4100. 7	4534. 1	4317

表 5－9 发达国家、发展中国家和转型国家文化创意产品货物贸易进口占比

年份 组群	2003	2004	2005	2006	2007	2008	2009	2010	2011	2012
发达国家（%）	82. 74	81. 63	79. 71	79. 46	81. 44	75. 94	74. 75	72. 60	70. 61	69. 08
发展中国家（%）	16. 30	17. 19	19. 02	19. 01	17. 12	22. 20	23. 24	25. 22	26. 81	27. 83
转型国家（%）	0. 97	1. 18	1. 27	1. 53	1. 44	1. 86	2. 01	2. 17	2. 57	3. 09

发展中国家和转型国家所取得的进口市场份额的增长是由于在 2003～2012 年的 10 年间各自的进口增长速度不同。从表 5－10 可以看到，发达国家的市场需求显然受到了 2008 年以来爆发的全球金融危机的影响，2008～2012 年的增长速度为负增长，而与发达国家形成对照的是，同期发展中和转型国家都实现了较大幅度的正增长。

表5－10　世界货物贸易进、出口年均增长率的比较

组别＼项目＼年份	2003～2012		2008～2012	
	出口	进口	出口	进口
世界（%）	8.68	6.60	5.34	1.74
发达国家（%）	4.91	4.46	－2.39	－0.74
发展中国家（%）	12.99	13.40	13.70	7.98
转型国家（%）	9.48	20.11	8.74	15.42

表5－10还对三个组群国家的进口和出口增长速度进行了比较，可以看出，世界总增长率无论是出口还是进口增速在2008～2012年都受到全球金融危机的影响，特别是发达国家尤为显著，它们在这5年出口和进口方面的负增长拖累了全球的增长速度。另外两组国家的进口增长率在这5年间虽然保持正增长，但是增幅明显放缓，由此可见，人们的收入增长是实现文化创意产品消费的物质基础。

2. 世界文化创意货物分类产品进口现状与趋势

2003～2012年全球文化创意货物产品各个分类产品进口贸易基本上保持持续增长的态势，只有个别产品持续下降，如电影胶片、报纸和建筑。从增长幅度变化上看，有达到48%的产品在2008年达到最高额后有一个较大幅度的下跌，之后又恢复增长，有些产品超过2003年的金额，如地毯、庆典、纺织品、CD与DVD、玩具、视频游戏等；有些产品则增长缓慢，表明全球金融危机对文化创意产品的深度影响（见表5－11）。

表5－11　2003～2012年世界文化创意产品货物贸易进口

项目＼年份	2003	2004	2005	2006	2007	2008	2009	2010	2011	2012
总额（亿美元）	2424.2	2762.5	3080.9	3286.3	3952.3	4385	3698.8	4100.7	4534.1	4317
工艺品（亿美元）	225.3	253.1	265.7	277.1	269.9	282.1	231.9	272.3	300.9	277.4
地毯	48.7	56.5	59.4	63.3	65.8	67.2	55.5	62.8	69.4	65.4
庆典	50.6	55.2	57.4	58.3	61.4	60.9	47.7	55.3	58.5	57.7
其他	30.8	31.6	32.7	32.7	32.2	34.4	27	29.7	32.4	29.5
纸制品	1.3	1.3	1.2	1.4	1.5	1.4	1.0	0.9	1.1	1.5
柳条制品	15.2	16.9	17.6	18.1	18.5	17.9	14.7	16	17.2	15.9
纺织品	78.7	91.5	97.3	103.3	90.5	100.4	86	107.6	122.3	107.4

续表

项目 \ 年份	2003	2004	2005	2006	2007	2008	2009	2010	2011	2012
视听产品（亿美元）	136.7	156.8	169.9	166.5	396.1	409.7	356	351.3	367.2	297.5
电影胶片	5.2	5.9	6.5	6.8	6.6	6.7	6.8	5.8	4.8	1.4
CD，DVD	131.5	150.9	163.3	159.7	389.4	403	349.2	345.5	362.3	296.1
设计（亿美元）	1413.9	1625.2	1847.8	1955.1	2101.3	2348.2	1986.3	2280.2	2616.4	2550.8
建筑	2.2	1.8	1.7	1.4	1	1.6	1.4	2	1.4	1.5
时尚	377.4	437	477.3	517.6	550.2	621.7	538.1	630	747.7	711.4
玻璃制品	13.1	14	13.7	12.9	13.5	14.1	10.1	11.8	12.7	10.5
内装饰	458	531.7	592	630.4	664.5	708.1	574.2	653.6	712.7	692.7
珠宝	221.3	260.2	330.9	346	375.4	456.3	364	466.1	576	645.7
玩具	342	380.5	432.2	446.8	496.8	546.4	498.5	516.8	566	489
新媒体（亿美元）	114.2	116	139.9	180.5	427.3	551.7	487.1	504	481.8	459.1
数字录音	25.1	29.2	29.8	31.2	173.4	199.5	204.2	247.7	271.7	253.5
视频游戏	89.1	86.8	110.1	149.4	254	352.2	282.8	256.3	210.1	205.6
表演艺术（亿美元）	34.4	40.1	42.7	44.8	46.6	53.3	45.2	49.2	53.5	51.7
乐器	33.5	39	41.7	43.6	45.5	52.1	44.1	48.2	52.5	50.7
录制音乐	0.9	1.1	1.1	1.2	1.1	1.2	1.1	1.1	1	1
出版物（亿美元）	333.7	375.7	402.8	427.1	415.2	460.8	397.9	404.8	429.8	381.3
书籍	125.1	143.3	155.3	168.1	169.5	193.6	169	174.2	183.1	168.9
报纸	143.1	159.9	169.4	177.1	158.8	172.4	145.4	144.9	157.9	131.4
其他印刷品	65.5	72.5	78.1	81.9	86.9	94.9	83.5	85.7	88.8	81
视觉艺术（亿美元）	166	195.7	212.2	235.2	295.9	279	194.5	238.9	284.6	299.3
古玩	30.4	36.1	37.6	37.5	44	41.6	28.9	32.4	46.5	48.2
绘画	61.8	78.7	88.2	105.2	151.9	133.6	84.2	108.7	133.2	145.5
摄影	16.5	19.5	21.9	23.6	20.3	21.9	20.1	22.8	23.1	24
雕塑	57.3	61.4	64.4	68.9	79.7	81.9	61.3	75.1	81.7	81.6

如果从发达国家、发展中国家和转型国家在七大产品类别中的进口金额看，三个组群的国家对全部七大类产品的进口都实现了持续的增长。从绝对值看，发达国家保持对所有产品的旺盛需求，一直保持对文化创意货物产品最大需求市场的地位。同时，发展中国家和转型国家对文化创意货物产品的需求也在持续增长，这个趋势表明世界消费结构的变化正朝着更多满足人们精神消费的方向发

展，这个变化将对未来世界供给与需求市场产生重要的意义（见表5－12）。

表5－12　发达国家、发展中国家和转型国家文化创意分类货物产品的进口值（2003～2012年）

项目＼年份	2003	2004	2005	2006	2007	2008	2009	2010	2011	2012
工艺品（百万美元）										
发达国家	17039	18775	19314	19984	21555	20856	16821	18598	20183	18720
发展中国家	5273	6257	6925	7295	5007	6720	5813	7906	8954	7942
转型国家	222	274	329	427	429	637	554	724	955	1079
视听产品（百万美元）										
发达国家	11742	13310	14264	13699	29414	28966	23063	22159	22155	17774
发展中国家	1848	2220	2553	2740	9868	11482	12058	12471	13949	11467
转型国家	79	146	163	215	325	526	476	501	611	507
设计（百万美元）										
发达国家	116625	132604	146356	156208	174197	180045	154180	172437	191230	176803
发展中国家	23539	28148	36176	36333	32661	50100	40199	49853	62900	69159
转型国家	1231	1770	2252	2967	3270	4677	4247	5731	7513	9115
新媒体（百万美元）										
发达国家	9303	9207	11139	13634	30509	37979	31713	30857	27584	27657
发展中国家	1961	2205	2696	4233	11907	16750	16515	19054	19858	17329
转型国家	153	192	154	188	319	444	479	486	738	919
表演艺术（百万美元）										
发达国家	2989	3464	3643	3763	4063	4404	3620	3810	4009	3846
发展中国家	436	521	600	664	527	811	823	1017	1216	1187
转型国家	17	23	30	51	68	111	75	96	123	133
出版物（百万美元）										
发达国家	27730	30402	31888	32965	35457	36381	30138	29094	30802	27217
发展中国家	5124	6441	7523	8722	4991	8164	8338	10220	10786	9584
转型国家	512	724	870	1024	1076	1538	1312	1164	1389	1331
视觉艺术（百万美元）										
发达国家	15141	17746	18979	20884	26692	24368	16957	20773	24206	26213
发展中国家	1326	1708	2110	2491	2694	3304	2216	2914	3918	3457
转型国家	130	119	129	147	204	233	282	208	334	263

进口值说明的是消费支出的变化，但是在三个不同经济发展和收入水平的国家组群中，哪一类国家对文化创意产品的需求增长更快，这个变化可以通过发达国家、发展中国家和转型国家在七大产品类别所占的比重来做进一步分析。2012年发达国家在全部七大产品类别中的进口份额（除视听产品外）都超过了60%，说明发达国家是文化创意货物产品的主要需求市场，然而从发展趋势看，发达国家在全部产品的市场份额都呈现逐年下降的趋势，2003～2012年下降幅度超过20%以上的有视听产品和新媒体，其他产品的下降幅度也大多都超过10%。发达国家在这10年中失去的市场份额由发展中国家和转型国家填补，发展中国家在视听产品和新媒体产品上的需求超过了20%，另有对设计和表演艺术的需求超过了10%（见表5－13）。这个市场比重的变化说明越来越多的发展中国家的居民需求结构也在发生变化，未来发展中国家和转型国家将成为重要的文化创意产品的销售市场。

表5－13　发达国家、发展中国家和转型国家在文化创意分类货物产品的进口份额

项目＼年份	2003	2004	2005	2006	2007	2008	2009	2010	2011	2012
工艺品（%）										
发达国家	75.61	74.19	72.70	72.13	79.86	73.92	72.54	68.30	67.07	67.48
发展中国家	23.40	24.72	26.07	26.33	18.55	23.82	25.07	29.04	29.76	28.63
转型国家	0.99	1.08	1.24	1.54	1.59	2.26	2.39	2.66	3.17	3.89
视听产品（%）										
发达国家	85.90	84.91	84.00	82.26	74.26	70.69	64.79	63.08	60.34	59.75
发展中国家	13.52	14.16	15.04	16.45	24.92	28.02	33.87	35.50	37.99	38.55
转型国家	0.58	0.93	0.96	1.29	0.82	1.28	1.34	1.43	1.67	1.70
设计（%）										
发达国家	82.48	81.59	79.20	79.90	82.90	76.67	77.62	75.62	73.09	69.31
发展中国家	16.65	17.32	19.58	18.58	15.54	21.34	20.24	21.86	24.04	27.11
转型国家	0.87	1.09	1.22	1.52	1.56	1.99	2.14	2.51	2.87	3.57
新媒体（%）										
发达国家	81.48	79.34	79.63	75.51	71.39	68.84	65.11	61.23	57.25	60.25
发展中国家	17.18	19.00	19.27	23.45	27.86	30.36	33.91	37.81	41.22	37.75
转型国家	1.34	1.66	1.10	1.04	0.75	0.81	0.98	0.97	1.53	2.00
表演艺术（%）										
发达国家	86.85	86.43	85.24	84.05	87.23	82.69	80.12	77.39	74.96	74.45

续表

项目＼年份	2003	2004	2005	2006	2007	2008	2009	2010	2011	2012
工艺品（%）										
发展中国家	12.66	13.00	14.05	14.82	11.32	15.23	18.21	20.66	22.74	22.98
转型国家	0.49	0.57	0.71	1.13	1.45	2.08	1.67	1.95	2.30	2.57
出版物（%）										
发达国家	83.11	80.93	79.16	77.18	85.39	78.95	75.75	71.88	71.67	71.38
发展中国家	15.36	17.14	18.68	20.42	12.02	17.72	20.96	25.25	25.10	25.13
转型国家	1.53	1.93	2.16	2.40	2.59	3.34	3.30	2.88	3.23	3.49
视觉艺术（%）										
发达国家	91.23	90.67	89.45	88.79	90.21	87.33	87.16	86.94	85.06	87.57
发展中国家	7.99	8.73	9.95	10.59	9.11	11.84	11.39	12.19	13.77	11.55
转型国家	0.79	0.61	0.61	0.62	0.69	0.83	1.45	0.87	1.17	0.88

三、中国文化创意货物产品出口格局与发展趋势

1. 出口总量分析

2008年以前，国内学者在谈及我国文化创意产品贸易时，普遍认为其竞争力低下，存在巨大逆差。然而根据联合国贸易和发展会议数据库公布的数字，中国在2003～2012年文化创意产业货物产品的出口额增长幅度最为抢眼，从381亿美元增长至1511.8亿美元，年均增速达到39.68%，从2003年占世界比重的17%大幅提升至2012年的31.9%，同期占发展中国家的份额从2003年的43.5%提高到55.4%，超过发展中国家的一半以上的份额（见表5－14），中国作为文化创意货物产品世界第一出口大国的地位无可撼动。

表5－14 发展中国家、中国文化创意货物产品出口及中国占发展中国家比重

项目＼年份	2003	2004	2005	2006	2007	2008	2009	2010	2011	2012
世界总额（亿美元）	2238	2590.5	2875.2	3131.1	3644.2	4172.9	3753.1	4163.2	4898.1	4737.9
发展中国家（亿美元）	878.3	1054.8	1212.2	1325.2	1364.1	1722.9	1766.9	2075.4	2545.3	2727.6
中国（亿美元）	381.8	450.6	548.5	619	776.3	902.9	797.2	1017.8	1290.3	1511.8

续表

项目＼年份	2003	2004	2005	2006	2007	2008	2009	2010	2011	2012
中国占世界（%）	17.1	17.4	19.1	19.8	21.3	21.6	21.2	24.4	26.3	31.9
中国占发展中国家(%)	43.5	42.7	45.2	46.7	56.9	52.4	45.1	49	50.7	55.4

中国不仅在文化创意产业货物出口总量上的表现出色，而且在多个产品分类中名列前茅。在联合国贸易和发展会议总共七个大的产品分类中，2012 年中国在 5 项分类中占有绝对优势，包括工艺品、设计、新媒体、表演艺术和视觉艺术，其出口世界市场占有率都超过了 30% 以上，分别占全球份额的 42.8%、37%、32%、30.3%和 31.4%。同年，中国在这七大类产品中有五大类占发展中国家的比例都超过了一半以上的比例，分别为 58.2%、56.8%、51.4%、62.3%和 84.4%，由此可见，中国在文化创意产品货物出口贸易中具有绝对的竞争优势。在其余两类产品，视听和出版物的出口方面，中国所占世界市场份额只有 4.6%和 7.7%，但是中国在这两类产品中占发展中国家的比例较高，分别为 12.7%和 36.5%，说明中国在发展中国家中在原创性较强的产品也具有较高的竞争力（见表5－15）。

表 5－15　发展中国家、中国文创货物产品分类出口及中国占发展中国家比重

项目＼年份	2003	2004	2005	2006	2007	2008	2009	2010	2011	2012
工艺品										
发展中国家(百万美元)	11931	13885	15658	17346	15620	18715	17325	20626	24858	25220
中国（百万美元）	4395	5042	6206	7591	9364	10722	8980	10614	12868	14690
中国占比（%）	36.8	36.3	39.6	43.8	59.9	57.3	51.8	51.5	51.8	58.2
视听										
发展中国家（百万美元）	962	1466	1473	1597	7400	7971	10399	11104	12073	11611
中国（百万美元）	194	163	135	123	1259	1294	1202	1212	1405	1473
中国占比（%）	20.2	11.1	9.2	7.7	17	16.2	11.6	10.9	11.6	12.7
设计										
发展中国家（百万美元）	62531	75642	86843	92610	83296	105616	112990	135670	172925	185775
中国（百万美元）	27359	32639	39704	43325	49578	56063	52266	70953	92992	105469
中国占比（%）	43.8	43.1	45.7	46.8	59.5	53.1	46.3	52.3	53.8	56.8

续表

项目 \ 年份	2003	2004	2005	2006	2007	2008	2009	2010	2011	2012
新媒体										
发展中国家（百万美元）	3919	4294	5600	7613	18025	24502	22276	23391	24613	25416
中国（百万美元）	2647	2902	3947	5172	10944	14752	10457	10302	10445	13063
中国占比（%）	67.5	67.6	70.5	67.9	60.7	60.2	46.9	44	42.4	51.4
表演艺术										
发展中国家（百万美元）	922	1212	1317	1379	1327	1661	1485	2159	2363	2455
中国（百万美元）	550	699	805	869	1083	1321	1082	1291	1437	1530
中国占比（%）	59.7	57.7	61.1	63	81.6	79.5	72.9	59.8	60.8	62.3
出版物										
发展中国家（百万美元）	3630	4473	5218	6122	5917	7373	6743	7561	8126	8038
中国（百万美元）	651	852	1031	1451	2043	2421	2127	2391	2661	2933
中国占比（%）	17.9	19	19.8	23.7	34.5	32.8	31.5	31.6	32.7	36.5
视觉艺术										
发展中国家（百万美元）	3930	4503	5108	5855	4822	6458	5477	7024	9567	14248
中国（百万美元）	2383	2759	3023	3369	3361	3715	3605	5011	7226	12025
中国占比（%）	60.6	61.3	59.2	57.5	69.7	57.5	65.8	71.3	75.5	84.4

从以上分析得出的结论可以看出，中国在以劳动密集型和需要一定的原创性但技术和艺术含量位于中低端层次的货物产品贸易中具有强大的竞争力，世界市场份额稳步提高。虽然中国在视听和出版物两类产品中竞争力较弱，但是在2003~2012年这10年中也在不断提高自己的竞争力，特别是在发展中国家中实现了货物产品出口的全面优势。

2. 出口市场格局分析——发达国家

（1）发达国家市场分析。发达国家是中国文化创意货物产品的主要出口市场。发达国家的文化创意货物产品进口需求在2002~2011年显著增长，至2011年进口总值已经达到3078亿美元。尽管受2008年美国金融危机负面影响，2009年其进口增长率为-16.9%，但在2002~2011年的10年，年平均增长率仍然达到了6.37%的速度。统计数据显示，2011年中国对发达国家的文化创意货物产品出口额达到1118亿美元，占到了中国当年文化创意货物产品出口总额的71.47%。因此，对发达国家的文化创意货物产品市场继续保持高速增长，是继续扩大我国文化创意产品顺差的关键。

如图5-3所示，中国对发达国家文化创意货物产品的出口总量是在逐渐增加的。这一趋势和中国对世界市场的出口总量增长趋势是一致的。这也说明发达国家是文化创意货物产品需求市场的主力军。虽然在2009年，受美国金融危机的消极影响，发达国家市场对中国文化创意货物产品的需求有了一个明显的下滑。但是在2010年以后，市场又重现了一个高速回归的态势，呈现一个明显的"V形复苏"。2011年，中国对发达国家市场的出口额有一个明显的下挫，分析欧盟市场后可知，是由于欧洲债务危机导致欧洲市场萎靡，需求不足。

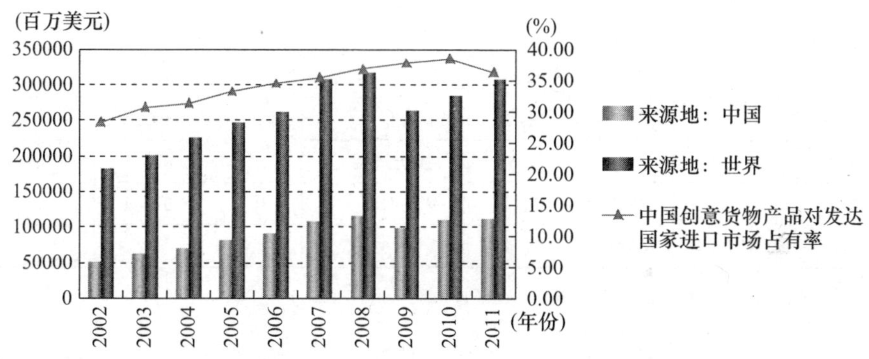

图5-3 发达国家文化创意货物产品进口

尽管中国对发达国家文化创意货物产品进口市场长期保持30%以上的市场占有率，但是中国出口产品的技术与艺术含量如何、国外市场对中国文化创意货物产品需求有何特点，都需要从中国对其出口结构进行深入探究。

（2）细分市场结构分析。如表5-16所示，中国对发达国家文化创意货物分类产品出口表现出色，多种细分产品名列前茅。从市场占有率指标来看，"中国制造"文化创意货物产品在发达国家市场上具有明显的优势。

表5-16 2011年中国对发达国家创意货物出口（按产品分类）

产品	中国（百万美元）	世界（百万美元）	占比（%）	产品	中国（百万美元）	世界（百万美元）	占比（%）
1. 工艺品	8977.7	20130.2	44.60	纸制品	16.0	84.4	18.91
庆典	4105.7	5010.7	81.94	地毯	956.7	5686.2	16.83
柳条制品	1074.4	1535.0	69.99	**2. 设计**	85370.5	197360.4	43.26
其他工艺品	1400.3	2480.6	56.45	玩具	28973.4	42179.1	68.69
编织物	1424.7	5333.2	26.71	时尚	28102.5	53953.8	52.09

续表

产品	中国（百万美元）	世界（百万美元）	占比（%）	产品	中国（百万美元）	世界（百万美元）	占比（%）
4. 视觉艺术	3843.2	24189.3	15.89	数字录音	490.0	18342.7	2.67
雕塑	3031.0	6937.2	43.69	**5. 出版物**	3390.2	31018.6	10.93
摄影	379.2	1514.2	25.04	图书	2237.1	12856.3	17.40
古董	244.1	3350.8	7.28	其他出版物	1137.9	6986.1	16.29
绘画	188.9	12387.0	1.53	报纸	15.2	11176.3	0.14
内部装饰	23403.1	63073.3	37.10	**6. 表演艺术**	32.7	2722.3	1.20
珠宝	4818.7	37265.0	12.93	音乐(CD、磁带)	31.2	2612.8	1.19
玻璃制品	71.7	824.7	8.69	录制音乐	1.6	109.5	1.91
建筑	1.2	64.6	1.85	**7. 视听产品**	0.1	326.1	0.04
3. 新媒体	10245.5	34740.8	29.49	电影胶片	0.1	326.1	0.04
视频游戏	9755.4	16398.1	59.49				

注：表演艺术类为2006年数据，2011年数据暂无。

在联合国贸易和发展会议总计七大类文化创意货物产品中，中国对发达国家出口的工艺品、设计和新媒体三类产品，分别达到了44.60%、43.26%、29.49%的市场占有率，证明“中国制造”在此三类产品上具有绝对优势。中国在视觉艺术、出版物两类产品上也表现不俗，占据了15.89%和10.93%的市场份额，展示了中国在该两类产品的相对优势。但是在电影视听产品和表演艺术两类产品上，仅有1.20%、0.04%的占有率。

在对七大产品类别进行细化分析后，中国占据30%以上市场份额的产品类别有工艺品项下的庆典（81.94%）、柳条制品（69.99%），设计项下的玩具（68.69%）、时尚（52.09%）、内部装饰（37.10%），新媒体项下的游戏（59.49%），视觉艺术项下的雕塑（43.69%）。不难发现，中国最具有竞争力的出口产品为诸如庆典、柳条制品、玩具等劳动力密集型产品和诸如游戏、雕塑等需要有一定的原创性但是创新含量和技术含量位于中低端的产品上。

中国占据不到10%市场份额的产品有设计项下玻璃制品（8.69%）、建筑（1.85%），新媒体项下数字录音（2.67%），视觉艺术项下古董（7.28%）和绘画（1.53%）；出版物项下报纸（0.14%），表演艺术项下音乐（CD、磁带）（1.19%）、刻录音乐（1.91%），电影视听产品（0.04%）。可见，中国对发达国家货物出口产品中，最不具有竞争力的产品主要是需要高原创性、高制作水平、高技术表达的电影视听、音乐产品。以电影视听产品为例，除东西方文化差

异因素外，创作题材不够新、技术支持不够好、艺术水平不够高、制作不够精良仍然是中国电影普遍存在的问题，因此鲜有高水平的国际作品。另外，目前政府对电影等音像制品的管理仍然比较严格，加上融资渠道不畅通、制作机构规模小等因素，都制约了中国视听产品和表演艺术的发展。因此在这些高技术投入、原创性强的产品上，中国产品竞争力仍有较大差距。

需要特别强调的是，中国图书版权贸易输出增长，成绩骄人，在2011年已从2002年的7.88%增长到17.4%。到2010年末，中国图书版权引进与输出比已由2005年的7.2∶1改善为2.9∶1，对发达国家输出总量增长14倍。对发达国家的图书版权输出增长，使中国的文化创意货物产品整体结构得到优化，这证明了中国出版业正在被发达国家出版界所接受。

3. 出口市场分析——发展中国家

（1）发展中国家市场现状。尽管发达国家目前还占据世界文化创意货物产品需求市场主要份额，但是发展中国家的消费潜力也在迅速增长，从2002年的353亿美元增长到2011年的987亿美元，10年平均增速达到13.26%，远高于同期发达国家市场增长率。统计数据显示，2011年发展中国家对世界文化创意货物产品进口需求占据世界24%，虽然这一比重相对于发达国家仍然悬殊，但差距已经明显缩小。

经济增长带来的不仅是消费潜力的开发，更显著的是发展中国家对文化创意货物产品需求结构的变化。如图5－4所示，2011年发展中国家对外需求结构相较2002年有较大升级：设计类产品提高3.56%，新媒体产品提高3.59%，工艺品类下降了5.64%。这种变化进一步印证了伴随消费者消费能力的提高，其文化产品欣赏水平将会提高，从而对文化创意产品的需求偏好将发生转移。随着发展中国家经济实力的逐步崛起，其文化创意产品的未来市场需求必将潜力无限，因而也必将是下一个阶段的国际竞争新领域。

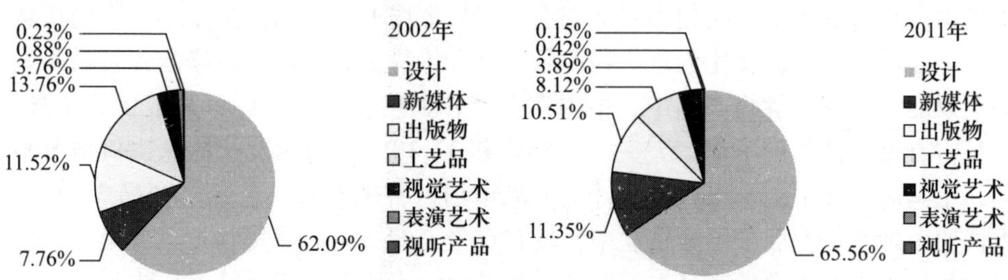

图5－4　2002年与2011年发展中国家文化创意货物进口产品结构

资料来源：根据联合国贸易和发展会议数据库。

（2）发展中国家市场分析。2011 年，发展中国家对世界文化创意货物产品需求达到 987 亿美元。其中，中国对其出口 403 亿美元，占据其对外需求的 40.84%。2002 年，中国对该市场占有率为 46.83%。10 年间，我国的市场占有率下降了 6%。

如图 5－5 所示，尽管中国对发展中国家文化创意货物产品出口市场目前还保持在 40% 以上的高占有率，但是却以年均－0.6% 的速度在逐渐下降，而发达国家对其市场占有率保持了 2% 的增长。这说明中国的文化创意货物产品在发展中国家市场上的竞争力有下降趋势。分析背后的原因，一是随着发展中国家经济水平的提高和科技设备的更新，其对发达国家出产的原创性强、技术水平高的创意货物产品保持了一定增长。更重要的是，对于同样劳动力丰富的发展中国家，中国生产的劳动密集型和中低端技术密集型文化创意货物产品逐渐丧失竞争优势。

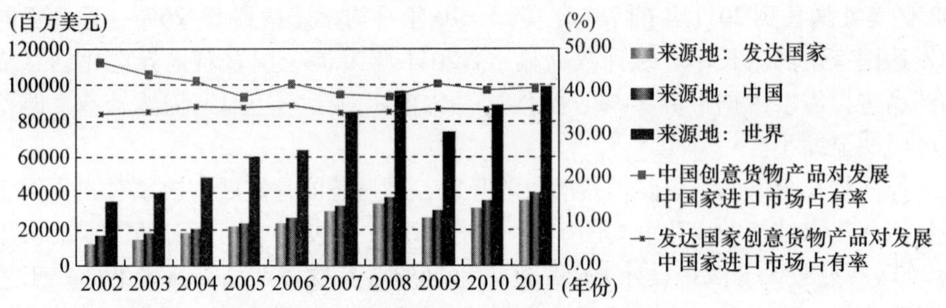

图 5－5 发展中国家文化创意货物产品进口

资料来源：根据联合国贸易和发展会议数据库。

（3）细分市场结构分析。如表 5－17 所示，中国对发展中国家文化创意产品市场占有较高的比重。在相当一部分细分产品市场上，中国占据了近一半的市场份额，这说明中国在文化创意货物产品上具有传统优势地位。在联合国贸易和发展会议的 7 个创意货物产品中，中国在设计、工艺品和新媒体产品上优势明显，市场占有率分别达到了 47.27%、43.66% 和 32.10%。与对发达国家出口情况不同，中国对发展中国家出口的设计类产品市场占有率超过工艺品类产品 3.61%。这说明中国在对发展中国家贸易中，较有竞争力的文化创意货物产品更集中于创新含量位于中端层次的产品上。此类产品具有一定原创性与民族性，也是中国传统优势产品领域。在视觉艺术和出版物市场上，中国产品占据发展中国家大约 1/4 的进口市场份额。与发达国家市场类似，中国最不具有竞争力的产品主要是视听产品（如电影占 0.48%）和表演艺术类商品（6.84%）。

表 5－17 中国对发展中国家创意货物出口（按产品分类）（2011 年）

产品	中国（百万美元）	世界（百万美元）	占比（%）	产品	中国（百万美元）	世界（百万美元）	占比（%）
1. 设计	30725.6	64997.0	47.27	数字录音	565.5	6901.1	8.19
玩具	9918.2	12938.2	76.66	**4. 视觉艺术**	806.1	3859.5	20.89
时尚	10024.0	20725.1	48.37	古董	145.9	1267.7	11.51
内部装饰	4844.4	10526.7	46.02	绘画	62.8	892.1	7.04
珠宝	5856.2	20453.3	28.63	摄影	32.6	674.8	4.83
玻璃制品	80.6	296.5	27.19	雕塑	564.8	1024.9	55.11
建筑	2.3	57.0	4.06	**5. 出版物**	1671.6	10423.5	16.04
2. 工艺品	3514.1	8048.2	43.66	图书	1348.7	4841.6	27.86
庆典	559.5	651.9	85.83	其他出版物	256.7	1742.3	14.73
柳条制品	90.0	148.2	60.73	报纸	66.3	3839.5	1.73
其他	391.2	663.2	58.99	**6. 表演艺术**	28.5	417.4	6.84
编织物	2279.7	5790.5	39.37	音乐（CD、磁带）	27.3	405.3	6.74
纸制品	4.7	18.4	25.38	录制音乐	0.2	13.6	1.49
地毯	189.0	776.0	24.36	**7. 视听产品**	0.7	145.6	0.48
3. 新媒体	3612.7	11253.6	32.10	电影胶片	0.7	145.6	0.48
视频游戏	3047.2	4352.5	70.01				

注：表演艺术类为 2006 年数据，暂无 2011 年数据。

资料来源：根据联合国贸易和发展会议数据整理。

对细分市场的分析显示，中国传统优势产品占据发展中国家市场需求近一半的份额，例如，设计项下玩具产品（76.66%）、时尚产品（48.37%）、内部装饰产品（46.02%），工艺品项下的庆典（85.83%）、柳条制品（60.73%）、编织物（39.37%），新媒体项下的游戏（70.01%），视觉艺术项下的雕塑（55.11%）都表现出色。如表 5－18 所示，中国所生产的内部装饰产品、游戏、雕塑、珠宝等具有中低端技术密集型的产品在发展中国家更受欢迎。诸如柳条制品等劳动力密集型产品，较发达国家市场上的表现来说则略逊一筹。

在发展中国家市场上，中国比较明显的劣势产品为设计项下建筑类产品（4.06%），新媒体项下数字录音产品（8.39%），视觉艺术项下绘画产品（7.04%）、摄影（4.83%），出版物项下报纸类产品（1.73%），表演艺术项下各类音乐产品（6.84%）以及视听电影产品（0.48%）。与发达国家市场表现比

表 5-18　中国对发达国家、发展中国家出口部分产品市场份额对照（2011 年）

市场＼产品	玻璃制品	内部装饰产品	视频游戏	雕塑	珠宝	柳条制品
发达国家（%）	8.69	37.10	59.49	43.69	12.93	69.99
发展中国家（%）	27.19	46.02	70.01	55.11	28.63	60.73

较，中国玻璃制品在发展中国家市场上有明显优势。对于那些需要集合高概念、大制作、新技术的各类视听电影、音乐产品，中国的竞争力依然不足，处于进口远大于出口的市场劣势。

对于中国在绘画和古董等艺术品出口上的劣势，一方面很大一部分原因是中国相关法律针对艺术品跨国投资的规定比较严格。另一方面是中国相关艺术品市场（画廊、拍卖会、艺术品博览会）国际化程度还不够高。

（4）部分细分市场发展趋势。如图 5-6 所示，中国在 2002~2011 年对发展中国家文化创意货物产品出口贸易中，部分产品市场占有率出现了明显下滑。它们分别是部分工艺品、柳条制品、时尚产品、玩具产品、刻录音乐、古董、雕塑。特别是部分工艺品的市场份额，下降近乎 27%。7 种产品中有 3 种产品为中国传统劳动密集型创意货物产品，它们市场占有率的下降，代表着中国的劳动密集型产品在发展中国家市场上优势的下降。伴随着发展中国家文化创意货物产品需求的结构升级，其传统劳动密集型货物需求市场已开始萎缩，再考虑到中国在该市场竞争中的价格优势丧失，中国对其市场占有率逐渐下滑是在情理之中。同时，发展中国家对于时尚产品的购买，已经开始越过中国而着眼于发达国家的高端产品。可见要想扭转中国对发展中国家的市场占有率的下滑之势，就必须转变出口产品结构，提高产品知名度，提高技术与艺术含量的产品生产能力与竞争力。

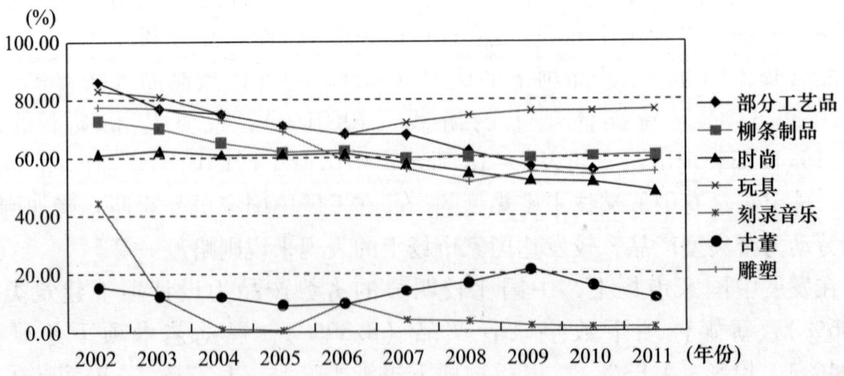

图 5-6　2002~2011 年部分产品对发展中国家创意货物产品进口市场占有率变化趋势

四、中国文化创意货物产品进口格局与发展趋势

1. 进口总量分析

2003~2012年，中国的文化创意货物进口呈现出小幅稳步增长的态势。虽然在2008~2009年进口速度受到全球金融危机的影响增长势头受挫，但从2010年增长恢复，到2012年已经达到141.97亿美元。这个趋势表明，中国国内居民对世界其他国家的文化创意产品的兴趣不断提高，虽然增幅有限，但增长势头稳定。

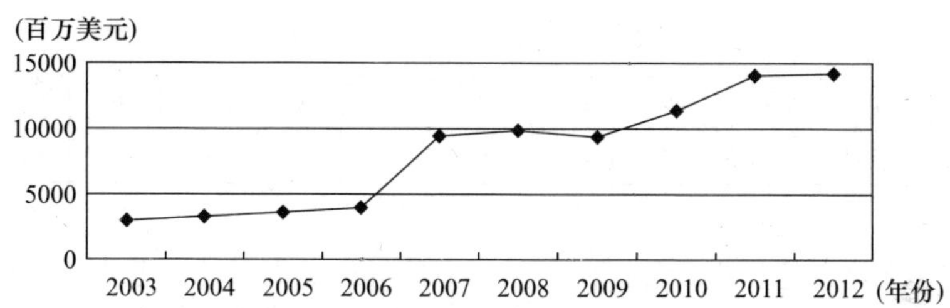

图5-7　中国文化创意产品货物进口总额（2003~2012年）

从国际比较的角度看，中国的进口量占世界和发展中国家的比重也保持了增长的态势，占发展中国家的比重从2003年的7.6%提高到2012年的11.8%，中国正逐渐成为发展中国家中的一个比较重要的消费市场。然而从全球角度看，中国的占比一直处于低位水平，到2010年前一直未能超过3%，这是由于发展中国家对文化创意货物产品的消费总体低于发达国家，因而中国的消费虽然占发展中国家达到10%以上，但在全球需求市场比较，中国的比重仍然处于低位（见表5-19），说明中国对文化创意货物产品的总体消费处于较低水平。

表5-19　世界、发展中国家、中国文化创意产品货物进口总额及中国占比（2003~2012年）

项目＼年份	2003	2004	2005	2006	2007	2008	2009	2010	2011	2012
世界（百万美元）	242420	276254	308093	328634	395234	438496	369880	410074	453413	431703
发展中国家（百万美元）	39506	47499	58584	62478	67655	97331	85962	103435	121581	120126
中国（百万美元）	2991	3297	3610	3969	9439	9856	9377	11373	14054	14197
中国占发展中国家（%）	7.6	6.9	6.2	6.4	14	10.1	10.9	11	11.6	11.8
中国占世界（%）	1.2	1.2	1.2	1.2	2.4	2.2	2.5	2.8	3.1	3.3

如果进一步将中国的文化创意货物产品进口与出口占世界和发展中国家的比重相比较，便可看出，中国的进口与出口之间的鲜明反差。表5-20是中国文化创意货物产品出口的占比情况。一个显而易见的事实是中国是世界文化创意货物产品出口的巨无霸，占据着绝对的优势地位。2012年中国在发展中国家的份额高达50%以上，在世界出口市场上中国占据了1/3的市场份额。

表5-20 中国文化创意货物产品出口占世界与发展中国家的比例（2003~2012年）

项目＼年份	2003	2004	2005	2006	2007	2008	2009	2010	2011	2012
中国占世界（%）	17.1	17.4	19.1	19.8	21.3	21.6	21.2	24.4	26.3	31.9
中国占发展中国家（%）	43.5	42.7	45.2	46.7	56.9	52.4	45.1	49	50.7	55.4

中国在文化创意货物产品国际贸易的总的局面是大量的顺差带来的失衡。如果与世界其他文化创意产品贸易大国进行对比，可以看出这些国家在文化创意产品贸易方面的差额情况。图5-8是中国与世界文化创意货物产品贸易额排名前5位的发达国家和排前5位的发展中国家在货物产品贸易差额上的比较。如图所示，2011年中国文化创意货物产品贸易顺差额排名世界首位，已超过1160亿美元，是2002年顺差的近四倍，形成跳跃式增长态势。

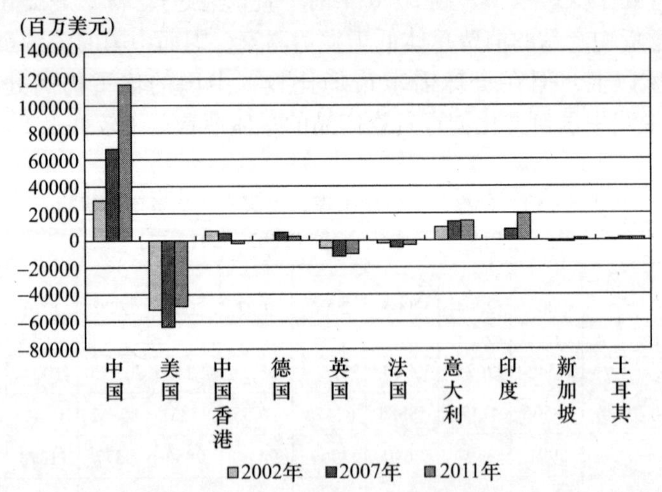

图5-8 文创货物产品贸易差额的比较

2. 分类产品进口分析

中国文化创意货物分类产品进口贸易的情况在2003～2012年的进口数额虽然时有小幅波动，但总的趋势都是在不断增长。在七大类产品中，进口量最大的是设计产品，这与整个世界文化创意产品贸易情况相符。从增长幅度排名看，位于前3位的是新媒体、视觉艺术和视听产品。除以上3类产品外，表演艺术也是增长较快的产品，而工艺品则是增长最慢的产品。从一个国家的进口增长幅度可以看出中国的市场需求和供给短板。新媒体产品上的进口发展中国家在新媒体项下包括两类产品，已录制的新媒体和视频游戏。从发展中国家的总体情况看，已录制的新媒体产品进口量逐年快速增长，而视频游戏则逐年下降，中国的情况与其他发展中国家一致，2012年中国已录制的新媒体产品进口达到近28亿美元，而视频游戏则只有4.4亿美元。视频游戏产品进口量的下降说明中国在视频游戏领域的出口竞争力十分强大，以上的出口数据说明了这一点，而在已录制的新媒体产品方面的竞争力较弱（见表5－21）。将中国进口与出口数据对比后可以得出一个基本判断，即除个别产品外中国进口量较大，增长幅度较大的产品一般出口量都较小，所呈现出来的贸易格局基本符合比较优势理论和产业间贸易理论。

表5－21 中国文化创意货物产品进口额（2003～2012年）

项目 \ 年份	2003	2004	2005	2006	2007	2008	2009	2010	2011	2012
工艺品（百万美元）	550	662	696	803	853	895	851	1020	1127	1155
视听（百万美元）	639	886	1053	1023	2942	2929	2818	3472	3924	3926
设计（百万美元）	1088	1107	1292	1380	1799	2298	2297	2855	4335	4443
新媒体（百万美元）	272	226	62	224	3240	3049	2465	2841	3395	3249
表演艺术（百万美元）	29	38	46	44	62	81	88	109	142	163
出版物（百万美元）	383	340	417	432	494	536	782	968	1006	1075
视觉艺术（百万美元）	29	38	43	64	49	68	75	108	130	195

从中国进口产品的数量变化得出的结论可以从下面的表中得到进一步的证实。表5－22是中国文化创意货物产品进口占世界的比重和占发展中国家的市场份额。从七大类产品所占市场份额可以看出中国消费者在2003～2012年对各类产品需求的变化情况。表5－22显示，中国进口占世界和发展中国家比例最高的产品是视听和新媒体，而占比提升最快的产品在世界市场和发展中国家有所不同，世界市场占比提升最快的是新媒体和视听；占发展中国家比例提升最快的是工艺品和表演艺术。视听产品中的电影胶片历来是中国的弱势出口产品，因而进

口需求大是不可避免的，特别是中国电影产业的迅速发展需要更多的电影胶片。新媒体项下有两类产品，包括数字媒体和视频游戏。中国的进口需求主要是数字媒体产品，因为中国自己的产品竞争力较弱，这可以从中国的出口情况看出，2011 年中国的出口占世界市场的 5.4%；中国的视频游戏产品进口占比小是因为中国在这项产品的生产上具有强大的国际竞争力，2011 年中国的出口占世界市场的比例高达 64.8%。中国在发展中国家中对工艺品和表演艺术需求的增长较快说明中国居民随着收入的提高对其他国家的艺术产品的兴趣提高，因而对文化创意产品的需求也在提高。

表 5-22 中国文化创意货物产品进口占世界和发展中国家市场份额

产品分类	工艺品		视听		设计		新媒体		表演艺术		出版物		视觉艺术	
年份	2003	2012	2003	2012	2003	2012	2003	2012	2003	2012	2003	2012	2003	2012
占世界（%）	2.4	4.2	4.7	9.9	0.8	1.7	2.4	7.1	0.8	3.2	1.1	2.8	0.2	0.7
占发展中国家（%）	1.4	14.5	34.6	34.2	4.6	6.4	16.1	18.7	6.7	13.7	7.5	11.2	2.2	5.6

第三节　世界文化创意服务产品贸易格局与分析

随着创意产业日益成为全球经济发展的助推器，创意服务贸易也开始快速发展，被世界各国确定为国家发展的战略重点。文化创意服务产品贸易规模虽然不如货物贸易，但是在过去 10 年中，文化服务贸易发展保持良好的发展速度，其出口从 2003 年只相当于货物出口的 50% 提高到 2011 年的 58.6%。本节首先分析文化创意服务产品的出口情况与进口情况，之后将分析中国文化创意服务贸易与发展。

一、世界文化创意服务产品出口格局与分析

1. 出口与结构变化分析

根据联合国贸易和发展会议数据库的统计，2003 年世界创意服务产品出口共计 1122.31 亿美元，2008 年增长至 2568.83 亿美元，出口年均增长率 18.13% 高于同期文化创意产品世界出口年均增长率（11.5%），同时也高于同期世界服

务产品出口年均增长率（13.5%）。2009 年受美国金融危机影响，世界文化创意服务出口贸易下降 -5.4%，出口规模缩小为 2430.17 亿美元，下挫幅度远低于世界创意货物出口贸易下降程度（-10.06%），也低于全球服务产品出口 -13.0% 的下降水平，2010 年文化创意服务产品出口恢复增长，到 2011 年已经提高到 2870.18 亿美元，体现了蓬勃的发展前景（见图 5-9）。

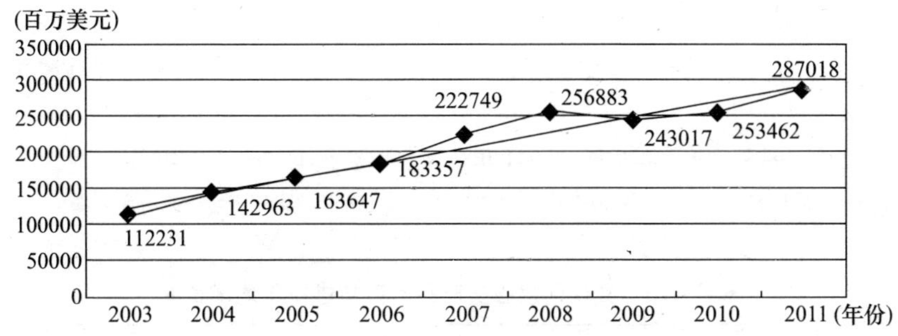

图 5-9 世界文化创意服务贸易出口总额

按照联合国贸易和发展会议的分类方法，文化创意服务产品共有六大类，分别为广告、市场研究和民意调查；研发；建筑设计、工程和其他技术服务；个人文化与休闲服务；视听及相关服务；其他个人文化与休闲服务。

如图 5-10 所示，根据联合国贸易和发展会议“创意经济”数据库所公布的创意服务贸易统计数据，2000～2011 年，世界范围的文化创意服务出口结构有了十分明显的变化。2000 年占比最高的服务三类出口分别是个人文化与休闲服务、建筑工程与技术服务、试听相关服务；而 10 年后排名前 3 位的分别是建筑工程和技术服务、研发服务，个人文化和休闲服务、广告市场调研和民意调查服务并列第三位。增长幅度最大的是建筑工程与技术服务，提高了 21%，下降最大的是个人文化与休闲服务以及视听类相关服务，分别达到 16% 和 14%。

如图 5-10 所示的结构性变化与服务产品的出口速度变化有着直接的关系。从表 5-23 可以看出，2003～2011 年各类服务产品的增长速度变化情况。2003～2011 年，广告市场调研和民意调查、研发服务、建筑工程和技术服务都取得了高速增长，其他创意相关服务虽然也取得年均高达 11.5% 的增长速度，但是由于基数较低，因而在整个服务出口中的占比仍然较低。2008 年后虽然前 3 类产品的增速下降，但与文化创意货物产品出口相比仍然取得了较好的增长速度（见表 5-23）。

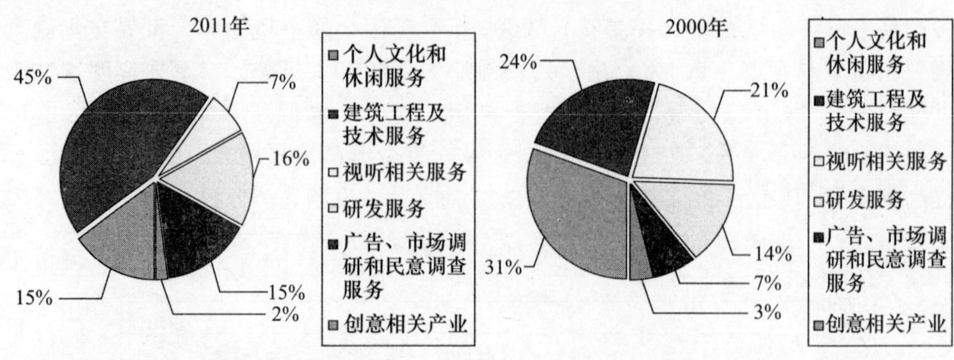

图 5－10　2000 年与 2011 年全球出口创意服务产品结构对比

资料来源：根据联合国贸易和发展会议数据整理，建筑工程及技术服务数据来自商务部。

表 5－23　文化创意服务产品出口与进口年均增长率

经济体	分类＼年份	2003～2011		2008～2011	
		出口（%）	进口（%）	出口（%）	进口（%）
世界	广告、市场调研、民意调查	14.11	12.82	6.81	0.13
	研发服务	10.03	12.17	5.46	4.95
	建筑设计、工程、其他技术服务	9.96	11.12	3.57	7.38
	个人文化与休闲服务	6.09	6.07	7.38	6.14
	视听及相关服务	4.04	3.92	5.92	3.66
	其他创意相关服务	11.50	18.06	14.09	10.03
发达国家	广告、市场研究、公众舆情	12.85	11.52	4.52	－1.72
	研发服务	9.97	12.08	5.52	4.70
	建筑设计、工程、其他技术服务	7.81	7.28	3.37	5.02
	个人文化与休闲服务	6.78	4.47	9.73	2.42
	视听及相关服务	3.85	2.45	7.51	2.11
	其他创意相关服务	12.42	9.83	14.36	1.88
发展中国家	广告、市场研究、公众舆情	20.9	23.9	21.1	11.4
	研发服务	24.8	13.9	6.2	10.0
	建筑设计、工程、其他技术服务	21.5	22.4	5.2	15.7
	个人文化与休闲服务	1.9	9.4	－2.2	16.3
	视听及相关服务	3.3	12.6	－8.7	13.2
	其他创意相关服务	8.2	36.1	13.6	27.5

续表

经济体	分类 \ 年份	2003～2011 出口（%）	2003～2011 进口（%）	2008～2011 出口（%）	2008～2011 进口（%）
转型国家	广告、市场研究、公众舆情	16.9	12.8	8.2	-2.5
	研发服务	2.7	11.3	-4.0	-1.7
	建筑设计、工程、其他技术服务	22.5	21.5	2.3	6.2
	个人文化与休闲服务	24.5	22.5	7.3	8.2
	视听及相关服务	23.3	22.5	9.0	9.7
	其他创意相关服务	21.3	18.4	11.6	6.6

如果按照发达国家、发展中国家和转型国家三组分类分别看各自组群对全球服务贸易出口增长速度的贡献，2003～2011年转型国家的年均增长速度无疑是最快的，除研发服务外其他5项都取得了两位数增长，其次是发展中国家。特别值得一提的是发展中国家在研发服务产品的出口年均增长达到了24.8%，这不仅是速度的增长，更是服务产品出口结构升级的体现。但在2008年后，发展中国家和转型国家由于全球金融危机的影响出口增长受冲击，增长下降幅度较大，受影响程度显然大于发达国家，说明发达国家在文化创意服务领域的竞争力，特别是在经济发展下行期发达国家在服务产品出口方面的竞争力强于发展中和转型国家。

2. 服务出口国别分析

表5-24是按照2011年出口额排名世界前10的国家。从表中可以看到，排名前5的国家都是发达国家，排名前10的国家中除俄罗斯和巴西外都是发达国家，可以说发达国家是文化创意服务产品最具有竞争力的国家。这10个国家的出口额在2011年占据了世界文化创意服务产品出口总额的68.4%，而排名前3的美国、英国、德国的出口总额占据了其中一半以上的市场份额，达到38%，可见主要发达国家对服务市场的控制地位。

表5-24　文化创意产品服务出口前10的国家

国家 \ 年份	2003	2004	2005	2006	2007	2008	2009	2010	2011	2012
美国（亿美元）	123.9	135.8	151.9	221.5	262.1	288.9	295.4	341.7	376.6	—
英国（亿美元）	239.8	296	305.9	309.6	328	350.4	290.2	312.6	357.8	39.5
德国（亿美元）	156.8	202.7	222.2	234.7	279.9	338.4	324.8	335.5	354.7	16.8

续表

国家 \ 年份	2003	2004	2005	2006	2007	2008	2009	2010	2011	2012
法国（亿美元）	47.3	58.5	57.8	47.1	104.2	116.5	182.4	197.7	228.5	40.1
加拿大（亿美元）	83	99.9	113.4	116.8	126.1	133	139.5	143.3	155.2	64
西班牙（亿美元）	16.2	13.9	15.4	24.8	112.3	123.5	114.9	105.2	125.2	33.4
比利时（亿美元）	55.7	60.5	66.1	70.2	50.2	85.7	101.8	108.6	111	12.7
俄罗斯（亿美元）	23.1	27.9	35.7	42.5	54.8	73.8	65.5	71.6	86.6	93.4
巴西（亿美元）	17.2	22.2	30.2	34.8	47.3	64.2	64.4	65.8	85.3	103.1
瑞典（亿美元）	40.4	42.9	47.3	53.3	66.7	75.7	66.6	69.3	83.7	5.8

从发展趋势看，在前10个国家中，西班牙的出口增长最快，2011年的出口额是2003年的7.7倍，其次是法国，达到4.8倍。英国与德国是传统的文化创意服务出口大国，但是显然受金融危机的影响2009年出口增速放缓，而美国则保持持续的增长，2011年的出口额是2003年的3倍，并借2009年全球金融危机之机超过了英国、德国，成为世界最大的文化创意服务出口大国。

按照文化创意服务分类产品10国所占的市场份额看，美国最具竞争力的出口产品是研发，始终占据世界市场的3%以上，2011年达到3.8%。英国最具有竞争力的出口产品是建筑、工程和其他技术服务以及研发，分别占世界市场的4.07%和3.16%。德国在这两项服务产品出口方面的竞争力更胜一筹，分别达到5.17%和5.48%。事实上发达国家基本上在这两项服务产品上所占有的市场份额都较高，特别是在研发出口上，可以说发达国家占据了文化创意服务产品出口的高端市场。同样进入世界前10的俄罗斯和巴西，它们在建筑、工程和其他技术服务产品方面的世界市场份额甚至超过发达国家，分别达到6.5%和19.2%，但是它们的研发产品出口所占份额分别只有0.7%和1.2%。

二、世界文化创意服务产品进口格局与分析

1. 进口总量与发展速度

世界文化创意服务产品的进口与出口的发展趋势一致，保持了持续上扬的增长态势，从2003年的1096.17亿美元增长至2011年的2959.61亿美元，显示出世界各国对文化创意服务产品的需求在过去和未来都呈现出旺盛的增长趋势，市场前景看好（见图5-11）。

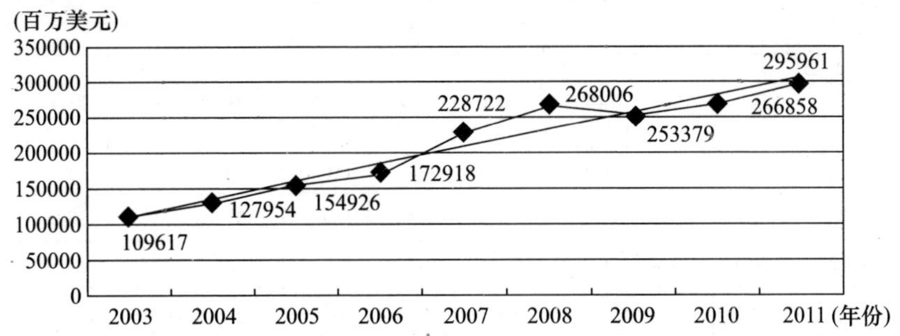

图 5－11　文化创意服务贸易进口总额（2003～2011 年）

但是表 5－23 也显示出 2008～2011 年服务产品进口增速放缓，其程度超过同期货物产品出口下降幅度，可见，世界金融危机对服务产品消费的影响更大。从发达国家、发展中国家和转型国家三个国家组群看，发展中国家的增速在 2003～2011 年领先于其他两个组群，即使在 2008～2011 年增速放缓，但下降程度也低于其他两个组群国家，显示出发展中国家文化创意服务市场的巨大潜力。发达国家作为主要的服务产品进口国受全球金融危机的影响需求放缓，成为全球文化创意服务产品需求下降的主要因素。

2. 世界主要文化创意服务产品进口国家

表 5－25 是按照 2011 年文化创意服务产品进口量排名的世界前 10 进口大国，这 10 个国家全部属于发达国家，占据了当年世界进口市场的 56.9%，而排名前 3 的国家则占据了世界市场的 1/3，可见发达国家不仅是文化创意服务产品的主要供给者，也是主要消费者。在 2003～2011 年排名前 10 的国家都保持了增长的趋势，大多数国家的进口额都从 2003 年的两位数增长到 2011 年的三位数。排名第一的德国从 2003～2011 年以来一直是世界最大的文化创意服务产品进口国家，并且保持了持续的增长速度，即使在 2008 年金融危机爆发后所受影响也较小，并且迅速恢复增长势头。10 个国家中受金融危机影响较大的国家在进口消费上都受到了影响，如意大利和爱尔兰等国都有持续的下降。

表 5－25　文化创意服务产品进口排名前 10 的国家（2003～2012 年）

年份 国家	2003	2004	2005	2006	2007	2008	2009	2010	2011	2012
德国（亿美元）	201.7	226.2	250	277.8	271.6	308.4	307.7	316.9	359.3	49.2
美国（亿美元）	62.4	71.3	86.2	124	166.9	200.4	204.6	233.1	278.6	n
法国（亿美元）	60.92	72.1	78.6	74.2	168.1	199.5	227.5	236.7	258	38.2

续表

国家 \ 年份	2003	2004	2005	2006	2007	2008	2009	2010	2011	2012
英国（亿美元）	86.9	113.2	118.2	130.3	160.1	180.6	138	146.6	148.7	9.6
爱尔兰（亿美元）	57.4	43.6	53.5	53.7	155.1	159.7	150.2	146	127.5	378
日本（亿美元）	16.9	19.4	91.8	95.1	109.4	117.5	117.4	115	124.1	12
比利时（亿美元）	48.3	53.9	56.3	58.2	66.6	101.4	98.7	102.4	108	12.6
加拿大（亿美元）	64.7	69.7	70.4	78.5	84.8	90.4	87.8	90.8	100.5	32.6
意大利（亿美元）	53.3	67.4	75.8	70.9	90.6	96.5	73.7	70.8	91.2	5.2
瑞典（亿美元）	53.9	58.3	58.1	64.7	85.8	100.3	81.8	84.4	88.1	3.6
中国（亿美元）	6	10.5	10.2	12	16.4	24.5	25.1	27.8	35.7	39

注：2012 年为部分产品数据。

从世界 10 强的进口份额占比可以看出，在服务贸易领域，发达国家的贸易格局具有较强的产业内贸易特征，即发达国家在同一产业内既进口又出口，例如，德国在服务产品六大分类中世界进口市场占有率最高的两类产品是建筑、工程和其他技术服务以及研发，分别占世界市场的 4.35% 和 4.61%，而美国、法国、英国世界进口市场占有率最高的均为研发一项，分别为 4.67%、4.19% 和 3.81%。其余国家，除意大利外，研发进口也都较高，瑞典更是高达 10.12%。这表明，发达国家在文化创意服务生产领域的研发活动十分活跃，彼此共享研发成果，这也进一步说明发达国家占据了文化创意生产的高端领域。

三、中国文化创意服务产品出口格局与发展趋势

1. 出口总量分析

中国文化创意服务产品出口如图 5-12 所示，保持了持续的增长态势，虽然受 2009 年全球金融危机影响出口受挫，但是 2010 年迅速恢复增长，到 2011 年出口量已经超过危机前的水平。中国在文化创意服务产品的出口额与创意货物出口贸易所具有的优势地位形成鲜明的对比，首先按照出口量中国只排在世界第 18 位；其次中国的文化创意服务贸易长期处于逆差状况，一直被认为缺乏竞争力，但到 2005 年中国转为顺差，到 2012 年已有 11 亿美元的顺差。

如图 5-13 所示，同世界文化创意服务产品出口增长率相比，中国除 2006 年以外，都保持了一个高于世界平均水平的年均增长速度。虽然在 2009 年受到美国金融危机的影响，中国和世界出口年增长率都呈现负增长，但是 2010 年以

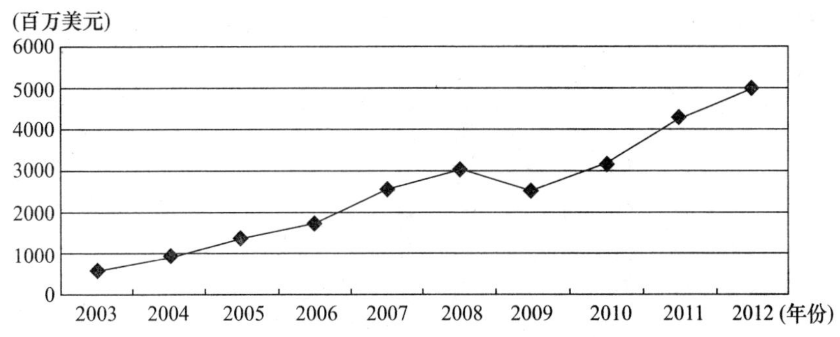

图 5-12　中国文化创意服务出口额（2003~2012 年）

后，中国文化创意服务贸易迅速恢复了积极的增长速度。2011 年的数据显示，由于欧债危机影响，世界和中国创意服务产品出口增长率明显下降，但是相对于世界平均水平的负增长，中国仍然保持了 7.72% 的增长速度。

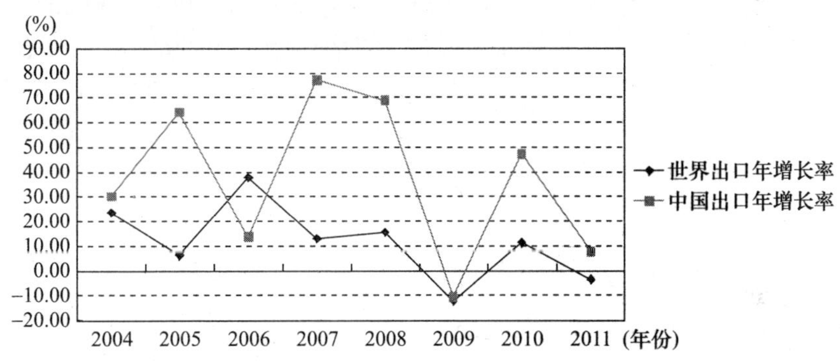

图 5-13　中国与世界文化创意服务产品出口增长率对比

从中国创意服务出口贸易所占世界市场份额来看，即使将商务部统计数据算在内所占世界市场份额也仅为 8.97%，大大低于创意货物出口的世界市场占有率。总体说来，中国虽然在世界总量中占比较低，但是中国文化创意服务产品的出口增长势头良好，与 2003 年 1.94% 的市场份额相比，增长速度显著（见图 5-14）。

2. 出口结构分析

在文化创意服务六大类产品中，UNCTAD 数据库中中国只有广告市场调研和民意调查、个人文化与休闲服务、视听相关服务三大类产品数据，其他三类缺失。如果使用中国商务部统计网站上所公布的我国每年对外承包工程技术服务出

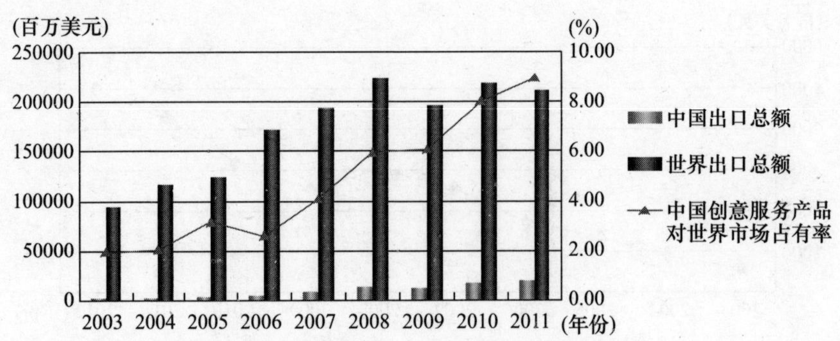

图5－14 中国文化创意服务产品出口概况

口额，则中国在建筑、工程及技术服务领域的出口具有较高的优势，市场份额也超过了15%，此外广告、市场调研和民意调查服务占世界市场份额超过2%，而其他两大类产品中国的市场份额都微不足道，不到0.1%（见表5－26）。

此外，在UNCTAD数据库中，中国的研发服务贸易额也只是到2002年，而这项服务是文化创意服务贸易中最具知识含量的部分，但是由于数据收集和定义口径上的难度，目前尚未有可信数据供参考。

表5－26 2011年度中国对世界市场出口创意服务产品结构

类别 指标	广告、市场调研和民意调查服务	视听相关服务	个人文化和休闲服务	建筑、工程及技术服务
中国出口额（百万美元）	4017.9	122.7	122.7	14724
占世界市场份额（%）	2.28	0.07	0.07	15.49

资料来源：建筑工程及技术服务数据来自商务部，其余来自UNCTAD数据库。

四、中国文化创意服务产品进口格局与发展趋势

1. 进口总量分析

2003～2012年，中国的文化创意服务进口呈现出持续稳步的增长态势。虽然在2008～2009年期间包括发达国家在内的世界各国都受到不同程度的冲击，但是中国的进口额持续增长，只是增速有所放缓，到2012年已经达到39.02亿美元（见图5－15）。这个趋势表明，中国的文化创意服务产品市场具有一定的发展潜力。当然尽管总量持续增长，但是作为一个世界贸易排名第一的大国，中

国的文化创意服务产品进口量与其他文化贸易大国相比十分低下，中国的进口量排名也从2000年的第13位下降至2011年的第23位，这说明中国文化创意产业总体发展还比较落后，中国消费者对域外文化产品消费意愿依然较低。

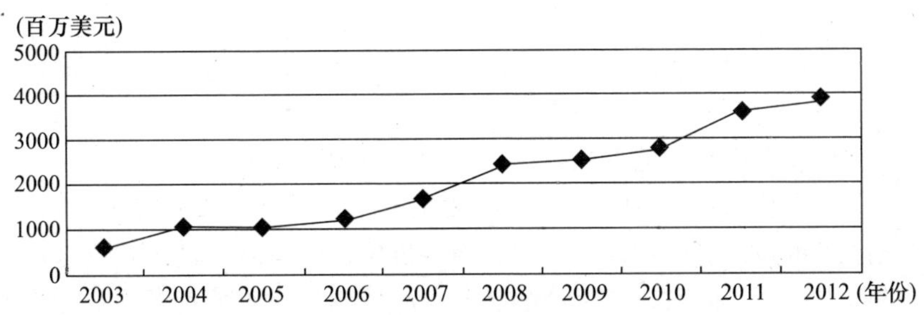

图5-15 中国文化创意服务产品进口额（2003~2012年）

2. 进口结构分析

在UNCTAD数据库中，中国只有广告市场调研和民意调查、个人文化与休闲服务、视听相关服务三大类产品数据，其他三类缺失。在现有的三类产品进口数据中，中国所占有的市场份额同样都较低，广告、市场调研和民意调查服务占世界市场份额为1.16%，而其他两大类产品中国的市场份额都不超过0.2%（见表5-27）。

表5-27 中国文化创意服务产品进口产品结构与占世界市场份额

类别 指标	广告、市场调研和民意调查服务	视听相关服务	个人文化和休闲服务
中国出口额（百万美元）	2773.3	399.6	399.6
占世界市场份额（%）	1.16	0.17	0.17

从本章对中国文化创意产业国际贸易情况的分析，可以得出以下几点结论：

第一，中国是文化创意产品贸易大国，是创意产业货物产品的世界头号供给商，特别是在具有一定原创性的中低端技术含量产品出口上具有强大的比较优势。

第二，在中国成为最大货物产品供给商的同时，应当看到与中国庞大的出口相比，中国是一个消费小国，即使是在发展中国家中也非消费大国，说明我国对文化创意产品的消费能力还比较低下，对域外文化创意产品的消费意愿不高，出口与进口相比极度失衡。

第三，中国在文化创意产品贸易上表现出的货物产品出口竞争力强大而服务产品相对落后的局面与中国国内整体的产业结构格局相吻合。我国庞大的制造业和丰富的劳动力资源是支持文化创意产业发展的保证，但同时由于我国服务产业相对落后，因此，文化创意产业服务贸易上的落后局面与国内的产业格局形成直接的因果关系。

第四，随着中国经济增长速度放缓，经济发展面临结构性改革，国内需求对于经济增长的作用凸显，而文化创意产品的消费被认为具有巨大的潜力。文化创意产品属于高收入弹性的消费品，是典型的需求拉动发展的产业，因此一个国家居民的收入水平和消费偏好决定了一项文化产品是否具有市场潜力。一般说来，文化产品品质越高，受版权保护就越严格，价位也就越高。这样就要求消费者拥有较高的收入水平。同时，文化产品品质、品位越高，对消费者鉴赏能力的要求越高，而鉴赏能力的高低取决于消费者的文化修养和受教育程度，而文化修养和受教育程度一般取决于消费者及其家庭的收入水平。然而，我国对文化创意产品需求低下的事实一方面说明我国居民对文化创意产品的消费能力有待提高，另一方面说明我国居民对文化创意产品的消费偏好也有待培养，这可能是一个更为长期的过程，因为在我国人均收入不断提高的同时，改变人们的消费行为涉及文化习俗、社会影响、教育导向、个人兴趣爱好等多方面因素，这些需要政府、社会和个人共同做出努力。

扩 展 学 习

问题与思考

1. 探讨文化创意产品贸易与其他产品贸易的相同与不同之处。

2. 由于文化创意产品贸易具有一定的特殊性，传统产品贸易理论如何解释文化创意产品贸易的发生？

3. 你如何理解文化创意产品的社会属性？分析自己和他人在购买文化创意产品时的动因。

4. 你是否观察到“文化折扣”现象，举例说明。

5. 发达国家和发展中国家，哪个组群的国家在世界文化创意货物产品出口贸易中占据优势？哪个组群的国家在服务产品出口中占据优势？

6. 中国在文化创意产品贸易中在哪类产品出口中占有绝对优势？在哪类产品出口中处于劣势？

7. 分析一个国家对文化创意产品进口量大说明了什么。

8. 中国与世界其他文化创意产品贸易大国相比，对文化创意产品的进口量与世界占比都较低是值得庆贺的事吗?

9. 根据联合国贸易和发展会议的数据，中国在文化创意货物贸易领域具有强大的竞争优势，在服务贸易领域中国的竞争优势也在逐渐形成，由逆差转为顺差，中国已经成为文化创意产品贸易大国，但是中国是否是文化创意产品贸易强国？用数据和事实说明你的观点。

法国誓将“文化例外”进行到底　抗欧美自贸协定

2013 年 6 月 17 日，“跨大西洋贸易与投资伙伴协定谈判”（以下简称欧美自贸协定谈判）在英国北爱尔兰厄恩湖举行的八国集团峰会上正式启动，首轮谈判将于 7 月 8 日举行。经过欧盟委员会长时间商讨，法国政府提出的“文化例外”最终获得认同，影音产业将不包含在欧美自贸协定谈判的范围之内。

自 3 月以来，欧盟和美国着力推动签署新的欧美自贸协定，以提振美国和欧洲经济。但在文化产业领域，欧盟内部长时间未达成一致。法国因担心本国文化遭受好莱坞威胁，提出将“文化例外”植入自贸谈判，否则将动用否决权阻拦谈判进行。

5 月，经法国文化部长倡议，欧洲 14 国文化部长联名致信欧盟，表明坚持将音像等文化产业从一切自由贸易谈判中排除的立场。6 月 14 日，经过 12 小时的激烈讨论，欧盟 27 个成员国的商务部长最终达成一致，宣布将把影音产业排除出此次欧美自贸谈判的范围。

在此背景下，法国文化部长奥雷利·菲利佩蒂女士于 6 月 14 日在《世界报》发表题为《法国——直面自由市场坚持“文化例外”的先锋》的文章，阐明法国坚持“文化例外”的立场和主张。全文如下：

欧盟和美国期望达成的贸易与投资协定是一项充满希望的计划，有助于扩大双方的经济交流、促进增长和加强跨大西洋伙伴关系。法国支持这项行动，但必须在尊重“文化例外”的前提下进行。法国要求将文化和视听产业排除在贸易协定之外。

“文化例外”是法国深深怀有的政治信念和思想原则信念。我们认为，文化产品非一般商品，文化产品因其特殊价值不能屈从于市场。一个国家具备在世界上展现自身特色的能力是十分重要的，我们不能在盲目的市场法则中抛弃文化、迷失自己。

因此，我们有必要制定强大的经济调节手段，尽可能保证文化多样性发展。法国从“二战”结束起就采取了一系列保护和促进电影产业多样性发展的政策措施，取得了很好效果。

文化的多样性显示了文化自身的价值。如同生态系统的繁盛体现在物种的多样性上，文化繁荣也有赖于文化多样性的发展。在法国的倡导下，2005 年 10 月，联合国教科文组织以压倒性多数通过了《保护文化内容和艺术表现形式多样化公约》，体现了 126 个签约国对保护文化多样性的一致信念。

市场逻辑却背道而驰：大众文化对娱乐的追逐使得文化产品千篇一律、简单平庸。正如我们在互联网上见到的那样，网络巨头无视各国法律、占据网络垄断地位，将文化置于单一化的危险境地。

为避免陷入这样的危险，法国制定了一系列有效政策来促进创新的多样性。无论是放映艺术实验电影，还是经营独立书店，均得到政府多种手段的扶持，如资助创新、支持制作人和发行渠道等；同时，政府还采取强有力的调控措施，保证欧洲作品的市场份额。我们认为，现有的保护体系不仅不应被取消，反而应得到完善，使其在数字时代更好地发挥作用。如果欧盟不能明确提出将文化产业排除在贸易协定之外，情况是无法想象的。

今天，法国人可以享受丰富多样的文化内容，接触全世界的文化创新成果，为什么要摒弃这种促进文化多样发展、运行良好的典型模式？为什么要做出有损于弘扬非物质财富的冒险举动？为什么要危及业已形成的就业环境？相反，我们应该为现行的政策体系感到自豪，并坚持捍卫这些政策。

现在，我们捍卫的是 50 多年来逐步建立和完善的文化政策。在国家层面，我们着手调整这些政策使其适应数字时代的发展需要，这是一个巨大的挑战。我们必须重新考量我们的行动方式，因此实施了《文化例外 2 号法》调研行动；我们正在论证并推动实施由此产生的政策建议报告，计划制定“文化政策 2.0”，即互联网时代的文化政策。

我们希望，经过努力论证并实施的国家文化政策能够推行到整个欧洲，因为我深信，如果没有捍卫欧洲文化的能力，就不会产生强大的欧洲计划。关键要看欧盟是否忠实于自己的政治抱负，而其政治抱负只有通过文化才能够实现。

欧盟在推行其文化政策上，应掌握自主权，应有权决定和完善其调控措施的方式方法，尤其在互联网领域。与美国签署自由贸易协定等于束缚了手脚，等于在未来的媒体时代阻断了自身文化的传播。这场欧美贸易谈判的关键在于，欧盟和其成员国是否希望在传扬其丰富多彩、独具特色的文化方面享有自主性。

“文化例外”不是法国一家关注的事情，更不是国家主义和行业保护主义。在我的倡议下，欧洲14国文化部长已联名致信欧盟委员会，阐明坚持“文化例外”的立场；欧洲议会以压倒性多数通过了捍卫“文化例外”的决议；文化界、电影界等专业人士在整个欧洲积极行动，对我们的倡议予以响应；在刚刚结束的戛纳电影节上，美国电影人也对“文化例外”政策对电影发展的重要作用表示认同。这是一个欧洲议题，事关全球的发展，是一个不应被列入谈判项目的信念。法国将为捍卫这一信念进行到底！

思考题：

1. 法国政府为了捍卫文化的多样性，在政策层面做了哪些努力？“文化政策2.0”指的是什么？

2. 法国政府所捍卫的“文化例外”对于文化创意产品贸易有什么影响？你认为是利大于弊，还是弊大于利？

专家观点

中国文化如何走出去已经成为中国政府、企业和学界广泛研讨的话题。于丹与花建都是国内著名的学者，他们从不同的角度提出了中国文化走出的路径与模式。

中国文化走出去，要靠生活方式的潜移默化

于丹

据中国之声《新闻纵横》报道，文化是民族的血脉，是人民的精神家园。回首中华文明浩浩五千年的历史，历次鼎盛时期莫不是与文化的繁荣昌盛相关联。在打造文化强国的道路上，传统文化与现代文明，时代传承与文化传播，文化创意与商业产业之间如何保持平衡也是一道待解的难题。中央台记者专访十八大代表、文化学者于丹，为破题寻找灵感。

文化的影响力不仅以时间为轴，一代一代传承，也在地域维度里向四方传播。在过去30年，中国文化搭乘这全球化的翅膀，撒播到世界每一个角落。特别是在中国经济影响力剧增的今天，学习中文成为了一种职业需求。

作为文化学者，于丹的建议更进一步，教授中文不仅是一种语言，更是一种文化的诠释，必须让外国人理解蕴含在中文里的中国文化。当然，中国文化想要走出去不仅要依靠文字和典籍，更是一种生活方式的潜移默化。

于丹：我认为中国文化不光是传播纸上的文化、典籍的文化，更重要的是生

活方式，“琴棋书画诗酒花，柴米油盐酱醋茶。”茶是件俗事，是每个开门老百姓的事，所以人在草木之间，这是中国人的生活，如果能够给西方人泡壶茶，我们能够品着茶聊着这种文化的传播才是有力量的，所以我更认为，我们要用生活方式去进行沟通。

茶与咖啡曾经被作为中国文明与西方文明的象征。茶讲究品茗和天人合一的规律，而咖啡讲究烘焙和拼配的比例，两相比较，体现出两种文明不同的特点。正因为如此，于丹认为想要让不同文明里的人了解中国的生活方式，比较是一种好方法。

于丹：我们要在比较的坐标中呈现我们的文化，也就是说用西方文明所熟悉的体系来跟我们的文明形成细节的参照，呈现差异、和而不同。

在中国人打造文化软实力的努力中，文化产业扮演着重要的角色。然而不同的声音也开始冒出来，有人认为文化被过度商业化，我们弄丢了文化，只剩了一身浮躁。于丹坦诚，文化产业的核心是创意、创新。假以时日，文化创意产业将给予我们丰厚的回报。

于丹：文化创意产业中真正的核心价值在于它的创意含量，也就是说用创意连接起文化含量和产业规模，但它的结合点是在创意上，现在就是有好多做的时候就是过分强调它的商业的回报率，但是它并没有一个饱和的创意空间，所以文化跟产业就变成了两张皮。

我觉得我们还得回到本初文化创意产业的创意层面上，因为创新的能力才会让我们真正有可持续发展的文化自信心，所以在当下大家都不要着急，文化的产业跟其他的产业有本质的区别。它不是急功近利的，它不是当下回报的，而是尊重行业规律持之以恒，把创意含量发挥到最大效能的。

资料来源：中国创意产业网 www. cncti. org. cn。

文化强国理应是文化贸易大国

花建

世界大国在国际文化贸易方面的竞争，不仅是技术和资本的竞争，更重要的是发展模式之争，谁的文化软实力模式更具有前瞻性，谁就能吸引更多的追随者。

正如尼古拉·兹洛宾所说：“在整个人类历史上，大国会在保障自身安全与利益的基础上积极扩大其对整个世界的影响。国家间在各方面展开竞争，失败者要被迫接受为胜利者带来成功的模式。”目前，以美国、欧洲、日本为代表，已经形成了对外文化贸易的三大模式。其中，美国模式是一种“强势辐射”模式，

即以跨国公司为主导，倡导市场经济基础上的自由、民主、平等、竞争，利用全球网络广泛汇聚文化资源和开发大量产品，形成国际文化贸易的规模优势。欧盟模式是一种“柔性连接”模式，以柔性亲和力加强欧洲一体化，倡导文化多样性，拓展国际文化贸易，发挥欧盟在全球的影响力。日本模式是另一种“时尚引导”模式，该模式的重点是把科技开发与时尚创意相结合，在内容和技术两个层面上扩大全球文化贸易优势，通过实施产、学、研结合的“彻底数字化”、“泛在日本”、“i－Japan”、“酷日本”等多个战略，引领全球时尚消费的潮流。

古人云：“天予不取，反受其咎；时至不迎，反受其殃。”在全球文化贸易竞争中，中国是后来者，而能否奋起直追，关键在于能否形成有中国特色的发展模式。中国的文化软实力建设，要服从于中国和平发展的大战略。中国走向崛起是通过和平方式而非霸权掠夺方式。所以，中国所追求的世界强国，必然内在地要求它走一条最有亲和力的“文化兴国”之路。中国倡导建设“和谐亚洲”、“和谐海洋”、“和谐世界”，推动竞合与共赢，这是与西方大国崛起不同的发展模式。中国在对外文化贸易方面，正在探索一种新的“包容共赢”模式，即以“和平、和谐、合作”的理念为核心，开发大量的文化产品，通过国际贸易传播中国的文化理念，让各国有识之士认同以中国为代表的新型发展道路，共同推动人类和平与发展的伟大事业。

中国发展对外文化贸易，建设世界文化强国，将把悠久、丰富的中国文化与和平发展的中国理念带给世界。这正如知名英国学者马丁·雅克所说：“中国的现代性之路将大大有别于西方。中国将从根本上推动世界变革，其深度远远超过过去两个世纪任何新兴的全球大国。”中国走向文化贸易大国正是推动这一变革的重要方面和必要保障，其深远的意义将在今后被全球越来越多的有识之士所认识。

（作者系上海社会科学院文化产业研究中心主任、上海社会科学院文学研究所研究员）

资料来源：花建，文化强国理应是文化贸易大国［J］．今日中国论坛，2012（4）．

思考题：

1. 你认为将中国文化输出是否会一帆风顺？是否会遇到其他国家文化的抵制？

2. 于丹提出的用“生活方式的潜移默化”向国外输出中国的文化，这种润物细无声的方式是否能更好地让其他国家的人们接受中国文化？

3. 根据花建提出的美国、欧盟与日本的文化输出模式，你认为哪一种更有效？试分析三种文化输出模式形成背后的原因。

4. 你认为花建所提出的中国的“包容共赢”文化输出模式是否能够实现？它与于丹所提的方式是否有共同点？

在线学习

联合国贸易和发展会议每隔几年会发布一次《创意经济报告》，最新的报告发布于2010年，该报告对全球文化创意产业与产品贸易情况做出全面的分析，是了解世界各国文化创意产业与贸易发展的最权威报告。此外，UNCTAD数据库中还提供了世界主要地区与经济群体的文化创意产品贸易的数据，最新数据截至2012年。

直接登录 http://unctadstat.unctad.org 获取最新的报告和数据。

第六章 设计产业与产品国际贸易

设计是集科学技术、文化艺术与社会经济要素，基于智力和创意，利用现代科技手段，提升生产、生活价值和品质的创新活动。设计产业是生产性服务业的重要组成部分，大力发展设计产业是推动生产性服务业与国际接轨的重要途径。本章对设计产业进行了概括性介绍，从不同行业和不同地区多角度分析了中国设计产业的发展现状，并且从全球和中国两个维度对设计产业产品贸易的发展趋势进行了分析，通过对中国进出口优势和贸易竞争力的计算，可以看出我国设计产业的薄弱环节和提升方向。

第一节 设计产业概况

近年来，随着我国新型工业化、信息化、城镇化和农业现代化进程的加快，文化创意和设计服务已贯穿在经济社会各领域、各行业，呈现出多向交互融合的态势。设计产业的产品贸易在文化创意产业产品贸易中所占比重最高，同时在世界的设计产品贸易中所占比重也在不断提升。本节主要介绍了设计产业的行业分类并分析了这些行业的基本特征。

一、设计行业分类

设计（Design）作为创意与创新的桥梁，是一种把计划、规划和设想通过视觉形式传达出来的活动。根据工业设计大师 VictorPapanek 的定义，设计是在理解客户的期望、需求和动机的基础上，将其所知道的东西转化为对产品的规划，使产品的形式、内容和行为变得有用、能用，并在经济和技术上可行。随着现代科技的发展，尤其是互联网和各行业的深度融合，设计也正由专业化向更开阔的用户体验转变，以用户体验为核心设计的创新2.0模式正在逐步形成。

国际工业设计协会联合会（ICSID）2006年给出了设计的定义：设计是一种创造性的活动，其目的是为物品、过程、服务以及它们在整个生命周期中构成的系统建立起多方面的品质。因此，设计既是创新技术人性化的重要因素，也是经济文化交流的关键因素。

随着全球经济的发展，设计已经渗透在从产品研发到产品制造再到产品销售的整个产业链中，对产品的外观和性能、生产技术的发挥以及品牌建设产生最直接的影响。发达国家发展的实践表明，设计已经成为产品竞争的源泉和核心动力之一。尤其在经济全球化日趋深入、国际市场竞争激烈的情况下，产品的国际竞争力将首先取决于产品的设计开发能力。①

设计产业是具有原创性、具备明显知识经济特征和高度文化含量的一种产业。设计产业将原创性的创意设计规模化、产业化，使之产生经济效益，它以创意设计为核心，将抽象的文化直接转换成具有高度经济价值的产业。

在设计产业的划分上，联合国贸易和发展会议和各个国家之间都有不同的标准，简列如下：

表6-1 设计行业的不同分类标准

国家或地区	设计行业分类
联合国贸易和发展会议	室内设计，平面设计，服装、珠宝和玩具
英国	设计咨询（服务包括品牌识别、企业形象、信息设计、新产品开发等），工业零部件设计，室内设计与环境设计
法国	产品设计，服装设计，时尚设计，企业形象设计，视觉传达设计，包装设计，环境设计，设计研究等
澳大利亚	建筑设计，广告设计和制作，图形设计，其他设计
新加坡	广告，建筑，互联网和软件，平面设计，工业产品，时装，传媒，室内装饰及环境设计等
中国大陆	凡从事产品设计企划、产品外观设计、机构设计、原型与模型的制作、流行设计、专利商标设计、品牌视觉设计、平面视觉设计、包装设计、网页多媒体设计、设计咨询顾问等行业均属之。包括视觉传达设计业，视觉艺术业，工业设计业，机构设计业，产品外观设计业，模型制作业，专利商标设计业，产品设计企划业，设计管理业，产品造型设计业，电脑辅助设计业，时尚造型设计业，工业产品设计业，包装设计业，企业识别系统设计业，品牌视觉设计业，平面视觉设计业，广告设计业，数字设计业，网页设计业，动画设计业，多媒体设计业，媒体传达设计业，视讯传播设计业等

① 张小薇，李岱松．对中国工业设计产业发展模式的思考［J］．科技智囊，2010（7）：34-41.

续表

国家或地区	设计行业分类
中国香港	广告，建筑，设计，出版
台湾	以核心艺术为基础之应用艺术类型如流行音乐，服装设计，广告与平面设计，影响与广播制作，游戏软件设计等

综合以上各个国家和地区的不同标准，并结合联合国贸易和发展会议对设计产品的划分，本书将设计产业分为以下四大类：

1. 工业设计

工业设计（Industrial Design）是以工学、美学和经济学为基础对工业产品进行设计。国际工业设计协会理事会（International Council of Societies of Industrial Design，ICSID）对工业设计进行了如下定义：就批量生产的工业产品而言，凭借训练、技术知识、经验、视觉及心理感受而赋予产品材料、结构、构造、形态、色彩、表面加工、装饰以新的品质和规格。美国工业设计协会（Industrial Designers Society of America，IDSA）给出的定义如下：工业设计是一项专门的服务性工作，为使用者和生产者双方的利益而对产品和产品系列的外形、功能和使用价值进行优选。

现代工业设计包含的范围比较广阔，涵盖视觉传达设计、建筑设计、室内设计、环境艺术设计、家居设计、产品设计、机械设计等。狭义的工业设计主要指产品设计（包括汽车设计、飞机设计等制造行业的设计服务）。

（1）产品设计。产品设计主要包括交通工具设计、生活用品设计、电子类产品设计等。产品设计与人们的日常生活息息相关，因此在产品设计中，设计师通过对人的自然属性和社会属性的认知和把控，对产品的性能、形式、价格等进行合理定位，从社会、经济和技术的角度对产品在工艺、形态、色彩、装饰、结构等方面进行创意型设计，使之达到企业效益和市场需求的双赢。产品设计是工业设计的核心，是企业运用设计的关键环节，也是工业设计中唯一与机械工业为基础的制造业直接相关的部分。

（2）环境艺术设计。环境艺术设计包括室外环境规划、室内装饰设计等，室外环境规划主要指园林设计、景观设计、建筑外观设计、绿化设计、城市雕塑、商业用地环境规划等；室内装饰设计包括家装设计、建筑内部设计、附属的花卉设计、管道、灯光设计等。环境艺术设计通过一定的组织、围合手段对空间界面（室内外墙柱面、地面、顶棚、门窗等）进行艺术处理（形态、色彩、质地等），运用自然光、人工照明、家具、饰物的布置、造型等设计语言，以及植物花卉、水体、小品、雕塑等的配置，使建筑物的室内外空间环境体现出特定的氛围和一定的风格，来满足人们的功能使用及视觉审美上的需要。

（3）视觉传达设计。视觉传达设计这一术语流行于1960年在日本东京举行的世界设计大会，其内容包括报纸杂志、招贴海报及其他印刷宣传物的设计，还有电影、电视、电子广告牌等传播媒体，它们把有关内容传达给眼睛从而进行造型的表现性设计统称为视觉传达设计电影海报，简而言之，视觉传达设计是“给人看的设计，告知的设计”。

视觉传达设计是指依据特定的设计目的，对信息进行分析、归纳并通过文字、图形、色彩、造型等基本要素进行设计创作，是将可视化信息传达给受众并对受众产生影响的过程。所以文字、插图以及标志是视觉传达设计中最重要的构成要素。

从发展阶段上来看，视觉传达设计是平面设计的扩展和延伸，它涉及的领域比较多。从设计学上进行划分，主要包括字体设计、包装设计、展示设计、企业识别系统设计（CIS）、招贴设计等。其中，企业识别系统设计（Corporate Indentity System）又称企业形象设计，主要指企业有意识、有计划地将自己企业的各种特征向社会公众主动地展示与传播，使公众在市场环境中对某一个特定的企业有一个标准化、差别化的印象和认识，以便更好地识别并留下良好的印象。

随着科技的发展和现代化技术的运用，工业设计与工艺美术设计的界限正在变得日益模糊，一些原属于工艺美术设计领域的设计活动兼具了工业设计的特点，如家具设计与服装设计。工业设计作为连接技术与市场的桥梁，迅速扩展到商业领域的各个方面：①广告设计，包括报纸、杂志、招贴画、宣传册、商标等；②展示设计，包括铺面、橱窗、展示台、招牌、展览会、广告塔等；③包装设计，包括包装纸、容器、标签、商品外包装等；④装帧设计，包括杂志、书籍、插图、卡通与版面设计等。

即便是在自成体系的建筑领域中，工业设计也发挥出越来越重要的作用。

2. 时尚艺术设计

时尚，简而言之就是“时间”与“崇尚”的加和，即在一定时期和特定社会文化背景下，流传较广的一种生活习惯、行为模式及文化理念，体现在衣着、服饰、消费习惯和生活方式等个人或社会生活的多个领域。它往往由思想意识起步，以各种物质形式来表达，是一种与现实生活紧密联系的社会文化，并与时代大众的精神诉求息息相关，成为一段时期内流行的生活态度和生活方式。[①] 时尚艺术设计的领域包括的范围较广，涉及大众生活的方方面面，如服装、化妆、饮食、居住、情感表达等，狭义的时尚艺术设计主要与人有关，包括珠宝首饰、服

① 中欧国际商学院《中国时尚产业蓝皮书》课题组. 中国时尚产业蓝皮书（2014～2015）［M］. 北京：经济管理出版社，2015.

装以及形象设计。对时尚的推崇和追逐是人性的需求和本能，时尚艺术设计的发展引领和推动了时尚消费的升级，同时整个社会在价值观方面也更加包容。

自改革开放以来，我国服装业取得了长足的发展，我国成为世界服装的生产、消费、进出口大国，服装品牌也随之发展壮大（见图6－1）。2014年我国服装总产量299.21亿件，同比增长10%。2012～2014年我国服装产量呈现持续增长态势（见图6－2）。2015年中国纺织服装业正从传统优势产业向新型制造服务业、时尚产业和战略新兴产业转型升级。中国服装行业发展迅速，但同时也面临着重要的问题，创新不足、设计山寨是关键问题，服装行业要想更长远地发展，在设计上应下足功夫。

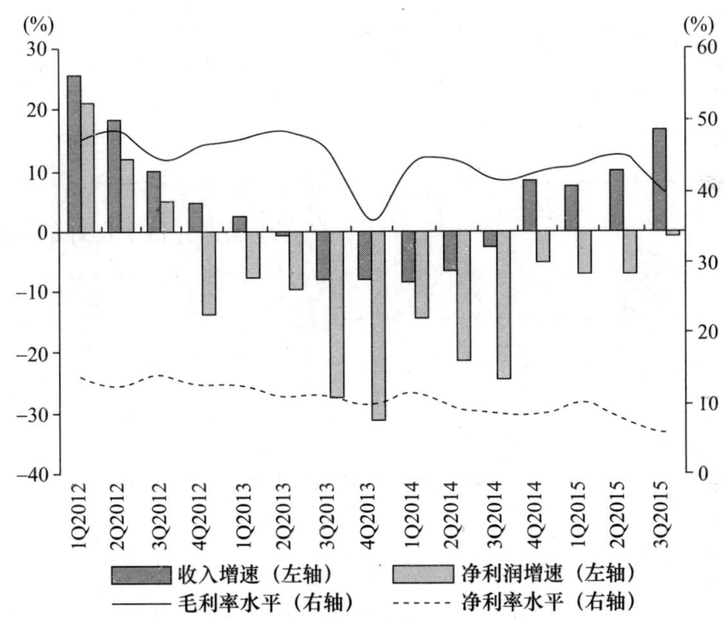

资料来源：中国产业信息网整理。

图6－1　2012～2015年中国服装行业收入情况

由于历史原因，我国珠宝首饰行业发展较晚，起步于20世纪80年代初。珠宝首饰行业的发展速度与国民经济的发展速度呈现同方向发展。近年来，得益于国民经济的飞速发展和居民可支配收入的提高，我国珠宝首饰行业呈现了高速发展的态势（见图6－3）。

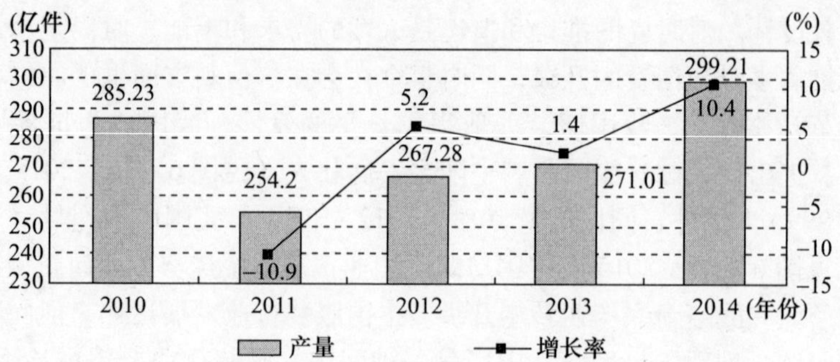

资料来源：中国产业信息网整理。

图 6－2　2010～2014 年服装产量数据统计

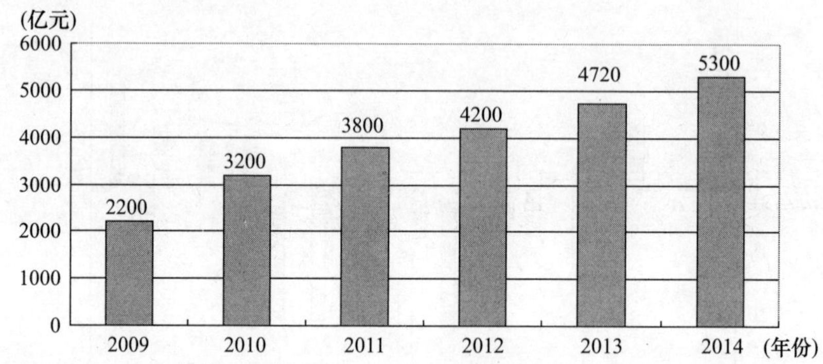

资料来源：智研数据中心。

图 6－3　2009～2014 年我国珠宝首饰市场规模

3. 建筑设计

所谓建筑设计就是指为满足一定的建筑目的（包括人们对它的使用功能和视觉感受的要求）而进行的设计，它使具体的物质材料在技术、经济等方面可行的条件下形成能够成为审美对象的产物。在广义上，它包括形成建筑物的各个相关设计：按设计深度分，有建筑方案设计、建筑初步设计、建筑施工图设计；按设计内容分，有建筑结构设计、建筑物理设计（建筑声学设计、建筑光学设计、建筑热学设计）、建筑设备设计（建筑给排水设计、建筑供暖、通风、空调、电气设计）等。在狭义上是专指建筑方案设计、初步设计和施工图设计。

建筑设计主要由建筑设计师完成，凝聚了人类的智慧和丰富的文化创意要素。随着中国城市化的发展，城市规划和设计越来越受到大众的关注，也引起了许多争议，建筑设计市场的繁荣更加提高了对设计师的要求，设计师首先要以了解区域文化为基础，其次是要在遵从习俗的前提下体现地方特色。

在建筑设计市场上，发达国家占主导地位，具体分析有以下三点原因：①人才培养和创新精神。发达国家十分重视人才的培养，世界排名前30位的建筑学院中，美国11所，英国3所，德国3所，法国2所。同时形象化、创造性和批判思维的锻炼是发达国家在培养人才方面普遍重视的地方。②对建筑质量设定高标准。欧美国家对建筑质量有严格的要求，并且通过法律形式固定下来，对建筑质量起到了很好的保证作用。③对国外市场的开拓。随着科技的普及和对创意要求的提高，建筑行业的准入门槛正在降低，只要拥有设计才能和创意，一些规模较小的年轻公司也能很快进入国外市场。

4. 数字艺术设计

20世纪的最后几十年里，数字化技术、数字化理论和计算机技术的产生和完善，使得设计领域中又一次地发生了奇妙的变化，计算机辅助设计、计算机辅助绘图，空间上设计师在虚拟的空间中重新描绘着世界，创造着三维。“数字设计”（也称“数码设计”）是20世纪90年代以来设计领域出现的一种新的设计方式，它跨越“艺术学”和“计算机科学与技术”两个性质完全不同的一级学科，涉及包装、广告、印刷、出版、影视、游戏、互联网、建筑、室内装饰、工业设计、纺织、服装等绝大部分相关视觉设计的行业。“非物质社会设计以数字化技术为核心，通过多媒体技术、网络技术和虚拟现实技术等来实现信息、工具和人员的集成，运用创造性思维寻求解决问题的方案。”① 在数字设计艺术中，设计的中心不再是有形的物质产品，而是设计形式和内容的改变以满足消费者日益增长的精神需求。与此同时，产品的造型和材料不再是重点，人机如何互动、如何营造一个仿真或超现实的虚拟环境成为数字艺术设计关注的重点。

2016年，“虚拟现实”（Virtual Reality，VR）一词在科技圈中掀起一股热浪，虚拟现实是由美国VPL公司创建人拉尼尔（Jaron Lanier）在20世纪80年代初提出的。其具体内涵是综合利用计算机图形系统和各种现实及控制等接口设备，在计算机上生成的、可交互的三维环境中提供沉浸感觉的技术。

2016年3月18日，暴风魔镜、知萌咨询与国家广告研究院联合发布了首份《中国VR用户行为研究报告》。调查数据显示，15~39岁的人群中，听说过VR产品或相关知识，并且对VR非常感兴趣的用户，占比达68.5%。中国VR潜在用户规模达到2.86亿人，其中VR浅度用户基础已达1700万人，而重度VR用户数量在96万人左右。在体验时长上，超过7成的VR重度用户每天都在使用VR设备，平均每天使用时长达到了34分钟。VR技术在中国目前主要使用在巨

① 凌继尧．艺术设计十五讲［M］．北京：北京大学出版社，2006：190.

幕电影、全景视频、全景漫游、全景图片和 VR 游戏。

二、设计行业特征

1. 社会性

美国未来学者曾预言：人类将从农业经济、工业经济、服务经济步入体验经济时代。随着全球服务业的飞速发展，体验消费成为一种新兴的消费方式，人们在消费物质的同时，也更加关注其非物质成分——设计。

社会需求是设计的原动力，设计产业就是在市场需求中应运而生。设计创意产品消费是社会消费的必然产物，是消费向高层次转变的重要内容，消费形式和消费内容也日趋多样化。设计产品一方面在满足人们的生活水平上起到积极作用，另一方面它们自身作为一种产业的存在对于经济和社会发展也起到积极促进作用。

有效需求不足一直是困扰财富运作的经济学问题之一，创意设计总是在需求表现为不足时出现。凯恩斯揭示的边际消费倾向递减、资本边际效率递减、流动偏好三大心理规律正好说明了创意设计是在有效需求不足中应运而生的，并在弥补不足中激活了财富。存在于任何时点上的所有需要的满足将意味着出现一系列新的需要。① 设计的产业化发展是消费观念发展的产物，是社会经济发展到一定阶段的产物，对社会、经济、文化的发展也起着极其重要的作用。

2. 高附加值

什么是产品的附加价值？产品提供给消费者的价值有两种：一种是硬性商品价值，是指商品实际能够提供给消费者的功能，例如，服装的硬性商品价值是它的保暖遮体性；另一种是软性商品价值，即产品的附加价值，指能够满足消费者感性需求的文化价值，同样还是服装，它的品牌、款式、流行性、民族文化元素的体现以及设计师的声誉等就是产品的附加价值。像名牌服装可以提升用户的自我高贵感、社会地位，可以体现用户的品位、个性等。附加价值是抽象的，但是它能够给予消费者精神层面的满足。

在现代工业设计中，从市场调研、概念设计开始，延续到样机制作、模型设计、生产咨询，对于企业来说，就像是连上一个强大的“外脑”。一台普通的液晶彩电售价最高不过三四千元，但如果设计成 NBA 概念液晶电视可以卖到 1.2 万元，设计是帮助产品提高附加值的最快速办法。

高科技电子信息技术的飞速发展，为艺术设计手段的改变提供了技术上的保

① John Maynerd Keynes. The Economics Consequence [M]. 北京：清华大学出版社，1995：30 -40.

证，势必引发设计思想、设计观念的变革。大名鼎鼎的日本泰斗级设计大师——无印良品的设计总监原研哉先生在米兰设计周高科技纤维材料展展现日本高科技纺织材料发展成就主题过程中，结合了科技与设计界的精英，打造了一场极具艺术感和设计感氛围的展览。一个个利用高科技纤维材料设计成的新颖作品，吸引眼球的同时，更激起人们对这个知之甚少的科技领域的无限好奇。展示方式以一种精密而又极具诗意的方式展现出高科技材料的新兴特质，不能不让人叹服这设计背后的奇思妙想。通过展会设计和科技的加成，已成“夕阳产业”的纺织业在设计中焕发别样的朝气。

3. 战略性

屠曙光从产业形态上考察设计，认为设计作为一种产业的主体形态，具有源头性。这种源头性意味着，设计必须依赖于一定的终端产品形式，才能形成一定的作用，设计通常是通过一定的物质媒介来进行非物质消费的一种特定的服务型产业。正因为如此，设计就存在着很大的延展性和衍生性。设计的延展性和衍生性代表了作为一个支柱型产业的巨大活力，如果设计产业能够带动其他领域的发展，就是其强盛生命力的一种具体的表现。①

近年来，随着我国新型工业化、信息化、城镇化和农业现代化进程的加快，文化创意和设计服务已贯穿在经济社会各领域各行业，呈现出多向交互融合态势。文化创意和设计服务具有高知识性、高增值性和低能耗、低污染等特征。推进文化创意和设计服务等新型、高端服务业发展，促进与实体经济深度融合，是培育国民经济新的增长点、提升国家文化软实力和产业竞争力的重大举措，是发展创新型经济、促进经济结构调整和发展方式转变、加快实现由“中国制造”向“中国创造”转变的内在要求，是促进产品和服务创新、催生新兴业态、带动就业、满足多样化消费需求、提高人民生活质量的重要途径。②

第二节　全球设计产业产品贸易现状与发展趋势

设计产业产品贸易的发展是对全球设计产业发展状况的一个解读指标。本书从总体格局和进出口两个方面对设计产业的贸易状况进行了客观分析，以期对设

① 屠曙光．设计概论——现代艺术设计的观察与剖析［M］．南京：南京师范大学出版社，2009：133 - 141.

② 国务院．国务院关于推进文化创意和设计服务与相关产业融合发展的若干意见．国发［2014］10号，2014 年 2 月 26 日．

计产业有更具体的认知。

一、全球设计产业产品贸易发展格局

随着近年来文化创意产品和服务的国际贸易迅猛发展，尤其是在金融危机全球经济趋于萎靡之时，创意产业的发展为经济的复苏注入一针“强心剂”。设计在创意产品中所占的比重较大，目前的统计分类中尚没有一个比较明确的标准能够区分有较高创意含量的功能性产品中设计的附加值，所以无法将设计从最终产品中分离出来，统计中反映的设计产品出口额是最终产品的全部价值而非设计部分的价值，因此这也就能够在一定程度上解释为什么设计在文化创意产品中的比重较大。

根据联合国贸易和发展会议的数据统计，如图 6 – 4 所示，全球设计产品在 2003 的出口总值在 1279. 90 亿美元，2012 年则达到了 2848. 88 亿美元，10 年的增幅为 122. 59%，占 2012 年全球创意产品出口额的 60. 13%，占 2012 年全球出口贸易总量的 1. 6%；在进口方面，2003 年全球设计产品的进口额为 1413. 95 亿美元，2012 年则达到了 2550. 77 亿美元，10 年的增幅为 80. 4%，占 2012 年全球创意产品出口额的 59. 09%，占全球进口贸易总量的 1. 4%。中国和印度由于其在设计产业产品和服务贸易方面的飞速发展成为全球创意产业产品出口贸易中的领军者。

创意产业为发展中国家跃入世界经济发展中具有高发展速度的部门提供了机会，增添了其在国际贸易中的份额，而作为创意产业中的大头——设计产业表现同样不俗。尽管发达国家控制了创意产业贸易的进出口，但发展中国家的市场份额在不断上升。来自发展中国家的设计产品出口从 2003 年的 625. 31 亿美元，增长到 2012 年的 1857. 75 亿美元，在世界设计产品出口中的比重由 2003 年的 48. 9% 上升至 2012 年的 65. 2%，进口从 2003 年的 235. 39 亿美元增长到 2012 年的 691. 59 亿美元，在世界设计产品进口中的比重由 2003 年的 16. 6% 上升至 27. 1%。当然，其中发展最为迅速的要属中国。下面分别就全球设计产业产品出口和进口的现状和发展趋势逐一进行分析。

二、全球设计产业产品出口贸易的现状和发展趋势

1. 全球设计产业货物产品的出口贸易现状

在全球文化创意产业中，设计产业的出口额占比从 2003 年的 57. 2% 到 2012 年的 60. 1%，除 2007 年占比下降之外，其他年份均呈现增长态势。10 年间，设

计产品出口额保持在20%左右的增长速度，2010年和2011年达到36%和31%的增长速度，2012年增速放缓，但仍高于世界创意产品出口的负增长。

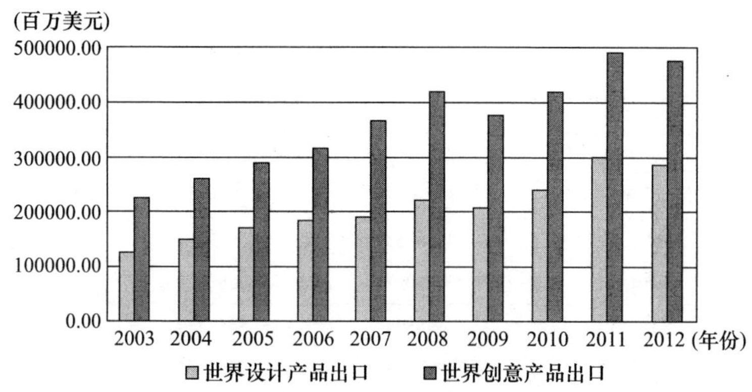

图6－4　世界设计产品和世界全部创意产品的出口额比较

图6－5是2012年全球文化创意产品中各个组成部分的占比示意图，由此可看出，设计产品在总体所占的比重最大达到60%，其次是新媒体产业，占比为9%，比重最小的是表演艺术，仅为1%。设计产业的比重大一方面是由于其所涵盖的范围较广，包括建筑、时装、内饰、眼镜、珠宝和玩具等，另一方面也与设计产业的统计口径有关。

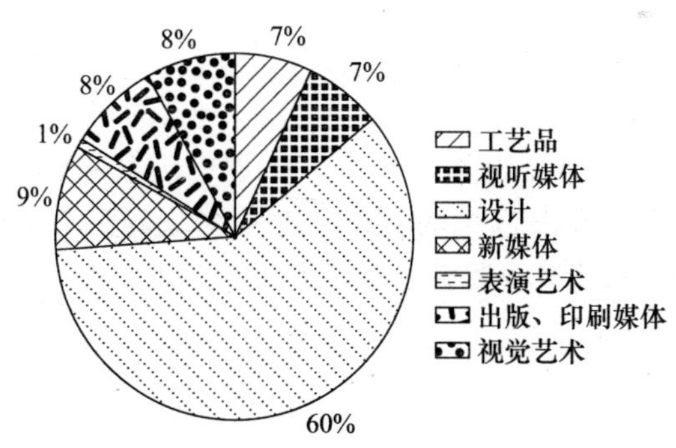

图6－5　2012年全球文化创意产品出口占比

2012年全球设计产业产品出口总值为2848.88亿美元，这一出口总值主要指有形的设计产品贸易，而无形的设计服务贸易额由于部分国家数据并未对外公布，因此无法统计总值。

2003～2012年这10年，设计产业飞速发展。从全球来看，2012年的设计产业货物产品出口贸易额是2003年的2倍多，2003～2008年呈现持续增长的态势，2009年由于经济危机的影响出口额有所下降，但从2010年开始持续快速增长，2012年贸易额有小幅下滑。具体数据如表6－2所示：

表6－2 2003～2012年全球设计产业货物产品出口贸易额

年份＼组群	全球（百万美元）	发达国家（百万美元）	发展中国家（百万美元）	转型国家（百万美元）
2003	127989.50	64973.65	62531.46	484.39
2004	150414.86	74066.31	75641.95	706.60
2005	168559.90	80895.64	86842.92	821.34
2006	183769.22	90244.63	92609.58	915.02
2007	189198.80	105245.20	83295.61	657.99
2008	221026.44	114269.69	105616.06	1140.69
2009	207604.71	93709.92	112989.54	905.25
2010	238880.75	102321.42	135670.03	889.30
2011	298224.84	123630.21	172924.96	1669.67
2012	284888.10	97074.42	185774.71	2038.96

资料来源：联合国贸易和发展会议网站，http：//unctadstat.unctad.org/wds/ReportFolders/reportFold－ers.aspx.

由表6－2可知，在全球设计产业中，发达国家和发展中国家的贸易额占主体地位，转型国家的份额比较小。2003年发达国家的设计产品出口额依然高于发展中国家，但从2004年开始到2006年，发展中国家的设计产品出口额超过发达国家。2008年后由于金融危机的影响，发达国家经济普遍趋于疲软，正处于经济复苏阶段，发展中国家在调整经济结构、促进产业转型升级方面不断发力，设计产业的出口贸易再次超过发达国家并且差额在不断增大。到2012年，在出口方面，发展中国家的贸易额已占全球设计产业出口额的65%（见图6－6）。

2. 全球设计产品出口主要大国和地区

发展中国家的设计产品出口总额超过了发达国家，在各个具体国家中也有不同的表现（见表6－3和表6－4）：

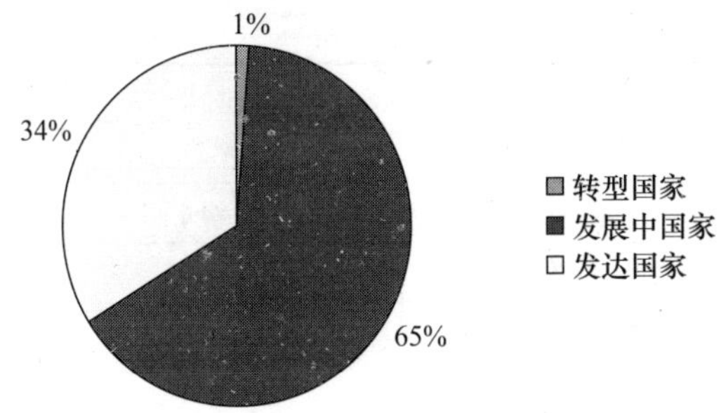

图 6－6　2012 年发达国家、发展中国家和转型国家在设计产业货物贸易中的份额

资料来源：联合国贸易和发展会议网站，http：//unctadstat. unctad. org/wds/ReportFolders/reportFold－ers. aspx.

表 6－3　2008 年设计产品出口排名前十的发达国家

排名	国家	贸易额（百万美元）	市场份额（%）	2003～2008 年年均增长率（%）
1	意大利	23618	9. 76	10. 35
2	德国	16129	6. 67	16. 71
3	美国	12150	5. 02	14. 25
4	法国	10871	4. 49	13. 11
5	英国	7448	3. 08	10. 93
6	瑞士	6938	2. 87	16. 09
7	比利时	4339	1. 79	8. 72
8	波兰	3855	1. 59	13. 72
9	日本	3783	1. 56	17. 21
10	荷兰	3773	1. 56	13. 91

资料来源：联合国贸易和发展会议．《2010 创意经济报告》，2010 年 11 月。

表 6－4　2008 年设计产品出口排名前十的发展中国家

排名	国家	贸易额（百万美元）	市场份额（%）	2003～2008 年年均增长率（%）
1	中国	58848	24. 32	15. 45
2	中国香港	23874	9. 87	5. 01
3	印度	7759	3. 21	18. 57
4	泰国	4474	1. 85	10. 8

续表

排名	国家 \ 项目	贸易额（百万美元）	市场份额（%）	2003～2008年年均增长率（%）
5	阿联酋	4464	1.84	49.8
6	土耳其	3543	1.46	11.72
7	马来西亚	3186	1.32	12.87
8	越南	2687	1.11	23.44
9	墨西哥	2535	1.05	1.4
10	新加坡	2392	0.99	16.21

资料来源：联合国贸易和发展会议.《2010创意经济报告》，2010年11月。

在发达国家中，从出口额和市场份额来看，2008年意大利的设计产品出口额最大，且所占市场份额为9.76%，其次为德国和美国。在排名前十的发达国家中，除日本之外皆是欧美国家。但2002～2008年，发达国家的设计产品出口和市场份额的变化趋势却呈现鲜明对比，设计产品出口从2002年的610亿美元上升到2008年的1180亿美元，而市场份额则从2002年的53.2%下降到2008年的48.7%。意大利能够保持其在设计领域的领头羊地位，与其在世界享有盛誉的内饰设计不无关系。

意大利设计包含以下几个部分：时装、灯具、家具、豪华游艇，还有再生材料的运用和食品工业。其中，时装设计主要集中在米兰、托斯卡纳部分地区和马尔凯地区。“意大利制造”的创意理念在各个领域得到充分体现：从时装样式到宣传，从生产到销售。由此，米兰与纽约、巴黎、伦敦一起成为国际时装之都。普拉达集团2010年营业额为2.75万亿欧元，乔治·阿玛尼集团是1.428亿欧元，在世界同行业中名列前茅。意大利设计成功的主要原因是地缘性，各种传统知识的传播更多是以悄然的方式而不是明令规定的方式进行。通过手工艺人、技工、工人代代相传实现传承，这是意大利设计的特点之一。①

从增长率来看，德国和瑞士的增长率最高，分别为16.71%和16.09%，其次为美国的14.25%。其他国家的增长率也均在10%以上。创意设计和各个产业的融合大大促进了各个国家经济的活力。

在发展中国家，从出口额和市场份额来看。中国的设计产业出口贸易额排名第一且远远超过意大利，市场份额高达24.32%，2003～2008年的增长速度达到15%。其次为中国香港，其出口额也超过了意大利，其他国家的出口额虽然排名比较靠前，但和中国大陆和香港的差值较大。香港的“经济机遇委员会”2009

---

① 张建达.意大利文化创意产业的现状与发展［N］.中国文化报，2012－02－01.

年4月把"文化及创意产业"定位为香港具有优势的六项产业之一，政府亦于同年6月1日成立"创意香港办公室"，推动香港创意产业发展。香港的广告设计及制作优势在于技术先进、有创意，香港广告人思维灵活，眼光亦较宽阔，设备及水准都比较高。广告和设计的样式、形式以及创意新颖、独特，其市场化、国际化走在世界前列。例如，2008年北京奥运会时，香港设计公司获选为北京奥运水上项目的场地设施项目提供相关的服务，负责设计、规划比赛场地及有关场地设计，亦有香港公司参与北京奥运期间如广告、纪念品设计等方面合作。同时，香港占有文化及语言上的优势，相对外国竞争对手，较熟悉内地商家的需要，能更有针对性地提供中国内地市场和客户所需要的广告和设计，也容易被国内商家所认同与接受。从增长率来看，阿联酋的设计产业出口在2003~2008年增长最快，达到49.8%。其次是越南和印度，增长率分别为23.44%和18.57%。

三、全球设计产业产品进口贸易的现状和发展趋势

1. 全球设计产业货物产品进口贸易现状

全球设计产业货物产品的进口贸易和出口一样保持了持续增长的势头。根据联合国贸易和发展会议统计，全球设计产品总进口量由2003年的1413.95亿美元增长到2012年的2550.77亿美元，10年几乎翻了一番，且年增长率基本保持在10%左右，但2009年受金融危机的影响呈现负增长，2012年的增长率也为负值。由图6-7可知，设计产品进口额在全部创意产品进口中所占的比重基本保持在50%以上。

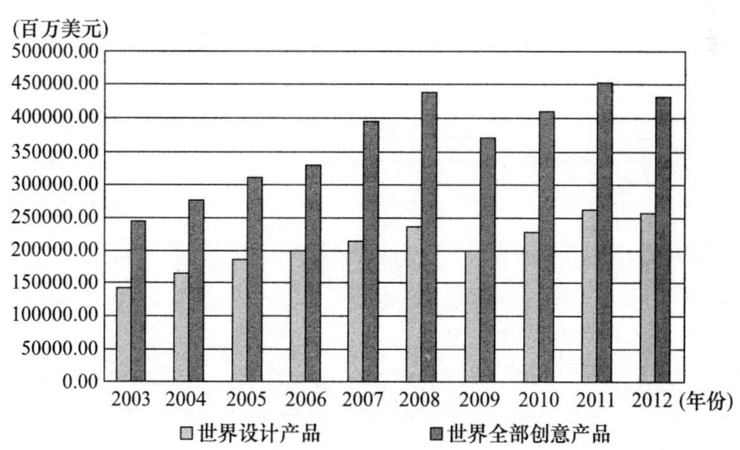

图6-7 2003~2012年世界设计产品进口额和全部创意产品进口额比较

资料来源：联合国贸易和发展会议网站，http：//unctadstat. unctad. org/wds/ReportFolders -/reportFolders. aspx.

在世界创意产品的进口贸易中，设计产品依然占据半壁江山。2012 年的全球创意产品进口额为 4317.03 亿美元，设计产品进口额为 2550.77 亿美元，占比为 59%，其次为新媒体占比 11%，出版、印刷媒体占比 9%，表演艺术依然占比最低仅为 1%（见图 6-8）。

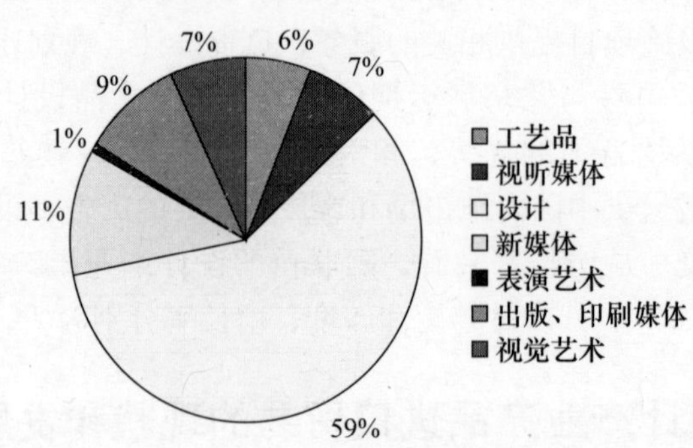

图 6-8　2012 年世界创意产品进口各部分占比示意

资料来源：联合国贸易和发展会议网站，http：//unctadstat. unctad. org/wds/ReportFolders/reportFold-ers. aspx.

表 6-5 显示，发达国家仍然是世界设计产品进口贸易中的主要国家，其进口额从 2003 年的 1166.25 亿美元增长到 2012 年的 1768.03 亿美元，除 2009 年

表 6-5　2003~2012 年全球设计产业货物产品进口贸易额

组群 年份	世界 （百万美元）	发达国家 （百万美元）	发展中国家 （百万美元）	转型国家 （百万美元）
2003	141394.55	116625.43	23538.61	1230.51
2004	162521.05	132603.53	28147.64	1769.88
2005	184783.83	146355.71	36176.26	2251.86
2006	195508.28	156207.87	36333.16	2967.25
2007	210128.19	174196.69	32661.04	3270.46
2008	234822.66	180045.45	50099.71	4677.50
2009	198625.88	154179.84	40198.53	4247.50
2010	228022.16	172437.33	49853.38	5731.46
2011	261643.05	191230.35	62899.59	7513.11
2012	255077.32	176803.23	69159.03	9115.06

资料来源：联合国贸易和发展会议网站，http：//unctadstat. unctad. org/wds/ReportFolders/reportFold-ers. aspx.

和2012年进口额有所下降外，其他年份均保持增长态势。发展中国家的进口贸易额出口格局相反，远小于发达国家，但近10年也在不断增长，2012年发达国家和全球设计产品进口均保持下降的趋势下，依然有9.95%的增长。转型国家无论在进口还是出口中的贸易额均比较小，但进口贸易额明显大于出口额，且增速较快，由2003年的12.31亿美元增长到2012年的91.15亿美元。

在世界设计产品进口贸易的组成中，发达国家所占比重最大，基本保持在70%左右。如图6－9所示，2012年发达国家进口额占世界设计产品总进口额的69%，发展中国家为27%，转型国家仅占4%。与国际贸易的总体格局一致，发展中国家依然呈现贸易顺差的状态，这与国际产业转移的大趋势不无关系。

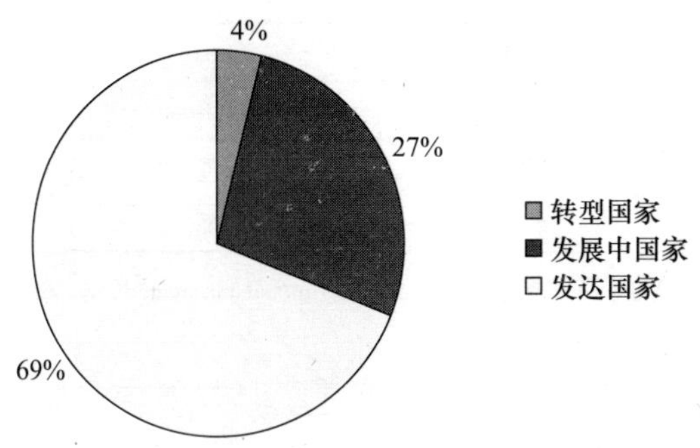

图6－9　2012年世界设计产品进口贸易中各经济体所占比重

资料来源：联合国贸易和发展会议网站，http：//unctadstat. unctad. org/wds/ReportFolders /reportFold－ers. aspx.

2. 全球设计产品进口主要地区分析

比较全球各个经济体2003～2012年10年间的变化有助于我们更加清晰地了解全球设计产业进口格局的变迁（见表6－6）。对于发达国家来说，欧洲作为发达国家的普遍聚居地，2003年其设计产品的进口额占发达国家总额的47.6%，这个比重在2012年上升至51.9%，显然在设计产品的进口贸易中，欧洲的进口占据半壁江山；美洲的发达国家主要指美国和加拿大，2003年两国设计产品进口额占发达经济体的42%，稍逊于欧洲国家，2012年比重下降至35.4%。两国比重下降的原因与亚洲发达国家设计产业的奋起直追和欧洲设计产业的历久弥坚有直接关系，亚洲在全球设计产业进口贸易中的比重由2003年的8.5%上升至9.5%。大洋洲的比重则比较小。从增长率而言，大洋洲因为基数较小，增长较快，其次是欧洲和亚洲，美洲的增长速度则远远落后于上述经济体，同时低于发达国家和全球的总增长速度。

表6-6 各主要经济体设计产业货物产品进口额

年份 经济体	2003年（百万美元）	2012年（百万美元）	2003~2012年年增长率（%）
全球	141394.55	255077.32	80
发达经济体	116625.43	176803.23	52
欧洲	55494	91841	65
美洲	49007	62674	28
亚洲	9917	16488	66
大洋洲	2208	5800	163
发展中经济体	23538.61	69159.03	193
亚洲	19631	57862	195
拉丁美洲与加勒比	2991	8846	196
非洲	856	2306	170
大洋洲	61	145	138

资料来源：联合国贸易和发展会议网站，http：//unctadstat. unctad. org/wds/ReportFolders/reportFold－ers. aspx.

对于发展中国家而言，亚洲在整个发展中经济体中所占比重最大，2003年和2012年在发展中经济体所占的比重分别为83.4%和83.7%，如果将中国的进口额剔除，在发展中经济体所占的比重也分别达到了78.8%和77.2%。其次为拉丁美洲和加勒比，2003年和2012年在发展中经济体所占的比重分别为12.7%和12.8%。非洲和大洋洲比重较小，在此不再赘述。因此可以看出，发展中国家10年来的设计产品进口格局基本保持不变。从增长率来看，除大洋洲外，各经济体均有接近翻两番的增长。

第三节 中国设计产业发展状况与分析

我国设计产业的起步较晚，20世纪80年代后期，中国的设计业和设计公司开始在广东出现，得益于改革开放的春风，广东的设计公司规模和水平在国内各大城市中位于前列。1987年，中国工业设计协会正式成立，在之后的几十年间，各个省市纷纷建立了不同的设计组织，为设计产业的健康和有序发展提供了一定的约束和规范。各地和各级政府也通过产业基地建立、优惠政策扶持等措施推动了设计产业的良性前行。通过近30年的努力，我国的设计产业已经形成了环渤海、长江三角洲、珠江三角洲设计产业带的三足鼎立的态势。

一、不同地区的设计业发展状况

1. 北京设计产业发展现状

北京作为八大古都之一，拥有3000余年的建城史和860年建都史，是全球拥有世界文化遗产最多的城市之一。北京地区的公共图书馆、博物馆、影剧院和广播电视台数量众多，并且出版社数量占全国的40%，互联网网民和网站数量居全国首位。丰富的文化积淀和快捷的信息传播为北京设计产业的发展奠定了坚实的基础；截至2012年底，北京地区拥有全国1/3的国家级重点实验室、工程（技术）研究中心和企业技术中心，坐拥清华美术学院、中央美术学院等一批在国际上有重要影响力的高等院校。全市科技活动人员约60万人，聚集了一批国际级设计大师和国内设计行业领军人才。在全市112所设有设计专业的高校和设计机构中，每年毕业生人数近万名。科技教育资源优势凸显为北京的设计产业发展储备了丰富的人力资源和硬件。

经过多年的沉淀和发展，北京的设计产业已颇具规模。2005年，北京设立了创意产业集群中唯一的工业设计集聚区——DRC工业设计创意产业基地。2006年，北京创办了中国设计界的“奥斯卡奖”——中国创新设计红星奖，推动了设计产业知识产权的保护和我国设计产业的国际化发展。之后，中国设计交易市场、751时尚设计广场、798艺术区、国家新媒体产业基地等一批特色产业园区相继建立，3D扫描、渲染、逆向工程、快速成型等一批共性技术平台为设计创新提供了强大支撑。2010年，北京出台《北京市促进设计产业发展的指导意见》，进一步优化了设计之都的建设环境。2012年，北京设计产业收入超过1000亿元，设计产业从业人员近20万人。设计产业正成为北京经济发展的新动力和城市发展的重要引擎。

近年来，北京设计产业的国际化水平也在不断提升。2012年共召开国际会议7403场，国际展览281场。2012年成功举办北京国际设计周、设计之旅、北京服装周等400余场设计活动，吸引了来自近百个国家的设计师齐聚北京。惠普、波音、英特尔、宝洁等20余家国际企业在京设立了研发设计中心。中国创新设计红星奖、北京国际设计周等品牌活动有效提升了“北京设计”的国际影响力。

与此同时，国际、国内局势的调整为北京“设计之都”建设带来难得的契机。随着全球经济、政治重心向亚太地区加速转移和世界经济结构调整的不断加快，创新驱动已成为主流发展态势，2012年，北京正式加入联合国教科文组织

(UNESCO) 创办的全球创意城市网络，成为“设计之都”。建设设计之都，大力推进自主创新，发展自主品牌，是北京充分把握国际产业转移新契机，紧跟国际产业发展潮流，提高自身在国际分工中的地位和综合竞争力的重要途径。

在看到瞩目成就的同时，我们也应一分为二地看问题，正视在发展中存在的问题：政府对设计产业的发展尚缺乏统一的组织和管理，在发展设计产业的针对性政策方面尚有缺失。北京作为中国设计产业发展的核心高地，培养设计人才的教育与实际脱节问题严重，导致设计高水平人才匮乏。

2. 上海设计产业发展现状

从历史角度看，上海自开埠以来形成的海派文化融合了含蓄、温和的吴文化和激越奋进的越文化。同时海派文化与欧美文化兼收并蓄，决定了其讲求实效、义利并重等特点。因此，上海的城市发育过程，就是一个通过设计超越自己、走向未来的过程。从科学的产品功能设计到新型的产业形态设计，到创新城市最佳模式，“设计”融入了上海经济和社会发展的各个领域。

在上海的文化创意产业园区中，创意设计产业园的数量占到74%左右，可见，设计业是上海文化创意产业的重点发展对象。据《2014 年上海市文化创意产业发展报告》显示，2013 年上海文化产业实现增加值 1387.99 亿元，同比增长 8.1%，增幅高出同期地区生产总值 0.4 个百分点；占地区生产总值的比重达 6.43%。文化产业已经成为上海的支柱性产业之一，成为“创新驱动发展、经济转型升级”的重要力量。其中，以文化软件服务、广告服务、设计服务为主的文化创意和设计服务实现增加值 521.48 亿元，占文化产业增加值的 37.6%，同比增长 11.6%（见图 6-10）。

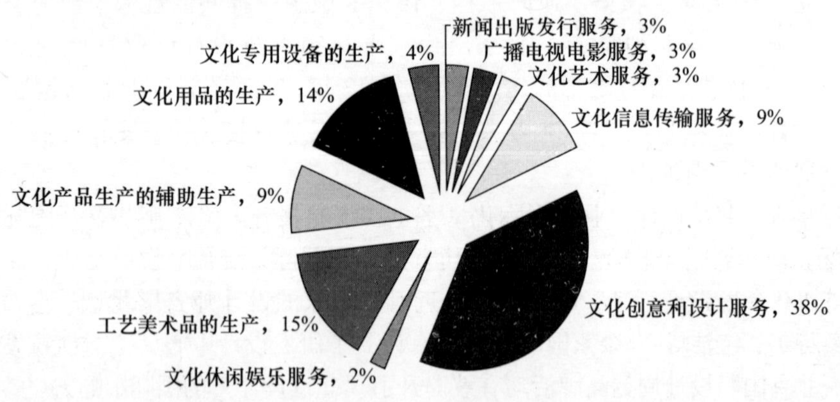

资料来源：《2014 年上海文化产业发展报告》，中共上海市委宣传部事业产业处、上海市文化事业管理处和上海市发展改革研究院联合撰写。

图 6-10　2013 年上海市主要文化创意产业增加值所占比重

建筑设计业是上海设计产业的中流砥柱，园区的经营和发展普遍非常成功，普遍居于2.0到3.0的发展阶段。比较知名的创意设计产业园区——“环同济设计创意集聚区”在全国的影响力独一无二，甚至已经成为建筑设计集聚区的代名词。建筑行业的人才也是源源不断，以同济大学建筑系为主的各大高校每年培养一大批硕士生、博士生。建筑行业与国际的对外合作项目也是非常频繁，并且建立了稳定的合作交流机制，定期与美国、加拿大、德国、法国、西班牙互派员工交流学习。2012年建筑设计业的对总收入贡献同比增速10.06%。增速虽然不大，但它的发展已经比较成熟。

工业设计业研发能力不断得到显著增强：汽车设计业步入品牌发展阶段，未来仍坚持以自主品牌、新能源产业化、海外经营拓展这三个方面不断推进上海汽车设计业的可持续发展。在船舶设计业，上海实现了我国在深海工程装备业的零突破，独立设计完成了首个用于完全自主知识产权的深海钻井船。航空航天设计业的自主研发能力大幅度提高，中国首个具有自主知识产权的中短程新型喷气式支线客机已进入工程发展阶段。在2012年度评选的“设计创新示范企业”中，工业设计类企业独占鳌头。工业设计业企业的研发能力较强，多占据价值链高附加值环节。2012年工业设计业对总收入贡献同比增速13.34%，工业设计业的设计研发能力也有较大幅度的提高，只是源于工业设计业的基础相对薄弱，所以总收入的贡献度不大。但庆幸的是，工业设计业的科研能力正在以较快的速度提高。

时尚设计业因时装、首饰等奢侈品作为收入弹性较大的产品，受近年全球经济疲软的影响较大。因此增速在这几个创意设计产业中最慢。不过在总体上依旧保持了平稳的增长态势。而且，由于时装设计业在上海的起步较早，所以时尚设计业发展得相对成熟。近年，关于时尚产业的活动也是日渐丰富。2012年比较有影响力的活动有“第十届上海时装周”、“第18届上海国际服装文化节”在全国乃至世界都产生了巨大的影响力。2012年，时尚设计也同比增速4.4%，可能是受近年全球经济危机、经济发展低靡的影响，人们对穿着打扮的消费力度没有保持较快增长。

网络信息业存在着鱼龙混杂的现象，在众多从事网络信息业的中小型企业中既存在自主研发软件开发的企业也存在从事世界代工厂的低附加值、低利润的纯代工企业。相对于其他产业，网络信息业的原创能力还有待提高。品牌塑造意识不强，没有多少耳熟能详、家喻户晓的原创设计。“中国网络视听基地”、“宝山动漫产业园”、“张江文化科技创新基地”、“金桥网络文化产业基地”等创意设计产业园区目标定位明确，资金投入大、管理理念成熟，迅速发展成具有影响力的集聚园区，目前区内也已形成规模优势，完整的产业链条也渐渐显现。2012

年，网络信息业同比增速24.4%，网络信息业的快速发展，说明了上海在软件开发、数字信息等方面的创新研发能力显著增强。有利于上海“智慧城市”的建设，其中，金融、贸易、航运均已实现信息化管理。因此，网络信息业的快速增长将有利于上海“金融中心”、“贸易中心”、“航运中心”的建设。

3. 深圳设计产业发展现状

近年来，深圳设计产业一直保持快速增长的态势。2008 年 11 月 19 日，深圳获联合国教科文组织批准，加入全球创意城市网络，成为该组织的第 16 名成员，并被授予“设计之都”称号，成为全球第六个“设计之都”。2009 年，深圳市政府把以后每年 12 月 7 日设立为“深圳创意设计日”。这些都为深圳的设计产业发展提供了独一无二的竞争力，同时也提升了深圳作为创意设计城市在世界范围内的知名度和美誉度。

深圳拥有较有实力的设计企业 6000 多家，专业设计师 6 万余人，涵盖平面设计、工业设计、建筑设计、动漫设计、软件设计等多个领域。设计师的作品遍及全国大型企业集团和文化机构，造就了许多国内知名企业品牌形象。在工业设计领域，涌现了浪尖、嘉兰图等工业设计企业，频频斩获国际最顶尖的红点设计大奖。在平面设计领域，涌现出众多优秀的平面设计师诸如王粤飞、陈绍华等。深圳的现代印刷和平面设计水平在全国居于领先地位，设计队伍与深圳印刷业互为依托，形成完整的产业链条。在环境艺术设计业，目前深圳有室内设计从业人员 3 万余人，装饰设计企业 2500 余家，甲级设计企业 60 多家，在全国装饰百强企业中，深圳占 10%，位于第一。

深圳通过建立创意设计产业园，打造设计产业集聚效应。深圳目前拥有众多创意设计基地，此类创意园区主要包括“田面”设计之都产业园、OCL LOFT、宝安区 F518 创意产业园、罗湖区创意文化广场、怡景动漫基地、深圳中康路 8 号等。

深圳的文化创意产业经过多年的发展，取得了一定的成就，但同时也存在着一定的问题。创意设计产业缺乏一定的主导机构，推广制度和发展机制尚不健全；多数企业依赖 OEM，缺乏产品原创设计和品牌管理建设；设计企业规模较小，在管理方式方面有待优化；创意设计中所需的中高层人才稀缺等。

二、不同细分行业的发展现状

本书选取建筑设计行业和服装设计行业进行简要介绍。

1. 建筑设计行业

建筑设计行业是新型服务产业，具有知识密集型和服务型的特点。随着改革

开放的不断深入和国家建设的迅猛发展，建筑设计行业获得了前所未有的发展机遇，不但在经济发展上一路高歌猛进，还为国家的繁荣、民族的振兴以及人民的幸福生活留下了一大批美轮美奂、精彩纷呈的建筑精品。

建筑设计业的发展与建筑业、房地产开发业的发展直接相关，我国建筑业总产值从2005年的3.45万亿元增长到2014年的17.67万亿元，复合增长率达到19.88%；2009年我国建筑设计行业营业收入为746.59亿元，2013年增长至3202.71亿元，年平均增速达46.9%，行业整体效益稳步提升（见图6-11）。2012年建筑设计行业不景气，2013年建筑设计企业营业收入达3202.71亿元，同比增长91.01%，说明建筑设计市场与前相比，略有回暖，不过在建筑业总产值和固定资产投资低速增长的大背景下，建筑设计必然会受到明显不利影响。

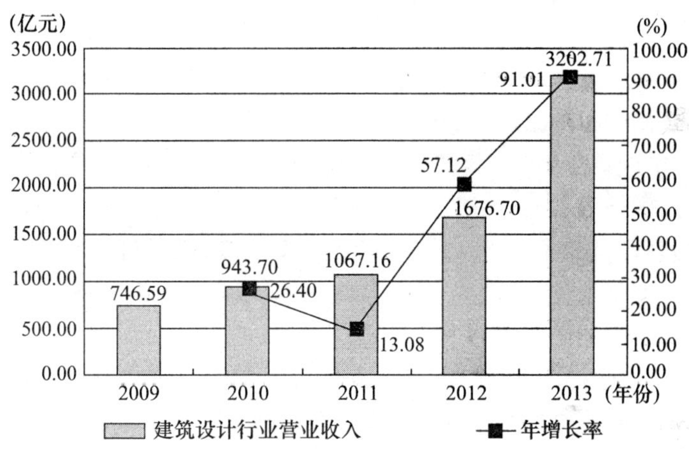

图6-11　2009~2013年我国建筑设计行业收入走势

资料来源：根据中国产业信息网公布数据整理。

按业务范围可将建筑设计参与主体分为建筑设计企业、建筑专项设计机构及建筑专项设计及施工企业。其中，建筑专项设计机构主要包括建筑装饰工程设计机构、环境工程设计机构、风景园林工程设计机构、建筑智能化系统设计机构、建筑幕墙工程设计机构等。

建筑专项设计及施工企业包括建筑装修工程设计与施工企业、建筑智能化工程设计与施工企业、建筑幕墙工程设计与施工企业及消防设施工程设计与施工企业。

从数据来看，建筑设计企业数量众多，2013年全国建筑设计企业共有12176家，其中建筑设计企业占40%左右，建筑专项设计机构占30%左右，建筑专项设计及施工企业占30%左右，但建筑设计企业工程设计收入占总工程设计收入的64%，优势明显。未来，我们认为有实力的设计公司将进一步收购兼并，扩大市场占有率和市场集中度。

表6-7 2013年建筑设计行业基本情况

企业＼指标	数量（家）	占比（%）	数量（人）	占比（%）	金额（亿元）	占比（%）
建筑设计企业	4721	38.77	440723	31.24	802.62	64.12
建筑专项设计机构	3491	32.37	481745	34.15	268.27	21.43
建筑专项设计及施工企业	3514	28.26	488120	34.6	59.95	4.79
合计	12176	100	1410588	100	1251.67	100

资料来源：国家统计局。

在经济全球化的大背景下，我国城市化进程发展迅速，建筑设计行业发展较为活跃，呈现出多样化发展的态势。

（1）参与主体多元化。目前建筑设计行业的市场参与主体包括大中型国有设计院所、跨国建筑设计企业、国有或民营的建筑设计企业、个人建筑师事务所、个体建筑师工作室，体现了建筑设计业态中多种所有制形式并行、全球化、国际化、本土化多样化风格共存的格局，建筑设计市场出现前所未有的活跃氛围。

（2）业务内容差异化。国内建筑设计市场亦呈现出差异化的竞争趋势，既有明星建筑设计师担纲的专业从事方案设计的建筑设计事务所，亦有依靠成本性价比专注于施工图设计的建筑设计公司；大中型建筑设计公司则逐渐往全程业务模式并提升整体经营效率的方向发展。

（3）业务方式多样化。建筑设计企业在承接业务方面，亦从满足客户多样化需要、提高设计工作质量和整体工作效率或突出自身经营特点等方面采取灵活多样的方式：第一，总包分包模式，指建筑设计企业为建设项目提供从规划设计、建筑设计到装饰设计、环境工程设计、智能化设计、照明设计、风景园林设计等的综合设计服务，除核心设计业务由自身独立完成外，非核心业务分包给其他设计企业完成。第二，分项模式，指建筑设计企业仅承接建设项目某项建筑设计服务（主要包括方案设计、初步设计和施工图设计），而建设项目涉及的规划设计、装饰设计、环境工程设计、智能化设计、照明设计、风景园林设计等均由客户独立委托建筑专项设计机构来完成。

2. 服装设计行业

众所周知，中国是世界服装行业的大国，却不是强国。服装行业的产业链包

括“设计—生产—销售”三个主要步骤，但我国服装业的产业链并不完善。我国的服装行业产业链偏向于后端，即以服装生产加工、分销出口为主要产业模式和盈利点，而在最核心的设计阶段有所缺失。因此，中国是服装业的制造出口大国，却不是服装设计强国。

我国的服装行业经历过一个高速发展的阶段，2001～2010 年保持了 10 年的正增长率，尤其在 2005～2006 年和 2009～2010 年甚至达到约 20% 的年增长率，服装产量提升了 3 倍之多。近几年我国服装产量的增速有所放缓，但还是保持在上升趋势中，截至 2014 年，我国的服装产量达到 314.43 亿件（见图 6－12）。

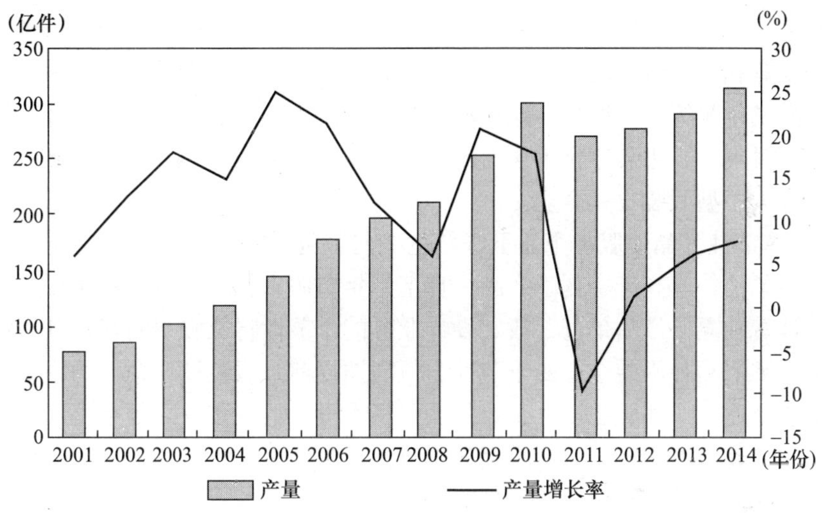

图 6－12　2001～2014 年我国服装产量变化

（1）经营模式及行业特征。传统的服装设计工作室一般规模较小，采取“一对一”的设计服务模式，并仅为客户提供款式设计服务，难以满足客户尽力缩短前导时间以及对“一站式”设计服务的需求，其扩大规模也相应存在着极大的瓶颈。响应服装行业“快时尚”趋势的服装设计企业对该商业模式进行了创新，采取“一对多”的设计服务模式，为品牌服装企业提供服装款式设计、制版和打样等“一站式”设计服务，并为客户提供组织生产等服装前端产业链一体化服务。

目前的服装设计行业存在如下特征：

1）周期性。经济发展的周期性对服装行业有一定的影响，服装产品消费量受经济发展周期性影响而呈现一定的变化，对于中高端服装的影响更为显著。服装设计企业为品牌服装企业提供服务，周期性特征与其设计的主要服装品类基本一致，但设计能力、设计品类、客户群体等因素使得不同服装设计企业的受影响程度有所不同，行业周期下行时品牌服装企业对设计的倚重甚至可成为部分设计能力优秀的设计企业的发展机遇。

2）区域性。服装业在我国最明显的特征即“产业集群化”。服装产业集聚地主要分布在珠江三角洲、长江三角洲、环渤海地区和东南沿海地区。目前，我国已形成以产品分类为特征的上规模的服装产业集群 50 余个，如广东普宁是以 T 恤等品类为主的服装产业集群，T 恤面辅料供应商、品牌服装企业较多，T 恤年生产能力达 1.5 亿件。广东、浙江、江苏、山东、福建是中国服装业主要生产大省，2013 年 5 省产量占全国服装总产量的 72.61%。服装设计企业的分布也呈明显的地域集中性，主要分布在两类地区：一类是服装产业集群地，由于靠近服装生产企业和面辅料市场，集聚了全国大部分小型的服装设计企业；另一类是北京、上海或广州等中心城市，这些城市服装资讯发达，展会众多，设计院校和设计人才相对集中，服装零售市场活跃，许多品牌服装企业的总部设在此处，集聚了大部分大中型服装设计企业。

3）季节性。品牌服装企业下半年的销售额通常高于上半年，主要原因是秋冬季产品单价普遍高于春夏季产品，且下半年节假日较多。由于服装设计企业收取的设计费独立于产品单价，故其设计业务的季节性特征较不明显；其组织生产业务呈现类似品牌服装企业的季节性，但周期提前。服装设计企业的季节性弱于品牌服装企业，一些服装设计企业甚至因每季设计的服装款式复杂度、档次、面辅料运用、品类差别不大，而不存在季节性。

（2）市场壁垒。

1）设计研发能力壁垒。品牌服装企业“快时尚”的新一代经营模式要求品牌服装企业的产品具备品种多、款式多、风格多样、更新快等特点，这也客观要求服装设计企业在紧跟流行趋势、不断推陈出新、具有时尚前瞻性的同时，必须提供数量较多、风格多样、采用新颖舒适面料的设计款式以供品牌客户挑选。我国服装企业的设计研发能力还有待提高。

2）设计师团队壁垒。我国的服装设计师资源较为稀缺，最重要的原因就是中国缺乏服装文化的积累，对服装设计师的教育与培养力度不足且针对性不强。现阶段我国服装设计专业课程体系的设立，是基于服务以制造为主要特征的服装行业，在服装设计教育上缺少针对性与特色，难以满足服装行业对个性化设计师的需求。

3）快速反应能力壁垒。服装行业最大的特点是需求不确定性，近年来呈现“快时尚”趋势，服装企业必须缩短服装从设计到上市的时间，以最快的速度应对市场的需求，这相应要求服装设计企业对动态的市场需求具备很好的灵活性和适应性，有能力迅速进行设计及组织生产。服装设计企业快速反应能力的锻造不仅要求内部建立高效的团队，还必须整合供应商、外协厂商等资源，需要长期的摸索和磨合。

4）口碑壁垒。近年来，我国服装消费者越来越追求个性化、时尚化，服装消费升级特征明显，设计对服装商业价值的作用越来越重要，品牌服装企业对服装设计服务的需求日益增强，但同时对服装设计企业设计能力、款式数量、服务质量的要求也越来越严格、全面。服装设计企业的设计要符合流行趋势，为品牌客户提供充分的款式选择，为其创造商业价值，才能赢得更多的合作客户。但这种能力不能够通过简单的认证和量化的手段展示给客户或者潜在客户，因此成功案例和行业口碑非常重要，成为市场新进入者的进入壁垒。

5）创意产业链整合壁垒。采用纵向一体化模式的服装设计企业，其核心竞争力有赖于以设计能力为基础，整合创意产业链：①设计企业必须建立适应行业“快时尚”趋势的设计流程及理念，建立完善的人才引进、培养制度，对设计师团队进行专业化分工，使该团队能迅速应对潮流趋势变动、持续快速设计。②面料设计开发能力对提升设计款式的时尚度、舒适度及商业价值极为重要，面料研发人员必须主动参与设计过程，深刻了解设计师的设计理念及流行趋势。③制版能力主要体现在能将设计师的设计草图以样衣形式完美地展现，这不仅要求制版人员有较高的制版技术，同时要求制版人员与设计师长期协作、密切沟通。④深挖服装产业前端价值链的设计企业需要较高的整合能力；另外，产业集群地的设计企业能更方便、低成本地与供应商开展业务。

6）管理能力壁垒。由于服装设计行业属于典型的“时尚行业”，时尚化、潮流化以及个性化的趋势要求设计企业建立相应的商业模式和管理制度；由于服装设计师一般个性较强，企业在制定各项管理制度的同时，还需考虑如何更好地调动设计师的工作激情和创意灵感，这要求企业在发展过程中不断积累、提高管理能力。新进入者较难在短时期内达到较高的管理水平。

第四节　中国设计产品贸易现状与分析

联合国贸易和发展会议于《2008 年创意经济报告》中第一次用完整、权威的数据显示中国已经成为世界文化创意贸易大国，特别是在货物贸易的出口方面获得绝对统治地位。2003 年中国设计产品出口在世界设计产品总出口中占比21%，到 2012 年已增长到 37%，成为引领世界设计产品出口增长的国家，这也充分说明了中国在设计产品的生产和贸易上的惊人增长速度及在该领域的国际竞争力。从设计产品贸易的整体发展来看，2003 年中国设计产品贸易总额占世界的比重为 11%，到 2012 年上升为 20%，增长速度略低于出口产品，但总体尚处于上升趋势（见图 6－13 和图 6－14）。

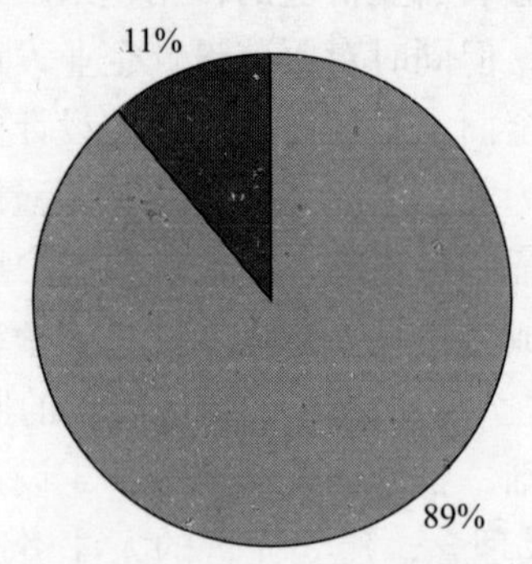

图 6－13　2003 年中国设计产品贸易总额占世界百分比

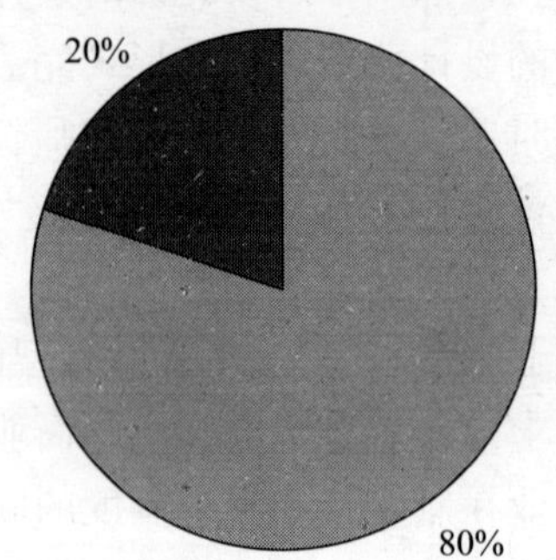

图 6－14　2012 年中国设计产品贸易总额占世界百分比

本书从出口和进口两方面进行细致分析：

一、中国在设计产品出口方面的优势与竞争力分析

中国在 2003～2012 年的设计产品出口贸易中发展迅速，从 273.6 亿美元增长到 1054.7 亿美元，增速达到 285.49%，从 2003 年占世界比重的 21% 占发展中国家比重的 43.8%，到 2012 年大幅度提升为占世界比重的 37%、占发展中国家

比重的56.8%，已超过发展中国家设计产品出口的一半（见表6－8）。

表6－8　设计产品出口：中国与世界的比较

组群＼年份	2003	2004	2005	2006	2007	2008	2009	2010	2011	2012
世界（美元）	1279.9	1504.2	1685.6	1837.7	1892.0	2210.3	2076.1	2388.8	2982.3	2848.9
发达国家（美元）	649.7	740.7	809.0	902.5	1052.5	1142.7	937.1	1023.2	1236.3	970.7
发展中国家（美元）	625.3	756.4	868.4	926.1	833.0	1056.2	1129.9	1356.7	1729.3	1857.8
中国（美元）	273.6	326.4	397.0	433.3	495.8	560.6	522.7	709.5	929.9	1054.7
转型国家（美元）	4.8	7.1	8.2	9.2	6.6	11.4	9.1	8.9	16.7	20.4

资料来源：根据联合国贸易和发展会议公布数据整理。

由表6－8可知，中国设计产品出口总值在世界设计产品总出口额中占有较大的市场份额，细化到具体产品，如表6－9所示：

表6－9　2003年和2012年设计产品出口：产品分类、世界与中国

产品分类	年份	世界（百万美元）	发展中国家（百万美元）	中国（百万美元）	占世界比重（%）	占发展中国家比重（%）
绘画雕刻	2003	237	18	9	3.80	51.18
	2012	226	81	13	5.75	16.12
时装	2003	35420	21408	11564	32.65	54.02
	2012	72142	51796	36834	51.06	71.11
玻璃制品	2003	1490	188	100	6.71	53.19
	2012	2827	1785	1458	51.58	81.68
内饰	2003	40752	14012	7359	18.06	52.52
	2012	71155	39690	28882	40.59	72.77
珠宝	2003	25927	11338	1658	6.39	14.62
	2012	101199	67852	27224	26.90	40.12
玩具	2003	24164	15567	6670	27.60	42.85
	2012	37340	24572	13692	36.67	55.72

资料来源：根据联合国贸易和发展会议公布数据整理。

根据表6－9中的数据，2003年，在细分产品中，中国的绘画、雕刻类产品出口占世界比重最低为3.8%，其次为珠宝（6.39%）、玻璃制品（6.71%）、内饰（18.06%）、玩具（27.6%），比重最高为时装（32.65%），在发展中国家，除珠宝（14.62%）和玩具（42.85%）外，其余比重均达到50%以上。到2012年，中国绘画、雕刻类产品在世界产品中的比重依然最小为5.75%，其次为珠宝（26.9%）、玩具（36.67%）、内饰（40.59%），时装和玻璃制品均达到50%以上，由此可看到时装、玻璃制品和玩具在世界市场的份额大幅上涨，而在发展中国家的比重来看，除绘画、雕刻类产品比重下降到16.12%外，其余均有飞速上涨，时装、玻璃制品和内饰的比重竟达到70%以上，并且中国时装、玻璃制品和玩具的出口额已超过发达国家总额。

由此可看出，在设计产品中，服装、玻璃制品和玩具是中国出口贸易中比较具有优势的产品，而在绘画、珠宝等方面则比较弱势。从产业链的角度来看，虽然中国的服装、玻璃制品和玩具在出口方面所占份额较大，但基本是属于产业链后端的加工阶段，属于劳动密集型产业，在前段创意设计、技术等方面比重较小，产品的附加值也较低。因此，中国的设计产业应该进行结构调整，更加注重发展原创设计，提高设计在整个产品生产过程中的比重。

二、中国在设计产品进口方面的现状与趋势分析

中国在设计产品的进口与出口方面形成了截然相反的局面，其趋势与文化创意产品的进口趋势一致。2003～2012年中国的设计产品进口虽然稳步增长，但提升比较缓慢。如果考察我国设计产品在世界设计产品总进口量中的比重则更为明显。2003年，中国设计产品进口额为11亿美元，占发展中国家比重为4.7%，占世界比重为0.8%。2012年，中国设计产品进口额为44亿美元，占发展中国家比重为6.4%，占世界比重为1.7%。10年间，中国在世界和发展中国家设计产品进口贸易中的比重缓慢增长，并且在2004～2006年比重小幅下降（见表6－10）。

表6－10　设计产品进口：中国与世界的比较

组群 \ 年份	2003	2004	2005	2006	2007	2008	2009	2010	2011	2012
世界（亿美元）	1414	1625	1848	1955	2101	2348	1986	2280	2616	2551
发达国家（亿美元）	1166	1326	1464	1562	1742	1800	1542	1724	1912	1768
发展中国家（亿美元）	235	282	362	363	327	501	402	499	629	692
中国（亿美元）	11	11	13	14	18	23	23	29	43	44
转型国家（亿美元）	12	18	23	30	33	47	43	57	75	91

资料来源：根据联合国贸易和发展会议公布数据整理。

表6－11是我国关于设计产业中细分产品在世界和发展中国家设计产品进口贸易中的现状比较。

表6－11　2003年和2012年设计产品进口：中国与世界的比较

产品分类	年份	世界（百万美元）	发展中国家（百万美元）	中国（百万美元）	占世界比重（%）	占发展中国家比重（%）
绘画雕刻	2003	222	89	54	24.32	60.67
	2012	152	84	8	5.26	9.52
时装	2003	37736	8301	362	0.96	4.36
	2012	71137	19085	2206	3.10	11.56
玻璃制品	2003	1307	186	6	0.46	3.23
	2012	1046	270	46	4.40	17.04
内饰	2003	45797	4320	339	0.74	7.85
	2012	69274	9206	1033	1.49	11.22
珠宝	2003	22133	3887	66	0.30	1.70
	2012	64569	28206	804	1.25	2.85
玩具	2003	34200	6754	261	0.76	3.86
	2012	48900	12307	347	0.71	2.82

资料来源：根据联合国贸易和发展会议公布数据整理。

根据表6－11中数据可知，2003年，在各细分产品中，中国设计产品进口在世界中所占比重最小的为珠宝（0.3%），其次是玻璃制品（0.46%）、内饰（0.74%）、玩具（0.76%）和时装（0.96%），比重最高的为绘画、雕刻类产品（24.32%），而对于在发展中国家所占的比重，最小为珠宝（1.7%），其次为玻璃制品（3.23%）、玩具（3.86%）、时装（4.36%）和内饰（7.85%），比重最高为绘画、雕刻类产品（60.67%）。此比重可以和出口的格局结合来看，中国的绘画、雕刻类产品在世界市场上的出口份额最小，相对应的进口份额最大。到2012年，除玩具和绘画、雕刻在世界进口中比重下降外，其余产品均有不同程度的上升，在发展中国家的比重变化趋势也与之一致。中国的进口情况说明我国对设计产品的消费能力还比较低，与我国的出口能力和人均GDP水平都不相称，出口与进口呈现失衡状态。

三、我国设计产品的贸易竞争力指数分析

贸易竞争力指数，即TC（Trade Competitiveness）指数，是对国际竞争力分

析时比较常用的测度指标之一，它表示一国进出口贸易的差额占进出口贸易总额的比重，即 TC 指数 =（出口额 - 进口额）÷（出口额 + 进口额）。

根据表 6 - 12 对中国设计产品贸易竞争力的计算可知，对于总的设计产品来看，2003 ~ 2012 年，中国设计产品的 TC 指数均大于 0.9，具有极强的竞争力。细分来看，绘画雕刻类产品的 TC 指数在 2003 年为 - 0.72，具有极大的竞争劣势，从 2004 年到 2005 年，TC 指数增大到 - 0.26 ~ 0，竞争劣势减弱，从 2006 年开始，TC 指数大于 0，竞争优势逐渐提升，但波动较大；时装产品的 TC 指数从 2004 ~ 2010 年均大于 0.9，具有极强的竞争优势，之后竞争力减弱；玻璃制品的竞争力也有小幅波动，但近几年处于竞争力提升的状态；对于内饰、珠宝和玩具来说，TC 指数均在 0.9 附近波动，竞争力优势明显。

表 6 - 12　中国设计产品的贸易竞争力指数比较

项目 \ 年份	2003	2004	2005	2006	2007	2008	2009	2010	2011	2012
设计	0.92	0.93	0.94	0.94	0.93	0.92	0.92	0.92	0.91	0.92
绘画雕刻	-0.72	-0.26	-0.16	0.20	0.74	0.41	0.68	0.17	0.48	0.24
时装	0.94	0.95	0.95	0.94	0.93	0.92	0.92	0.91	0.89	0.89
玻璃制品	0.89	0.90	0.92	0.90	0.81	0.79	0.83	0.78	0.72	0.94
内饰	0.91	0.92	0.93	0.93	0.93	0.93	0.93	0.93	0.92	0.93
珠宝	0.92	0.91	0.88	0.88	0.87	0.84	0.84	0.91	0.93	0.94
玩具	0.92	0.94	0.94	0.96	0.95	0.94	0.92	0.95	0.92	0.95

资料来源：根据联合国贸易和发展会议数据计算而得。

因此，由上述 TC 指数可知，中国设计产业也呈现贸易顺差的格局，我国目前已成为大部分设计产品的世界头号供应商，在设计产品生产的中、低端领域我国具有强大的比较优势。但是在我国成为最大货物产品供应商的同时也应当看到，与我国庞大的出口相比，我国是一个消费小国，即使在发展中国家亦然，这一事实一方面说明我国居民对设计产品的消费能力有待提高，另一方面说明我国居民对设计产品的消费偏好也有待升级。

扩 展 学 习

问题与思考

1. 什么是设计？设计在人们日常生活中的作用？

2. 联合国贸易和发展会议对设计产业和设计产品的划分？与其他国家之间的区别？

3. 设计产品的出口格局对未来设计产业发展的影响？

4. 设计产品主要大国在进出口方面的区别和对产业结构的影响？

5. 北京地区设计产业发展存在的问题，与上海和深圳相比其优势在何处？

6. 服装设计行业发展中遇到的壁垒？如何改进我国目前服装设计师的短板？

7. 我国设计产品出口方面最具弱势的产品是什么并分析原因？

8. 我国目前设计产品进出口方面的差异及对消费格局的影响？

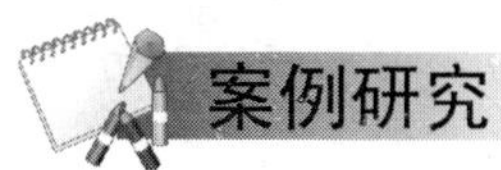

案例研究

设计如何提升产品的附加值

展台上，如“七色花”造型的家居便携数码控制系统，把无处不在的家电遥控器整合在一起；借用古代木工使用的墨斗造型而设计的激光垂直仪，巧妙地融汇古今；名为“四季”的冰箱，会根据室温的变化而变幻面板色彩……如果你对工业设计的认识，仅停留在“为产品设计一个漂亮的外形”上，那就大错特错了。现代工业设计，从市场调研、概念设计开始，一直延续到样机制作、模具设计、生产咨询，对生产企业而言，就像连上了一个强大的“外脑”。一台普通的14英寸液晶彩电的售价最高不过三四千元，而被设计成弹力十足的篮球造型的NBA概念液晶彩电，可以卖到1.2万元。难怪设计师们自豪地说，工业设计是帮助产品提高附加价值的最快办法。以设计作品进入庞大的制造业产业链，实现设计与产业的对接，成为部分设计师考虑的元素之一。然而，设计作品转化率不高依然是一道硬伤。目前国内一些厂商对于通过设计提升产品附加值方面有一些不同的观点：

1. 工业设计为企业带来巨额利润

以顺德来说，一个传统款式小家电的出口价格为数十元，经过设计改装，它的价格提升了，但是出口订单量并未下降，这一“换装”的魔法药水令容桂一位小家电老板感到惊喜。

与此同时，一把名为“拓朴”的旋转拖把，从外贸加工制造到自主品牌进入国内家居用品市场，从2000万元的销售猛增到3.8亿元。其背后的魔力就在于工业设计。这只是工业设计为企业带来巨额利润的一个小小例证。

美国工业设计协会对企业的调查统计显示，工业设计开发投入1美元，其销售收入为2500美元；日本日立公司统计数字表明，每增加1000亿日元的销售额，工业设计的作用占51%，而技术改造的作用仅占12%。

不少企业家认为，提升产品的技术含量，提升硬实力，埋头下苦功做产品质量才是硬道理。但也有企业家坦言，自己的产品，10年来未见有何创新，出外参展时，也感到不够时尚。一个产品是否吃香的疑惑落在传统制造业业主身上。但是他们顾虑重重：再增加金钱做“美女花瓶”，又感觉太浮夸。

“此前我问画一张水壶或微波炉的设计图，要3万元，那也太贵了。”有小家电老板表示，设计公司多是画画图纸，画一张图纸就几万元，感觉不值得。

对于这些观点，作为最早进入顺德工业设计领域的设计师之一，如今已是一家设计公司老总的尹晓莉表示，其实在接触企业老板时，发现了他们有不少认识的误区。不少老板重视产品的质量等硬实力，但是软实力同样可以很好地助力转型升级。

“在如今的产品设计中，其实外观设计仅仅是其中一个方面。”尹晓莉介绍：“经过十年的布局和完善，我们可以为制造企业提供包括用户研究、市场研究、产品设计、品牌策划、市场推广、商业空间展示、电子商务销售等一站式服务。”

2. 设计公司的产业化之路

在本土设计行业中，借力于顺德庞大的家电、家具制造业基础，不少设计公司以从事家电产品的设计起家，并越做越专业，辐射了上下游的产业链。一方面，设计公司不断挖掘行业中的新客户，另一方面，行业集聚带来的竞争也迫使他们跨行业发展。“我们除了家电部，也成立了机械产品设计开发部。”尹晓莉称。

为了进一步打消本土老板顾虑的脚步，如今设计行业合作的模式也走向了多元化。有设计公司采取了风险平摊机制，若产品不受市场青睐，不收取后期的研发费用，平摊风险。也有设计公司采取“打包制”，与数个核心客户合作，制造企业可以“打包”支付设计费，获得折扣实惠。

除了广东顺德的设计公司外，国内其他省份也遇到不少的尴尬。“浙江工业设计的现实状况是，创意很多，但是无法形成产业化。”杭州飞鱼工业设计有限公司总经理余飚透露。“飞鱼”是目前浙江省最大的工业设计公司之一，产值列华东地区前三，先后获得号称工业设计界的奥斯卡——德国IF奖以及中国红星等设计大奖。

余飚坚信，工业设计只有自身实现产业化才有前途。余飚说，“飞鱼”刚起家时服务的对象多为中小企业，后来渐渐放弃，因为单子多而小，做得太累。“我们不希望仅以收取设计费为生，那显然会活得不容易。”

做不大——几乎所有的设计公司都遇到这样的瓶颈。作为国内工业设计领军企业，深圳嘉兰图公司也遇到这样的现状。其副总裁王永才说，传统的商业模式是甲方委托乙方，然后按项目计费。嘉兰图曾帮助了很多的企业，甚至是从零到某一个产业领域的销售冠军。但嘉兰图永远只是乙方，收取设计费。

嘉兰图一直在谋求商业模式的转换。“我们期望和企业利益共享。不按项目计费，根据销量提成，这是方式之一。”

“有人会为20元的产品付60元的运费，只因为在当地买不到。创意产品在电子商务上极有市场价值。”做设计出身的潘宏波看到了另一种创新模式的商机。现在，他创办的浙江聚宝盆电子商务有限公司，正与中国工业设计协会共同搭建工业设计云服务平台。

但是不管模式是哪一种，关键是与传统优势的制造业实现结合。“当然好的设计必须加上好的制造。关键是找准结合点。”余飚说。

3. 工业设计链不完善

中国工业设计协会副理事长兼学术和交流委员会主任柳冠中表示，当前我国的产业链尚不健全，还在解决产业结构的问题，产业发展方向还不清晰，自然无法提出第三次工业革命的概念。现阶段，我国没有工业设计产业链，大部分企业没有工业设计部门，都是体外循环，政府也没有工业设计的相关部门。完整的工业设计产业链，应该从需求开始。

他还补充道：“目前，国外企业正在研究中国人的生存模型，逐步建立数据库，这就是中国老百姓需求的‘DNA’，也是中国制造业的危机，因为它让外国人甚至比中国人更了解中国人的需求。到时候，我们只能还是加工，继续耗费资源，污染环境。这些问题不能不引起反思。”

事实上，在国外看来，工业设计追求的是一种发展趋势，发挥的是引领产业变革的作用。工业设计是工业社会的一种工作方法，一种工作思维。据了解，韩国在这方面表现得尤为明显，其产业设计振兴就会是振兴设计产业、研究如何调整产业结构、引领产业发展方向的专业机构。

综上所述，设计尤其是工业设计在提升产品附加值方面功不可没，但不可否认的是，目前我国的设计产业发展还处于初级阶段，尚未形成产业化发展，在引领产业转型之路上任重道远。

相对而言，国外的设计产业发展较早且已经成熟，工业设计与制造业完美融合的案例不胜枚举，下面简单列举几则国外企业融汇设计于产品中成功营销的案例。

(1) 苹果公司惊人的外观设计。iPhone 能够风靡世界离不开一位名叫乔纳森·伊夫的工业设计师。他是 Apple 公司设计师兼资深副总裁，曾参与设计了 iPod、iMac、iPhone、iPad 等众多苹果产品。除了 Jobs，他是对苹果那些著名的、炫目而令人惊喜的产品最有影响力的人。通过 iPhone6 和 Plus 的发布，2015 年第四季度 iPhone 售出 4800 万台，收入约 322 亿美元，iPhone SE 的推出更是拉动 2016 年整体销量的增长。

(2) 吉列为牙刷投资 7000 万美元。吉列公司的欧乐 B 分公司投资 7000 万美元设计了一种牙刷，这种牙刷获得了 23 项专利，仅产品的包装就有 6 项专利。通过这 7000 万美元的投资设计牙刷，吉列公司的这种牙刷的售价达到普通牙刷的两倍。

(3) SoLo 旅行者咖啡杯盖带起热饮新理念。由于 SoLo 旅行者咖啡杯盖的问世，人们早晨起来可以顺顺当当地喝上一杯咖啡，进而开始一天的生活。这种咖啡杯盖的特点体现了这样一个简单的理念：热饮应该向上流进你的嘴里，而不是向下洒在你的裤子上。因为消费者的感觉已经被虚拟世界所改变，他们正在提出要求，希望从现实世界中获得程度相似的刺激。为了满足这种需求，制造商们正在生产一些好得令人吃惊的产品。

(4) 雀巢和迪士尼联销产品。雀巢巧克力糖果公司推出了一种迪士尼主题的糖心巧克力——神奇球。雀巢美国分部生产的巧克力和糖果，曾与迪士尼公司的动画片像《蚁哥正传》、《玩具总动员》一起联合营销。但神奇球却不限片档时期，与迪士尼所有的产品一起联合营销。预计投入 1000 万美元预算为神奇球打造媒体声势。雀巢公司这套新产品不但有用糖果做成的迪士尼动画片中的人物，像《阿拉丁》、《狮子王》、《风中奇缘》和《玩具总动员》等片中人物，还有藏在包装盒里每个四月一换的奖品。

资料来源：浙江省创意设计协会，http://www.zj-creative.com/.

思考题：

1. 工业设计给产业转型带来的影响有哪些？
2. 我国设计产业发展的方向是什么？

专家观点

对设计和艺术的关系思考[①]

从历史的渊源来看，设计与艺术之间应该是设计在前，艺术在后，这两者之间的关系并不是并置的。这种由客观因素所决定的关系，无疑体现了人类自身的生存选择，也同时反映了设计的本原：所谓“设计”原本就是人类“求生”本能的一种直观反映。只要是能够达成“生存”这个目的，设计的实践就算成立了，相应的实践目标也就算确立了。这是从设计最初产生就获得明确的一点，即使到了今天，设计发展到一个相当高的程度，这一点也并未改变。我们常说“设计为人”，究竟通过何种路径来实现“为人”？又是以何种标准来考量是否“为人”，虽然见仁见智，但包含其中的“现实应用”作为一个关键要素却是颠扑不破的。“使用”与“设计”之间的天然对应不仅反映了设计的本原，而且成为“设计”与“艺术”的一个重要分野。以此来观照艺术，就不难看出，它是建立在一定的物质基础之上的，是基于物质的、以精神层面的丰富和美化为目的的活动，与人类的生存之间并没有太大的对应性。管子曾经说过“仓廪实而知礼节，衣食足而知荣辱”，艺术与“礼节”、“荣辱”这类精神层面的活动一样，都是非物质性的。虽然它们本身不能创造物质，但却是对于物质具有极大依赖性的；它们虽然一定意义的高于物质，但却又都是无法脱离物质而孤立存在的。需要注意的是：这样的表述并不是要否定设计与艺术之间的天然联系，毕竟艺术是从设计的母体中孕育而生的，并且在设计不断发展的过程中艺术的成分不仅没有削减，而且一定程度地得到了强化，例如，当代设计中的“个性化设计”就出现为数不少的具有极为明显的艺术化特质和倾向的作品。在这类设计作品中，“用”的考虑已经被很大程度地放置在“观赏性”、“新奇性”等追求的后面。这很像是当年西方的新艺术运动时期的情况：一方面是在为满足现实生活中的具体需要而制造某类产物，另一方面又在致力于将其打造成一种艺术作品，这种兼具设计与艺术双重含义的实践，事实上在人类的设计实践中并不是某个时代的专属，也不仅仅是反映了某个流派的风格和主张。

资料来源：中国文化创意产业网，http：//www. ccitimes. com/mingren/scholar/.

思考题：

1 你如何理解“所谓‘设计’原本就是人类‘求生’本能的一种直观反

① 作者高兴，中国设计师协会（CDA）理论委员会副主任。

映”？

2. 讨论“设计”、“艺术”与“实践”的关系是什么？

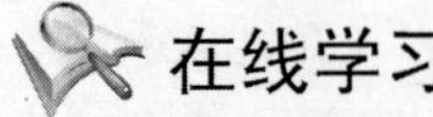

在线学习

分小组对学校的宿舍、图书室、食堂等场所做出更新设计，可以登录下面的网站进行参考，中国文化创意产业网（http：//www. ccitimes. com/）中国创意产业研究中心（http：//www. creativeindustry. org. cn/）、国际设计中心（http：//www. miromardesigncenter. com/）、世界绿色设计论坛（http：//www. wgdo. net/）和英国设计创新网（http：//www. britishdesigninnovation. org/）。

第七章

表演艺术产业与产品国际贸易

随着经济全球化的发展，我国文化创意产业在蓬勃发展的同时也面临着越来越激烈的竞争。表演艺术产业历来是文化产业的核心，是现代社会文化中最具多元发展和产品衍生能力的原创性门类，是具有广泛群众性从而具有广阔市场前景的产业，同时也是一项能源消耗少、可持续发展性强的绿色产业。随着我国文化创意产业的体制改革，演艺产业在国际、国内市场竞争中迎来新的挑战和发展机遇。本章将通过对中外表演艺术产业的现状、特点的分析，为我国表演艺术产业改革、持续发展提出一定的发展战略及措施。

第一节　表演艺术产业界定与产业特点

对于表演艺术产业的界定在国际和国内都有一些不同的看法，在此先就其含义做一个概述，之后对它的特点进行阐述。

一、表演艺术产业的界定

表演艺术是一种结合剧场、音乐和视觉艺术的艺术形式。表演艺术是一种综合性的艺术，结合了音乐、灯光、舞台、布景、服装等元素。

通常所说的“表演”，存在于人们生活的各个角落，存在于社会的各个阶层。“表演”有着两种存在形式，一种往往被归纳为“行为”，即“一种特殊的、艺术的交流行为”，而另　种则归属为“事件”，即“一种特殊的、显著的事件”。作为一种“行为”，表演主要指的是各类口头艺术抑或是言说艺术，这些“表演”不仅局限在民间故事、神话、传说、谚语、谜语、诗歌、演说等，有许多日常交谈也在一定程度上有着表演的性质；作为一种“事件，表演主要是指节日庆典、典礼仪式等的一些文化表演。”①

以上以“行为”或“事件”作为属性对“表演”一词的解释，归根结底使“表演”成为“标示着一种在审判上是显著的、被升华的交流模式，它以某种特殊的方式被框定，并在观众面前予以展示”。② 总而言之，从本质上来说，“表演”指的不过是古老而单纯的、人与人之间的交流方式。

在专业艺术类用语中，“表演艺术”指的是人类最为古老的一种艺术形态，在不同的历史阶段，“表演艺术”的内涵以及呈现形式有着一定的不同，有其时代的特征。尼尔·格兰特认为，“演艺的历史大致同人类的历史一样长，并且几乎存在于各种文明中，表现为各种各样的不同形式——既包括即兴喜剧、世俗剧、木偶戏、皮影戏、杂耍、哩剧等古老的表演形式，也有冰上舞蹈、马戏、戏剧、音乐喜剧、相声、小品、色蕾等比较现代的艺术形式，此外，还有诸如电影、电视、录像等引领20世纪娱乐趣味的大众艺术”。在传统观念里，表演艺术通常是在“剧场”上呈现的，舞台和观众席构成整个现场表演艺术的整体，演员和观众在同一时间聚集与相会，表演者的完美演出呈现给观众一场完美的视觉盛宴，这便是传统意义上的现场的表演艺术，满足“在场的”、“在地的”属性。这样的传统表演艺术的产业化存在相当大的难题，因为难以通过复制收回成本，又难以规模化生产。

对于文化产业语境下的表演艺术产业，我们可以进行一个简单的定义：表演艺术产业指的是在既定的演出场所，如大小型剧场或戏院、大小规模不一的音乐厅、室内或室外的体育场或广场等，针对最为普遍的大众群体，所进行的艺术表演相关活动，此外，还包括与艺术表演息息相关的票务销售、前期艺术创作、专业配套活动策划等，因此，表演艺术产业的商业性质也是不容忽视的。

二、表演艺术产业的特点

综上所述，表演艺术产业的特点可归纳如下：第一，在表演艺术产业中表演和观看是在同一地点同时发生的，即必须是在一些特定的“演出场所”内开展，这样的特征使得表演艺术产业与基于媒介传播的一些演艺娱乐活动有很大的区别，基于媒介传播的主要包括电影电视以及互联网等。第二，表演艺术产业与不

① ［美］理查德·鲍曼．作为表演的口头艺术［M］．杨利慧，安德明译．桂林：广西师范大学出版社，2008：3-28.

② ［美］理查德·鲍曼．作为表演的口头艺术［M］．杨利慧，安德明译．桂林：广西师范大学出版社，2008：65.

具有商业意义的一般的群众自发的一些文化娱乐活动不同。表演艺术产业是针对大众群体的，以实现商业价值为目标。第三，表演艺术产业虽然是以“表演”作为核心活动，但在“表演”的外围依然有着许多的相关产业链，如我们所熟悉的票务服务、延伸产品的销售等，此外，还有“表演”前期的艺术创作、策划活动，以及配套的营销宣传活动等，这些部分组成了完整的演绎活动，每一个环节都尤为重要，只有每个环节之间相互协调，加上演职人员的通力合作，才能够确保演艺活动成功、顺利地举办。

第二节　世界表演艺术产业市场现状与发达国家优势分析

在21世纪，借助资本和传媒的造势，欧洲、北美、澳洲国际演艺集团群雄并起，竞争加剧。其特点可以概括为：各类演艺机构特别是一些世界著名艺术表演团体，利用“冷战”结束后文化交流逐步宽松自由、全球演艺市场进一步激活的国际环境巡演全球；表演艺术家们尤其是影视剧歌多栖明星身价倍增；表演艺术的下游产品开发前景看好；各种演艺经纪机构利润丰厚。全球演艺业作为基础性文化创意产业，其地位仍然不可动摇，其前景依然看好。

一、世界表演艺术市场现状

文化赖以发展的物质基础、社会环境、传播条件正发生着深刻的变化，全球演艺市场一体化趋势日益明显，竞争日趋激烈。如何迎合当代演艺市场要求，突出自身优势，适应时代变化，已成为各国发展表演艺术产业的关键。进入21世纪，借助资本和传媒的造势，欧洲、北美、澳洲国际演艺集团群雄并起，竞争加剧。在2000年之后，西方发达国家为了产业升级和稳固对外文化贸易的优势，纷纷加速了对外演出活动的频率。从国际演出市场的宏观格局可见，英国、美国及日本等国依旧是引导欧洲、北美和亚洲演出市场的中坚力量。这一时期，发达国家的对外演出活动主要突出表现为以下三点①：

第一，大规模制作的音乐剧和歌舞剧开始成为国际演出市场中的核心产品。各个国家的演出制作公司、艺术教育机构及文化主管部门积极投身于大型剧目的

① 马明．中国对外演艺业发展的问题与探索［J］．同济大学学报（社会科学版），2014，25（5）．

创作，寄希望于成为国际演出市场中的流行指标。例如，《大河之舞》自 1995 年 2 月在都柏林首演以来，已经在全世界演出超过 1.2 万场，现场观众达到了 2500 万人，《大河之舞》的 DVD 录影在全球销售超过 1500 万张。2009 年 12 月到 2010 年 2 月，在长达两个半月的时间里，《大河之舞》的热浪席卷中国 13 个城市，连续演出 60 场。《大河之舞》所到之处，场均上座率达九成以上，很多场次更是满场，甚至出现了加座。

第二，大型的传媒集团纷纷开始涉足演出领域。演艺产品和传媒产品之间的渗透趋势加速，演出市场的传统剧场媒介开始出现了数字化和网络化的创新探路。这种竞争趋势也促使各国的文化、艺术研究者开始对演出市场话语权以及文化主权提出了诸多的不同看法。

第三，对外演出贸易不再依靠单纯的剧目输出，更多的对外演出机构开始通过版权贸易、对外直接投资剧院和剧场以及本土化合资经营等方式开拓国际演出市场，从而推动了演出市场相关的剧目、人才及资金等竞争要素的跨国化流动。例如，2006 年，美国百老汇音乐剧《狮子王》就曾在中国创下演出 101 场、吸引 16 万观众、总票房收入 7200 万元的成绩。2011 年，亚洲联创（上海）文化发展有限公司通过版权引进制作的中文版音乐剧《妈妈咪呀!》仅首轮北京巡演就达到了 112 场，吸引了 14 万名观众走进剧院，取得了 4500 万元的票房佳绩。2012 年，音乐剧《猫》中文版在上海站的第 50 场演出后，票房也已突破了 3000 万元大关。

二、发达国家表演艺术产业的贸易竞争优势

英国、美国和日本三国是欧洲、北美和亚洲演出市场中的中坚代表者，尤其是美国、英国两国凭借着大型音乐剧和歌舞剧在对外演出贸易中的突出贡献，成为国际演出市场中的主要贸易出口国。在 2009 年金融危机的影响下，英国、美国两国的国内演出市场开始出现疲态，这就更进一步地加快了对外演出贸易和跨国经营的脚步。

1. 表演艺术产业的核心产品优势

美国对外演出无论在演出规模还是在演出影响力方面都表现出了极其明显的优势。例如，巡演和驻演的两级市场互补力非常强，拥有极强影响力的对外演出节事活动，音乐剧是其对外演出的核心竞争产品。英国商业性演出较为集中，主要分布在伦敦、伯明翰和曼彻斯特等大型城市。音乐剧和音乐类演唱会成了英国对外演出的主要内容。日本商业性演出的 7 成收入都集中在宝冢、四季等四大演艺集团手中，形成了非常明显的寡头竞争的局面。日本的演出明星制度使得其在舞台剧和音乐会对外演出方面优势明显。中国对外演出市场的主力军是民族性的

演艺产品，其中80%是杂技和民族歌舞类剧目，特别是以功夫类、技艺类和传统民族歌舞类的演出为主。①

2. 表演艺术产业的演出经纪服务优势

演出经纪服务包括专业性的演出经纪和综合性的演出经纪，专业性的演出经纪专注于剧目的版权授权、演出协会合同以及巡演事宜等，综合性的演出经纪还包括与演出相关的保险、担保以及抵押等一系列中介服务。演出经纪的成熟从侧面反映了演出市场机制的完善。此外，除了大量的演出经纪实体机构外，还有一大批组织比较松散的个体经纪人在整个演出市场中提供中介服务。通过整理各国演出经纪机构的统计数据可知，美国和中国的演出经纪公司总体数量较多。其中，美国的国际性演出经纪公司是其他各国所不具备的优势条件；英国的专业演出经纪公司达到了610家，专门针对剧院的公司为45家，其经纪服务专业细分比较完善；日本方面由于目前的统计数据的限制，大概有1000家服务演出市场的经纪公司（见表7-1）②。

表7-1 2011年美国、英国、日本及中国演出经纪服务

国别	演出经纪服务
美国	专业演出经纪公司约1500家，国际知名大型演出经纪公司8家（如CAA、ICM、WMA）。据不完全统计，个体演出经纪人达到了2万人
英国	专业演出经纪公司有610家，其中剧院专业经纪公司45家，音乐演出服务公司有52家，国际性知名经纪公司约3家（如Harrison Parrott）
日本	专业演出经纪公司约1000家
中国	2012年全国演出经纪机构共3059家，经中国演出行业协会核发的演出经纪人员约34270人

资料来源：马明．中国对外演艺业发展的问题与探索［J］．同济大学学报（社会科学版），2014，25（5）．

在票务销售方面，美国和英国已经建成了全国性的票务系统，美国演出市场的票务公司有综合性的票务公司和专业性的票务公司，综合性的票务公司的业务还涉及体育、电影以及其他节事活动等，专业性的票务公司主要是演艺机构联盟下设的票务销售公司。目前，美国大部分城市已经实现了网络票务销售和电话预约售票等业务，英国和日本的商业性演出已经实现了覆盖全国的网络票务，此外在地铁站、旅店及商场等公共场所都拥有票务代理。中国的网络票务销售主要集

①② 马明．中国对外演艺业发展的问题与探索［J］．同济大学学报（社会科学版），2014，25（5）．

中在北京、上海及广州等一线城市，二三线城市依旧是传统售票方式。

3. 对外演出贸易方式优势

对外演出贸易方式在对外演出贸易方面，美国和英国以版权输出和境外合资公司演出为主，而日本和中国则仍然是以剧目输出为主。其中，英国通过版权输出实现了剧目的本土化演出，2002～2010年，仅英国音乐剧《妈妈咪呀!》就出现了韩国版本、瑞士版本及中国版本。中国版的《妈妈咪呀!》在2011年缔造了8500万票房佳绩。日本四季剧团2004～2009年演出英国音乐剧《猫》共1563场公演，吸引了177万观众。从2004年开始，美国和英国加速了在中国和印度等国家演出市场设立合资演出公司和共同经营剧院的步伐。例如，2007年，百老汇倪德伦集团在中国建立新纪元倪德伦公司"中国百老汇院线"，后又涉足上海戏剧谷演艺集聚区合作。2008年，中国对外文化集团与英国卡麦隆·麦金托什公司正式对外宣布，将联合投资成立音乐剧制作合资公司。2012年由"音乐剧之父"安德鲁·韦伯创立的英国真正好公司和中国亚洲联创（上海）文化发展有限公司正式结盟，在《妈妈咪呀!》中文版成功运营的基础上计划继续推出《猫》和《歌剧魅影》。①

第三节 我国表演艺术市场发展状况

表演艺术产业在中国近十年来依托文化体制改革的深入推进和文化市场的繁荣发展，在演出剧目创作、演出市场主体、剧目营销及观众拓展等产业链环节上取得了瞩目的成绩。本节从体现表演艺术市场发展的主要角度介绍并分析了中国表演艺术市场的状况。

一、我国表演艺术产业市场发展现状

近年来，我国表演艺术产业在文化产业繁荣发展的宏观背景下，无论是演出场次、票房及观众人数等市场规模指标，还是表演艺术团体、剧目原创等微观主体内在要素，都呈现出了稳步上升的趋势。其中，国有文艺院团在"转企改制"的推动下，组建了一批上规模、高层次、具有国际影响力的演艺集团；民营演艺企业紧抓表演艺术产业改革的时机，在文化市场中不断夯实做强，年度演出场次

① 马明．中国对外演艺业发展的问题与探索［J］．同济大学学报（社会科学版），2014，25（5）．

和观众上座率等均实现了稳步增长。

1. 表演艺术团体规模稳步增长

表演艺术团体是我国表演艺术产业的主要组成部分，其主要是指由文化部门主办或实行行业管理的专门从事表演艺术等活动的文化机构，涵盖了戏曲、话剧、歌舞剧、杂技、木偶、皮影等众多艺术门类。根据国家统计局官方数据，近十年来无论是我国艺术表演团体的整体规模、从业人员，还是演出市场收入，都保持着稳步的增长。

根据文化部《2014 年文化发展统计公报》，2014 年末全国共有艺术表演团体 8769 个，比 2013 年末增加 589 个；从业人员 26.29 万人，增加 0.20 万人。其中，各级文化部门管理的艺术表演团体 2053 个，占 23.4%。全国的文艺表演团体在所有制方面主要以公有制（国有、集体）和其他所有制（民营、私人）为主，且多数集中在县市级。

同样地，表演艺术团体从业人员也一直呈现着增长的趋势，从 2007 年的 220653 人增加到了 2014 年的 262887 人。演出场次从 2007 年的 92.7 万场增加到了 2014 年的 173.9 万场，增幅约为 1.9 倍。总收入从 2007 年的 829045 万元增长至 2014 年的 2264046 万元（见表 7－2）。中国演出行业协会发布的《2012 中国演出市场年度报告》中指出，2012 年国有演出团体人员结构的统计显示，在职人员约 15.9 万人，表演人员、创作人员、营销人员数的比值约为 10∶2∶1，表演人员所占比例远远大于创作和营销人员，而创作人员为营销人员的 2 倍，人力资源配备比例严重失调。从面对政府转向面对市场，国有演出团体需要对内部人员优化和管理运营机制两方面进一步深化改革。

表 7－2　2007～2014 年全国艺术表演团体基本情况

年份	机构数（个）	从业人员数（人）	演出场次（万场）	国内演出观众人次（万人次）	营业总收入（万元）
2007	4512	220653	92.7	75895.6	829045
2008	5114	208174	90.5	63186.8	933685
2009	6139	184678	120.2	81715.9	1121559
2010	6864	185413	137.1	88455.8	1239255
2011	7055	226599	154.7	74585.1	1540263
2012	7321	242047	135.0	82805.1	1968802
2013	8180	260865	165.1	90064.3	2800266
2014	8769	262887	173.9	91019.7	2264046

资料来源：文化部．2014 年文化发展统计公报［EB/OL］．http：//zwgk. mcprc. gov. cn，2015－05－14。

2. 观演人数高速增长

伴随着我国文化体制改革的日渐推进，我国表演艺术市场的活力重新被全面释放，我国的表演艺术产业也因此获得了巨大的发展。基于表演艺术产业的蓬勃发展带动了诸如商业、旅游、餐饮等相关产业的繁荣兴旺。我国表演艺术产业对整体经济的贡献度不断加大，在2010年我国表演艺术综合收入已然超过250亿元。同时，经过不断改革，我国表演艺术市场正日渐走出低迷状态，演出场次与观众人数开始重新开始上升。根据中华人民共和国财务司对全国表演艺术团体演出观众人次情况的统计数据（见图7－1），除去在2008年全国表演艺术团体演出观众人次受金融危机影响出现小幅回落，全国表演艺术团体演出观众人次基本上呈现高速增长的趋势，从2007年的7.59亿人次增长至2014年9.10亿人次。

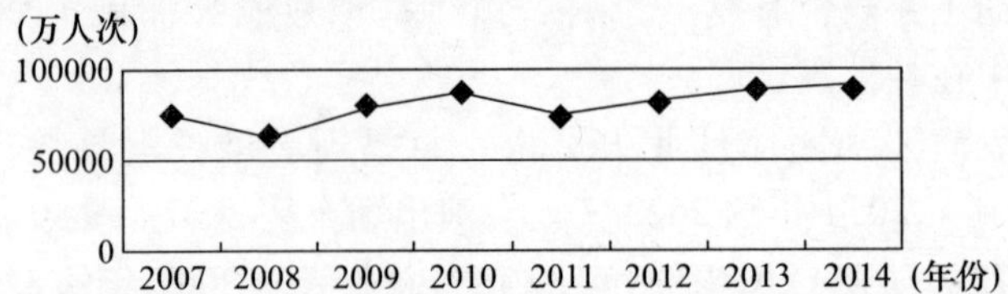

图7－1　2007～2014年全国艺术表演团体演出观众人次情况

资料来源：文化部.2014年文化发展统计公报［EB/OL］. http：//zwgk. mcprc. gov. cn，2015－05－14.

3. 表演艺术团体收入逐年增长

表演艺术团体的财务状况近年来逐渐好转。如图7－2所示，全国表演艺术团体的全年营业收入从2007年的82.90亿元快速增长至2014年的226.40亿元。2014年，全年演出收入由2009年的28.82亿元增长至75.70亿元，增长62%。根据中国演出行业协会发布的《2012中国演出市场年度报告》，2012年全国演出市场演出总收入355.9亿元，其中，专业剧场演出比重占到了总票房的45.3%，演唱会演出比重较低，仅为总票房的9.9%。

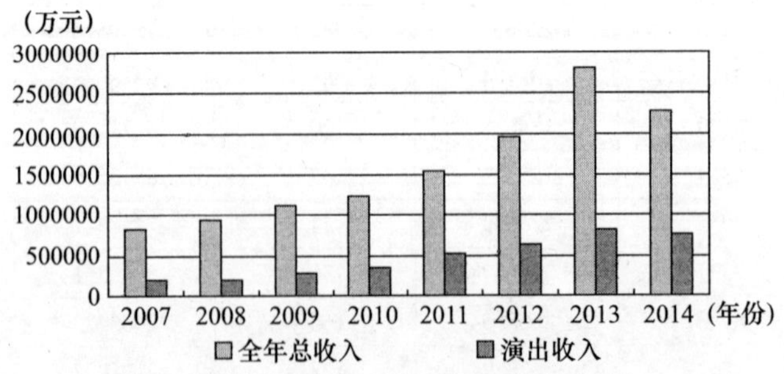

图7－2　2007～2014年全国表演艺术团体收入情况

资料来源：文化部.2014年文化发展统计公报［EB/OL］. http：//zwgk. mcprc. gov. cn，2015－05－14.

4. 演出场馆等硬件设施逐步改善

各地纷纷兴建了一大批功能完善、设施完备的艺术表演场馆，演映场次逐年增加，为艺术院团提供了更为优质的演出保障。截至 2014 年末全国国有艺术表演场馆 1338 个，观众座席数 118.74 万个。2014 年共举行艺术演出 6.95 万场，比 2013 年增长 5.3%，观众 2598 万人次。演出票务方面，2012 年全国演出票务公司约 200 家，其中拥有票务系统的票务公司 10 余家（永乐票务、大麦网、中演票务通等）为演出项目的总代理机构，向上下游各个环节提供综合性的服务。没有票务系统的票务公司大部分为二级分销渠道，开展票务销售业务。

5. 演出市场情况

（1）我国演出市场票房增长迅速。中国经济的迅猛发展，大大提高了人民的生活水平，人们有经济能力去消费文化产品，他们自然而然有着这样的文化需求。同时，国家政策大大鼓励和支持文化产业这样的绿色产业。在这样的大环境下，我国演出市场的票房规模迅速膨胀。同时，“随着我国城市化进程的加快和经济的发展，我国演出由北京、上海、广州这样的一线城市，向二三线城市扩展的趋势十分明显。与此同时，在一些地区，深具地方特色的民间表演也重新流传开来，受到观众的广泛喜爱”。① 根据北京大学文化产业研究院对 2010 ~ 2013 年中国演出市场票房规模的统计（见图 7 - 3），可以看出，我国演出市场票房规模从 2010 年的 108 亿元逐渐增长至 2012 年的 135 亿元。然而，在 2013 年，我国演出市场规模骤然下降至 123 亿元，这与国家广电总局《关于节约安全办节目的通知》有关。根据此通知，各级电台电视台节俭办春晚等节目，不比阔气、不拼明星，而是提倡节俭、简约、朴素、大方的艺术风格和舞台效果，不一味追求舞美、灯光炫目、道具奢华。总体上来说，我国表演艺术产业重新加速发展，艺术市场的总体规模在不断扩大，然而，我国表演艺术市场的发展仍然存在诸多问题，因此，距离我国表演艺术产业全面复兴和繁荣还有较大的差距，我国表演艺术市场体制改革仍然需继续深入。

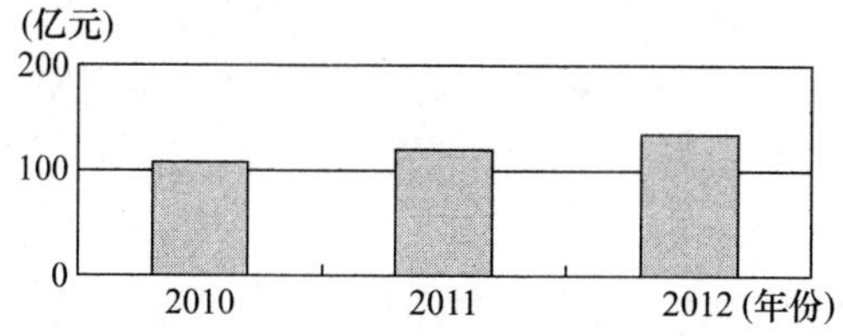

图 7 - 3　2010 ~ 2012 年我国表演艺术市场票房规模

资料来源：北京人学文化产业研究院网站，http：//www. icipku. org.

① 陈少峰，张立波. 中国文化企业报告 2012 [M]. 北京：华文出版社，2012：43.

（2）表演艺术市场产业附加值增加。2013 年全国新建、改建和在建的演出场所 50 个，总投资超 60 亿元，拉动建筑、设计及灯光、音响、机械等设施设备行业的发展。全年表演艺术团体新创或新编剧目 5700 个，带动服装及道具制造业产值超过 6 亿元。旅游演出观众达 5000 万人次，带动景区、餐饮、酒店等旅游相关行业新增产值超过 164 亿元。大型演唱会和音乐节等大型演出活动观众达 1500 万人次，带动交通、衍生品、餐饮及其他配套服务产值超 44 亿元。同时，演出行业与金融、保险、咨询等行业间的互动、渗透，产生演艺保险、演艺投资等新型的服务业态和商业模式。①

（3）演出市场种类多元化。2013 年，国内音乐类演出总场次 1.65 万场，票房总收入达 43.06 亿元，占演出市场票房总收入的 32.8%，居各类型演出票房收入首位。在专业剧场举办的演出中，舞蹈类演出共 6200 余场，票房总收入为 7.18 亿元，与 2012 年相比，舞蹈类演出呈下滑趋势，总场次及上座率均有所下降；话剧演出总场次为 1.12 万场，占专业剧场演出总场次的 15.1%，票房收入 15.94 亿元，平均票价和上座率均比 2012 年有所上升；戏曲演出 1.53 万场，票房收入 9.08 亿元；曲艺、杂技类演出总场次 8500 场，票房收入 6.22 亿元。②

二、我国表演艺术产业贸易现状和特征

由于中国表演艺术市场仍处于培育和发展阶段，对外演出的整体局面依旧处于演出贸易逆差和演出交流乏力的状况。据中国经济网数据，2007～2008 年，中国主要的 25 个演艺剧目的出口总额为 8549.49 万元人民币。2009 年，中国境外商业演出团组约 426 个，演出场次 16373 场，实现演出收益约 7685 万元。事实上这个收益的数据只相当于一部百老汇音乐剧在中国市场的收入。2010 年，共有 302 项演艺类项目走出国门进行商业演出，演出总场次 25908 场，出口总收入约 2765.6 万美元；2011 年，共有 126 项演艺产品（项目）走出国门（境）进行商业演出，演出场次为 8090 场，出口总收入约 3171.9 万美元。③ 2011 年国家艺术院团演出推广交易会上，国家京剧院、中国国家话剧院、中国歌剧舞剧院、中国东方演艺集团有限公司等 9 个国家级艺术院团，分别与相关单位签约各类演出共 571 场，金额为 11594.5 万元。2014 年，中国对外文化集团共在五大洲的 260 座城市演出 5172 场，北美地区是目前演艺产品出口的核心市场。2014 年，

①② 中国演出行业协会．2013 年中国演出市场年度报告［EB/OL］．http：//www.capa.com.cn/news/showDetai/？id＝65993，2014－04－04.

③ 向勇，范颖．中国对外文化贸易的发展与特点［M］//张晓明，王家新，章建刚．中国文化产业发展报告（2012～2013）．北京：社会科学文献出版社，2013：98.

中国对外文化集团公司累计派出演出项目49个，其中商演项目30个，占61%。在所有出口产品区域中，亚洲市场占20.83%，北美市场占39.58%，欧洲市场占31.25%，另外，还有部分产品出口到欧亚市场和澳新市场。目前，中国对外演出贸易主要呈现以下三方面特点①：

第一，国有院团重对外交流，民营院团重对外贸易。中国演艺公司对外演出贸易的主体可以分为在以中国对外文化集团公司（以下简称对外文化集团）为代表的国有演艺院团和以天创国际演艺制作交流有限公司（以下简称天创演艺）为代表的民营演艺剧团两大类。其中，国有院团的对外演出活动多偏于促进文化交流和提升文化影响力，而民营演艺院团则以对外演出盈利为主要目的。以对外文化集团为例，其是在原中国对外演出公司和中国对外艺术展览中心的基础上组建而成，旗下拥有19家全资境内外企业以及多家控股、参股企业。截至2010年，对外文化集团共向海外派出各类艺术团组达216个，在世界80个国家和地区的210座城市演出19700场，现场观众超过了3750万人次，海外演出场次和现场观众分别占集团海内外演出总场次和总观众量的88.1%和94.1%。在2011年，对外文化集团共举办了6000余场大、中、小型各类海外演出，其中商业演出项目占60%以上，演出遍及世界五大洲近50个国家和地区的370多座城市，观众总量超过1000万人次。

民营剧团在对外演出贸易中更为艰辛，以天创演艺为例，其自成立起便专注于大型演艺项目策划制作与国际演艺项目经纪，先后制作了《天幻》、《梦幻漓江》、《功夫传奇》等七大常态品牌剧目。《功夫传奇》是其对外演出的首部剧目，于2005年在北美进行了长达5个月的巡演，共计150场，观众人数达11万人次，票房总收入300万美元。2009年，《功夫传奇》进入英国伦敦大剧院，连续演出27场，观众上座率为60%。2009年底，天创演艺投资354万美元在美国密苏里州布兰森市收购了“白宫剧院”。2012年1~4月《功夫传奇》在西班牙、葡萄牙两国巡演112场。对于大部分的民营剧团而言，现在依旧处于探路和积累经验的阶段，对外演出贸易整体实力依旧非常弱。2009~2012年主要民营剧团对外演出的剧目主要有《龙狮》、《功夫传奇》、《云南映象》、《大梦敦煌》等。

第二，民族演艺产品表现突出，以剧目输出贸易为主导。中国对外演出贸易目前依旧以杂技、功夫剧和民族舞台剧为主，国际演出市场主流的音乐剧和歌舞剧演出则显得较为缺乏。国家文化部外联局数据显示，以杂技为主的民族演艺产品的对外演出创汇额比重达到了80%，表现极其突出。2002年赴美商演的14个团组中11个为杂技团。从中国对外演出的剧日类型看，普遍性地集中在杂技和

① 马明．中国对外演艺业发展的问题与探索［J］．同济大学学报（社会科学版），2014，25（5）．

功夫剧方面。以杂技综艺舞台剧《龙狮》为例，1997年由中国对外文化集团和加拿大太阳马戏共同投资的剧目，在长达10年9个月的首轮世界巡演中，《龙狮》足迹遍布全球60多个城市，共演出3843场，上座率保持在90%以上。观众人数累计约900万人次，票房收入约9亿美元，年平均票房为6000万美元。① 但是，在过去的5年，杂技和功夫剧的海外市场逐渐萎缩。大部分专家认为，这是由于中国杂技团体在海外市场繁杂，彼此之间恶性竞争，缺乏有影响力的剧目，加之国际经济形势的原因致使杂技、功夫剧的海外订单锐减。在继续保持民族歌舞和杂技类剧目比较优势和品牌影响力的基础上，最近两年部分对外演出机构开始逐渐向多元化类型剧目拓展。例如，有着"可移动的敦煌"之称的舞剧《大梦敦煌》，是兰州歌舞剧院出品的中国国家舞台艺术精品剧目。截至2011年9月底，《大梦敦煌》已在全国32个城市与欧美多个国家演出920场，观众逾百万人次，累计票房收入近亿元，成为中国舞剧"多演出、多产出"最为成功的典范。②

同时，无论是对于国有演艺院团还是民营演艺院团，几乎所有的对外演出都是通过剧目的直接输出完成的。演出公司对外演出中依旧以单纯的剧目贸易为主，演出版权贸易的比重依旧较低。剧目输出贸易的形式使得国内演出公司除了获得演出合同所议定收益外，无法分享更多的演出收益，更重要的是，相较于版权贸易输出，剧目输出无法在海外市场形成规模演出场次，市场影响力低。并且，中国演艺公司的海外活动基本为单次演出项目业务，与院团、院线相关的对外合资、兼并及收购等业务寥寥无几。

第三，缺乏规模推介平台，对外演出各自为营。中国现在还没有真正意义上的对外演出推介平台，每年举办的诸如中国国际演出交易会基本上还是仅限于国内院团、经纪公司以及剧场，尤其是缺乏一个由国家主管部门或协会所主办的能够邀请国外知名院团、演出商及经纪公司为主的对外演出交易会。因此，在这种情况下导致了各个对外演出机构各自为营，没有统一的支持平台，不仅分散了竞争力，而且直接导致了院团在国际演出市场中的恶性竞争。以杂技对外演出为例，20世纪八九十年代，各个省市的近200多个杂技团都参与了对外交流演出，一时间在国外引起了较强的演出规模。但是，随后由于各个团体之间为了争夺国外演出市场，恶意压低演出费用，缩小演出规模，使得杂技对外演出从2000年之后完全陷入了低潮。随后出现了演出场次越多，平均收益越低的恶性循环。

---

① 资料来源：求是理论网，http：//www. qstheory. cn。

② 中国新闻网．《大梦敦煌》发挥海外演出经验推动中国文化走出去［EB/OL］．http：//www. chinanews. com.

三、促进表演艺术产业发展战略

（1）在表演艺术产业的机制方面，要加大表演艺术团体体制改革力度。转变管理理念，积极培育市场主体。建立和完善符合表演艺术产业发展方向和市场需求的演艺院团总体格局，兴办体现现代都市文化的院团。要建立面向社会、面向市场的人才培养和评价机制，进一步改善演艺人才的创业环境。鼓励演出服装的设计与生产、艺术教育与培训、节目创作与营销、演出周边产品的开发等演艺产业相关行业的发展，加速形成产业链。鼓励有实力的演艺企业拓展艺术教育培训等产业。我国《营业性演出管理条例》要求，简化审批手续，放宽演出经营资格要求，取消演出经纪机构涉外与非涉外的资格区分。此外，要引导从业人员创作观念的转变，强化行业协会作用，大力引进、培养人才。繁荣表演艺术产业的每一个环节、每一个层面都需要大量的人才。一流的作品，需要一流的创作、表演人才作支撑；同样，一流的经营，也需要一流的制作、中介人才作支撑。行业协会是一个团结行业内企业和专业人员的组织，在加快和调整行业发展、自我约束、规范行业经营行为方面，有着政府管理部门无法替代的作用。[①] 我国表演艺术产业和文化中介业都应建立起真正属于自己的，对行业有控制力、权威性的行业协会，并在政府管理部门的支持、指导下，大力引进和培养各类演艺、中介人才，用行规提高和保障专业人才的地位待遇，维护他们的合法权益，促进我国表演艺术产业和文化中介业的发展。

（2）在表演艺术产业核心产品内容方面，创作和生产符合国际演出市场观众的剧目。在表演艺术产业的市场上，各国都围绕着核心演艺产品来展开贸易竞争。从英国和美国对外演出市场的剧目内容优势中看到，其投身海外演出的演艺产品以音乐剧和大型舞剧为主。这两种剧目类型在降低"内容折扣"和迎合观众需求方面确实具有一定的优势。要利用核心演艺精品提升国际演出市场竞争优势。国内演出市场、各类演艺产品均衡分布，缺乏核心的竞争产品。中国目前可利用的演出资源依旧比较分散，必须集中力量在核心演艺精品的创作、开发上，对于承载中国文化的演艺精品进行重点投入，对于国际演出市场能够容易接纳的剧目进行重点推介。

（3）加强官方文化交流，鼓励演艺产品商业化运作。与海外演艺机构建立全方位的长效合作机制。中国开展对外文化交流的目的是传播中华文化，使中国文化能够真正地吸引人、打动人，引起共鸣，拨动心弦，赢得尊重，增进心灵的

① 陈思. 中国演艺产业发展现状及提升策略研究［J］. 山东社会科学，2012（8）.

沟通，寻求理解与合作，使外界全面、准确认识当代中国的真实面貌，为我国的现代化事业创造更加良好的国际环境。对外文化交流的内容选择上必须是全方位的。不仅要有传统文化，也要有现当代的文化；不仅反映我们已经取得的成就，也要全面反映我们实际存在的不平衡、不发达状况，反映中国人民艰苦奋斗的历程；既要突出中国特色，也要注重寻找同外部世界的共同点，反映世界流行元素在中国的传播情况。

扩 展 学 习

问题与思考

1. 表演艺术产业怎样体现了自身的特殊性和发展性？
2. 怎样通过“行为”或“事件”对表演进行诠释？
3. 通过发达国家对外演出的主要特点，试分析表演艺术产业的发展趋势。
4. 中国对外演出市场怎么能发挥出自己的优势？
5. 通过中国表演艺术市场的分类来分析其现状和改善方向。
6. 讨论我国目前对表演艺术产业的政策引导及表演艺术产业对我国经济发展的作用。

案例研究

《阿依达》与《大河之舞》市场推广案例①

2006 年，大型景观歌剧《阿依达》在工体的上演，可以说创造了歌剧演出规模的多项世界之最：上千万的投资、巨大的宣传攻势、国际顶级歌唱家的加盟、10 万张观众票的销售一空，都使得这部世界闻名的歌剧在北京的影响“如日中天”；此后的《大河之舞》更是在人民大会堂狂演 6 场，据其推广机构、中国最大的国际演出进口商——中演公司总经理张宇介绍，可以说已经创造了中演公司票房销售的最高纪录。

---

① http：//finance. sina. com. cn.

人们习惯于用“阳春白雪”、“曲高和寡”等辞藻来形容歌剧，多数运作歌剧的演出机构也认为将目标消费群定位于白领、高级商务人士和收入较高的时尚人士是必然的事情。然而，《阿依达》和《大河之舞》的中国操作者却要竭力摆脱这种传统定位，最大限度地结合中国国情来寻找最为合适的目标消费群。

据悉，为了寻找到《阿依达》最佳的市场定位，承办方——北京北奥大型文化体育活动有限公司（以下简称北奥公司）进行了细致的前期市场调查工作，并做出了长达20多页的市场调查报告，最终得出的结论是：《阿依达》作为一台用来“观看”和“感受”的歌剧，要充分迎合中国老百姓“看热闹”和中青年高消费群体追求时尚的消费心理。在此基础上，北奥公司总经理路健康颠覆传统想法，提出将“《阿依达》赋予全新的时尚外表，跨越现代流行和古典高雅”的推广思路。

按照路健康的思路，《阿依达》的目标就是吸引西洋歌剧的门外汉。他认为，歌剧巨大的魅力使其潜藏着无限的商机，此次演出在经典歌剧本身的音乐魅力之外又增加了许多好看、有趣的成分，并且一改原剧的结尾，与中国古代美丽的传说故事《梁山伯与祝英台》进行“嫁接”，以照顾到中国观众的审美要求。

在布景制作方面，北奥公司也是斥巨资极尽豪华，以达到“打眼”的效果。据统计，北京版的超大型景观歌剧《阿依达》，不仅动用了6000余套服装，超过4000名演员参演，而且还耗费了上千吨钢材，运用激光、帕尼灯、LED等当今最新颖、最现代灯光，搭建了40多米高的世界上最高的演出金字塔。超过6000平方米的巨型舞台，能承受数吨重的大象与雄狮猛虎列队而过。

相比较而言，《大河之舞》更偏向于走大众化路线。这是一部以踢踏舞的形式讲述爱尔兰祖先与大自然抗争，经历战争、饥荒等种种苦难后重建家园的长篇血泪史诗。《大河之舞》把原本民间的踢踏舞从乡村的广场成功地搬上都市的舞台，这个过程本身就使得踢踏舞发生了质的变化。中国艺术研究院舞蹈评论家欧建平认为，这首先表现在表现手法越来越“现代化”，即根据现代都市人“短、频、快”的心理节奏以及“新、奇、美”的审美取向，借用多种现代舞蹈的观念、方法和技术，以及现代舞台的声、光、电技术，成功地把几世纪前节奏相对缓慢的乡村踢踏舞改编成为20世纪的都市踢踏舞，因而赢得了许多国家、多个年龄段的观众；同时，这一古老歌剧还越来越“商品化”：它根据“好听、好看”的商品游戏规则，成功地把古老的“乡村踢踏舞”加工成为现代的“商品踢踏舞”，确保了这场美轮美奂的演出让每位观众都听起来畅快淋漓，看起来赏心悦目。

演出市场需要成熟的产品，而一个成熟的演出市场，还应该包括成熟的中介和成熟的观众。尽管国内的演出市场表现出了相当的竞争力，但与欧美国家相比，还应从市场观念、营销观念、投资取向、运行机制和内部管理等入手，进行不断的创新与发展，在实践中提高国内演出公司的市场运作水平和竞争力。

思考题：

1.《大河之舞》和《阿依达》定位设计的不同之处体现在哪些方面，各有什么优势？

2. 结合本案例，分析演出业市场推广时需要注意的问题？

站在中国传统立场来理解中国未来①

以下是凤凰旅游记者采访万达《汉秀》总导演弗兰克·德贡先生，谈论中国文化及舞台秀的理解与感悟。

凤凰旅游： 德贡先生您好！非常感谢您今天亲自带领我们欣赏了《汉秀》的一些片段，并为我们讲解《汉秀》所有表达的艺术内涵。有一些问题，我还是想跟您进行更深入的探讨，您最终选择了“秀”这种时尚的艺术呈现方式，您认为它与其他表演形式相比独特之处究竟在什么地方？

弗兰克·德贡： 为什么我们把这台演出叫作《汉秀》呢？这是一个非常重要的问题。一方面是我们想在“秀”的从始至终都能够让观众感受到汉文化这条线索；另一方面就是在这场秀中，融合不同的元素，比如我们以水、现代舞以及各种马戏团等方式将各种文化精髓融合在一起。

对我个人来说，我认为自己是一个世界公民，我想要把各种文化融合到一起，呈现这样一个艺术表演。其实我们并不是说要把世界各地的文化艺术采集过来，而是我们要通过艺术家的擅长来做出一种特别独特的东西，它是中国的也是世界的，只有它足够独特才能够脱颖而出。体现对人的情感价值深刻的理解和关怀。

凤凰旅游： 杂技也是《汉秀》中一个很重要的表现形式，您认为《汉秀》跟太阳马戏团的“秀”有哪些区别？

弗兰克·德贡： 我认为我们的“秀”更注重于演员的表演，太阳马戏团的秀在讲故事，而我们的“秀”更在乎的是感动观众，不仅在演技方面给观众留下深刻的印象，更重要的是我们希望能通过氛围的营造和情感的流露来打动观

① http：//travel. ifeng. com/life/special/fulanke/.

众，让观众与演员同欢笑共感动，甚至是流下激动的泪水。

比如说，在马戏团里面可能一个表演人员他会笑，但是这种笑是他连续笑了两三个月，可能并不是发自内心的真诚的笑，而我们在给观众传达一种融合了马戏演出秀的同时，还融入到其他的多种文化情感元素，这种演出能让演员倾情投入发自内心地表现喜怒哀愁，来感染观众。

因此，太阳马戏团的“秀”跟我们的“秀”是有着本质区别的。我们非常尊重并且从当地的文化当中汲取灵感，我们不是端着自己的咖啡来到了一个需要我们这些演出的地方，我们非常重视分享在经验的基础上融入本地文化进行创意，而不是仅仅把其他文化或者在其他地方创作的“秀”带到当地来演出。我认为这是我们与太阳马戏团的最大区别之处。

凤凰旅游：在创作《汉秀》的过程中，您有没有跟中国的艺术家合作，或者得到过他们的帮助？

弗兰克·德贡：我们在本地的演出会融合当地的艺术形式，这要求必须与本土的艺术家进行合作。其实为了做这台艺术演出，我需要很多中国艺术家朋友的支持，尤其是叶锦添先生，大家都知道他是奥斯卡艺术奖得主（2001 年凭借李安电影《卧虎藏龙》中出色的艺术表现，叶锦添成为首位夺得奥斯卡最佳艺术指导奖的华人）。我们一起做了非常多的汉朝、汉文化研究，经过很多次探讨，让我们的创作实现了世界跟中国的美学交融，有一种很优美很博大很有想象力的浪漫主义色彩。叶锦添先生为《汉秀》设计的华美服饰，将给大家带来更震撼的审美体验。

另外，我也跟中国舞蹈艺术家杨丽萍女士在西双版纳的项目上有合作。三周前我也跟陈维亚导演有过合作和交流。我也有计划跟张艺谋导演进行一次交流，他现在正在为北京 APEC 峰会开幕式做准备。

凤凰旅游：今天参观的《汉秀》剧场，欣赏了一些演出片段以及聆听您的讲解之后，我认为《汉秀》就是一种更加现代、多元，更加体立化的综合舞台剧，一般而言，舞台剧都需要有个故事贯穿始终，才能符合中国观众的情感审美，那么，在您的《汉秀》作品中，是否也有这样一条主线？

富兰克·德贡：我以一种简单的方式跟大家分享一个片段。舞台中有两位年轻人，他们是年轻的情侣来到城市工作。场景跟大家今天看到的有一点不一样，它其实就是一个完全传统式的剧院，幕布是拉上的，跟其他剧场别无两样。但是开场后，会有一百多个年轻人走进里面，然后就像今天大家看到的一样，这些年轻人构成的人潮会把这一对情侣分开。等幕布打开后，你会看到那位未婚妻站在远处，而未婚夫这个男孩在场景以外。

那么，男孩需要做的就是把自己的未婚妻从远处带回到他的身边，两个人复合。于是，男孩在纷乱的人群中踏上了一条寻妻回归的旅程。当然这仅仅是一个说法。在这个过程中会有各种片段，包括对过去的回忆等场景出现，这个时候剧院完全是开放式的。

当节目演出到特定阶段，这个场景又恢复到了一个传统剧院的形式。幕布再次拉上，舞台又闭合了。究竟这个年轻人能否找回他的未婚妻，成了一个悬念。我能说的也就这么多了。

思考题：

1. 什么样的艺术作品“既是中国的也是世界的”？讨论并总结大家的观点。

2. 弗兰克·德贡最后与大家分享的两个情侣的舞台故事情节想要表达的是什么？这样的情节是否具有普遍意义？

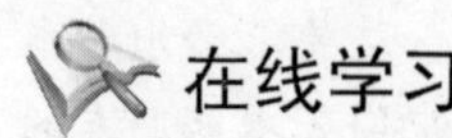

在线学习

进入中国对外交流艺术促进会官方网站（http：//www. cnicea. com/Article/1158. html）及其他网站了解中国在国外最具影响力的演出，并分析其原因。

第八章

电影产业、动漫产业与产品国际贸易

电影产业与动漫产业是文化创意产业的核心组成部分，它们所创造的经济效益、社会效益越来越显著。电影和动漫产品本身的质量和传播力体现出一个国家的文化生产力水平，其在国际文化贸易中的地位也代表着一个国家在国际文化竞争中的地位。中国电影和动漫产品是中国向世界展现国家形象、传播中华文化的重要载体，是中国文化软实力的重要表现方式。本章将介绍世界及国内电影产业和动漫产业的发展现状和发展特点，分析国内电影产业和动漫产业进出口贸易特征，为我国电影产业更好地“走出去”提供借鉴。本章首先介绍和分析电影产业的相关知识和贸易情况，之后对动漫产业和产品贸易的发展状况与趋势做出分析。

第一节　电影产业概述及行业界定

电影产业是一种典型的为大众制造娱乐和文化消费的产业。对这个重要的核心文化创意产业的知识介绍以及与电影产业相关的行业情况介绍是本节的重点。

一、电影产业概述

1. 电影产业概述

电影产业属于文化创意产业中的视听行业，是指在商品经济体制下，电影产品在制作、放映及销售等生产或服务环节中形成相互竞争与合作的企业的集合。作为文化创意产业重要组成部分的电影产业，其主要特点如下：一是与意识形态紧密相连，在宣传领域地位重要；二是与资金市场紧密相连，是一个高投入的产业；三是知识密集程度较高，进入的门槛也比较高；四是在国际贸易中，具有明显的“文化贴现”现象；五是电影产业相对于其他产业来说外部效应更大；六是智能化、数字化、虚拟化等新经济特征日益渗透到新兴的影视产业。

电影产业属于较高层次的服务业，它不仅保留着作为社会意识形态部分的政治属性，还具备了特定的产业竞争性，它是特殊的生产企业组成的产业组织。在国际经济贸易交往中，影视产业既有属于货物贸易的部分也有属于服务贸易的部分。

按照传统定义，电影行业最核心的部分主要包括电影制作和电影发行放映这两个子行业：电影制作行业一是制作提供影片，二是为影片制作提供服务的以电影城为主的辅助产品。电影发行放映行业，提供电影发行服务，主要是以电影院为依托，通过一系列中间环节，把电影制作企业与普通消费者联系起来。

电影产业具有很长的产业链，需要产业间的协作与互动，如图 8 - 1 所示：

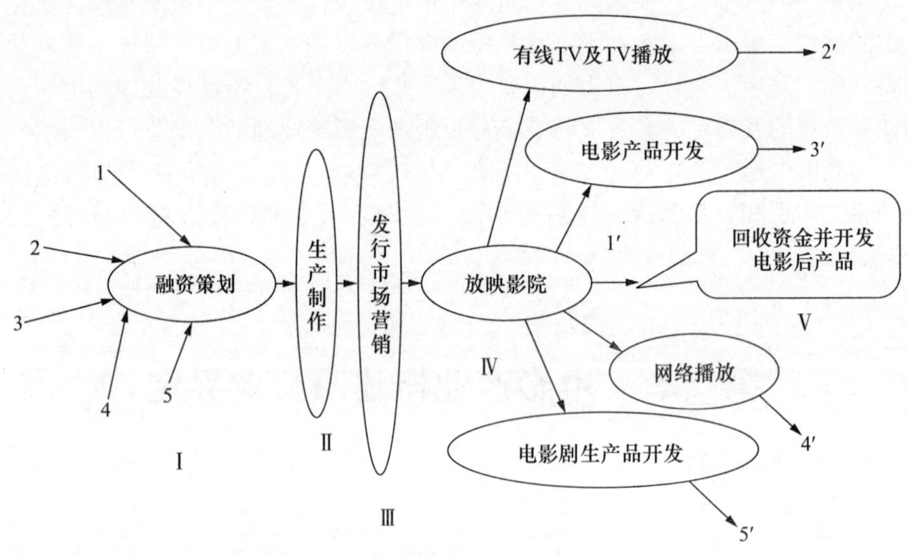

图 8 - 1 电影产业的 5 个阶段

资料来源：北京大学文化产业研究所．中国文化产业 2006 年度发展报告［M］．长沙：湖南人民出版社，2006：252.

图 8 - 1 中，1、2、3、4、5 为融资渠道（1′、2′、3′、4′、5′为回收资金）：①设立电影专项资金；②国家的专款补助资金（对重点影片）；③电影互济资金（从电视台广告收入中提取 3%）；④从进口影片收入中提取一定比例的资金；⑤吸纳社会资金。

如图 8－1 所示，电影产业从融资、策划开始到该影片资金回收的完成，大致可分为上述 5 个阶段。

2. 电影产业的外延及其所隶属的大行业

现代的电影产业链包括系统内产业链和系统外产业链，系统内产业链包括传统定义所指的核心部分电影编剧、制作、发行、放映等一体化流程，系统外产业链在前端包括电影投融资，后端包括多元化的电影后产品，如电影音像制品、电影广告、光碟、游戏、在电影频道和付费电视频道播放等。所以电影产业逐渐成为整个文化产业的创意核心，它为明星经济、唱片产业、广告业、演艺业、服务业、游戏娱乐业等提供内容资源和经济动力。电影产业成为了大电影产业，电影经济也成为大电影经济。

从电影产业的后端看，是一个宇宙系统模式。即以电影为“火车头”，引领相关产品和产业的综合开发（见图 8－2）。

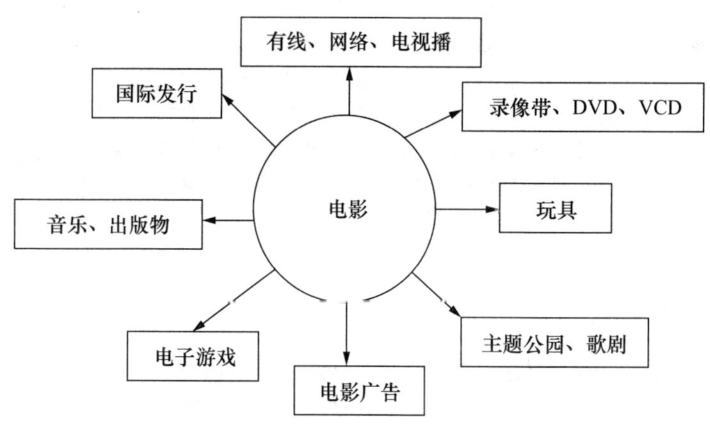

图 8－2　电影产业价值链

资料来源：北京大学文化产业研究所．中国文化产业 2006 年度发展报告［M］．长沙：湖南人民出版社，2006：254.

如图 8－2 可看出，电影产业与相关产业关联度较大，可以吸收它们的参与和支持，在产业群基础上形成规模化，提高电影产业竞争力。电影产业的发展反过来又会带动与之相关的产业发展，电影业与许多其他产业的相互渗透可以开拓更广阔的市场，促进文化娱乐产业以至第三产业的兴起与繁荣，并有利于电影产业形成真正的竞争优势。

二、我国政府在加入世界贸易组织时对视听服务的主要承诺

在我国加入世界贸易组织的服务贸易具体承诺减让表的水平承诺中，对于商业存在这种方式怎样实施国民待遇，给出了这样的语句：对于给予视听服务、空运服务和医疗服务部门中的国内服务提供者的所有现有补贴不作承诺①。也就是说，我们是可以采取一定的手段来扶持提供视听服务的国内企业的。具体来说，我国对视听服务所做的具体承诺如表 8－1 所示。

表 8－1　我国加入世界贸易组织时对视听服务所作的具体承诺

部门或分部门	市场准入限制	国民待遇限制	其他承诺
视听服务 —录像的分销服务，包括娱乐软件及（CPC 83202） —录音制品分销服务	跨境交付没有限制 境外消费没有限制 商业存在：自加入时起，在不损害中国审查音像制品内容的权利情况下，允许外国服务提供者与中国合资伙伴设立合作企业，从事除电影外的音像制品的分销 自然人流动：除水平承诺中内容外，不作承诺	跨境交付没有限制 境外消费没有限制 商业存在没有限制 自然人流动：除水平承诺中内容外，不作承诺	在不损害与中国关于电影管理的法规的一致性的情况下，自加入时起，中国将允许以分账形式进口电影用于影院放映，此类进口的数量应为每年 20 部
—电影院服务	跨境交付没有限制 境外消费没有限制 商业存在：自加入时起，将允许外国服务提供者建设和/或改造电影院，外资不得超过 49% 自然人流动：除水平承诺中内容外，不作承诺	跨境交付没有限制 境外消费没有限制 商业存在没有限制 自然人流动：除水平承诺中内容外，不作承诺	

资料来源：《中华人民共和国服务贸易具体承诺减让表》。

① 《中华人民共和国服务贸易具体承诺减让表》。

第二节　世界电影贸易的规模及特点

随着信息时代和知识社会的到来，世界电影贸易发展壮大，并且呈现出越来越强劲的势头。进入20世纪90年代中期以后，世界各国电影业通过兼并、收购、联合和跨地域经营等方式得到飞速发展，并逐步具备雄厚的产业基础，从世界范围看，不少发达国家的电影产业发展速度不仅超过传统制造业，而且作为新兴的朝阳产业在经济规模上成为国家的主导和支柱产业。随着经济的全球化，电影等文化商品市场也越来越全球化。

一、全球电影市场发展状况

2013年，全球电影产业总收入约为903亿美元（约合人民币5532亿元），相较2012年的886亿美元（约合人民币5427亿元）同比增长约2%。2013年，全球票房收入359亿美元，同比增长率7.5%，亚洲、南美等新兴电影市场为全球票房提供了较大的支撑（见图8－3）。

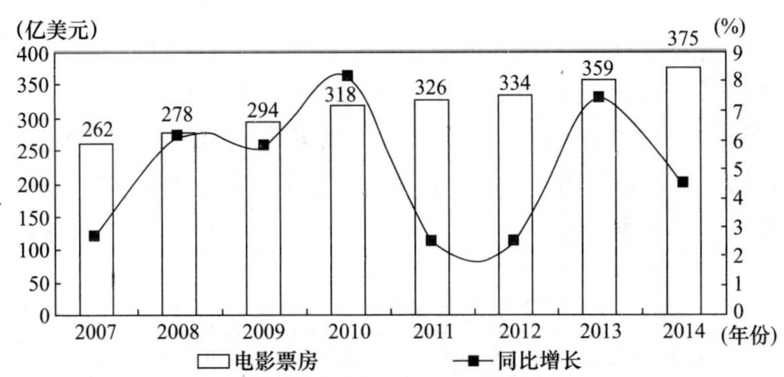

图8－3　2007～2014年全球电影票房及增长情况

资料来源：中经未来产业研究中心整理。

2014年，全球票房达到375亿美元，同比增长4.5%。从全球电影票房增量看，2014年增长16亿美元，中国贡献增量为75%，而2013年全球票房增长12亿美元，中国市场贡献率为67%，由此可见中国对全球电影票房增量市场起主引擎作用（见图8－3）。①

从各国电影票房来看，2014年，美国本土电影票房为103亿美元，占全球票房的27%；中国电影票房为47亿美元，占全球比重为13%，比2012年的8%提升5个百分点（见图8－4）。此外，英国、法国、德国、日本、韩国、印度、澳大利亚和俄罗斯8个国家的票房比重均不超过5%，排在第三位的日本比中国电影市场低8%，中国无疑成为全球第二大电影市场。

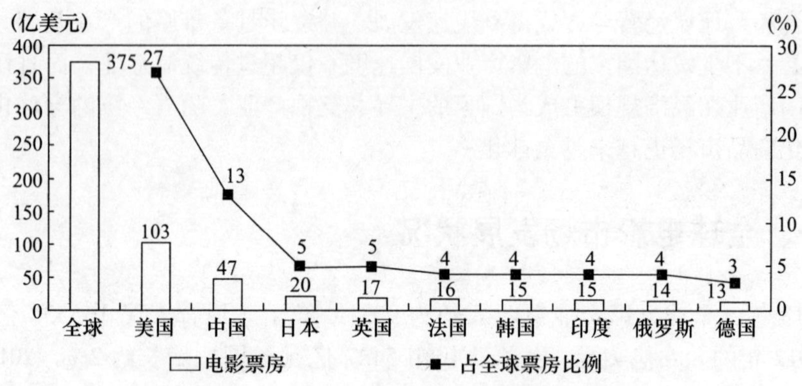

图8－4　2014年全球主要国家电影票房及占比

资料来源：中经未来产业研究中心整理。

2013年，北美地区（含美国和加拿大）依然是全球票房产出第一的地区，中国以36亿美元的总票房位居第二，与第三位的日本票房差距进一步拉大，扩大为12亿美元，而2012年这一数字为2.7亿美元。排名前十位的国家中，英国、韩国、俄罗斯排名均提升一位，法国排名下降一位，印度、德国以及澳大利亚排名没有变化（见表8－2）。②

表8－2　2013年全球票房TOP20国家/地区

排名	国家/地区	票房（亿美元）	排名	国家/地区	票房（亿美元）
TOP1	北美	109	TOP4	英国	7
TOP2	中国	36	TOP5	法国	16
TOP3	日本	24	TOP6	印度	15

①② 中经未来产业研究中心.2014年全球电影产业发展回顾［EB/OL］.http：//www.cefuture.cn.

续表

排名	国家/地区	票房（亿美元）	排名	国家/地区	票房（亿美元）
TOP7	韩国	14	TOP14	西班牙	7
TOP8	俄罗斯	15	TOP15	阿根廷	4
TOP9	德国	13	TOP16	荷兰	3
TOP10	澳大利亚	11	TOP17	土耳其	3
TOP11	墨西哥	9	TOP18	中国台湾	3
TOP12	巴西	9	TOP19	瑞典	2
TOP13	意大利	8	TOP20	瑞士	2

数据来源：中经未来产业研究中心整理。

按照地区来看，全球可被划分为三大电影票房产区，分别为北美、亚太以及EMEA地区，其中北美和亚太地区的贡献率均达到31%。后者与拉美作为新兴的电影市场，近5年的票房增长率维持在50%以上，而作为全球票房的传统区域的北美及EMEA地区中的欧洲，近年增幅则较为平缓（见图8-5）。

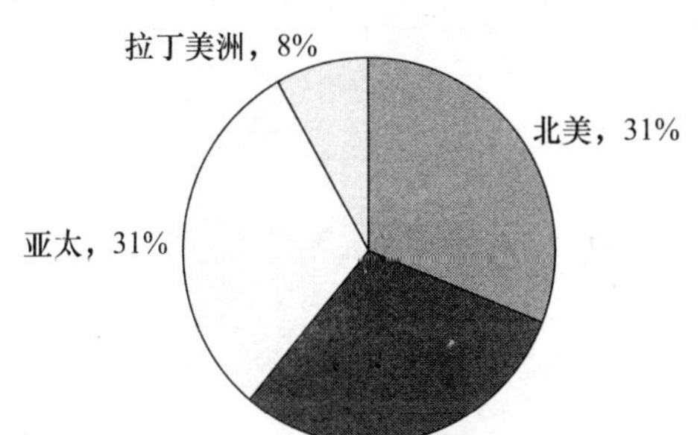

图8-5 2013年全球各大电影市场票房贡献率

资料来源：艺恩咨询.2014~2015年中国电影产业研究报告［EB/OL］.http：//www.entgroup.com.cn.

在全球电影市场版图中，好莱坞的优势地位依然难以撼动。尽管好莱坞电影每年只生产全球不到10%的电影，但凭借“大投入、大制作、大营销、大市场”的“高概念”电影获得了全球75%以上的票房收入。在世界上大部分地区，好莱坞电影占据的市场份额都超过一半，一些国家和地区甚至达到近100%。但是，在一些国家和地区的电影市场对好莱坞完全“失守”的同时，也有一些国家和地区的本土电影表现强劲，其中最为突出的是亚洲地区的几个主要电影市场。2013年，日本和韩国的本土电影市场份额保持了优势地位，中国也扭转了

2012 年本土电影的颓势，2013 年的本土电影票房市场份额达到 58.7%。印度低成本、高产量的本土电影业同样非常活跃，据相关信息估计，好莱坞和其他国家的电影在印度所占的市场份额应未超过 10%（见表 8-3）。未来，亚洲电影业的持续兴起可能会对好莱坞的全球霸主地位发起挑战。①

表 8-3 2012~2013 年主要电影市场本土电影票房市场份额

国家	2013 年本土电影票房市场份额（%）	2012 年本土电影票房市场份额（%）
中国	58.7	48.5
日本	60.6	65.7
韩国	59.7	58.8
英国	6	9
德国	26.2	18.1
法国	33.3	40.3
俄罗斯	19	15.1
西班牙	14	17.9
澳大利亚	4.3	3.9

资料来源：艺恩咨询.2014~2015 年中国电影产业研究报告［EB/OL］. http：//www.entgroup.com.cn.

二、全球电影产业发展特点

1. 好莱坞具有绝对优势

从数据来看，好莱坞在票房收入、屏幕数、影片产量三项上均排名世界第一位，从观影人数上也是仅次于印度，排在第二位。《银幕文摘》（Screen Digest）数据显示，北美地区年人均电影消费高达 80 美元居世界之首，仍然是世界上最具潜力的电影消费区域。进入 21 世纪，全球许多国家的电影产业进入飞速发展阶段，同时为了避免好莱坞的文化入侵，一些国家对本国电影产业采取扶持政策，实行配额制度以限制好莱坞电影进入本国市场。这些都对好莱坞电影的全球霸主地位提出了挑战，面对此种情况好莱坞也实行了新的策略。

首先，在电影内容上融入不同的文化和民族元素，以此来开发更广阔的市场，但在电影核心内容和价值观上仍保持好莱坞一贯特色以保证其文化影响力。

① 尹鸿，彭侃，尹一伊．世界电影产业发展趋势研究报告［J］．现代传播（中国传媒大学学报），2014（8）．

其次，好莱坞大规模地与其他国家推行“合拍片”模式，通过这种模式，一方面可以保证来自其他国家的利润、市场和投资，同时也能在一定程度上规避“配额制度”的限制，增强其自身竞争力。

2. 亚洲电影强势崛起

当今全球电影产业竞争格局的第二个特点便是亚洲电影的强势崛起。从最新全球电影产业数据可以看出，亚洲已取代欧洲成为世界第二大电影市场，中国在所有四项指标中均排在世界前三位，而印度、韩国和日本也在多项指标中排入世界前十名。亚洲电影整体崛起的原因有以下几点：

首先，亚洲国家整体经济增长迅速、人口众多，为电影产业的发展奠定了良好的基础。

其次，许多亚洲国家均出台了电影产业扶持政策，如中国、韩国等国实行电影产业激励政策以及配额制度等，这些都为电影产业的发展提供了保证。亚洲无疑成为了未来10年电影产业最具发展潜力的地区。

3. 当前全球电影竞争格局呈现出成熟市场与新兴市场互动竞争的局面

作为世界电影产业最成熟的市场，好莱坞依旧占据着全球电影市场的头把交椅，同时也是国际输出能力最强的市场。欧洲各国电影产业逐渐摆脱了好莱坞的高压，针对自身的产业环境，呈现出不同的个性化发展。中国、韩国、印度、巴西等新兴电影市场的出现无疑为全球电影竞争注入了新的活力。在社会经济发展和城市化进程的刺激下，这些国家的电影产业取得了长足的发展，在电影票房、观影人次、电影基础设施建设等方面都保持了很高的增长率。

由于北美市场在票房收入和观影人次等方面呈现出增长率下降的趋势，因此好莱坞更加重视对海外市场的拓展，以作为其盈利的主要增长点。然而这一竞争策略受到了新兴电影市场的全力抵抗，在配额制度以及本土电影保护措施的支持之下，中国、韩国等市场的本土电影份额均达到了50%以上。新兴电影工业国家基于提升自身软实力和文化输出的需要，也在积极地开拓海外市场。但由于“文化折扣”、文化距离等原因，这些国家在电影贸易上面临着比较高的贸易壁垒。针对这样的局面，成熟市场与新兴市场一方面为了开拓海外市场，提升产业发展谋求相互间的合作，另一方面也展开着积极的竞争。

第三节 我国的电影贸易发展现状

中国电影产业体制改革推动了中国电影产业的快速发展。电影产业在国内经济高速发展、综合国力不断增强、电影产业化改革和市场需求的拉动下，自2003年电影产业化改革启动以来，中国电影的市场规模便一直保持着每30%左右的增长。中国电影产业规模现状及其进出口贸易情况是本节的重点。

一、中国电影产业规模

21世纪以来是中国国产电影高速发展的时期。近年来，得益于国民经济的持续快速增长以及国家对于文化产业的支持，整个电影文化与产业环境持续改善。作为文化娱乐市场重要组成部分的电影市场已连续多年实现电影票房的快速增长，同时，吸引了各类社会资本（国有、民营、外资）积极进军电影业，从而进一步推动了电影业的良性快速发展。中国电影产业规模整体在高速增长，但表现出结构不均衡的特征，表现为国内票房收入占比逐年增高，如图8－6所示，从2009年的61.8%攀升到2014年的81.4%。国内票房增速除2013年低于产业规模增速之外，2009～2013年都以高出10%的速度增值，但2014年差值缩小到

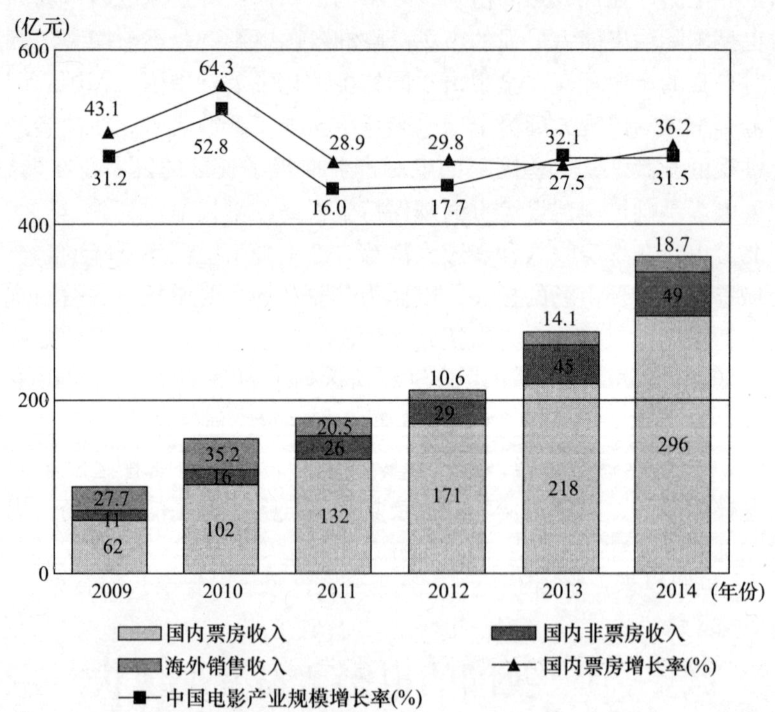

图8－6　2009～2014年中国电影产业规模

资料来源：艺恩咨询.2014～2015年中国电影产业研究报告［EB/OL］. http：//www. entgroup. com. cn.

5%以内，电影产业规模增速的动力开始部分转移到国内非票房和海外销售的拉动上，2013~2014年两者的平均增速分别为32.1%、32.8%，可以预见后续几年二者将逐步保持稳定增速，共同带来产业规模的增加。①

1. 中国电影票房收入

自2002年中国电影院线制改革以来，城市票房以年均40%以上的速度增长，2013年与改革之初的2002年相比，全国城市电影票房增长了将近13倍。据国家新闻出版广电总局电影局公布的相关数据显示，2013年，全国电影票房收入为217.69亿元（见图8-7），比2012年增长了27.51%，是2005年全年票房总额的13.6倍。其中，国产片总票房为127.67亿元，同比增长54.32%，占比为58.65%；进口片总票房90.02亿元，同比增长2.30%，占比为41.35%。同一时期，美国的年票房增长额约为4.7%，全球平均增长水平也仅为6.7%。中国是全球第二大电影市场，同时也是增长最快的市场之一。据普华永道报告显示，中国电影票房收入将从2013年的31.3亿美元增至2018年的59亿美元，涨幅高达88%，这表明中国电影产业有着美好的发展前景。

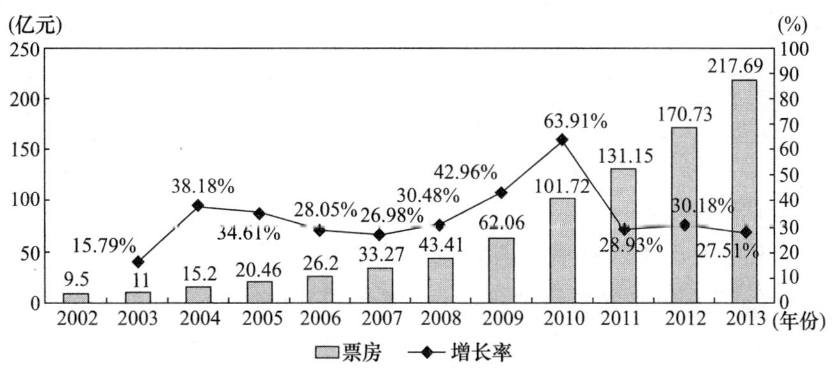

图8-7　2002~2013年中国城市电影票房

资料来源：广电总局、中国电影发行放映协会。

2. 中国电影产量

进入21世纪以来，中国电影的产量也一直保持着快速增长的态势。2002年，全国各电影制片厂和制作公司出品的故事片电影总和只有38部，但是仅仅过去了10年，到2012年，国产故事片电影的数量便达到了653部（见图8-8）。我国故事片电影的产量平均每年增长48%左右，产品规模增速极为可观。国产影

① 艺恩咨询.2014~2015年中国电影产业研究报告［EB/OL］.http://www.entgroup.com.cn.

片数量和质量的提升，使其票房号召力也得到相应的增强，为影院放映市场提供了充足的片源保证。同时，进口分账大片引进数量的增加也为影院放映市场提供了进一步的有益扩充。

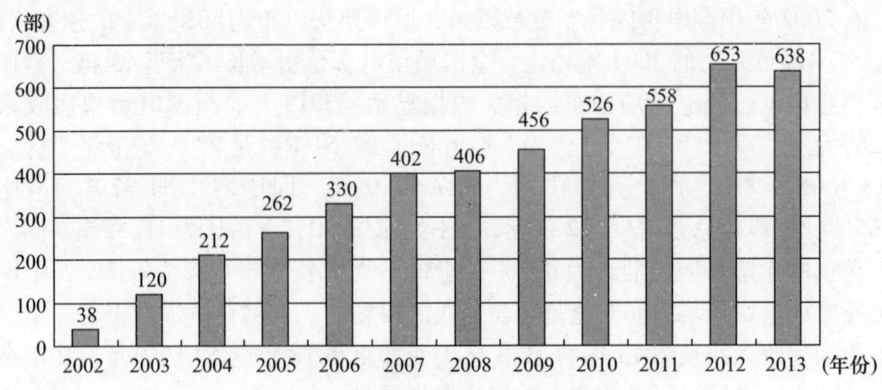

图 8－8　2002～2003 年中国电影产量

注：如无特殊说明，中国电影产量仅指故事片产量，不包括纪录片，动画片、科教片、特种电影。

资料来源：广电总局、中国电影发行放映协会。

3. 中国电影产业快速发展的原因分析

中国电影产业跨越式的增长得益于中央财政对文化产业的大力支持，财政政策向文化倾斜力度加大。仅 2014 年，中央财政预算安排文化体育与传媒支出就达到 512.29 亿元，比 2013 年预算执行数增加 43.29 亿元，增长了 9.23%。国家鼓励文化央企与国外文化机构合作，推动文化产品和服务出口，也为电影产业助力不少。

从国内政策环境来看，国家政策对文化产业审查相关制度将有条不紊地逐步走向开放，尤其是对于电影创作的审查环境将愈加宽松和趋好，将鼓励更多、更好的电影作品出现。一直以来，中国电影审查制度备受市场和创作者诟病，尤其是一些影片前期把关不够，成片在审核遇阻后，引发的影片公映、投资回收等一系列连锁反应，促使出品方不得不谨慎对待审查这一关键环节。2013 年 7 月 11 日，国务院颁布的《国务院办公厅关于印发国家新闻出版广电总局主要职责内设机构和人员编制规定的通知》公示，其中第 14 条表示，取消一般题材电影剧本审查，实行梗概公示。虽然“剧本不审查”不等于电影不审查，但这一规定无疑是对强化公示制度、电影审核制改革的发出积极信号。

从国内经济环境来看，上市企业通过资本并购实现资源整合，日渐成为影视资本市场的趋势。电影投资及融资空前活跃，电影产业进入黄金发展期，从制作

到宣传发行再到影院终端，资本驱动的力量不断显现。随着中国电影创作和生产的专业化、职业化程度不断提升，产业内已经出现的一些积极的、结构性的变化，将会促使电影创作和消费格局发生相应变化，促成电影产业整体升级换代。

从社会环境来看，中国观众观影习惯逐渐养成，中国电影行业和创作者在遵从商业电影基本规律的基础上，越来越重视根据当下中国观众的欣赏口味和感情体验进行调整，更多也更有效地与观众互动。这在很大程度上破解了过去理论批评层面与实际创作和观众需求难以契合的难题，为中国电影大众化、多样化和类型化做出了贡献，也为市场层面中国电影的可持续发展奠定了新的基础。

二、中国电影进出口贸易情况

中国电影贸易进出口从统计的数据来看，自 2001 年我国加入世界贸易组织以来，按照承诺，我国每年引进的进口分账影片数量均控制在 20 部左右，但进口影片的票房收入却保持逐年递增的态势，与此同时，进口影片票房收入占国内票房总收入的比重却在不断降低，反映了加入世界贸易组织以来我国院线的规模在不断扩大，国内稳定的电影消费市场正在形成，而进口分账影片的票房收入占国内票房总收入的比重逐渐变小，也反映出我国国产电影业的实力正由弱变强。

加入世界贸易组织 10 余年来，我国国产影片生产数量以惊人的速度增长。但是国产电影走出国门的数量并没有增加，反而较加入世界贸易组织之初减少了不少。在票房收入上，国产出口影片的票房收入总体呈现增长趋势，这也说明我国出口的影片单片票房的号召力有所增强。

1. 电影进口情况

2001 年，中国加入世界贸易组织，可能是由于加入世界贸易组织的原因导致中国开始引进国外的影片，而中国一直保持稳定的引进数量，表明中国在尽量控制其影响，在一定程度上保护中国的电影产业，2015 年 7 月以后，也就是中国向世界贸易组织申请的 15 年保护期过后，很有可能电影产业会受到影响，进口影片数量也会发生较大的变动。在国产影片的产出上，数量一直在攀升，证明中国的电影事业总体上呈高速增长的态势，2008 年没有较明显变化的原因是金融危机带来的整个文化创意产业的萧条。2009 年中国的电影产业很快恢复了高速发展态势，尤其是 2011 年的涨幅最大。

从表 8 -4 中可以看出，中国进口影片来源国主要集中在美国，占 80% ~ 90%，且越来越集中在美国，原因可能有以下三点：第一是跟东南亚电影可以较多地借助视频软件就可以看到有关；第二是欧洲、中东地区的电影文化不大适合东方人的胃口；第三是美国的一些大片很具有吸引力，不论是在剧情设置还是电

表 8-4 2001～2011 年中国进口影片来源国家和地区统计

年份	总量（部）	美国（部）	英国（部）	法国（部）	印度（部）	意大利（部）	澳大利亚（部）	中国台湾（部）	韩国（部）	加拿大（部）	日本（部）	俄罗斯（部）
2001	26	19	0	1	0	1	1	1	0	0	0	0
2002	19	16	0	1	1	0	0	0	0	0	0	0
2003	26	20	1	2	0	0	0	0	1	0	0	0
2004	22	17	0	3	0	0	0	0	0	1	0	0
2005	20	17	1	2	0	0	0	0	0	0	0	0
2006	20	18	1	1	0	0	0	0	0	0	0	0
2007	23	20	1	0	0	0	0	0	0	0	1	1
2008	22	20	0	1	0	0	0	0	0	0	1	0
2009	24	23	0	1	0	0	0	0	0	0	0	0
2010	22	20	1	1	0	0	0	0	0	0	0	0
2011	24	23	1	0	0	0	0	0	0	0	0	0

资料来源：根据中国电影产业网等相关资料的整理和汇编。

影的制作上，都能赢得高票房，资料表明尤其是其营销做得十分出色。美国电影公司通常采取独资或合资的方式来进入他国电影市场，在从选材到拍摄的制作环节上都考虑如何满足全世界观众的需求，力图培养观众的好莱坞趣味，同时，拥有完整独立的全球发行体系，购买了许多国外的电影院，在零售终端上取得影片的放映控制权，且它们在全球市场上采用同步放映策略，也就是说，美国电影公司从投资、制作到发行、放映各个环节都渗入到世界电影市场，完成了纵向整合，可谓是强者。

2014 年进口片发行总数为 68 部，其中，分账片数量持续达到上限的 34 部，批片的数量虽然低于 2012 年的 47 部，但同比 2013 年上涨了 26%。

在票房方面，2014 年进口影片在中国地区的票房总量超 132 亿元，同比 2013 年上涨约 51.9%。其中，分账片获得了约 115.3 亿元的票房成绩，占 2014 年进口影片总体票房的 86.8%，同比 2013 年的分账片票房上涨 65.2%。相比之下，2014 年进口批片的数量虽高于 2013 年，但是票房成绩仅有 17.5 亿元，甚至低于 2013 年的 17.6 亿元，批片的票房竞争力进一步下降，档期弱势、电影类型窄、宣传推广的途径有限、国产片分流观众群为主要原因（见图 8-9）。①

① 艺恩咨询. 2014～2015 年中国电影产业研究报告［EB/OL］. http://www.entgroup.com.cn.

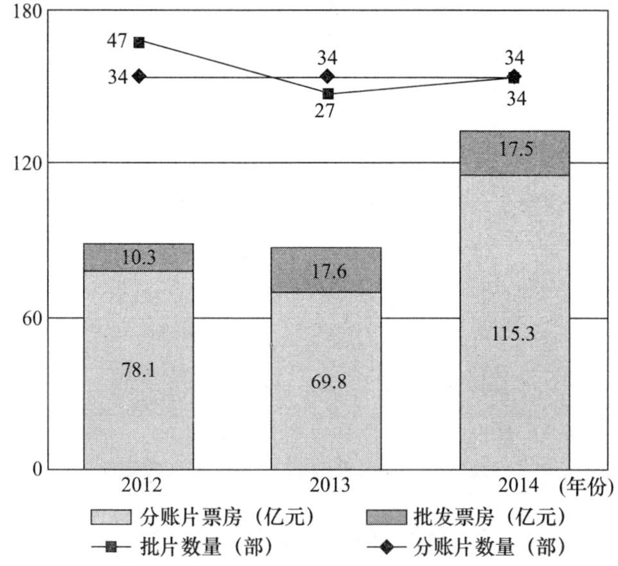

图 8-9　2012～2014 年进口片中国地区发行数量及票房

资料来源：艺恩咨询．2014～2015 年中国电影产业研究报告［EB/OL］．http：//www.entgroup.com.cn.

2. 中国电影出口情况

自 2001 年中国加入世界贸易组织以来，我国电影年生产总量逐年递增，而且增速明显，呈现出井喷的态势。但是，我国每年出口的影片数量并没有随之递增，年出口量时多时少，总体在 60 部左右徘徊。在出口影片的票房收入上，总体呈现逐年递增的趋势。我国电影年产量增量巨大而电影出口量持续在低位徘徊，反映出我国国产影片在海外的市场竞争力和影响力还很薄弱。显然，中国电影产品的出口还处于起步阶段，电影出口规模偏小，电影制作和营销手段落后。

2013 年国产电影海外市场发行的影片有 45 部，较 2012 年减少 40%，但出口 247 部次，较 2012 年大幅增加 66.9%。国产电影海外市场发行收入甚微，继 2011 年和 2012 连续两年下滑后，在 2013 年实现正向增长，同比增幅达 32.6%，但对于 45 部影片票房不足 15 亿元的收入而言，单片票房仅为 3000 多万元（见图 8-10）。

国产电影海外市场一直是中国电影的软肋，艺术性和商业性均比美国、法国等国有一定差距，随着国产电影质量提升及海外发行渠道的逐步完善，海外市场面临广阔的市场空间。

3. 中国电影进出口贸易特点

（1）进口片票房同比增幅缓慢同质化内容引发审美疲劳。如图 8-11 所示，

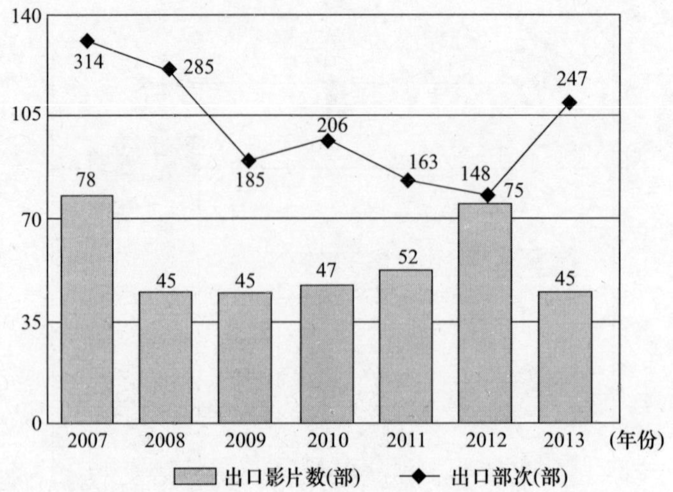

图 8－10　2007～2013 年中国电影海外发行情况

注：2013 年制作单位数和出口部次官方数据未出。

资料来源：艺恩咨询. 2014～2015 年中国电影产业研究报告［EB/OL］. http：//www. entgroup. com. cn.

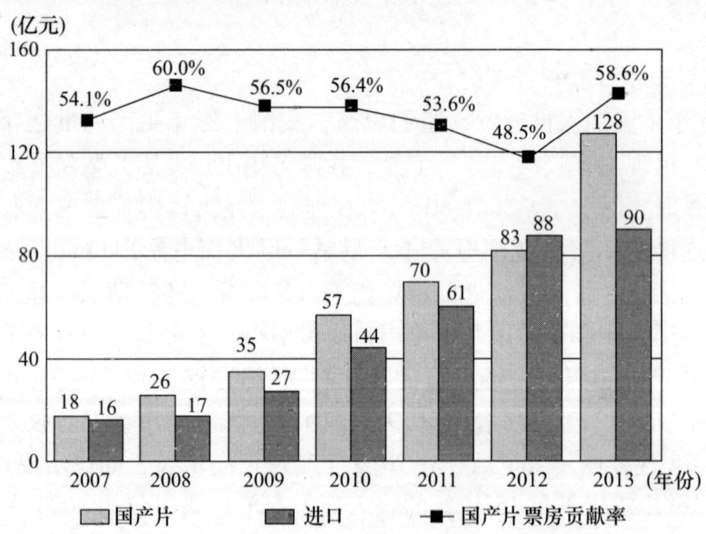

图 8－11　2007～2013 年国产片与进口片票房对比

资料来源：艺恩咨询. 2014～2015 年中国电影产业研究报告［EB/OL］. http：//www. entgroup. com. cn.

2013 年中国进口片产出票房 90 亿元，相较于 2012 年的 88 亿元增长 2 亿元，具体增长率为 2. 3%，远远低于 2012 年的 44. 6%，而且这也是 2007 年以来进口片票房增幅最低的一年，因此，在中国电影总票房持续坚挺的形势下，2013 年进口片表现疲软。

中国进口片表现疲软的原因，首先源于我国对进口片数量有所限制，按照加入世界贸易组织的承诺，我国每年引进的进口分账影片数量均控制在 20 部左右。其次源于国产电影类型探索逐渐走向轨道，观众意识增强，出现了《北京遇上西雅图》、《小时代》、《狄仁杰之神都龙王》等一批类型丰富、样态成熟的影片。最后源于进口片自身因素，多年来进口大片的市场号召力过度依赖场面及视听效果，例如，2013 年内地进口片票房前 10 中有 6 部是科幻片如《钢铁侠3》、《复仇者联盟》、《黑衣人 3》等，其余 4 部如《泰坦尼克号》、《地心引力》在故事上虽不科幻，但视听效果仍旧是最大看点，因此进口影片的类型大量重复，造成同质化现象，长此以往，观众势必产生审美疲劳，票房表现不佳也可以理解。①

（2）贸易逆差巨大，但整体贸易额呈上升趋势，前景光明。在中国电影进出口贸易方面，2001 年中国加入世界贸易组织，根据中国统计年鉴资料显示，2001 年中国电影、音像制品的出口总额为 0.3 亿美元，而同年的进口额为 0.5 亿美元，贸易竞争指数为 -0.376，2002 年贸易逆差进一步恶化，贸易竞争指数下降为 -0.758。

由表 8-5 可以看出，中国电影进出口贸易逆差不断增大，直到 2013 年、2014 年贸易逆差严重程度显著增加，逆差严重的原因在于两年间电影、音像制品进口的大幅度增加，而出口并无明显变化，这个现象与近两年智能手机的普及、电商及 APP 等创新创业公司的快速发展有关。

表 8-5　2010～2014 年中国电影、音像制品进出口贸易值

年份	贸易差额（万美元）	出口（万美元）	进口（万美元）
2010	-18118	9726	27845
2011	-24790	12291	37082
2012	-27679	12278	39956
2013	-43891	12558	56449
2014	-63558	14716	78274

资料来源：国家外汇管理局网站。

① 艺恩咨询．2014～2015 年中国电影产业研究报告［EB/OL］．http：//www.entgroup.com.cn.

(3) 电影产品海外市场偏窄，出口国家过分集中。在电影出口初期，中国电影出口的市场主要集中在东南亚国家及朝鲜等一些文化价值观相似的国家。如今，中国电影的海外市场主要集中在美国、欧洲、东南亚、日本这四个国家和地区。这四个国家和地区的电影销售收入基本上占我国电影海外销售收入的70% ~ 80%。2011 年我国共有 14 部电影作品出口至美国，收入为 78.59 亿元，占当年海外销售总收入的 42.44%，美国成为中国本土市场之外第一大海外市场；共有 42 部电影出口至东南亚，收入为 5.73 亿元，占当年海外销售总收入的 28.3%；共有 8 部合拍电影出口至日本，收入为 3 亿元，占当年海外销售总收入的 14.9%；共有 7 部合拍电影出口至欧洲国家，收入为 1.75 亿元，占当年海外销售总收入的 8.64%。

(4) 合拍片占据中国电影海外市场的主导地位。中国电影为实现开拓国际市场，走向国际影坛的目的，采用中外合作的方式无疑是目前最行之有效的方式。2011 年中国推出至海外的国产电影共 52 部，其中合拍片竟高达 50 部。合拍可以借助明星效应以及国外电影发行公司成熟的销售渠道。从 2009 年中国合拍片票房 23 亿元增长到 2013 年的 71 亿元，5 年合拍片票房增长 200%（见图 8－12）。

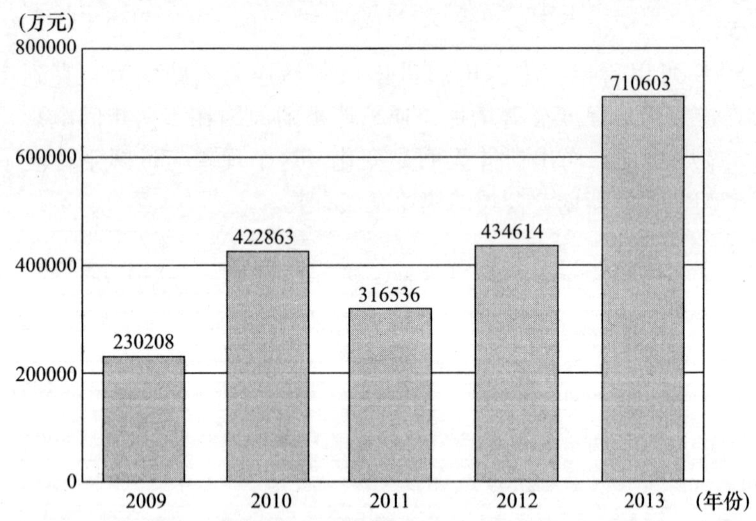

图 8－12　2009 ~ 2014 年中国电影合拍片票房

资料来源：艺恩咨询 . 2014 ~ 2015 年中国电影产业研究报告 [EB/OL]. http://www.entgroup.com.cn.

我国电影融资体制及其他支持政策、产业政策、法制环境以及在影视资源方面与世界发达国家之间有很大的差距，还需要很长一段时间发展才能达到影视大国的水平，此外，我国电影产业发展环境有待改善，由于中国电影产业化改革一

直缺乏体制保证，同时也缺乏产业运作的经验和产业经营的意识。我国电影产业的国际竞争力无论是从基础资源还是产业发展环境的状况来看，都不具备优势。

第四节　动漫产业概述

动漫产业有着广泛的发展前景，被称为“新兴的朝阳产业”，是21世纪知识经济的核心产业。动漫产业不仅是世界上文化创意产业大国重点发展的产业，也是中国大力发展的产业。动漫产业与电影产业有各自的不同点，本节首先定义动漫产业，之后介绍动漫产业的特点、产业链与发展趋势。

一、动漫产业的定义

动漫是动画和漫画的一个缩略称谓。中国近些年提出的“动漫”产业的概念，是对西方国家近百年来发展起来的漫画、动画、游戏、电影动画等产业的整体的概括性描述，在英文中最接近的相对应单词是“Animation Industry”。动漫产业被称为是21世纪知识经济的核心产业，具有市场需求大、消费群体广、高投入、高附加值等特点，而且关联效应突出，涵盖艺术、科技、传媒、娱乐等多个行业，近些年来已逐渐成为一个新的全球经济增长点，受到了越来越多的关注。

按我国2005年《关于推动我国动漫产业发展的若干意见》中的界定，动漫产业，是指以“创意”为核心，以动画、漫画为表现形式，包含动漫图书、报刊、电影、电视、音像制品、舞台剧和基于现代信息传播技术手段的动漫新品种等动漫直接产品的开发、生产、出版、播出、演出和销售，以及与动漫形象有关的服装、玩具、电子游戏等衍生产品的生产和经营的产业；涉及的领域包括传统绘画艺术、雕塑艺术、手工动画、泥塑动画、影视制作、音效制作、广告策划、科学仿真、计算机模拟、计算机图形学、计算机游戏、科幻小说、神话小说、报刊连环画、动画短片、动漫教材、影视发行、音乐发行、玩具设计、礼品发行等。

动漫产业具有消费群体广、市场需求大、产品生命周期长、高成本、高投入、高附加值、国际化程度高等特点。当代动漫产业是一个高技术含量的产业，它的研发与生产需要投入大量的最新技术设备与高素质技术与艺术创意人才。从产业属性的视角，国内有学者，将动漫产业划分为产业核心层、产业外围层和相关产业层三个层次。动漫产业核心层由动漫内容产品构成，外围与相关层则是基于动漫形象的庞大衍生产品集群。动漫产业在以产品形象为基础、以版权管理为核心、以各得利益为动力的前提下，产业链各环节间有明确的分工合作模式。这构成了动漫产业的层次结构。

二、动漫产业的特点

动漫产业有两大基本特征：一是动漫产业的高投入、高利润和高风险特性。动漫产业是一个资本密集型和科技密集型的行业。动漫产业的成效和产业链能否拉长，均取决于源头行业的成功与否。如果花了很大的人力和财力塑造的动漫形象或没有艺术感染力，或没有持续冲击力，最终归结于没有市场影响力，就会导致市场失效，构成巨大的经营风险。二是个性化和社会化。动漫凝聚着原创者的形象创意、动作创意、语音创意、剧情创意等集成创意的功力，能够反映出社会价值观。

三、动漫产业的产业链

从文化商品的属性来看，动漫作为文化娱乐产业的重要组成部分，不仅具有广泛的影响力和潜在的发展力，而且可以利用其长达70年的生命周期，延伸到影视、服装、玩具、工艺品、出版、广告、休闲、娱乐以及软件、工业设计、多媒体、信息通信等各类产业，形成动漫产业链及其集群系统，以及庞大的市场规模和旺盛的消费需求。

动漫主题乐园是集科技动漫、观赏游览、休闲娱乐、创意文化、人文教育、动漫人才培养、影视产品制作、动画产业运营、商贸旅游开发等多种产业于一体的高科技旅游文化产业项目。主题乐园对于提升区域品位，拉动区域基础配套建设，促进区域经济和社会发展具有重要意义。在世界各主要主题乐园中，最有代表性的非迪士尼乐园莫属，其游客和销售金额都无人能及。另外，日本九州的Hello Kitty主题乐园也发展迅速，每年可接待游客50万人次，营业额也达到了2000万美元。另外，还有哆啦A梦主题乐园、日本秋叶原动漫主题乐园等，每年其市场都会不断扩大。在美国、日本、韩国等国家，动漫产业已经成为支柱产业，成为一个具有竞争力和影响力的大产业和大市场。

四、动漫产业发展趋势

第一，从目标受众方面来说，动漫的目标受众从少儿向大众拓展。动漫目标受众还包括青少年、成人。对于动漫生产公司来说，要充分考虑这一趋势，准确把握市场变化及动态，在动漫的创作内容方面，要考虑到“大众”的需求，而不仅仅局限于少儿。

第二，从动漫的制作和生产模式方面来说，国际合作已经成为一种较为流行的方式。在许多国家，动漫公司联合制作及生产动漫已经成为一种流行方式。受此影响，欧洲、日本和北美的动漫公司更倾向于和中国以及印度的动漫公司合作。

第三，新科技对动漫产业产生了深远影响，包括文化产品和服务的新形态，同时也促使动漫产业链的重新整合。互联网的发展使动漫产品的播出渠道越来越多样化。

第五节 国际动漫产业的发展概况

2012 年，全球动漫产业规模约达 2070 亿美元。主要的动漫市场包括美国、加拿大、日本、中国、法国、英国、韩国以及德国。多数国家的动漫产业的复合年增长率为 7%①。中国和印度是动漫产业的新兴国家。

目前，在欧美、日本和韩国，动漫产业已形成庞大的消费市场和产业集群经济。就数字动漫产业发展的模式和格局来说（见表 8 – 6），美国和日本无疑处于强势地位。以日本为例，影视动画市场规模在 2000 亿日元以上，动漫形象授权商品的销售额在 1.5 万亿日元以上②。

表 8 – 6 全球动漫电影票房（截至 2013 年 8 月）

排名	片名	上映日期	全球票房（亿美元）
1	冰川时代（4 lce Age：Conti – nental Drift）	2012 年 6 月 26 日	8.77
2	神偷奶爸（2Despicable Me2）	2013 年 6 月 16 日	7.82
3	马达加斯加（3Madagascar3：Europe’s Most Wan-ted）	2012 年 5 月 18 日	7.42

① Global Animation Industry. Strategies, Trends and Opportunities Report 2013 [EB/OL]. http://www.researchandmarkets.com/research/9qq7c4/global animation.

② 熊澄宇，刘晓燕．国际数字动漫产业现状、趋势及对我国的启示 [J]．东岳论丛，2014，35 (1)．

续表

排名	片名	上映日期	全球票房（亿美元）
4	怪兽大学（Monsters University）	2013 年 6 月 8 日	6.58
5	疯狂原始人（The Croods）	2013 年 2 月 15 日	5.83
6	勇敢传说（Brave）	2012 年 6 月 10 日	5.38
7	无敌破坏王（Wreck – It Ralph）	2012 年 11 月 1 日	4.71
8	美女与野兽（Beauty and the Beast）	2012 年 1 月 13 日	4.24
9	老雷斯的故事（Dr. Seuss' The Lorax）	2012 年 3 月 1 日	3.48
10	精灵旅社（Hotel Transylvania）	2012 年 9 月 8 日	3.46

资料来源：中国动漫产业网。

一、美国动漫产业的发展特点

以电影动画为主的美国动漫，依托于成熟的好莱坞电影基地，形成了独具美国特色、与日本等其他国家截然不同的产业模式和动画特点。

其一，美国的数字动漫产业主要由产业链完整的集团主导，以迪斯尼和孩之宝为代表。迪斯尼的经营业务包括媒体网络、主题公园、影视制作、消费品、互动媒体几大领域，全面覆盖了动画制作、传播、衍生品授权和生产销售各个环节；但在收入与利润结构中，媒体网络与主题公园最为重要，体现出具有优势媒体渠道的迪斯尼集团依托强大的媒体运营能力，使影视作品塑造的品牌形象深入人心，并在旅游等衍生项目中获得丰厚收益的盈利特点。

孩之宝则是以衍生产品销售为主要盈利模式，借助动漫影视作品的品牌效应提升主营产品价值商业模式的典型代表。孩之宝早在 1964 年即推出经典的“特种部队”玩偶系列玩具；在 1982 年与 Marvel 漫画公司合作推出了《特种部队》系列的动画片和漫画书后，该玩具系列再度风靡。基于这一营销模式，孩之宝连续推出了“小马宝莉”系列、“变形金刚”系列等成功的产品。特别是与日本 TAKARA 公司合作推出的“变形金刚”系列短片玩具，使得公司立足动画产业，构建起一条由动画及动漫作品推动品牌玩具销售的产业链条。2007 年，孩之宝与梦工厂合作推出的《变形金刚》真人电影，创造了 7 亿美元全球电影票房，同年售出4.8亿美元的“变形金刚”系列玩具。2009年和2011年，《变形金刚2：卷土重来》和《变形金刚3：月黑之时》分别取得了8.3亿美元和10亿美元的票房收入，同时变形金刚玩具销售收入分别达5.92亿美元和4.83亿美元[①]。

其二，美国在动漫领域的制作技术使美国走在世界前列。美国的动漫技术主要体现为电脑技术和电影特技的全方位运用。美国动漫的电脑制作之路始于1991年，在娱乐领域具有无可比拟的地位和强大的发行策划能力，创造了无数经典动画片的美国娱乐巨头迪斯尼与苹果公司创始人史蒂夫·乔布斯旗下拥有最先进电脑技术的皮克斯动画工作室结为合作伙伴，签订了制作电脑动画长片的协议，迈出了美国动漫具有历史意义的一步。1991年11月22日，世界上第一部全电脑制作的动画长片《玩具总动员》在美上映，自此电脑特技迅速融入动画创作领域。电脑技术的研发使用，开启了美国动画创作的崭新天地，也进一步形成了美国动画的特色。正如迪斯尼和皮克斯动画影业首席创意官约翰·雷斯特所说：“进一步采用3D技术和电脑特效能帮助我们以最好的方式讲述故事。”

新技术成为美国动漫不断发展的动力，美国动漫充分利用高科技为其服务。例如，针对制作流程的技术创新及成本控制，赋予电脑动画人情感的系统工具EMO及动画事业生产管理系统NILE等，通过技术研发不断提升动漫作品质量。[②]

其三，美国动漫资本运用大资本运作模式，主要体现在制作成本高和宣传推广耗资巨大两方面。美国动画的制作成本很高，动画影片动辄耗资几千万美元甚至上亿美元。例如，耗资6000万美元以上的有《玩具总动员》、《汽车总动员》、《海底总动员》、《料理鼠王》等，其中，《玩具总动员》耗资上亿美元，《海底总动员》为1.94亿美元，2007年的《料理鼠王》为1.5亿美元，成本极高[③]。

凭借完善的产业模式、高科技的运用以及大资本的投入，美国电影动漫产业发展良好。以2012年为例，美国媒体公布的2012年全年电影票房排行榜，排名前20位的影片中有6部是动画作品。仅从《勇敢传说》和《马达加斯加3》取得的成绩来看，动画巨头迪斯尼和梦工厂似乎依旧在引领市场，但放眼整个榜单就能发现，其他影业公司作品的奋起才是2012年美国动画界的最大特点。其中，环球公司的《老雷斯的故事》拿下2.14亿美元票房，和《马达加斯加3》不相上下（见表8-7）。

①②③ 美国动漫的特点及运作模式，http://media.people.com.cn/GB/22114/206896/225646/15041642.html.

表 8-7　美国 2012 年上映的动画电影及票房排行①

排名	片名	上映日期	影片票房（亿美元）
1	勇敢传说（Brave）	6 月 22 日	2.3726
2	马达加斯加 3（Madagascar3：Europe's Most Wanted）	6 月 8 日	2.1639
3	老雷斯的故事（Dr. Seuss' The Lorax）	3 月 2 日	2.1403
4	无敌破坏王（Wreck – It Ralph）	11 月 2 日	1.7768
5	冰河世纪 4（Ice Age：Continental Drift）	7 月 13 日	1.6116
6	精灵旅社（Hotel Transylvania）	9 月 28 日	1.4519
7	守护者联盟（Rise of the Guardians）	11 月 21 日	0.9538
8	通灵男孩诺曼（Para Norman）	8 月 17 日	0.56
9	科学怪狗（Frankenweenie）	10 月 15 日	0.3481
10	神奇海盗团（The Pirates! Band of Misfits）	4 月 27 日	0.3105
11	借东西的小人阿莉埃蒂（The Secret World of Arrietty）	2 月 17 日	0.1920
12	奇可和丽塔（Chico & Rita）	2 月 10 日	0.0035
13	猫在巴黎（A Cat in Paris）	6 月 1 日	0.0031
14	钢之炼金术师：叹息之丘的神圣之星（Fullmetal Alchemist：The Sacred Star of Milos）	1 月 20 日	0.0018

资料来源：中国动漫产业网。

二、日本动漫产业的发展特点

日本素有“动漫王国”之美誉，是全球最大的动漫输出国，据称其动漫产品产量占世界产量的 60%，在电视节目中播出过日本动画片的国家超过 100 个，年营业额超过 90 亿美元②。

其一，日本动漫生产数量稳步上升，日本动画电影呈现强势态势。综观 2004~2012年日本电视动漫 9 年的发展历程，可以看出日本动漫的制作分钟数量大致在 10 万~14 万分钟。日本动漫的作品数量呈现比较稳定的趋势，大致在 195~279 部。2012 年日本动漫无论是作品数量还是制作的分钟数都呈现上升的趋势。2010 年日本动漫生产数量为 195 部，2011 年作品数量为 220 部，2012 年作品数量为 222 部。制作作品分钟数 2010 年为 90455 分钟，2011 年为 95475 分

① 中国动漫产业网，http：//www.cccnews.com.cn/2013/0107/20794.shtml.

② 于军．美日韩三国文化产品出口的比较分析及对我国的启示［J］．发展研究，2012（10）．

钟，2012 年为 106090 分钟。[①]

从总的票房收入统计上来看（见表 8 -8），日本本土电影的票房占到总票房收入的 65.7%，海外电影票房占总票房收入的 34.2%，本土电影以压倒性的优势占据了总票房收入 2/3 的份额。这是自 2000 年以来，日本本土电影票房收入首次占到总电影票房收入的 60% 以上。种种迹象表明，日本电影正在走向复苏，尤其在日本国内，呈现出一种“亲本土疏洋化”的倾向。总结 2012 年日本国内卖座电影会发现一个特点，就是动漫电影依然呈现出非常强势的态势。

表 8 -8　2012 年票房收入突破 10 亿日元的日本动漫

排名	片名	影片票房（亿日元）	发行公司
1	EVANGELION 新剧场版：Q	53	T - JOY/khara
2	狼之子的雨和雪	42.2	东宝
3	电影哆啦 A 梦大雄与奇迹之岛之动物历险记	32.2	东宝
4	剧场版口袋妖怪酋雷姆 VS 圣剑士	36.1	东宝
5	剧场版名侦探柯南第 11 个前锋	32.9	东宝
6	马达加斯加 3	20.5	PPJ
7	电影轻音!	19.0	松竹
8	friends 怪物岛的纳基	14.9	东宝
9	火影忍者剧场版忍者之路	14.8	东宝
10	穿长靴的猫	11.7	PPJ
11	剧场版闪电 11 人 GO 究极的羁绊	11.5	东宝
12	丁丁历险记	10.8	东宝东和
13	剧场版光之美少女 All Stars New Stage 未来的朋友	10.2	东映

资料来源：中国动漫产业网。

2012 年在日本上映的海外电影也呈现出漫画改编热的迹象，排在海外电影票房第三位的《复仇者》总票房收入为 36.1 亿日元，第四位的《超凡蜘蛛侠》总票房收入为 31.6 亿日元，第六位的《蝙蝠侠：黑暗骑士崛起》总票房收入为 19.7 亿日元，三部漫画改编作品均跻身进入去年卖座榜前十。[②]

其二，日本形成以动漫为核心的文化产业结构。由于游戏软件的开发多来源于动漫作品，日本动漫所取得的国际影响力大大推动了日本游戏软件的出口，并

① 日本动画协会．中国动漫产业报告书［EB/OL］．http：www.//aja.gr.jp.

② 中国经济网，http：//www.ce.cn/culture/gd/201302/04/t20130204_932762.shtml.

进一步带动了游戏硬件产品的海外市场扩张。日本的文化产业出口逐渐形成了以动漫产品为核心，带动游戏、图书、音像制品和特许经营商品等形成的产业链出口的态势。①

其三，日本动漫产业有着完整的产业结构链。日本已经形成了“漫画出版—动画制作播出—版权授权—衍生品生产及销售—部分动漫作品外销授权—成功动漫产品的深度开发及新动漫产品开发—良性再循环”的产业模式，极具品牌价值的动漫可以开发具备混合消费模式的主题园区或主题店。这已经成为典型的以漫画为基础发展产业的模式。

其四，动漫已经成为日本大众生活的重要组成部分。日本动漫产业面向全民开发各类内容与衍生产品，动画播出、漫画销售、衍生品销售、动漫广告在日本随处可见。动漫已经深深影响日本整个的经济、社会生活和文化，形成了巨大的规模。

第六节　我国动漫产业贸易发展现状

2004 年以来，我国政府通过成立动漫基地、给予金融扶持政策等政策创新举措积极推动动漫产业的发展。我国的动漫产业取得了前所未有的成绩，对外贸易得到了长足的进步。本节重点介绍和分析我国动漫产业发展情况及其进出口贸易的现状与发展趋势。

一、我国动漫的发展历程

我国动漫业的发展几乎与美国同时起步，是亚洲的先行者，早于日本和韩国。1926 年，上海的万氏兄弟拍摄了我国第一部人画合演的动画短片《大闹画室》。接着，在世界上第一部长篇动画电影《白雪公主》诞生后不久的 1941 年，万氏兄弟拍摄的亚洲历史上第一部动画长片《铁扇公主》轰动了全世界。新中国成立后直到 20 世纪 60 年代中期，上海美术电影制片厂又先后完成了《猪八戒吃西瓜》、《小蝌蚪找妈妈》、《大闹天宫》等多部受到广泛好评的作品，《大闹天宫》不仅创造了巨大的经济效益，国外媒体更是好评如潮，称赞它“完美地表达了中国传统艺术的风格”，《大闹天宫》从人物、画面和动作等方面都达到了

① 于军．美日韩三国文化产品出口的比较分析及对我国的启示［J］．发展研究，2012（10）．

当时世界的最高水平。

遗憾的是，1966～1977 年的这 10 年间国动画制作基本停止，本来良好的发展势头受到了抑制。1977 年后，动漫业又重回发展的正轨，涌现出了《三个和尚》、《哪吒闹海》等优秀作品，在国际上也获得了诸多奖项，受到了广泛的认可。总结起来，从我国最初的动画作品开始，我国的动画创作中较多地使用了剪纸、皮影、水墨和木偶等多种具有民族特色的动画形式，具有自己鲜明的特色，因此被国际动画界冠以“中国学派”的称号。

20 世纪 80 年代中期到 90 年代末这一时期，我国动漫的题材越来越广泛，同时科学普及类的动漫作品越来越多，但由于动漫的题材太重视教化意义，而不是娱乐意义，这一时期动漫业的发展比较缓慢。从 20 世纪 90 年代末开始，在外国作品的大举进入和国内作品备受冷落等多种因素的作用下，我国的动漫开始逐渐向市场经济转型，国产动漫的制作人员开始致力于创作适合大众口味的动漫，尽管可能还存在一定的争议，但还是开始了新形式、新题材的探索和尝试。

在国家政策、资金、基地建设扶持背景下，动漫生产集群带和产业区培育初现端倪，动漫展会和交易气氛活跃。在媒介融合背景下，动漫生产与移动终端和互联网结合日益紧密，但市场结构、调控手段、人才培育、发展理念还有待完善，整体产业仍需在探索中寻求突破。

二、我国动漫产业发展现状

动漫产业在中国仍是新兴产业，具有文化创意产业的创新性、渗透性、高增值力、高科技含量、高风险性等特点。近年来，我国动漫产业链的建构进行了一系列的摸索，初步形成了中国动漫产业的产业链，即原创动画制作—电视电影播映—图书音像制品出版—动漫游戏发行一衍生产品。然而中国动漫产业产业链仍处于初步发展阶段，漫画业仍不够成熟，中国动漫企业偏重动画制作和电视播映环节，对居于动漫核心地位的动漫剧本创作、动漫作品的后期市场营销推广以及价值最大的动漫衍生品市场的研发推广及创新重视还不够。

自 2009 年以来，我国动漫产业更多地受益于转型升级所带来的质量和效益提升，保持了强劲的发展态势，2014 年动漫产业总值超过 1000 亿元，与 2013 年相比增长 14.84%（见图 8－13）。2014 年，我国动漫企业快速成长，规模实力有所增强，一批有实力、有特色的动漫企业逐步脱颖而出。据统计，截至 2014 年我国共有动漫企业 4600 余家，专业人员近 22 万人，从业人员 50 余万人，年产值 3000 万元以上的动漫企业 24 家，年产值超过 1 亿元的大型企业 13 家。我国动漫产业已形成以广东、上海、北京为首，珠江三角洲、长江三角洲和环渤海地区协同发展的核心区域，以及以奥飞动漫、华强动漫、腾讯动漫、中南卡通、炫动传播、央视动画等大型企业为代表的阵营。①

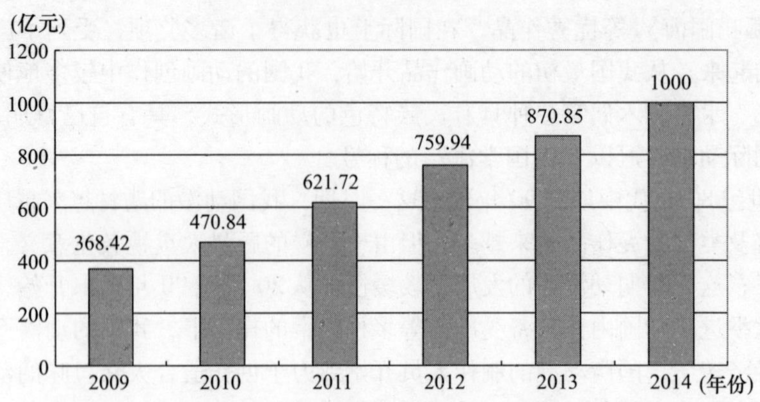

图 8－13　2009～2014 年我国动漫产业总产值

资料来源：卢斌，郑玉明，牛兴侦. 2014 年度中国动漫产业发展报告［M］. 北京：社会科学文献出版社，2014.

三、我国动漫产品的国际贸易状况

2004 年以来，我国政府通过政策创新积极推动动漫产业的发展。如今，十几年过去了，动漫产业取得了前所未有的成绩，对外贸易得到了长足的进步。我国动漫产业保持平稳快速增长态势，成为文化产业中最具增长实力和发展潜力的行业之一。国产动画票房增幅明显提升，受政策保护，未来国产动画电影市场仍有较大潜力和空间。虽然进口动漫电影的票房仍然占据国内动漫电影市场的大半江山，但进口动漫电影的市场份额逐步下降，国内动漫电影的份额在上升。从 2008 年起，我国核心动漫产品的出口每年都大幅度持续增长，呈现了很好的发展势头。

1. 进口情况

（1）动漫电视片进口。根据国家统计局的统计数据，2011 年动漫电视片的进口总额为 702.01 万元人民币，占各类电视节目进口总额 54098.62 万元的 1.3%（见表 8－9），进口动漫电视片的时长为 279 小时，占进口电视节目总时

① 卢斌，郑玉明，牛兴侦. 2014 年度中国动漫产业发展报告［M］. 北京：社会科学文献出版社，2014.

长的1.28%（见表8－10）。从进口金额的角度看，进口动漫电视片在经历了2009年和2010年的低潮后，2011年的进口金额从低谷回升，已接近2008年的水平。从进口来源的角度看，美洲、欧洲和日本这些传统动漫产业发达的国家和地区，仍然是我国主要的动漫电视片来源地。①

表8－9　2008～2011年全国进口电视动漫片

指标 \ 年份	2011	2010	2009	2008
电视节目进口总额（万元）	54098.62	43046.75	49145.63	45420.67
动画电视进口总额（万元）	702.01	247.00	127.50	878.26
从欧洲进口动画电视总额（万元）	161.00	110.00	34.00	403.00
从美洲进口动画电视总额（万元）	491.01			
从美国进口动画电视总额（万元）	401.01	136.00	74.00	334.25
从亚洲进口动画电视总额（万元）	50.00			
从日本进口动画电视总额（万元）	50.00	1.00	19.50	45.01

资料来源：国家统计局网站。

表8－10　2008～2011年全国进口电视动漫片

指标 \ 年份	2011	2010	2009	2008
电视节目进口量（时）	21790	22197	21426	20550
动画电视进口量（时）	279			
从欧洲进口动画电视量（时）	65			
从美洲进口动画电视量（时）	205			
从美国进口动画电视量（时）	165			
从亚洲进口动画电视量（时）	8			
从日本进口动画电视量（时）	8			

资料来源：国家统计局网站。

（2）动漫电影进口。2011年全年引进动漫电影10部，与上映的10部国产动漫电影（颁布许可证数量为24部）共同创造了16.4亿元人民币的国内市场票房，进口片票房为13.3亿元，占81%（见表8－11）。其中，2011年《功夫熊

① 苏峰．中国对外动漫产品贸易年度发展研究［J］．湖南社会科学，2014（3）．

猫2》创造了6.17亿元的票房纪录，几乎占到进口动漫电影票房的50%。

表8-11　2011~2012年国内市场动画电影各项指标一览①

指标＼年份	2011	2012
国内市场放映动画电影总数（部）	20	33
国产动画电影数量（部）	10	21
进口动画电影数量（部）	10	12
国产动画电影占动画电影总数的比例（%）	50	64
进口动画电影占动画电影总数的比例（%）	50	36
国内市场动画电影总票房（亿元）	16.4	14.1
国产动画电影总票房（亿元）	3.1	4.5
进口动画电影总票房（亿元）	13.3	9.6
国产动画电影票房占动画电影总票房的比例（%）	19	31
进口动画电影票房占动画电影总票房的比例（%）	81	69
国产动画电影单片平均票房（亿元）	0.31	0.21
进口动画电影单片平均票房（亿元）	1.33	0.8

资料来源：国家统计局网站。

2012年共有12部进口动漫电影上映，产生票房约9.6亿元；国产片虽然有21部上映，但票房仅为4.5亿元左右，而且分布极不均匀，《喜羊羊与灰太狼4》一部影片就贡献了1.58亿元，有60%的影片票房不足1000万元。

2011~2012年动漫电影国内市场有以下特点：首先，进口动漫电影的票房仍然占据国内动画电影市场的大半江山，但进口动漫电影的市场份额逐步下降，国内动画电影的份额在上升。其次，进口动漫电影的数量在提高，2012年的数量比前一年递增20%。另外，国内市场动画电影的平均单片获利能力在下降，进口动画电影的单片票房从2011年的1.33亿元下降到2012年的0.8亿元，下降幅度为40%。与此同时，国产动画电影的平均单片票房从2011年的0.31亿元下降到0.21亿元，下降幅度为32%。②

2. 出口情况

从2008年起，我国核心动漫产品的出口每年都大幅度持续增长，呈现了很好的发展势头（见表8-12）。

①② 苏峰．中国对外动漫产品贸易年度发展研究［J］．湖南社会科学，2014（3）．

表 8－12　2009～2012 年中国核心动漫产品出口情况

年份	2009	2010	2011	2012
金额（亿元人民币）	3.19	5.1	7.14	8.3

根据国家广电总局在 2012 年 5 月 1 日第八届中国国际动漫节上公开的数据，2011 年，全国各影视机构共出口动画片 146 部共计 20 万分钟，金额为 2800 多万美元；2010 年出口时长为 17 万分钟，2006 年只有 4.5 万分钟。

我国动画出口表现出以下几个特点：第一，韩国市场成为我国动画电视片出口的第一大市场，大约占动画电视总出口额的 1/3，遥遥领先于其他市场，表现最为抢眼。而且在过去的 4 年中，保持了大幅增长的态势，说明我国动画产品在韩国市场已经有了稳定的信誉。第二，中国香港、东南亚与我国内地文化相近，地理相邻，文化折扣相对较小，是我国文化产品的传统市场。第三，美国、欧洲和日本等市场是传统的动画产业消费国，观众欣赏动画产品的口味高。与此同时，这些国家和地区又是竞争激烈的市场，是世界各国动画产业的必争之地。以目前我国动画电视片的现有制作质量（内容和形式）没有优势，只能处于市场的低端。从出口量的角度看，近 4 年的出口金额波动较大，说明我国动画电视在这些市场还没有建立稳定的市场地位。①

第七节　中国发展动漫产业的条件

我国的动漫产业正步入快速发展时期，虽然我国动漫产业发展中面临着很多困难，但也存在着一些有利的因素。本节主要分析发展动漫产业的有利条件及如何提升动漫产业的竞争力。

一、我国动漫产业发展的有利因素

1. 广阔的国内市场

首先，随着多年的经济快速发展和产业结构的转型，国内的文化消费潜力正在逐渐释放，人民的消费开始从温饱型走向享受型和发展型，在这个进程中，文化产业必定会拥有越来越广阔的市场，我国文化产业已经进入了高速增长的阶

① 苏峰．中国对外动漫产品贸易年度发展研究［J］．湖南社会科学，2014（3）．

段，与此相应的是动漫产业也正在步入快速发展的阶段，成为了国民经济中的新增长点。2005 年我国动漫市场规模为 98.32 亿元，2007 年为 201 亿元，2013 年这个数字增长到 870 亿元，每年都几乎翻一番，可见我国动漫需求之旺盛，市场规模之巨大①。如果再从动漫市场的衍生品需求来看，我国的市场潜力更是无法估量，据统计，我国每年文具的销售额为 600 亿元，儿童食品的销售额为 350 亿元，玩具的销售额为 200 亿元，儿童服装的销售额达 900 亿元，儿童音像制品、出版物的销售额达 100 亿元，如果把动漫的因素融入这些产业领域，其价值将是十分巨大的。这是当年日本、韩国在发展动漫产业初期所不具备的条件，当年日本和韩国由于国内市场的狭小导致它们必须依赖国际市场来支持本土产业的发展。

另外，从全球来说，全球动漫及衍生品市场早在 2004 年就已达到 5000 亿美元，而我国 2007 年才达到 200 亿元人民币，巨大差距后面隐含的是巨大的市场潜力和投资机会。只要我国的动漫产业抓住这个巨大的市场发展机遇，就一定能够取得跨越式的发展。

2. 政府的政策支持

为了迅速提升动漫产业的整体实力，通过参考和借鉴其他国家的政策，我国政府也在制度供给方面给我国动漫产业提供了大力的支持。从 2004 年开始，我国政府陆续出台了一系列的支持民族动漫产业的政策。2004 年 2 月 26 日，在国务院发布的《关于进一步加强和改进未成年人思想道德建设的若干意见》中明确提出，要“积极扶持国产动画片的创作、拍摄、制作和播出，逐步形成具有民族特色、适合未成年人特点、展示中华民族优良传统的动画片系列”。2004 年 4 月 20 日，国家广电总局出台《关于发展我国影视动画产业的若干意见》，规定国内每个电视台每天必须播出 10 分钟以上的动画片，省台要求 30 分钟以上，其中 60% 必须是国产。2005 年 6 月，国家广电总局出台的《关于促进我国动画创作发展的具体措施》中规定在 17：00～19：00 的黄金时段必须播出国产动画片，制作机构引进境外动画片数量与原创数量比例应为 1:1 等，标志着中国动漫产业具体政策的正式出炉。同年 9 月，广电总局又发出关于禁止以栏目形式播出境外动画片的紧急通知，严防“动画资讯栏目或动画专题节目中，以所谓介绍境外动画片为由，公然违规播出未经国家广电总局审查并取得发行许可证的境外动画片”。

此后在 2006 年 4 月和 8 月又出台了《关于推动我国动漫产业发展的若干意见》及《广电总局关于进一步规范电视动画片播出管理的通知》两个重要文件。

---

① 张笑魏婷．中国动漫产业国际竞争力分析［J］．国际经贸探索，2009（3）．

2008 年 2 月广电总局再次对境外动画片发出限制性禁令，明确规定自 5 月 1 日起，全国各级电视台所有频道不得播出境外动画片、介绍境外动画片的资讯节目以及展示境外动画片栏目的时段，由原来的 17：00～20：00 延长至 17：00～21：00。

同时，从 2004 年起，国家广电总局先后批准了 15 个国家动画产业基地和 4 个国家动画教学研究基地，批准了 4 个动画卫星专门频道，并在杭州举办了首届中国国际动漫节。国家科技部在 2005 年也先后授名北京、上海、成都、长沙为数字媒体技术产业化示范基地。国家新闻出版总署在 2005 年先后授名北京、上海、成都、广州 4 个“国家网游动漫产业发展基地”，并建立了 5 个国家级网络游戏技术创新工程中心、1 所培养游戏动漫开发高级人才的学院、10 所具有游戏动漫相关专业的定点院校。同时还启动了名为“民族网络游戏出版工程”的项目，将在五年内推出 100 部具有自主知识产权、具有民族特色的优秀网络游戏软件。这一系列的政府政策措施都为国内动漫产业的发展营造了十分有利的局面。

3. 具有一定的文化和产业基础

我国是历史悠久的文化古国，具有丰富的历史文化宝藏，层出不穷的神话故事、历史名著、民间传说给动漫产品的创作提供了取之不尽、用之不竭的素材来源，同时，民间文化中的水墨艺术、皮影、木偶等又为动画产品提供了多种多样的表现手法，这些都为我国本土动漫产业的发展提供了良好的基础。而且事实上，我国的动漫从业者也已经通过成功地运用这些元素取得了一定的辉煌，同时也促进了我国动漫文化的建立和传播，深厚的文化基础对于我国动漫产业的继续发展仍会发挥积极的作用。

另外，从传播渠道来说，我国拥有广阔的国内市场和较为完整的电视播出体系，在一定程度上有利于动漫作品的传播和整个产业的发展。自新中国成立以来，我国已建立起 3175 个电视台和电视播出机构。截至 2013 年底，我国电视综合人口覆盖率为 98.42%，电视观众的人均收视时间基本稳定在 3 小时每天。我国东部沿海地区的某些省份的人均收入已达到中等发达国家的水平，这将十分有利于我国动漫产业国内市场和国际市场两个市场的扩展。

二、我国动漫产业发展目前面临的主要困难

2007 年 4 月 18 日，在国新办新闻发布会上，文化部部长助理丁伟透露说，中外文化贸易的进出口是严重逆差，这个差距比前几年估算的 10∶1 更大。丁伟说，之所以出现这样的情况，主要有观念滞后，国际品牌性的产品缺失，没有建立起国际文化贸易的中介机构，以及相关法律、政策和文化环境不完善四方面原

因。具体到动漫产业，问题也是类似的。在面对着日本精彩的漫画出版物、美国好莱坞投巨资拍摄的动画大片的同时，我国的动漫产业一方面面对着国内稍显薄弱的动漫文化基础，另一方面动漫完整产业链的缺失和盗版的猖獗都使得国产动漫业的发展困难重重。

1. 竞争激烈的市场环境

我们所面对的国际市场的竞争主要体现在两个方面，一方面是外国的进口动漫产品对我国国内产品的冲击，另一方面是我们在发展外包过程中所碰到的众多的竞争对手。

首先，动漫产品在我国具有很大的市场，但目前占据国内市场很大份额的、青少年所喜闻乐见的动漫产品却多来自于国外。一项被广为援引的调查显示：在青少年喜爱的动漫作品中，日韩动漫占 60%、欧美动漫占 20%、中国内地和港台原创动漫仅占 11%，从中可以明显看出，美国、日本、韩国等国家的动漫产品的强烈吸引力，它们的动漫作品制作精良，再加上发行公司又有丰富的发行经验，对我国本土的动漫作品具有强烈的冲击力。从动漫形象来说，也存在同样的问题，根据《2009 年中国文化产业发展报告》显示，中国青少年最喜爱的 20 个动漫形象中有 19 个来自海外，本土动漫形象只有“孙悟空”入围。

其次，从先进国家动画产业的发展历程来看，一般都要经历整片进口、外包出口、整片出口和外包进口四个阶段，事实上，日本、韩国等国家和地区在发展的初期也都是从进行外包出口起步的。同样的情形也发生在我国，从 20 世纪八九十年代开始，由于我国低廉的劳动力成本，外国动漫企业纷纷把动漫的后期加工放在我国进行，直到现阶段我国很多企业的主营业务业仍是为国外企业进行外包服务。可是，现阶段的市场环境与日本、韩国当年做外包时的环境却有了很大的差别，以日本为例，日本最初在为美国做外包时，是美国好莱坞的唯一的海外制作中心，没有什么竞争者，而现在随着动漫产品的全球传播，除我国内地外，印度、东南亚、东欧等许多国家和地区也都积极参与到了动漫行业的贸易中，和我国内地形成了激烈的竞争，竞争者的增多肯定会使我国国内企业的外包订单减少，利润下降，如果动漫企业的发展受到影响，那也必然会影响我国整个动漫产业的有序发展。

2. 国内动漫文化的缺失

国产动漫缺乏竞争优势的深层次原因在于动漫产业的原创力不足，造成原创力不足可能有多方面的原因，但最重要的可能是由于国内动画文化的缺失，使得原创人员的思想受到了很大的束缚所致。

首先，中国动漫主要的目标定位是儿童群体，是基于“动漫是给儿童看的”理念来创作的，总是以成人居高临下的眼光去对孩子进行说教，很多题材都是照

搬历史典籍或文学名著，这样的做法导致国产动漫产品的娱乐性和趣味性都不强，即使观众仅为儿童，也不容易受到儿童的喜爱。外国的动漫业却把 18 ~ 30 岁的人群定位为主要客户群，以美国的动画大片为例，不仅儿童是其观众，也受到很多成年人的欢迎，如果我们深入分析会发现，美国的动画片也蕴含着有一定的教育意义，但教育意义和价值取向都被巧妙地融入了娱乐性极强的表现形式里，寓教育于娱乐中。造成这种情况的深层原因还是由于目前在我国还没有建立起深厚的动漫文化，人们对动漫产业的认识还存在着一些偏见，总认为漫画书是青少年的读物，而动画片更是只适合于儿童，这就阻碍着动漫行业消费群体的扩大和市场的扩展，进而也不利于动漫行业的融资和吸引人才。

其次，国产动漫作品的原创能力不足归根结底也是由于国内动漫文化的缺失造成的。由于思想上没有转型，再加上我国传统"填鸭式"的教育模式培养出来的动漫创作人员的创作思路仍然非常保守，即使出现一些创意，也缺乏艺术吸引力，这样就造成了我国动漫作品所体现出来的原创能力不足的问题。

3. 没有形成完整的产业链

目前，国产动漫的完整产业链远未形成。从国际成熟的运行模式来看，完整的动漫产业链包括漫画在动漫期刊上的连载—发行单行本—改编成影视动画片—电视台和电影院的播出和放映—动漫图书出版发行、音像制品的发行和游戏产业—形成版权的授权代理—衍生产品开发和营销。这样一条完整的产业链环环相扣，涵盖了创意策划、出版发行业、电影电视播放行业和游戏、玩具、服装等行业，各个环节之间相互联系，也相互促进。

首先通过在漫画杂志上选取受读者欢迎的题材和故事发行单行本的方式，发掘出适合进一步开发的故事和动漫形象，接着拍摄动画片扩大动漫形象的影响力，在这样的运作之后，由于动漫形象和故事已经深入人心，衍生产品的开发就是顺理成章的事了，通过这一系列环节的运作，动漫企业才可能取得盈利。从国外成功运作的经验来看，很多动画的主要盈利点是在其开发的衍生产品上。例如，美国迪斯尼公司制作的动画片《狮子王》，投资 4500 万美元，到 2006 年为止，播出环节收入已达 75 亿美元，更让人惊叹的是，其衍生产品的收入已经高达 20 亿美元①。

目前我国动漫产业的经营情况与国外成熟模式不同的是各自为战，彼此割裂：出版社出版发行自己的动漫图书，动画企业和电视台制作自己的动画片，游戏商开发自己的游戏，这种各自为营、缺乏统一的筹划和运作的状况直接导致了动漫企业盈利能力的低下，因为通常说来，动画片想依靠票房或者是电视播出的

---

① 蔡八弟．动漫产业的土洋博弈［J］．中华商标，2006（6）．

费用来收回成本是不可能的，需要依靠衍生产品的开发来盈利，但由于大多数动漫企业只专注于其中一个环节，而忽视了其他环节或衍生产品的开发，因此很难维持良性的循环。

当然，目前国内也有一些好的探索，如湖南三辰集团对“蓝猫”品牌的衍生产品的开发就较为成功，涉及了音像、图书、文具、玩具、服装、鞋帽、食品、饮品、日化、保健品以及自行车、家用电器等十几个行业的多种儿童消费品。但这并不是通常的情况，整体而言，完整的产业链还远未形成。

4. 盗版问题严重和高端动漫人才匮乏

同国外动漫作品一样，我国优秀的本土动漫产品也面临着严重的盗版问题。本来由于产业链的问题，国内动漫企业的盈利能力就不强，但是当创作出一个市场比较欢迎的作品后，却又面临着巨大的盗版市场，严重妨碍了我国动漫产业的健康发展。据报道，国内几部知名动画片的收益都受到了盗版的严重冲击，《宝莲灯》正版与盗版之比是1∶9，《我为歌狂》的各种盗版版本超过10种。在这样的情况下，动漫企业的利益受到巨大的影响，进而其创作动力肯定也会受到抑制，这样，产业内的良性循环就难以形成，长远来说，整个行业健康有序的发展必定会受到影响。

另外，我国的高端动漫人才匮乏，稀缺创意人才和制作人才，更重要的是，我们缺乏经验丰富的动漫行业的经营人才，这些影响了动漫行业的发展。

三、我国动漫产业国际竞争力的提升对策

要想迅速提升我国动漫产业的竞争力，必须从多方面来着手完善相关的产业环境，促进动漫文化的传播和普及，进而提升我国动漫产业的国际竞争力。

1. 培育本土的动漫文化

发展我国的本土动漫产业，提升我国动漫行业的竞争力应该从最根本的措施做起，那就是积极培育我国本土的动漫文化。通过动漫文化的培育，引导更多的经济资源和社会资源投入动漫产业中，这样可以进一步完善动漫产业环境，大大提高我国动漫产业的国际竞争力。

在培育本土动漫文化的过程中，政府、企业等各方应该采取一切可能的措施，从政府来说，除制定相关的政策规章和产业发展规划外，还应充分调动各种传播渠道，帮助树立起一种良好的导向，扩大整个社会对动漫行业的正确认识。从行业和企业层面来说，可以积极组织和参加各种动漫活动，赞助各种与动漫产业有关的大赛，设立各种研究基金和奖学金，通过多种渠道扩大全体社会成员对动漫行业的认可和喜爱程度，这样才能逐渐培育出本土的动漫文化。另外，我国每年进

口的外国动漫产品制作精良、质量上乘，有利于大众对动漫行业的接受和喜爱，而且动漫创作者还可从中学习和借鉴，长期来说有助于培育我国的动漫文化。

2. 构建完整的动漫产业链——高水平的专业公司来协调运作

动漫市场是靠产业链运作的，动漫产业本身是由环环相扣的复杂产业活动所构成的，因此，动漫不是指任何一部作品，而是代表了一个从上游制作到下游营销、周边产品开发的完整产业循环链，包括“动漫生产—播出—衍生产品开发—收益—再生产”这些环节，在这个链条中的每一个环节的运作质量都会直接影响下一个环节的成败，它们是一个相互联系、相互交叉又相互制约、相互促进的有机整体，而这其中的每个环节又牵扯众多行业，也就是说，构造完整的动漫产业链，就是要构建动漫产业与各产业间的协调。

目前，我国的动漫业还没有形成一个完整的产业链，我国动漫只有约 10% 的作品能形成相对完整的产业链，如湖南三辰集团制作的《蓝猫淘气 3000 问》动画，一系列蓝猫衍生产品的收益占总收入的 70% 以上。通常的情况是动画节目制作后，除了完成播放这一环节外，其他环节则基本处于被动停滞状态，这个产业链的投入—产出循环过程是断裂的，要想实现动漫产业持续健康的发展，动漫再生产的良性产业链循环系统就必须建立起来。

建立完整产业链首先最重要的是要有一支高水平的专业队伍来进行整个产业链的筹划，也就是动漫策划运营公司，这种专业性的动漫策划运营公司从市场调研开始，到下一步的节目策划、组织创作、制作，再到生产出来后的宣传、发行及最后动漫衍生产品的设计、开发和营销的全过程，统统都由其来进行统一的策划，这些公司所起的作用是将动画制作、营销、播出、衍生品市场各个分散的环节连接在一起，并通过这个枢纽使动漫产业成为环环相扣、紧密联系的整体，这样才能形成完整的产业链。

另外，从日本的成功经验来看，日本非常注重中上游产品，即漫画和动画的发展，然后以此为基础，再进一步向产业链的下游产品，即有关的衍生产品，包括与漫画、动画形象有关的服装、玩具、食品、电子游戏等发展。我们也应该注重上游作品的创作，尽可能创作出适应广泛年龄层次偏好的动漫作品，然后再同时积极开发包括服装、玩具等在内的动漫衍生产品，通过这样的方式来促进完整动漫产业链的形成。

另外，在发展过程中也应注意各个环节的发展必须相互配合，因为产业链是环环相扣的，只有各个环节上都有一定的发展，才能够互相支持。总之，只有从产业链的角度来认识动漫产业、发展动漫产业，中国的本土动漫业才可能走出长期以来“游兵散勇打游击”的局面，走上健康快速发展的轨道。

3. 发展和加强原创

我国的动漫产业有着一定的原创基础，早期制作的具有明显中国元素的动画

《铁扇公主》、《大闹天宫》、《小蝌蚪找妈妈》等还多次在国际上获奖，受到了世界的肯定，这对于动画的传播和整个产业的建立都起到了良好的促进作用，改革开放后，又逐渐形成了上海美术电影制片厂和中央电视台动画部两大南北动画制作基地，同时又有民间资本的注入，因此，发展原创对于我国的动漫产业来说，不仅具有一定的基础，条件也是具备的。

由于我国历史文化悠久，本土的艺术造型语言非常丰富，因此，发展原创的含义主要在于如何结合当代人的审美要求和价值取向，因地制宜地把本土的艺术元素转化为能够被当代人广为接受的动漫形象。通过这种方式塑造出的艺术形象既有着鲜明的民族特色，又适应了当代人的精神需求，必定会拥有长盛不衰的艺术生命力。可以说，从本土文化中寻找具有民族特色的动漫形象是发展原创最核心的任务，也是动漫创作人员最应该下功夫去研究的。

具体而言，发展和加强原创可以从两个方面来进行。一是形式方面，我们可以从我国的传统艺术形式中汲取养料，而不是随便照抄国外的手法和造型，那样会逐渐使本土的动漫失去活力；二是内容方面，国外成功的动漫作品往往都有着引人入胜的故事情节，不仅如此，很多动漫作品还引发人们对人性的思考，实现了观赏性和艺术性的统一。我们的本土动漫也需要拓宽思路，将传统的或民族的题材挖掘出新的内涵，使其在更广阔的范围中找到人性的共鸣。当然，发展原创并不意味着我们只能在传统历史或神话故事中寻找素材，同时我们更应用开放的眼光来吸纳和借鉴国外可用的素材，这样才有可能创作出真正的动漫精品。

在动漫企业有了自己的原创作品后，就可以逐渐培育出自己的品牌了。动漫产业发展的关键就是培育品牌。我国“十一五”规划中动漫产业发展的目标之一就是培育若干具有国内、国际影响力的动漫品牌。但是品牌的培育不可能一蹴而就，这就要求经营者必须遵循品牌的发展规律，对自己的经营做一个详细而长期的筹划，这样经过一段时期，才有可能培育出成功的品牌。

4. 进一步发展外包

从发展动漫的历程来看，后加入国际市场的国家不可避免地都要经过为先进国家做外包这个阶段，我国也不例外，从 20 世纪 90 年代起，我国内地逐渐开始承接美国、日本等国的外包业务，而我国劳动力价格和制作成本的优势是我国动画产业进入国际市场的有利条件。据统计，以 30 分钟动画产品的制作费用为例，我国的制作成本为 5. 5 万美元，而美国为 25 万 ~40 万美元，韩国和我国台湾地区为 11 万 ~12 万美元，菲律宾为 9 万 ~10 万美元，印度为 6 万美元。

现阶段，我们一方面应该加强原创，同时也应该进一步抓住国外企业想要降低成本的机会发展我们的外包业务，积极建立与美国、日本、韩国和中国台湾等地区的动漫企业的联系，因为通过做外包，不仅有利于我国动漫制作行业的建

立，还有利于维持行业里一定的从业人员，培养本地的动画人才，还可以在这个过程中了解和学习先进国家的制作和发行方法，逐渐培育我国本土的动漫文化。

5. 加强知识产权保护和动漫人才的培养

本土动漫行业要想健康发展，就必须鼓励和保护原创，但我国动漫企业的原创积极性并不是很高，很大原因在于其原创作品的利益无法受到保护，因此无法获得正常收益。针对这种状况，政府必须加大保护动漫产品知识产权的力度，积极鼓励动漫作品著作权登记，加强对动漫运营市场的监管，严厉打击各种走私、侵权和盗版动漫产品的行为，同时积极倡导全社会树立尊重和保护知识产权、拒绝盗版的理念，保证企业在推出优秀的动漫作品和形象后得到应有的收益。

中国动漫产业的持续发展必须以高层次的动漫人才为前提。尽管近两年来国内开设动漫相关专业的各高校院系有近百个，在校人数近万人，但专业动漫人才还是供不应求。目前培养的人才以低端制作人员和高端纯研究人员为主，人才结构失衡，动漫、游戏前期规划和创作人才缺口非常大，这样的状况很明显会制约我国动漫产业的长期发展。针对于此，我们应加强动漫人才的培养，积极引导高等院校、科研机构将动漫作为重点学科加快建设，逐步完善动漫作品创意策划、加工制作、软件开发、市场营销、经营管理等专业课程，推动院校、职业培训机构、动漫基地与相关企业之间的合作，设立动漫职业培训机构和教学科研实习基地，加强对动漫人才的职业培训，同时通过组织各类动漫设计竞赛，吸引对动漫感兴趣的人员进入相关行业进行设计、开发和经营，逐渐形成一批具有专业素养和敏锐市场洞察力的动漫从业人员。

我们坚信，在我们逐渐培养起本土的动漫文化、形成完整的动漫产业链后，通过鼓励原创、发展外包、加强知识产权保护和人才的培养这些方式，假以时日，我国动漫产业的国际竞争力必然会逐渐得到提升！

扩　展　学　习

问题与思考

1. 结合电影产业的主要特点，分析我国电影产业进一步发展所面临的挑战。

2. 我国电影产业在发展中是怎样在逐步实现多元化盈利模式的？

3. 面临中国巨大的影视消费市场，我国电影产业的发展应怎样转变、吸收借鉴和国外电影产业的发展经验？

4. 我国动漫产业本身具有怎样的特点和优势？

5. 我国动漫产业在发展中该怎样拓宽衍生品的发展？

6. 分析政府政策的支持会对我国动漫产业的发展带来哪些方面的影响。

一、《变形金刚 4：绝迹重生》——好电影还是好生意[①]

《变形金刚 4：绝迹重生》开映后，持续火热，场场爆满。引发大家关注的是其中众多的“中国元素”：中国场景、演员、广告。为何会有这么多“中国元素”？不少评论说好莱坞被“绑架”了，如何看待这个问题呢？

的确，好莱坞电影越来越重视中国元素。

《变形金刚 4：绝迹重生》里“中国元素”爆发式体现，是近年来好莱坞电影此类趋势的登顶之作。除了有李冰冰、吕良伟、韩庚、邹市明等中国演员加盟和中国取景外，片中还植入了大量中国品牌广告，包括蛋白粉、牛奶、汽车、电视、珠宝、矿泉水、功能饮料，甚至鸭脖。难以想象，在一部好莱坞超级大片里，“竟然能找到 1/3 的中国元素”，甚至该片导演被迫跑到中国赞助商面前去低头解释为什么贵公司的植入不足 20 秒……

值得注意的是，这次《变形金刚 4：绝迹重生》大吹“中国风”，并不是单独剪出一个版本只在内地给国人娱乐，而是全球只此一版，这和以前好莱坞略显鸡贼的虽有中国元素但实为“特供版”，有本质的不同。

回看一下过去四年，我们可以发现，含有中国元素（讲述中国故事、取景于中国、有中国演员参演、有中国广告商植入广告）的好莱坞电影多达十几部，其中具有代表性的包括《钢铁侠 3》（取景于北京永定门城楼，演员包括范冰冰、王学圻）、《007：大破天幕杀机》（取景上海与澳门）、《环形使者》（取景上海，演员有许晴）、《云图》（演员周迅）、《变形金刚 3》（出现 4 家中国企业广告植入）、《生化危机 5》（演员李冰冰）、《登陆之日》（演员范冰冰）、《功夫熊猫 2》（熊猫只有中国有）等。

这种重视，既有主动“顺应潮流”，也有被动“识时务为俊杰”。

中国电影市场在 2012 年超越日本成为全球第二，融入中国元素是好莱坞主动求变。在 2002 年，中美的电影市场差距还非常悬殊：中国年度票房近 9 亿元，

---

① http://ccitimes.com/chanye/chanye/2014-07-02/106104106104.html.

不足美国的1/50，完全不足为道；到了2012年，中国年度票房超过170亿元，约为美国的1/4，超过日本成为世界第二大电影市场；2014年上半年，中国票房已超过134亿元，若按照现在的速度增长，2016年中国就可能达到目前美国的规模（100亿美元），而美国的电影市场规模已经停滞多年未发展。

中国内地电影市场规模的急剧增长，既有国产电影的发力（票房超过3亿元的国产电影比比皆是），也有国外电影（基本是好莱坞大片）的因素。2012年，3D版《泰坦尼克号》在中国上映，影片在中国市场创造了10多亿元人民币的票房，超过了北美（美国和加拿大）；2013年的《重返地球》，在全球取得的2.42亿美元的票房中，海外收入高达1.82亿美元，而中国市场3300万美元的成绩，是所有海外市场中最高的，排名第二和第三的俄罗斯及墨西哥的票房都不及中国的一半。

道理很简单，如果中国的电影市场对好莱坞而言无足轻重，那么则可以完全无须顾虑中国观众的感受；如果中国电影市场对好莱坞有影响但并不致命，那么可以稍稍考虑中国观众的感受但还不足以影响决策；而像现在这样，中国电影市场往往占据北美之外的最大票房来源，则投入多大的重视都不为过。

所谓"考虑中国观众的感受"，主要体现在两个方面。其一，尽量不让中国观众有负面情绪。如1984年，米高梅公司拍摄的战争片《赤色黎明》，假想苏联军队入侵美国。时隔15年后的2009年，米高梅又重拍《赤色黎明》，"苏联红军"更替为"人民解放军"，引发了一片争议与关注。在华人群体抗议下，制作方将入侵美国的国家替换成别国。再如2012年，《黑衣人3》在全球公映时，该片的中国版本，反面角色中国人和主人公在纽约唐人街枪战的情节被主动删除而非被阉割。其二，尽量让中国观众"产生共鸣"，不会觉得这部电影和自己完全没关系。为达到这种目的，最方便的方式就是尽可能地加入中国元素。例如，《敢死队1》在中国上映时虽然也大受欢迎，但比起2.7亿美元的全球票房，中国的3178万美元的票房只占12%，然而当中国某影业注资《敢死队2》，并邀请了中国明星李连杰和余男加盟后，《敢死队2》的中国票房一跃升至5309万美元，占全球总票房的24%。

好莱坞影片受中国进口配额限制，而有中国投资参与的则不受限。

2012年，中美双方就解决世界贸易组织电影相关问题的谅解备忘录达成协议。中国政府同意在每年20部海外分账电影的配额之外，再增加14部分账电影的名额，但必须是3D或者是IMAX电影，美方票房分账比例也将由13%提高到25%。即使如此，也是每个月3部不到的配额。对此，电影局局长张宏森认为，"如果美国电影无节制地进入中国，中国电影产业会出现严重后果"。

如果是一部"纯正"的好莱坞大片，那么在中国上映就要占掉一个配额，而且经常会遇到类似“国产电影保护月”这种东西，而有中国投资本参与投资甚至联合摄制的电影，则可以不受配额的限制。美国知名娱乐杂志《综艺》指出，不仅中国资本正积极接洽好莱坞，好莱坞也急需中国资本为自己“开路”。截至目前，《环形使者》、《钢铁侠3》、《超验骇客》、《云图》、《敢死队2》都有中国资本参与的背景，中方除了参与投资，给予资源支持外，还要负责其在国内的发行。

可以发现，上述有中国资本参与投资的好莱坞大片，无一例外地具有“中国元素”。这个道理也很简单，有了投资即对内容有了一定话语权，而中国投资方显然有希望影片更多地融入“中国元素”的迫切需求。以前在好莱坞电影中，“日本元素”很多，后来中国不仅电影市场超过日本，经济体量也跃居第二，美国电影市场就自然把“中国元素”加入电影，只是目前尚处在“加入”阶段，而非“融入”。

思考题：

1. 如何看待越来越多的好莱坞大片融入“中国元素”？中国电影如何借鉴学习融入不同文化和民族元素，提升国际竞争力？

2. 借鉴海外电影产业发展经验，你认为中国电影为实现开拓国际市场，走向国际影坛的目的，合拍片是最行之有效的方式吗？为什么？

二、国产动画与迪斯尼之间有多远①

迪斯尼新作——《疯狂动物城》在中国和美国同步上映，靠着超强的口碑成为周末爆红的新片。作为迪斯尼第55部动画长片，它不仅在豆瓣上刷出了9.4的高分，更以近3亿元票房打破了由《冰雪奇缘》保持的迪斯尼首周票房纪录。该片在美国拿下7370万美元首映周末票房，成为迪斯尼本部制作的动画中（不包括皮克斯动画）开画票房最好的一部。

比起枯燥的票房数字，它天马行空的想象力、俯拾即是的笑点以及深刻隽永的寓意，更令其成为微信朋友圈赞声一片的佳片。片中角色狐尼克、兔朱迪、闪电树懒等爆红网络，晋身最热门“网红”。关于好莱坞富于科学精神的创作态度及方式，也引起了国内电影从业者们的深思。“每一部迪斯尼动画的基础都是背景调研。”迪斯尼现任掌门人约翰·拉赛特始终坚信只有这样才能创作出精彩的故事。原来性格各异的动物、庞大有趣的城市以及富于内涵的主题，皆得益于他们长达近两年的前期调研。

① http：//www.ccitimes.com/special/yejie/Zootopia.html.

1. 调研：跋涉9000英里走进野生动物世界

片中创意并构建了规模宏大、细节丰富的动物城世界，在其中加入了50种不同的物种，保留了它们在现实世界中的特点，并且让它们穿上衣服开口说话。所以，当《疯狂动物城》幕后的制片方决定创造一个全由动物构成的世界时，它们的背景调研就是要真正地深入野生动物国度。

因此，创作团队光是调研动物就用了18个月的时间。制片人克拉克·斯宾塞回忆："我们拜访了全世界的动物专家，其中包括奥兰多迪斯尼世界动物王国里的专家。我们跋涉9000英里前往非洲肯尼亚，进行了为期两周的动物个性与行为的深度发掘。我们希望所有的动物都足够真实，并能够反映它们现实中的行为。"

2. 选角：致敬迪斯尼1973年版《罗宾汉》

《疯狂动物城》导演拜伦·霍华德表示："我们都是从小看着那些超棒的迪斯尼动物电影长大的，我们都沉浸在那样的世界里。"他回忆，自己最喜欢的童年电影是迪斯尼1973年版的动画片《罗宾汉》，这部影片虽然讲述的是罗宾汉的故事，但片中角色却全由不同的动物来呈现，例如，聪明狡诈的罗宾汉就是一只身手不凡的狐狸。有观众发现，《疯狂动物城》中的狐尼克与《罗宾汉》中的主角狐狸十分相像，就是因为导演想向那部经典动画致敬，不过他也认为，要用一种全新的、与众不同的方式挖掘出更深的内涵。"我们最初问自己这样一个问题，'一个由动物自己设计的动物大都市会是什么样子？'这个灵感让我们感到无比兴奋。"

3. 主题：从搞笑的动物电影到关于偏见的寓言

霍华德表示，长时间的调研，让他们发现大约90%的动物其实都是猎物，"仅有10%是猎食者。所以尽管我们总是假设这个动物世界的统治者是猎食者，但它们事实上是少数派"。主创请教了人类学家和社会学家并对人类历史进行了回顾，发现只要存在多数派和少数派的划分，社会问题就会发生。"我们学习并观察到，任何种类的动物都会更倾向于与相似的动物生活在一起；它们在各自的群落中寻找庇护，并且会回避与自己看上去不同的动物。"

所以，调研的结果让制片方构思出了一个关于固有观念与偏见的故事。"我们开始时是想要制作一部搞笑的动物电影"，霍华德说道，"可是我们挖掘得越深，我们越是发现，其实可以在保留有趣世界、角色和故事的同时，还有机会去交代更重要的事。而用导演瑞奇·摩尔的话来说，成败的关键在于如何找出恰到好处的平衡点。我们花了很大的努力去寻找这个平衡点——讲述一个丰满的故事，让它既具有娱乐性，又有深度和意义。"

4. 建城：艺术创作也要有逻辑支持

片中的"动物城"让几乎所有观众眼前一亮，制片人克拉克·斯宾塞说：

"我们希望动物都是真实的尺寸——这可是在动物动画电影中非常罕见的。所以我们的世界必须能够以一种清晰且有创意的方式，容纳下各种不同体型的生物。"

根据艺术指导大卫·戈艾兹的说法，制片方必须像动物一样去思考才能够设计出这样一个城市。同时受到像纽约、伦敦这样的大都市的启发，创作者们将传统的城市景观与全球化影响和动物元素融合在一起。例如，冰川镇运动馆就有着颇具俄罗斯建筑风格的洋葱状穹顶结构，动物城火车站的室内热带花园就是借鉴自西班牙马德里中央车站，但是加入了一些角状高塔。动物城的核心气候类似于南加州，但是它也有着各种改造气候区来提供不同居民所需的生活环境。

5. 中国动画与迪斯尼相差多远?

面对好莱坞动画电影生产体系打造出来的精品，中国动画电影简直被全方位碾压到连还手之力都没有。每每有美国精品动画电影出现：一个经典问题就会萦绕在大家脑袋里：为什么在真人电影整体水平以光速飞奔发展的今天，中国的动画电影却像被树懒闪电附身了一样，发展缓慢呢?

6. 中国动画电影现状

目前，中国动画制作方面技术牛，但是影片故事情节及影响力却很弱，基本放弃了成年人市场。

其实说起来，中国本土动画特效制作简直堪称国家软实力代表。春节期间上映的《功夫熊猫3》就是由梦工厂的中国分部——"东方梦工厂"制作的。《功夫熊猫3》还特地为汉语配音版重新建模了一版人物，以使得人物台词和口型能完美配合。越来越多的好莱坞影片选择将特效制作这一块外包给中国的团队来做，在炫目的特效背后都是中国技术员们搬砖的心血。在动画制作方面，中国的技术堪称世界领先水平。

好莱坞有《功夫熊猫》、《驯龙记》等大IP，做成系列动画。中国同样有自己的动画系列IP:《喜羊羊》系列，《熊出没》系列，《巴拉拉小魔仙》系列。然而这些影片的影响力和现象级程度跟《功夫熊猫》等好莱坞系列比起来，基本就是零。

《喜羊羊》系列，每年根据生肖出一部贺岁档大片，迄今为止已经出了整整七部。作为一部主打低龄向的2D动画片来说，喜羊羊系列是合格的。可是作为中国动画电影数一数二的大IP，喜羊羊系列的剧情着实就有点"怯"了。过于低龄化，剧情幼稚，人物性格单薄，这些致命伤让成年人连下载观看都嫌费流量，更别提走进电影院。

以《喜羊羊》和《熊出没》系列为代表的动画电影共同的问题在于，剧情矛盾冲突过于直接，人物性格简单平面到了标签化的程度，一切矛盾的解决方式就是邪不压正。从故事里我们既看不到主人公的成长，也看不到完整的世界观，更看不到借由故事向孩子传递的价值观和理念。

国产动画电影现在整体呈现出“好片不出头，烂片满地走”的形势背后是中国整体动漫产业的低迷。毕竟动画电影和真人电影不同，动画电影如果想做得精良，背后所需的投资绝不吝于一部大片。然而国内现在尚无一个行业标杆性的动画厂牌，动画导演、配音演员等更是长期处于“无名英雄”的境地。即使要做营销，卖点又从何而来呢？只能靠口碑口口相传。

那中国动画电影还有救吗？只有观众们走进电影院，用票房支持国产动画，整个行业才能往健康的方向发展。据悉，2016 年，仅立项的动画电影项目就有 33 部。这是个好势头，起码行业繁荣了，质量才能真正的好起来。如果这 33 部里有良心之作，希望它千万不要被埋没。

思考题：

1. 结合案例，分析我国动漫产业发展存在哪些问题？
2. 谈一谈如何才能真正提升我国动漫产业的竞争力？

专家观点

电影需要“走出去”才能更为有效地对外传播国家形象①

由于电影产品不同于普通商品，在跨国交易时具有“文化折扣”和“外部利益”，贸易壁垒多，一般都采用灵活的适应性策略模式进入国际市场，规避风险，适应不同国家、不同文化背景下的消费需求。

作为文化产品，电影具有经济和文化的双重属性，一方面涉及供给、需求、价格等市场要素；另一方面又借用声音、图像提供的象征符号与文化密切关联，具有无法用市场标准衡量的独特价值。加拿大学者霍斯金斯在《全球电视和电影：产业经济学导论》一书中指出，国际影视产品贸易具有特殊性，区别于普通商品贸易，并且总结了三个与此相关的核心概念：电影和电视在跨国交易时会产生“文化折扣”，电影和电视具有自身的“外部利益”，电影和电视具有“共同消费”特征，这些都直接影响产品的出口。

第一，“文化折扣”的影响。在国际影视产品贸易中，在国内市场颇具吸引力的产品到国际市场可能反响平平或无人问津，因为国际观众不一定喜欢或认同其中的美学风格、价值观、信仰、社会制度和行为模式。霍斯金斯等研究文化经

① 尹鸿，唐建英．中国电影产品在国际贸易市场中的适应性策略［J］．对外传播，2008（5）．

济的学者用“文化折扣”的概念来解释这种因文化差异而产生的影视产品吸引力降低、产品贬值的现象。“文化折扣”的高低会直接影响观众的接受程度和产品在国际市场的效益。“文化折扣”高的产品，难以提起观众的兴趣，“文化折扣”低的产品，则容易被观众所接受。

语言的隔阂是产生较高“文化折扣”的重要原因，配音、字幕和不同口音都可能干扰国际观众对影视节目的欣赏。另外，从产品类型来看，动作片、动画片、科幻片、惊险片、恐怖片、悬疑片等“文化折扣”低，是国际电影贸易的主要交易品种。文化内涵复杂的喜剧片和家庭片“文化折扣”高，成交额相对较少。当年索尼经典影业公司曾经投入巨资，在北美发行冯小刚的喜剧片——《大腕》，由于影片展现的是中国社会转型时期的特殊情境，而且充斥着大量一语双关的京味对白，北美观众很难理解和把握，导致该片上座率和票房收入都不理想。近些年来，中国内地和中国香港、中国台湾地区的古装武侠片，因为接近动作片，节奏快，叙事透明，“文化折扣”低，在国际市场，尤其是欧美市场上更容易得到发行商和观众的认可。为了降低“文化折扣”，在国际电影贸易中，甚至会采用转让改编权和翻拍权等多元化出口模式，消除文化差异带来的不利影响，增加产品的可接受度。例如，日本恐怖片《午夜凶铃》、《女幽灵》被美国公司购买后，就通过二次翻拍的方式进行本土化的包装，减少过于夸张和怪异的内容，使其更有利于在国际市场上流通。中国在出口电影产品时，也必然要考虑如何减少跨国文化交流的难度，降低“文化折扣”的影响，采用更加“国际化”的形式和内容来促进文化传播。

第二，“外部利益”的影响。外部利益是评估贸易争端的一个关键概念。电影产品的外部利益是指观众观看电影后所产生的影响和收益。通常会被考虑的相关的政治利益、国家和民族的历史记忆、传统的价值观、社会凝聚力和文化认同等。

电影产品外部利益的存在是许多国家对其进行政府干预的原因。这些国家因为担心国外文化产品大量涌入会对本土语言、文化、民族意识造成潜在危害，进而通过关税、配额、补贴等政府干预方式实施贸易保护主义，制造市场进入壁垒，鼓励生产包含自己国家价值和信念的文化产品。

第三，“共同消费”特征的影响。在普通商品的国际贸易中，如果产品在出口市场的价格低于成本价，或者国际定价低于国内定价时，就会被视为倾销而遭到贸易报复，但是在国际电影贸易中，这条规律却受到了挑战。由于电影产品属于“共同消费”的公共产品，不具有排他性，即一个观众对产品的使用并不影响其他观众的消费，而且产品的再复制成本比初始生产成本低得多。所以，当产品在国内市场收回或者部分收回成本后，即使低价出口到国际市场，由于所耗费的成本有限，往往仍然能保持一定的盈利水平。

“共同消费”的特征意味着消费电影产品的受众越多，平均边际成本越低，越容易产生规模经济效益。因此，国内市场越大，越有可能向国外提供低成本的产品，从而在国际贸易中获得比较优势。美国庞大的国内市场消费能力让美国影视产品在本土就能偿付生产成本，从而有资本发挥价格优势，在全球范围内长驱直入。中国被视为电影业最大的“钻石矿”，拥有一个13多亿人口的潜在电影内需市场。随着中国国内电影市场潜力开发，电影产品的生产和流通成本降低，中国电影产品国际价格的比较优势也会显现出来。

思考题：

1. 中国在出口电影产品时，如何减少跨国文化交流的难度，降低“文化折扣”的影响，采用更加“国际化”的形式和内容来促进文化传播？

2. 依据以上对电影作为文化产品在跨国交易时的特殊性分析，中国电影业如何更好地“走出去”，增强出口规模和出口效益？

在线学习

进入中国电影产业网（http：//www.chinafilms.net/）、中国动漫产业网（http：//www.cccnews.com.cn/）、国家新闻出版广电总局（http：//www.sarft.gov.cn/），了解更多有关电影产业和动漫产业及相关产业贸易的报告与数据。

第九章 广告产业与产品贸易

在过去的10年中，中国广告市场的发展已经成为全球广告业关注的热点。从市场规模上看，中国已经超过日本，成为仅次于美国的全球第二大广告市场。中国广告市场已经成为低靡的世界广告市场中最富有活力的市场。随着经济全球化速度加快，我国广告企业都面对着国内竞争国际化、国际竞争国内化的竞争格局。本章将介绍世界及中国广告产业的发展现状、中国广告产品贸易发展情况及存在的问题，并提出加快中国广告产业发展，提升国际竞争力的发展对策。

第一节 广告产业概述

广告产业不仅是文化创意产业的核心组成部分，而且在文化创意产业的发展中占有重要的地位。本节将对广告产业的定义及其在文化创意产业中的地位等进行阐述。

一、广告产业的定义

广告是将相关的信息进行高度精炼，采用艺术手法，通过各种媒介传播给大众，以加强或改变人们的观念，最终引导人们行动的事物和活动。广告产业是指以提供广告服务为专门职业，接受客户委托，专业从事品牌规划、品牌策划，广告调研、策划、创意、设计、制作和广告代理发布等各种服务并从中获取利润的专门化行业。

广告产品并不是人们常说的做了广告的产品而是广告产业经营的对象，也就是广告企业生产出来的能满足广告主需要的各种广告实体产品、广告服务和创意

性成果。它是广告企业与广告主之间进行交易的标的物。广告产业是一个内容十分丰富的庞大体系，从介质来分，广告产业可分为报纸广告业、电视广告业、户外广告业和网络广告业等；从广告产品生产过程来分，广告产业可分为广告调研业、广告创意设计业、广告制作业和广告媒体业等。

二、广告产业是文化创意产业的核心产业

1. 广告产业的地位

广告产业是一个依附性的创意产业，它与文化创意产业其他相关产业的关联度很高，尤其是与传媒产业的关联度非常高，传媒产业的收入主要来源于其广告经营收入。广告产业不仅是文化创意产业的核心组成部分，而且在文化创意产业的发展中占有重要的地位。

按英国等西方发达国家以及日本、韩国和中国香港、中国台湾地区通常所采用的创意产业定义，广告业属创意产业的一个重要组成部分，世界各国政府大力提倡发展广告产业。2008 年 4 月 23 日，中国国家工商行政管理总局和国家发展和改革委员会联合颁布《关于促进广告业发展的指导意见》，指出知识密集、技术密集、人才密集的广告业是现代服务业的重要组成部分，是创意经济中的重要产业，在服务生产、引导消费、推动经济增长和社会文化发展等方面，发挥着十分重要的作用，其发展水平直接反映一个国家或地区的市场经济发育程度、科技进步水平、综合经济实力和社会文化质量。

2. 广告公司在广告产业链中的地位和作用

广告产业链包含广告主、广告公司、媒介和消费者四大主体。其中，广告公司在广告市场的产业链中处于中介地位，是沟通广告主、媒介和消费者的桥梁和纽带，为广告主提供整合营销传播服务。一方面，它与广告主建立广告代理关系，帮助广告主进行市场调查和预测，确定广告目标，依据计划进行广告策划和创意，并完成广告作品的设计与制作；另一方面，广告公司通过媒介分析与选择，购买媒介版面和时段发布广告，为广告主将广告信息向广大消费者传递，最终实现广告目标。

3. 整合营销传播及其运作模式

整合营销传播是通过制定、优化、执行并评价协调的、可测度的、有说服力的品牌传播计划，以消费者为核心重组企业行为和市场行为，综合、协调地使用各种形式的传播方式，以统一的目标和统一的传播形象，传递一致的产品信息，实现与消费者的双向沟通，迅速树立产品品牌在消费者心目中的地位，建立产品品牌与消费者长期密切的关系，更有效地达到广告传播和产品行销的目的。

综合性广告公司以品牌策划、创意与设计为核心竞争力，为客户提供整合营

销传播服务。整合营销传播服务是广告公司在市场调研的基础上，在品牌战略规划的指导下，一方面进行广告的策划创意设计，制作出电视广告、报纸广告、杂志广告、广播广告、网络广告、户外广告、车身与候车亭广告等广告作品，通过媒介策划与媒介购买进行广告发布；另一方面将策划创意设计的促销活动、公关活动的实施和企业形象CI、产品包装、礼品促销品、终端宣传品的制作等外包给配套专项公司执行，广告公司则负责监制并参与执行。最终在企业整个营销环节中，实现与社会和消费者的全方位、一致性的有效沟通。品牌策划、创意与设计是整合营销传播服务的核心。

第二节　世界广告产业发展现状与趋势

随着世界经济的增长，全球广告市场规模不断增大。全球广告产业正在经历重大的战略转型。本节介绍并分析了世界广告产业的发展现状与趋势。

一、世界广告产业发展现状

随着世界经济的增长，全球广告产业在进入21世纪以来一直在持续增长，广告市场规模不断增大。2005年全球广告开支为3400亿美元，比2004年增加了4.4%。从规模来看，按地区由大到小依次为北美、欧洲、亚洲及太平洋地区、拉丁美洲、非洲及中东地区，排位顺序与2004年相同。其中，北美地区的广告开支达1546亿美元，约占全球总开支的45%；欧洲地区广告开支达918亿美元，占全球总开支的27%；亚太地区开支达714亿美元，占全球总开支的21%。2008年全球广告业支出额为4916.34亿美元，较2007年增长1.3%。[①]

依据从美洲、亚太、欧洲、中东及非洲等59个市场收集到的数据，全球领先的媒介传播代理商凯络发布2017年首次全球广告支出预测，2016年全球广告支出总额将达到5380亿美元，同比增长4.5%。受益于2016年度高关注度的媒体事件，包括美国总统选举、2016年里约奥运会与残奥会及2016年欧洲足球锦标赛，凯络预计，2017年全球广告支出将延续2016年的乐观前景，保持强势增长态势，有望同比增长4.5%。凯络的最新预测再次证实，数字广告的兴起成为全球广告支出增长的稳固推动力。随着2016年数字广告支出的大幅增长，其中

① 2013年广告产业分析报告. http：//www.doc88.com/p-3837363782442.html.

移动媒体（37.9%）、在线视频（34.7%）和社交媒体（29.8%），预计2016年有望延续增长势头，达到15.0%的两位数增幅，而2017年将增长13.6%。总体来说，凯络预测，2016年数字广告支出的市场份额将达到27.0%，并且在2017年将大幅增长至29.3%，全球总额达到1610亿美元。

2015年所有地区的广告支出均实现增长，其中西欧的增长率为2.8%，北美洲为4.3%，亚太区为3.6%，而拉丁美洲则达到11.0%。尽管个别市场会有所波动，但预计2016年大部分地区仍然充满信心。2016年北美广告市场依然表现强劲，将稳步增长4.6%。2015年，在英国与西班牙的广告支出稳步增长的推动下，西欧地区正保持积极的复苏态势，并有望在2016年和2017年保持3.1%的增长率。虽然中国和巴西的经济波动造成全球广告支出年增长率的预测值有所下降，但亚太区和拉丁美洲地区的广告市场在2016年仍将表现强劲，预计分别同比增长4.4%和10.5%。此外，由于俄罗斯经济预计将从2016年开始稳定下来，凯络也发布了包括中欧和东欧在内的所有地区2017年媒体广告市场振奋人心的美好前景。

二、世界广告产业发展趋势

第一，互联网广告增长强劲。在全球广告业发展趋势中最重要的一个趋势便是广告媒体的变化，也就是互联网广告将在未来广告媒体的载体中占有重要位置。美国市场研究公司尼尔森发布报告称，随消费者的信心增强与品牌意识的加强，2012年全球第一季度的广告开支同比增长3.1%，互联网广告来势汹汹，其增幅高达12.1%。除互联网广告这一新媒体广告外，其他传统类型的广告开支也都出现不同程度的增长，电视广告增长2.8%，广播广告增长7.9%，户外广告增长6.4%，报纸广告增长3.1%，互联网广告增长12.1%，影院广告增长4.1%。但唯独杂志广告并非如此，相反，杂志广告的花费开支同比下滑近1.4%。2013年，互联网广告支出增长32.4%，而传统媒体增长仅为1.7%。

第二，在线视频是增长最快的广告类型。在线视频的快速增长主要得益于移动视频消费的爆发及智能设备的普及，如智能电视、游戏机等。智能手机现在可以展现更大、更好的展示广告，通信技术如4G等不断提升着消费者的联网速度，这让消费者能够随时随地观看高质量的视频内容。美国网络视频服务提供商的数据显示：2014年第四季度移动设备占所有在线视频播放量的34%，同比增长了17%。还有一些其他的因素推动着在线视频的发展，例如，效果评估公司不断优化对桌面电脑、平板电脑和电视等不同屏幕上视频广告效果的跟踪测量方法；主流社交平台在努力发展它们的视频产品；越来越多的视频广告可通过程序化购买投放，给广告主提供了更优化的选择和价值。2014年全球在线视频广告预估增长了34%，达到109亿美元。同时我们预计，在线视频广告未来三年的增长率将平均在29%的水平，到2017年将达到233亿美元。①

第三，中国广告支出增长放缓，但其增长率仍超全球平均水平的两倍。中国经济在连续多年的迅猛增长之后，开始放缓。然而，中国的增长速度仍是大多数国家艳羡的，2014年GDP增长了7.4%，而2015年中国政府将经济增长目标设在了7%。中国广告市场也相应放缓，但从全球水平来看，仍处于健康水平。报告预计2016年中国广告支出将增长9.1%，低于过去五年10.5%的年均增长率，但却是全球平均水平的两倍以上。根据实力传播数据，预计2014~2017年中国广告市场的年均增长率为8.5%。

第三节　中国广告产业与产品贸易发展现状

20世纪80年代以来，伴随着全球经济自由化和市场化改革的浪潮，经济全球化的进程空前加速。2001年12月，中国正式加入世界贸易组织，它标志着我国成为了世界经济大家庭中的一员，标志着我国将按世界贸易组织的规则全面推进各项体制改革，标志着我国的对外开放和现代化建设进入一个新的历史阶段。加入世界贸易组织对我国所有的产业、行业都有直接或间接的影响。以1979年为起点的中国广告贸易是一个既年轻又充满活力的新兴产业，在经济全球化的背景下加入世界贸易组织给我国的广告国际贸易带来了机遇和挑战。

一、中国广告产业发展现状

1. 中国广告产业的发展

新中国成立以来，我国广告业的发展经历了“恢复—停滞—发展”三个阶段。广告恢复阶段是指自新中国成立至20世纪60年代初期；广告停滞阶段是指20世纪60年代中期到1978年党的十一届三中全会；广告发展时期是自1978年党的十一届三中全会至今。广告发展阶段是我国广告理论和广告活动真正发展的时期。在这一时期，我国经济快速发展、市场交易巨大、传播技术不断进步，为我国广告业的持续快速发展创造了良好的条件和难得的机遇。经过三十多年的发展，我国广告市场迅速成长为一个充满生机和活力的市场，成为全球广告市场增

① 2015年Q1全球广告市场预测报告，http：//www.199it.com/archives/208809.html.

长最快的国家之一。

2. 中国广告产业整体增长情况

我国广告营业额从1981年的1.2亿元增加到2008年的1899.56亿元，增加了一千多倍，年均增长速度超过了31%，大大高于同期GDP的增长比率。国家工商行政管理总局统计数据显示，2012年中国广告营业额达到4698.3亿元人民币，比2011年有较大幅度的增长，在GDP中的占比首次达到0.9%。2012年全国广告经营单位的增幅为27.4%，从业人员的增幅为30.1%；表现最为活跃的是个体工商户、私营企业和集体事业单位，增长幅度分别是33.5%、29.6%和22.5%；集体企业、国有事业都出现了负增长，国有企业单位数量则只增长了2.5%；兼营广告企业的数量上升最快，从72808家升至106250家，增幅达到了45.9%，远超行业平均增长水平。中国平均每个经营单位的广告营业额只有124.4亿元，与广告发达国家和国际广告集团相去甚远①（见表9-1）。

表9-1 2012年全国广告经营单位和从业人员基本情况

项目	经营单位（家）	从业人员（人）
广告公司	204757	1382776
其中：股份有限公司	3786	29263
有限责任公司	200971	1353513
兼营广告企业	106250	434162

资料来源：国家工商行政管理总局。

二、中国广告产品贸易发展情况

随着世界经济全球化进程的加快和中国经济的不断发展，中国广告产业迎来了前所未有发展机遇的同时也面临着来自跨国广告公司新一轮强势扩张的冲击。自从中国允许外资广告公司进驻中国，标志着中国广告市场全球化时代拉开序幕到2012年中国已变成全球第二大的广告市场，中国的广告产业不断发展，在世界扮演越来重要的角色。

近年来，我国广告宣传服务的国际服务贸易由逆差迅速转变成为顺差，我国的广告宣传服务的国际竞争力显著增强。2012年我国广告宣传服务出口额达到47.48亿美元，比2011年增加18.2%；进口10.36亿美元，比2011年大幅下降

① 中华人民共和国商务部．中国服务贸易发展报告（2013）［M］．北京：中国商务出版社，2007.

62.5%。2003~2012年，中国广告宣传服务出口年均增长30.1%，占中国服务贸易出口总额的比重由1.0%增长到2.5%；中国广告宣传服务进口年均增长23.1%，占中国服务贸易进口总额的比重有所上升，基本维持在1%左右。2003年以来，中国广告宣传服务贸易一直处于顺差状态，2012年顺差额为19.8亿美元（见图9-1）。①

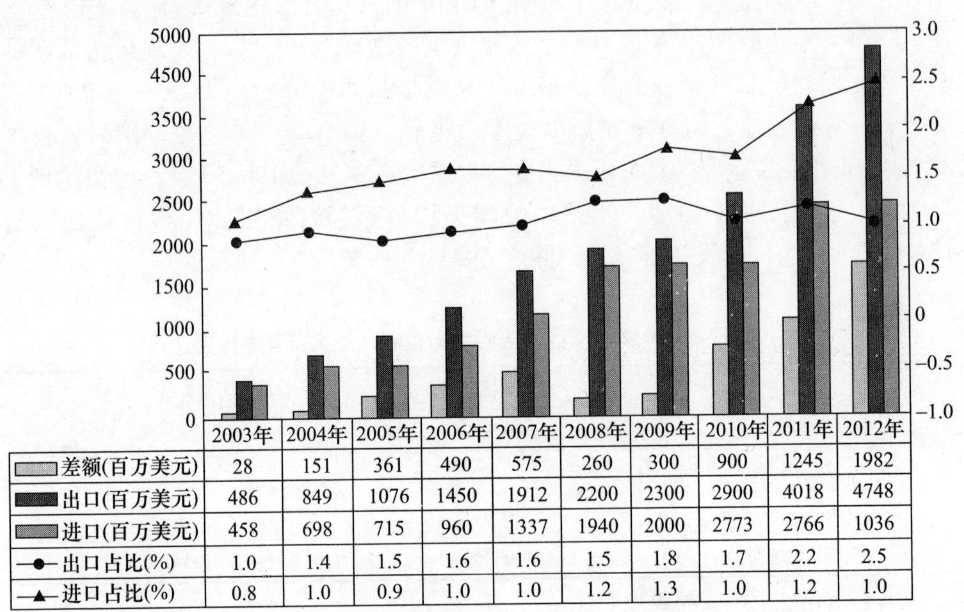

	2003年	2004年	2005年	2006年	2007年	2008年	2009年	2010年	2011年	2012年
差额(百万美元)	28	151	361	490	575	260	300	900	1245	1982
出口(百万美元)	486	849	1076	1450	1912	2200	2300	2900	4018	4748
进口(百万美元)	458	698	715	960	1337	1940	2000	2773	2766	1036
—●— 出口占比(%)	1.0	1.4	1.5	1.6	1.6	1.5	1.8	1.7	2.2	2.5
—▲— 进口占比(%)	0.8	1.0	0.9	1.0	1.0	1.2	1.3	1.0	1.2	1.0

图9-1　2003~2012年中国广告宣传服务进出口情况

资料来源：国家外汇管理局。

我国广告产业的高速发展是在中国经济高速增长和经济全球化的背景下实现的。作为广告产业的主力军，我国本土广告公司也逐步登上世界舞台。自改革开放以来，我国广告产业就开始逐步探索国际化。与我国改革开放的总体格局相一致，我国广告产业的国际化开拓呈现出渐进、边际推进、由点到面、由易及难的特点，并取得了一定的成效，最直接的表现就是我国广告宣传进出口总额特别是出口总额保持较快增长。广告产业的国际化形式不断创新，离岸外包、提供特许权、经营许可、管理合约等形式纷纷出现，产业的国际竞争力逐步增强，但是，受限于国际化的水平与经验，我国广告产业的国际化存在着以下几个问题：②

① 中华人民共和国商务部．中国服务贸易发展报告（2013）［M］．北京：中国商务出版社，2007.

② 高超．中国广告产业的“走出去”之路［J］．中华文化论坛，2014（4）．

（1）广告制作、运营与拓展海外市场能力有待提升。首先，广告制作的软实力与硬实力都不够强。中国是制造业和出口大国，但中国品牌在国际市场的地位却与此极不相称，我国没有世界性的品牌。广告营销是从“中国制造”到“中国创造”，打造“中国品牌”的先锋和重要工具。广告是知识密集、技术密集型产业，是智慧的行业、创意的行业。如果说广告制作所需的技术设备和材料是硬实力，那创意就是其软实力。与欧美相比，广告制作的硬件相对滞后，电脑绘画、电脑刻字、三维动画技术、大型灯箱的制作技术、拍摄技术、光绘图等技术大多落后于欧美发达国家水平。技术支持加创意不足是国内许多广告代理公司不得不寻找海外广告制作商或者跨国广告公司的重要原因。其次，广告公司的运营能力不强，在海外的本土化进程困难重重。中国的广告产业转型仍面临困境，其中，本土广告公司的核心竞争力有待提升。中国的广告公司对目标市场状况缺乏及时、准确的信息，对海外的调研与营销能力不强，对本土的文化、政策、法律不够了解。

（2）广告产业对内政策缺乏系统性。从政策来看，对于广告产业政策系统而言，不但包括广告产业内部的各个子系统的政策，还应包括广告产业政策和其他各种经济政策之间的协调配合。制度因素成为解决当前中国广告产业发展的重中之重。首先，虽然国家对广告产业支持力度不断增加，但政府对于广告产业发展的政策整体缺乏系统性或者对一些广告产业园区发展定位不够清晰，没有对广告产业进行一种长期有效的产业规划。另外，广告的海外服务贸易支持机制不健全。广告协会等行业组织尚未发挥应有的作用，不能独立地对广告产业和市场行为进行有效的自律和监督。其次，中国广告行业法律制度仍不完善，政府监管力度不足，欺骗性的虚假广告仍屡见不鲜，容易使得大众对广告产生一种排斥心理。

（3）广告服务贸易相关人才匮乏。广告是人才密集型产业，我国缺少广告创意或营销人才、缺少熟悉目标市场的有经验的贸易人才，使得广告对外传播和营销的功能没有充分发挥出来，对国家和社会的贡献还远远不够。极度缺乏外向型、复合型广告经营人才。具有广告创意、懂得经营销售、精通国际文化贸易业务、擅长跨文化沟通，是广告贸易人才必备的素质。

三、中国广告产业发展的对策

（1）创新政府职能，促进广告产业对外贸易发展。中国文化贸易总体处于粗放型发展阶段，需要一系列倾斜性和保护性政策来扶持、引导其向资本密集型和技术密集型转变，需要健全文化服务贸易的创新机制。搭建和完善广告对外贸易政策扶持体系。政府要宏观着眼，根据循序渐进原则，以市场为主导，遵循市场经济规律，积极进行制度、职能和行为的创新。

（2）自主品牌创新，全球资源整合。为了做到“又快又好”地发展中国广告产业，在全球化的实力比拼中让本土广告公司发展壮大起来，让本土公司成为中国广告产业升级的主体，自主品牌创新、全球资源整合是必由之路。

本土广告公司应该以市场、资本和知识三个资源领域做好战略整合规划，让市场开发、资本运营和知识创新高度互动起来，以期形成有强势话语权的、丰富知识资产的、快速搜索到的企业品牌。

1）在市场资源整合方面，可以根据公司自身的禀赋，同广告主资源或媒体资源建立战略互动。利用本土企业间的高度默契性、利用中国媒体特殊的意识形态壁垒，建立市场层面的竞争优势。同时在创意产业群的资源链接与内容集成上，适应高流动性和高零散化的特点，提高协同作业的效率，全力打造创新集成平台，增强公司的创造力和持续发展的活力。

2）在资本、资源整合方面，本土公司应了解国际金融资本与产业资本在资本运营上的不同价值诉求，即要审慎应对又要富有想象力地去尝试。但其最终的底线应该落在品牌的自主性上。本土企业高质量地整合资本运营，需要有高素质的专业人才。这是以往由专家转型成经营者的本土公司当家人所欠缺的。

3）在知识资源整合方面，本土公司应高度关注全球化背景下新媒体生态环境中的营销创新，对消费代理、体验经济、社区营销以及 Web2.0 等新技术所带来的机会，本土公司可以同国际公司共同分享创新的成果。知识资源的整合让“产业链”变成了“产业域”，打破传统广告业产业分工的格局，为本土公司提供全新的机会空间。它让中国广告产业绕开了后“发展的时间性和空间性”宿命（张金海），为知识资源整合提供了属于自己的价值空间。

（3）创新广告教育模式，加快培养服务贸易专业人才，要注重广告人才培育平台和广告创意策划中心的建设。加快培养和引进金融、会计、法律、评估、保险、信息、商务中介等服务贸易急需的专业人才和管理人才。推动高等学校、职业院校服务贸易实务学科建设；采取“引进来、走出去”的办法，积极培养我国文化产业和对外文化贸易所急需的复合型人才，并加大海外文化产业各领域专业人才的引进。

扩 展 学 习

问题与思考

1. 结合本章所列举出的信息，举详细例子来说明广告业获取利润的途径。
2. 分析科技的发展怎样推动了广告业的发展。
3. 中国广告业在拓展国外市场时需要注意到的问题有哪些?
4. 分析我国的政府政策该怎样调节和引导广告业的进一步发展。

案例研究

酷讯网——Google 广告管理系统
实现了充分利用空闲广告资源

酷讯网（www. kuxun. cn）创办于2006年，是一款专业的旅游搜索引擎和一个专业的旅游社区网站。它向用户提供机票、酒店、度假、火车票等多种旅行产品的搜索、比较和智能筛选，同时向旅游爱好者提供旅游感受分享、结交驴友等众多互动沟通类服务。

酷迅网的理念是通过领先的互联网技术和优秀的服务，方便每一个人的出行，让旅行更简单、更美好。正是秉承这样的愿景，"酷迅从创立之初就吸引了大量高端用户和广告主"，酷迅网首席技术官谢欣介绍道。

酷讯网发展中遇到的问题：

酷迅网早期的广告主投放模式比较简单，一般以包天或者包月的形式进行投放，但是随着近年来广告主发展日益成熟，投放模式和需求愈加复杂，广告主开始尝试 CPM、CPC 等投放形式，同时也更加强调广告投放的定位人群和效果。谢欣说，"这种需求令我们的后台管理系统开发需求越来越复杂，同时增加了升级成本，我们需要用更多的人和机器去开发和维护这套系统，这背离了我们的业务主旨"。

同时，酷迅网遇到的另一个问题是，尽管网站流量增长非常快，但是依然没有找到一套有效的方法来处理广告销售淡季的广告资源或者广告订单之间的空档资源。谢欣介绍道，"我们以前对这空闲资源的处理方式就是免费赠送给广告客户或者投放自己的产品介绍。后来我们逐渐发现这样做不仅需要消耗工程师大量时间来进行重复劳动，同时对于网站广告资源也是一种浪费”。

酷讯网成功解决方案：

2008 年 7 月，酷迅网接触了 Google 广告管理系统，并且成为中国第一家全站正式使用此平台的互联网公司。“一直到今天，酷迅网上绝大多数的广告位置都是通过这套系统管理的，它除了带给我们便捷的使用之外，还有下面几个优势。”谢欣说。

“Google 广告管理系统对于广告投放的功能非常强大，它除了可以满足包月、包天、CPM、CPC 的广告形式外，还能针对我们网站的特色实现精准投放。比如，机票和酒店是酷迅网的两项主营业务，根据我们的经验，这两类广告主对于广告投放的需求是不一致的。机票类广告主希望针对用户所在的城市来投放广告；而酒店类广告主更希望根据用户感兴趣的目的城市来实现定位。现在，通过 Google 广告管理系统提供的 IP 地址定位功能，我们能够轻松地把一组特定广告投放给上海地区用户。同时，借助 Google 广告管理系统的自定义定位功能，我们还可以实现不论是全国何地的用户，当他们搜索广州酒店的时候，能够把广告主酒店的广告显示在这个页面的旁边，从而实现精准投放，更好地赢得广告主对于酷迅网的信赖。”

另外，谢欣发现，“通过 Google 广告管理系统提供的内容广告（AdSense）的广告补余功能，网站能够在直销广告的空档期自动填充 Google 内容广告（AdSense），而不需要增加新的代码。同时，对于补余所显示的内容广告（AdSense），网站也可以借助于系统实现控制性、灵活性和定制化等特点。例如，大家现在看到的酷迅首页的广告位，我们会在空闲时间设置一个广告的底价，这样当补余的内容广告（AdSense）高于这样一个价格的时候，它就可以显示出来。另外，Google 广告的销售团队也会根据网站用户群的特点，推送一些适合于网站特点的广告，拓展网站销售的渠道”。

酷讯网是国内领先的旅游搜索引擎，是世界最大的在线旅游服务公司（Expedia）及全球最大旅游社区猫途鹰（TripAdvisor）旗下企业。2015 年 7 月，美团网已经向媒体证实确定全资收购酷讯，该项收购价格为数千万美元。通过此次收购，美团将借助酷讯网在互联网技术系统方面的深厚积累，提高并完善旅游相关业务的数据能力，并通过更为先进的商业智能系统，为消费者及广大商户合作伙伴提供更优质的服务。

思考题：

1. 怎样看待酷讯网发展中出现的问题，结合中国广告产业发展现状，分析如何促进我国广告产业的发展？

2. 结合酷讯网运用Google平台的案例，分析我国广告产业应如何整合资源，实现“走出去”？

广告作为新型服务贸易亮点纷呈①

广告服务贸易是现代服务贸易的重要内容，在服务生产、引导消费、推动经济增长和社会文化发展等方面发挥着重要作用。

近年来，服务贸易的国际发展趋势表明，传统服务在服务贸易中的重要性正在逐步减弱，而以广告等为代表的新兴服务贸易出口亮点纷呈；服务进口由降转增，贸易顺差持续稳步扩大，在国际服务贸易中的重要性日益增强。截至2012年底，广告业的市场总体规模已跃居世界第二。中国广告经营额占国内生产总值的比重达0.9%，比2011年上升了0.24%。2012年经济发展相对缓慢，对广告市场造成一定的冲击，广告市场增幅明显放缓。但出口依然快速增长，比2011年增长18.2%。

总体而言，2012年电视仍是国内第一大广告投放媒介。电视广告具有受众范围广、传播效果强、灵活度高等特点，使其拥有庞大的观众群，规模仍占据广告市场的最大份额。不过，近三年来，电视广告的媒介份额有逐年下滑的趋势。随着软硬件设备的不断优化，IPTV用户量的稳步增长，促进了电视搜索和电视媒体定向广告的发展。借由网络电视可以实现更为精准的定向广告投放。

据央视市场研究（CTR）报告称，2012上半年，传统媒体的广告刊例花费同比增长3.9%，低于2008~2011年的同期水平。互联网广告花费持续快速增长，继续引领媒介花费市场的增长。根据引力传媒的报告，2012年上半年，中国互联网广告保持了25.7%的稳定增长。艾瑞咨询最新数据显示，2012年第三季度网络广告规模为213.7亿元，同比增长43.8%，环比增长16.1%。前三季度累计中国互联网广告市场规模539.1亿元，2012年全年中国互联网广告市场预计突破750亿元。

在网络广告市场份额中视频广告增幅最大，已成为网络广告市场增长的主力。电商平台在网络广告中的份额不断提升。以淘宝（含淘宝网和天猫）、京东商城为代表的电商企业，不仅为企业提供了销售平台，更提升了企业的营销空

① 金元浦．广告作为新型服务贸易亮点纷呈［J］．中国对外贸易，2014（8）．

间，电商行业的发展颠覆了传统市场营销和商品销售的局限。新的营销形式不断诞生，如淘宝 TANX 平台、淘宝联盟等都进一步推动了网络广告的发展。

2012 年，中国移动互联网市场正在进入一个高增长期。移动应用广告平台目前发展最快，市场规模增长到 12.6 亿元，2013 年及未来几年还会保持高增长率。移动营销中应用（App）营销是目前移动网民最主要的使用媒介，引起了广告主的极大关注，市场规模增长很快。2012 年社会化营销的大趋势仍在继续。社会化营销中的微博、微信营销等已然颠覆了大众传播的方式，并成为企业营销的新动向。伴随着大数据时代的到来，数据库营销未来将引发营销的变革。

思考题：

1. 在大数据时代，互联网怎样推动广告业的发展及广告业未来的发展方向？
2. 我国广告产业如何在国际市场中提升竞争力？

在线学习

进入中国文化创意产业网（http：//www.ccitimes.com/）、世贸组织网站（https：//www.wto.org/）以及联合国贸易与发展会议（UNCTAD，http：//unctadstat.unctad.org）网站，了解更多有关广告产业及贸易的相关报告与数据。

第十章 视频游戏产业与产品国际贸易

游戏产业在产业性质上是文化创意产业最具活力的产业形态，是发展新兴文化业态的重要领域，游戏产业在我国不断创造着巨大的经济价值和社会效益。随着当代网络信息技术的飞速发展，我国的游戏产业也获得了前所未有的发展机遇，在国家文化产业“走出去”战略的引领下，游戏产业的海外出口也节节攀升，为国家的经济发展做出了重要贡献。本章将介绍全球游戏产业的发展现状及主要海外游戏市场情况，分析我国游戏产业发展现状及进出口情况，提出中国游戏产业的发展战略，从而加快我国游戏产业“走出去”的步伐。

第一节 视频游戏产业概述

随着我国经济建设步伐的不断加快，人们的生活水平不断提高，中国的硬实力着实得到了增强，发展我国的文化软实力也提上了日程。游戏作为一种产业，是文化产业的一部分，属于我国新兴的高新技术产业之一，因此将成为国家战略发展的一部分。视频游戏产业本身虽然属于互动数字内容产业，但也属于休闲产业，同时又是一个横跨互联网、计算机、软件、消费电子等诸多领域的综合体。游戏产业的渗透力巨大，影响着相当多的相关产业，对人们生活产生了息息相关的影响。

一、视频游戏的定义

视频游戏包含着各种不同的类型，有些类型接近传统的“游戏”概念，有的类型更接近电影、叙事文学，甚至培训软件。例如，《俄罗斯方块》和《魔兽世界》作为程序的体量与作为游戏的过程显然并不相同，《祖玛》与《使命召唤》无论从画面呈现形式到故事叙述的内容都不可同日而语，但它们都被统一在“视频游戏”这个名称之下。视频游戏的概念，其实从名称中就可以得出答案：“视频” + “游戏”。“视频”概括了它的媒介特征——它通过人造的视音频刺激诉诸人的视觉、听觉感官，“游戏”概括了它的本质属性——所谓游戏，就是一套规则系统。

二、视频游戏的特性

1. 视频游戏本质上是一种电脑程序

视频游戏首先是一种科技产品，是一套电脑程序。这是游戏媒介的底层结构，规定着游戏的各个环节的表现。作为一套软件系统，就意味着视频游戏必须有一系列固定的算法和规则系统。基础的程序系统被称为游戏引擎，简单地说，就是用于控制所有游戏功能的主程序。游戏引擎一般包含以下系统：渲染引擎（即“道染器”，含二维图像引擎和三维图像引擎）、物理引擎、碰撞检测系统、音效、脚本引擎、电脑动画、人工智能、网络引擎以及场景管理。游戏引擎就是一款游戏的核心程序，建构了游戏的主要框架，掌控着游戏内所有的功能和应用。同一款引擎经过不同的加工和填充，就可以制作出不同风格和内容的游戏，但是都会保留着相同的特征。

2. 视频游戏以视听媒介为基础

游戏的信息与内容通过图像和声响表现出来，受到游戏程序与玩家操作的共同影响，是游戏的感知层面的表现。作为一种视音频媒介，游戏通过画面和声响展现出光怪陆离的世界。视频游戏的画面是游戏发展的最具标志性的重要改变。正是游戏中影像表现手段的日益丰富，大大提升了视频游戏的叙事能力和空间表现能力。游戏的画面形成了多种风格和效果，声响可以完成各种表现或解释的任务，虚拟摄影机的视角可以自由运动，剧情表现和叙事手法也大量地使用剪辑、闪回等影视技术手段，这使得游戏也日益与电影等媒介产生密切的关系。

与电影相似，游戏程序也会提供一定的剧情结构，但是这种剧情的铺展不是叙述性，而是触发性的——玩家通过游戏操作而满足一定的条件，或与游戏中的人物、物品发生交互，从而触发剧情的进展。这种非线性的叙述方式和游戏操作的差异决定了同一款游戏中，不同的玩家所看到的游戏画面都可能各不相同，甚至同一个玩家再玩一遍同样的游戏，所经历的事件与看见的画面都不相同。

游戏所提供的幻境通过视觉与听觉表现出来，玩家与游戏的交互也要通过画面与音响的变化来体现。于是，视觉画面与音效共同构成了视频游戏的感知基础，与外设设备一起，构成游戏世界与玩家之间的交汇界面。界面实际上就是输入与输出设备、软件与硬件、游戏玩家与游戏世界的交汇点，是游戏行为得以发生的门户。从这个意义上说，视频游戏首先是可以看，然后才是可以玩。

3. 视频游戏以玩家的主动交互实践为核心

游戏行为（Game Play）指的是玩家在游戏规则的限定下与游戏世界以及其他玩家之间的人机、人际交互过程。游戏行为的本质特征就是它的交互性。玩家通过交互行为方能进入游戏，而游戏也只有在有交互行为的前提下才能进行下去。交互行为是沟通底层系统和表层视听反馈的前提。在视频游戏领域，交互指的是玩家通过各种游戏外设（鼠标、键盘、光枪、跳舞孩等）输入各种指令，游戏程序得到指令之后做出反馈，并通过视音频媒介呈现出来，进而再影响玩家做出下一步动作。没有交互行为的游戏是不存在的。可以说交互性是视频游戏媒介的本质属性。

在网络游戏中，交互的另外一层意思是人与人的交流。视频游戏可以建构一个由虚拟视像组成的视觉空间，在网络环境下身处不同地域的人可以在同一个虚拟空间中共同游戏，并且通过文字、语音相互交流。

三、游戏产品的分类①

电子游戏指用户通过 PC 机、平板电脑、游戏机等终端设备进行娱乐的一种形式。按照游戏运行平台的不同，电子游戏可以分成三大类：PC 游戏、移动终端游戏和专用设备游戏。

PC 游戏是指用户通过在电脑上运行游戏软件，并与其他用户进行互动的娱乐方式。其中，根据对网络的需求状况不同，PC 游戏又可分为单机游戏和网络游戏。PC 单机游戏也称电子游戏出版物，指的是以独立的电脑软硬件设备为依托，主要供单人或利用 IPX/SPX 协议供有限数量的用户在局域网中玩的游戏。

网络游戏通常指以 PC 为游戏平台，以互联网络为数据传输介质，以游戏运营商服务器为处理器，通过广域网网络传输方式（Internet、移动互联网、广电网等）实现多个用户同时参与的游戏产品，以通过对于游戏中人物角色或者场景的操作实现娱乐、交流为目的的游戏方式。

网络游戏有三种存在形式：第一种是客户端网络游戏，需要在电脑上安装游戏客户端软件才能运行的游戏。国内的客户端网络游戏主要指大型角色扮演类网络游戏（MMORPC）和休闲客户端网络游戏。第二种是网页游戏，用户可以直

① 2013 年中国游戏产业分析报告［M］. 北京：中国书籍出版社，2013.

接通过互联网浏览器玩的网络游戏。第三种是社交游戏，指的是一种运行在社会性网络服务（SNS）社区内，通过互动娱乐方式增强人与人之间社交游戏交流的网络游戏。

在目前的情况下，移动终端游戏是指运行在智能手机上的游戏软件，智能手机的操作系统多以IOS、Android、Windows Phone为主。移动终端游戏也可按照PC游戏细分模式，分为单机游戏和网络游戏。

第二节　全球游戏产业贸易现状

进入21世纪，全球游戏产业增长强劲。游戏产业能够创造巨大的经济价值和社会效益，有利于促进各国软实力的提升。本节将介绍全球游戏产业贸易现状，并重点介绍美国、日本、韩国的游戏产业发展情况。

一、全球游戏产业发展现状

进入21世纪以来，在经济全球化和互联网应用日益广泛的大背景下，游戏载体的技术进步与操作方式的不断创新为全球游戏产业快速发展注入新的活力，全球游戏产业增长强劲。游戏产业尤其是网络游戏产业创造了巨大的经济价值和社会效益，引发了整个游戏产业的变革。荷兰市场研究公司（Newzoo）发布报告称，游戏市场（含所有地域和平台在内）2013年总营收将达到704亿美元比2012年的663亿美元增长6%（见图10－1）。其中，增长速度最快的将是亚太市场和拉美市场，其增长率达11%；与此相比，北美和欧洲市场的增长率则要低一些。按设备划分，2013年增长速度最快的设备类别将是智能手机和平板电脑，预计其增长率达35%，市场总额将达123亿美元。从2012～2016年，预计全球游戏市场的复合年增长率将为6.7%，到2016年达到861亿美元。荷兰市场研究公司（Newzoo）还预计全球游戏用户总数将从2013年的12.1亿人增加至2016年的15.5亿人。[①] 根据荷兰市场研究公司（Newzoo）发布的《2015年全球游戏市场报告》，2015年的全球游戏产业将继续保持强劲的增长态势，整个市场规模将大幅增长9.4%。报告估算称，2015年的游戏市场将从2014年的836亿美元增长到915亿美元。2018年预估达到1135亿美元，2020年以后更将超过

① 瑞雪.2016年全球游戏市场规模将扩大至861亿美元［EB/OL］. 腾讯科技，http：//tech.qq.com/a/20130607/003873.htm.

2000 亿美元。①

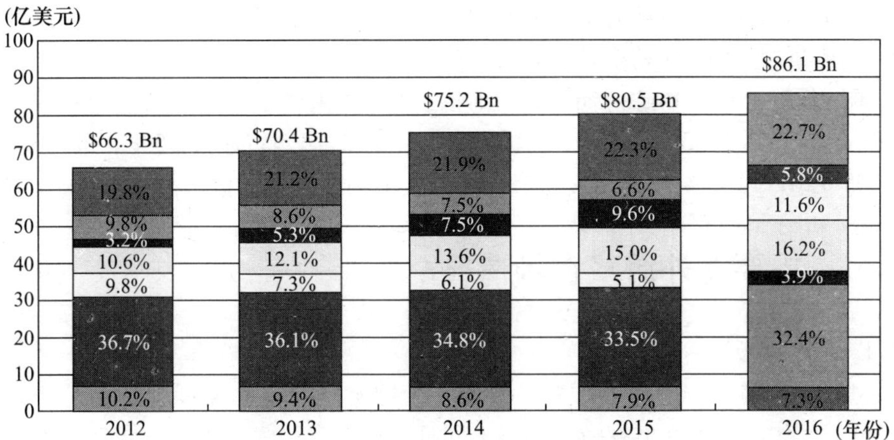

图 10－1 2012～2016 年全球游戏市场发展趋势

资料来源：http：//tech. qq. com/a/20130607/003873. htm.

1. 视频游戏全球贸易格局

在北美、欧洲和日本，单机游戏（尤其是主机游戏）占据绝大部分的游戏市场中国和韩国的情况则正好相反，网络游戏几乎垄断游戏行业。全球游戏产业竞争力六强排名依次为：美国、日本、韩国、加拿大、英国、中国。在全球网络游戏行业中，美国、中国、韩国分别占据 29%、27%、21% 的份额。

2. 视频游戏产业资本运作方式

随着产业规模的扩大，国际视频游戏产业的资本运作方式也在发生变化，并购成为外围企业进入及原有网络游戏公司扩张的主要途径之一。国际投资公司（Digi－Capital）发布的《2012 年全球游戏产业深度报告》称，2012 年国际游戏业的并购交易额高达 40 亿美元，创历年最高纪录，较 2011 年 34 亿美元的整体交易额增长了 18%。与此同时，2012 年国际游戏业交易总额下降了 27%，且重磅交易减少。报告显示，亚洲市场已成为游戏市场中收购方的最大来源地。2012 年，10 个最大的游戏交易中，有 7 桩由中国、日本或韩国买家发起。报告显示到 2015 年，亚洲和欧洲在网络游戏和移动游戏收入中将占 87% 的比例，且中国份额会最大，约占 32%。该报告还对各类型游戏进行了统计调查。从并购交易

① 中国经济网．全球游戏产业增长强劲“金砖”市场最受瞩目［EB/OL］．http：//www. ce. cn/culture/gd/201508/10/t20150810_ 6173885. shtml.

额来看，大型多人在线游戏2012年增长了38%，在各类游戏中居首位；紧随其后的是移动游戏，占27%；社交和休闲游戏占18%；中间件、游戏机和广告则处于落后地位。游戏市场竞争将继续朝免费公共游戏及商业模式发展，网络游戏和移动游戏继续保持强劲增长和回报。

国际投资公司（Digi－Capital）预计，2016年由网络游戏和移动游戏带来的收入总额将会达到830亿美元，占游戏市场总额的比例将超过55%。报告发现，在2005～2012年，游戏并购交易市场和IPO市场的投资回报率都高于600%。[①]

二、主要海外游戏市场情况

1. 美国市场[②]

（1）美国游戏产业市场现状。美国在全球游戏产业的发展中一直扮演着重要角色。例如，今天在电视游戏市场上同日本任天堂和索尼进行游戏主机大战的就只有美国微软。美国有众多游戏开发公司，其中享誉世界的有电子艺界、动视暴雪、微软等。美国游戏产业主要实行行业自律管理。在游戏的生产和销售两个方面都分别有着各自的行业组织。

2012年，美国市场视频游戏用户数量为1.57亿人，中国市场视频游戏用户数量达到4.1亿人，中国视频游戏用户数大幅度超越美国。尽管如此，从市场销售额贡献而言，美国仍然是全球游戏领域中规模第一的市场，2013年，其游戏消费总额达到215.3亿美元。美国游戏软件发行商销售额近50%由北美市场贡献，欧洲大型游戏发行商如育碧公司的销售额45%来自美国市场，来自日本的游戏发行商任天堂的游戏产品40%由美国市场吸收。

截至2013年，全球年度游戏销售总占比排名前10位的大型娱乐软件发行商中，超过一半为美国游戏公司，其中位列榜首的动视暴雪公司占全球游戏销售总额的18%，排名第二位的美国艺电则达到17%。随着在线游戏销售、支付平台的发展，联网休闲/社交游戏成为用户首选，同时数字游戏内容销售占总游戏销售份额逐年提高，并在2013年超越实体封包游戏软件销售份额。

2013年，美国游戏用户用于购入设备硬件的支出额达到42.6亿美元。根据调查，截至2014年第二季度，美国游戏用户数量超过1.87亿人，占国家人口总数的59%。尽管移动端用户群体数量增长迅速，美国家庭主要游戏接入设备依然为游戏主机，51%的美国家庭拥有游戏主机，该类家庭中68%的用户使用游戏

① Digi－Capital. 2012年全球游戏产业深度报告［EB/OL］. http：//www.ifanr.com/news/235594.

② 中国版协游戏工委，国际数据公司，2014年中国游戏产业报告［M］. 北京：中国人民大学出版社，2014.

主机作为游戏接入设备，平均每个美国用户的家庭游戏主机持有数量为2台。

（2）美国游戏产业快速发展的原因。

1）技术进步与不断创新为美国游戏产业快速发展提供了有利条件。电子游戏已经不再是玩物丧志的代名词，现已成为集传统视听、娱乐、交互、竞技、虚拟社区、拟真等于一身的娱乐新贵。美国作为世界上的科技大国，其在富含高科技的游戏产业领域也总是走在世界的前列。以美国苹果公司的 iPhone 手机为例，其在全球的热卖也把游戏产业中如日中天的手机游戏推向了更加快速发展的轨道，使全球手机用户都能享受到来自手指上的数字娱乐体验。2009 年 12 月问世的手机游戏《愤怒的小鸟》，至今仅在苹果手机平台的销量就超过 1000 万份，在 60 多个国家的苹果软件服务平台上的下载量排行第一。2010 年手机游戏《愤怒的小鸟》所创造的销售奇迹，再次见证了技术与创新是游戏产业发展的永恒动力。

2）美国政府和民众对游戏态度的相对宽容也是美国游戏产业快速发展的原因之一。美国 2008 年总统选举奥巴马的竞选广告牌就出现在了《火爆狂飙：天堂》、《劲爆美式橄榄球 09》、《极品飞车：卡本峡谷》等销量很高的游戏当中。通过生产公共教育类游戏软件来实现对下一代的教育和引导，已经成为 21 世纪信息传播的重要途径。正如美国娱乐软件协会所说，视频游戏已成功地成为传播重要价值、鼓励新一代选民参与投票和向国民介绍其他国家问题的重要工具。在美国总统把游戏产业发展上升为国家计划后，电子游戏的地位也有了明显提升。普通民众很长时间来对电子游戏的一贯指责和攻击也开始发生微妙的变化。人们不再强迫孩子要绝对远离所有的电子游戏，而是有选择地让他们在数字娱乐中获得快乐体验，甚至自己也加入其中。美国游戏玩家的平均年龄为 34 岁，其中 18～49 岁的比例占到了 49%；50 岁以上的游戏用户占 26%。美国政府和民众的宽容为游戏产业进入一个将技术与创意相融合的新时代提供了良好的社会氛围。①

2. 日本市场

（1）日本游戏产业市场现状。进入 2000 年以后，随着日本本土游戏市场的饱和以及欧美游戏产业的崛起，日本游戏产业出现了衰退的迹象。2000 年，索尼推出了 PS1 后续游戏机——PS2（Playstion2），成了为全球市场占有率最高的家用游戏机。随着信息产业和技术产业的提升，欧美国家开始依托强大的技术、资金与良好的互联网环境开始了自己的游戏产业蓝图。2001 年美国微软开始推出了自己的游戏机 XBOX，在游戏硬件市场上打破了日本的垄断。老牌公司任天堂推出了游戏机 NGC，但市场效应不太好。随着微软等欧美企业的介入，日本游

① 梁维科. 试论美国游戏产业发展对我国的启示［J］. 黑河学刊，2011，170（9）.

戏产业开始受到技术与市场的双重挑战。这一时期，世嘉因为自家DC游戏机的惨败而退出了家用机市场，转为纯软件商。到2005年，任天堂主机市场份额跌落至第三位，被微软赶超。2006年日本游戏产业产值达到了21世纪以来最高峰，达到了7029亿日元，之后就出现了连续数年的下滑。

随着国内游戏产值的下降，日本游戏开发者意识到了自身的技术与创意问题，纷纷加强自身技术实力。2011年任天堂推出了世界第一部具有裸眼3D功能的掌机3DS，索尼则推出了技术先进、游戏性能非常强大的全新掌机PSV。游戏商卡普空重组旗下游戏制作团队创立了“四叶草”游戏工作室，加强游戏的创意制作，推出了充满艺术性的游戏——《大神》。世嘉联合日本业界优秀游戏制作人，出资成立了“白金”工作室，主推原创精品游戏，推出了口碑上乘的动作游戏——《猎天使魔女》。日本游戏在技术与创意上逐渐“回暖”，给了日本游戏产业足够的信心进行转型。2011年，日本游戏出口额为6.8亿日元，比2012年增长了141%。2012年日本游戏市场首次摆脱了连续5年持续下降的趋势。2012年上半年，游戏软硬件的销售额共为1753.4亿日元，较2011年同期上升了10.7%。

（2）日本游戏产业发展的内部优势。

1）日本游戏文化整合度高。从日本经济来说，由于岛国色彩的原因，经济整体属于外向型经济。在文化产业上，国际市场也始终是其关注的战略重点。游戏产业作为文化产业的一部分，在产业经营上，更需要走国际化路线，毕竟国内市场有限，再加上日本民族单一，文化色彩就相对单一。因此，游戏所展示的内容就会仅仅局限在本国的文化色彩里，在出口的同时必然会带来“文化折扣”的现象。所谓“文化折扣”也叫“文化贴现”，是指因文化背景差异，国际市场中的文化产品不被其他地区受众认同或理解而导致其价值的减低。“文化折扣”的出现不但降低了游戏厂商的创意，也会降低整个游戏产业的创造力。游戏厂商想取得更多的盈利，提高自己的国际影响力，让自己的作品被海外游戏玩家所熟知，就需要从游戏题材的创作、游戏技术的展示、游戏包装、游戏营销等方面呈现出国际化的视角，加强游戏的文化整合度。

2）日本游戏产业的另一大优势特点就是与本土动漫和衍生品市场结合程度非常高。从SCP模型中的市场绩效来看，日本游戏产业与动漫、衍生品相结合是一种资源优化配置的表现，同时也是一种相关产业贡献的表现，因为游戏产业的本身有着巨大的产业价值，可以带动诸如文化业、制造业甚至是旅游业的发展，可以对多个产业进行经济上的拉动。

3）日本游戏市场随着产业化程度加强，产业集中度增高，游戏市场经过多年的竞争与并购，逐渐形成了以六大第三方游戏厂商把持市场的情况，形成了寡

头垄断的市场现状。这六家游戏企业分别是：史克威尔—艾尼克斯（Square - enix）、科乐美（KOMAMI）、世嘉（SEGA）、南梦宫—万代（Namco - bandai）、卡普空（Capcom）、光荣（Koei - tecmo）。这六家企业都是有着半个世纪历史的老牌游戏厂商，无论是在资金、游戏创意、销售渠道、游戏海外扩展能力上都有很高的成熟度。每年日本游戏市场的新游戏产品都几乎由这六家出品。这样的好处在于，游戏厂商能够提高效益，从而能够向游戏消费者提供更多的优质、低廉的游戏产品，也有利于形成游戏产品的行业标准，从而满足更多的消费者需求。

3. 韩国市场

（1）韩国游戏产业市场现状。根据韩国文化体育观光部和韩国信息产业振兴院合作发布的《2014 年韩国游戏白皮书》的内容，其 2013 年本土网络游戏市场规模约为 922409 万美元，同比下降 0.3%，市场已经达到饱和回落的阶段。同时，韩国的 PC 在线游戏市场规模不断缩小，受到其移动游戏平台增长带来的挤压，2013 年韩国 PC 在线游戏市场规模达到约 517523 万美元，同比下降 19.6%，占其游戏产业总贡献收入的 56.1%。[①] 2014 年韩国游戏市场销售额为 830100 万美元，韩国占全球游戏市场比重的 6.7%，这个数值在 2013 年为 6.3%，2013 年也是韩国游戏市场自 2007 年以来首次呈现出下降态势，然而仅用了一年的时间韩国游戏市场就成功扭转了颓势，可见韩国游戏市场根基深厚。[②]

2014 年韩国游戏出口额同比增长 9.5%，达到 297383 万美元。2014 年收益额为 16556 万美元，同比减少 3.87%。按不同游戏类型划分，2014 年网游出口额为 185740 万美元，占据最大的比重。其次是手游，2014 年出口额达 109920 万美元。网游出口额同比 2013 年减少了 58849 万美元，而手游却同比大幅增加了 87658 万美元。收益方面，网游 2014 年收益额达 5262 万美元，较 2013 年增加了 486 万美元。手游 2014 年收益额为 1982 万美元，同比大幅增长了 1051 万美元。

按出口国家划分，2014 年韩国游戏出口比例最大的 2 个国家是中国（32.2%）和日本（30.6%）。其次是东南亚地区（18.2%）、北美地区（6.9%）、欧洲地区（4.0%）。我们可以看出，不同于 2013 年，韩国游戏输出比重不再那么均衡，而是集中于中国、日本、东南亚这三大地区。2014 年韩国游戏出口中国总额同比上升了 12.6%，出口日本总额同比上升了 9.3%，出口东南亚同比上升了 6.2%。[③]

① CNG 中新游戏研究 . 2014 年中国游戏产业海外市场报告［EB/OL］. 199IT 中文互联网数据资讯中心，http：//www. 199it. com/archives/344616. html.

② 韩国文化体育观光部 . 韩国文化产业振兴院 . 2015 韩国游戏产业白皮书概述（中）［EB/OL］. http：//www. baijingapp. com/article/2297.

③ 韩国文化体育观光部 . 韩国文化产业振光院 . 2015 韩国游戏产业白皮书概述（中）［EB/OL］. http：//www. baijingapp. com/article/2297.

（2）韩国游戏产业发展迅速的原因。韩国游戏产业发展迅速，首先，离不开政府的产业政策支持，韩国政府对游戏产业的大力支持在其他各国都比较少见，韩国政府将游戏产业作为一个重要的支柱产业来发展。韩国文化观光部和信息产业部分别制定了一系列的措施，用以推动游戏产业的发展。文化观光部组建韩国游戏支援中心，从资金、税收和人才等多方面为游戏产业发展提供支持。组建游戏投资联盟，为游戏企业提供长期的低息贷款；对指定的风险企业实行各种税制优惠政策，减少甚至免除游戏企业的税务负担；对从事游戏产业的高科技人才免除两年的兵役等。韩国政府除了建立相应的补助制度和奖励措施外，还成立游戏院校，开设游戏相关专业课程，以大力培养游戏专业人才，并且建设许多游戏产业基地，扶持中小游戏企业的发展，帮助游戏产业企业开拓海外市场等。其次，自主研发创新是韩国游戏产业发展的重要核心。韩国政府在资金、人才、政策等方面不断支持游戏企业进行自主研发活动，帮助韩国游戏在世界上处于领先地位。韩国游戏产业的研发团队注重对研发技术的创新发展；其专业人才具有丰富的实践经验，团队的骨干人员大多是具备多年工作经验的业内精英，拥有数款经典巨作游戏的制作经验；注重市场需求的研究，清楚玩家对于游戏的喜好和需求；美术团队技术精湛，能够制作出完美而逼真的画面。

第三节　我国游戏产业贸易现状

我国政策体系的不断完善为我国的游戏产业营造了良好的发展环境。环境的改善促进了我国游戏产业的进一步发展，游戏企业的数量稳步增加，市场规模逐步扩大，产值不断增加。对我国游戏产业发展现状及其进出口贸易情况及特点的介绍和分析是本节的重点。

一、我国游戏产业发展现状

中国游戏产业虽然受到人口红利下降、客户端网络游戏市场增速放缓的影响，但新兴细分市场如网页游戏、移动游戏市场规模增幅明显，市场收入规模进一步扩大。截至 2011 年底，中国的网络游戏开发运营企业有 820 多家，手机游戏开发运营企业有 250 多家，网页游戏开发运营企业有 320 多家，游戏机类生产企业有 1200 多家，游戏机经营娱乐场所有 31000 个左右。全国游戏行业大小企业约有 33590 家。[①]

2014 年，中国游戏产业企业加快新产品的研发，产品数量翻倍增长、企业竞争力明显增强、海外市场增长势头强劲、游戏覆盖范围不断延展。电视、主机游戏市场前景广阔，微软、索尼加快进入中国市场的步伐，越来越多的游戏企业通过家用游戏主机、游戏盒子和电视盒子等平台通道进入家庭游戏市场。互联网与游戏融合发展，360、百度、阿里巴巴等国内互联网巨擘积极布局游戏产业。

中国自主研发网络游戏在游戏产业市场份额中占据主流地位，并且持续增长。2014 年，我国自主研发网络游戏市场实际销售收入占全部市场收入份额六成以上，多年来持续高速增长。网络游戏销售收入的增长促进企业提升游戏产品研发能力，使企业在产品的游戏引擎、画面质量、细节化处理等各方面有了充足的资金支持，进一步促进了自主研发游戏引擎数量的快速增长以及免费引擎的普及。因此，在可以预见的未来，国产游戏的自主研发能力会进一步提高，自主游戏产品的质量也将会大幅提升。

中国出版协会下属的中国版协游戏工委（GPC）发表的《2014 年中国游戏产业报告》显示，截至 2014 年底，中国游戏市场用户数量约达到 5.17 亿人，比 2013 年增长了 4.6%（见图 10－2）。中国游戏市场（包括网络游戏市场、移动游戏市场、单机游戏市场等）实际销售收入达到 1144.8 亿元人民币，比 2013 年增长了 37.7%（见图 10－3）。[②] 新闻出版广电总局公布 2015 年中国游戏产业收入达到 1400 亿元，超过美国成为全球第一大市场。其中，电子竞技份额占到 270 亿元，中国玩家人数已超过 1 亿元，2015 年关注电子竞技的不再是企业和个人，一些地方政府已将这个行业融入地方的文化产业发展中。[③]

在中国游戏市场实际销售收入中，客户端网络游戏市场占有率达 53.19%，网页游戏市场占有率达 17.7%，移动游戏市场占有率为 24.01%，社交游戏市场占有率为 5.04%，单机游戏占有率为 0.04%（见图 10－4）。

---

① 柴冬冬．游戏产业：我国对外文化贸易的生力军［J］．中华文化论坛，2014（4）．

② 2014 年中国游戏产业报告：游戏总收入达 1144 亿元，http：//biz.265g.com/data/194139.html.

③ 2015 中国游戏产业收入超 1400 亿元，http：//www.chinairn.com/news/20160118/14310648.shtml. http：//j.news.163.com/docs/24/2016010618/BCLSQEGI9001QEGJ.html.

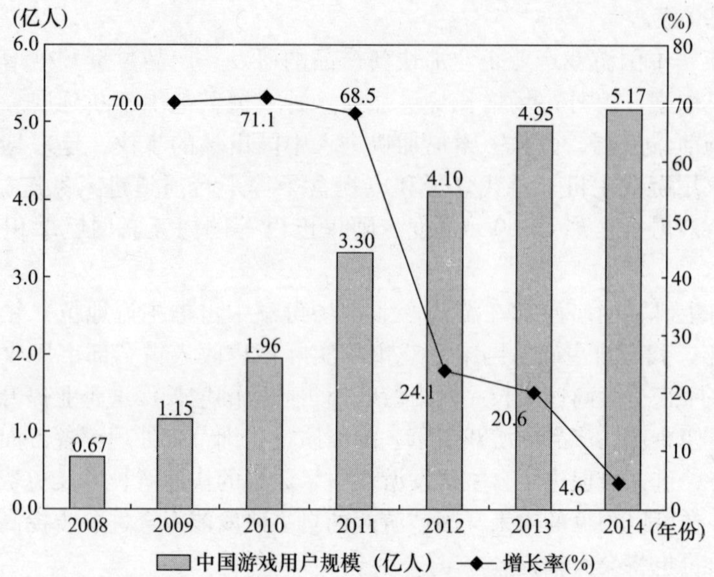

图 10－2 2008～2014 年中国游戏用户规模

资料来源：中国版协游戏工委．国际数据公司．2014 年中国游戏产业报告［M］．北京：中国人民大学出版社，2014.

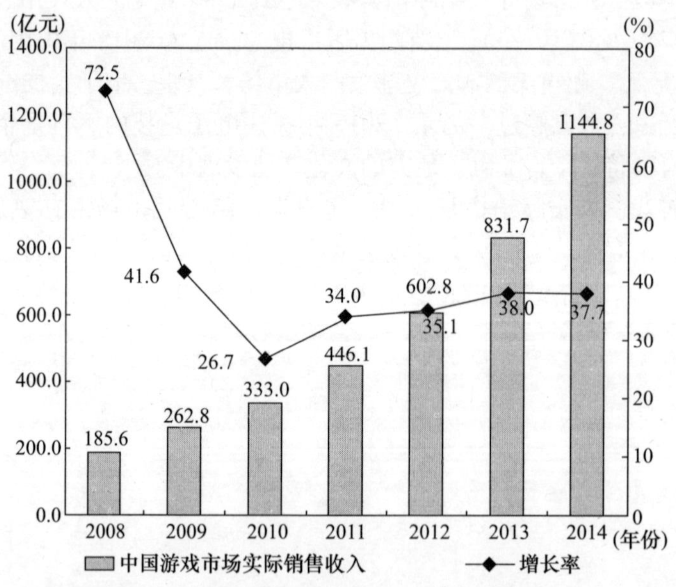

图 10－3 2008～2014 年中国游戏市场实际销售收入

资料来源：中国版协游戏工委．国际数据公司．2014 年中国游戏产业报告［M］．北京：中国人民大学出版社，2014.

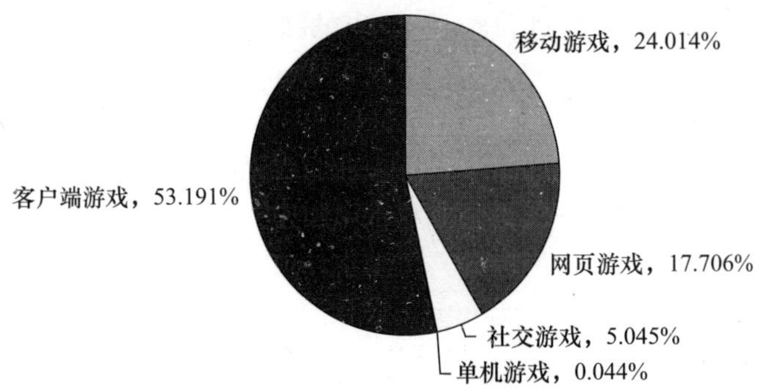

图 10－4 中国不同游戏类型国内市场占有率

资料来源：中国版协游戏工委，国际数据公司．2014 年中国游戏产业报告［M］．北京：中国人民大学出版社，2014.

二、中国游戏产业进出口情况

中国游戏市场因其巨大的市场潜力成为世界游戏企业竞争的重要领域。中国网络游戏、网页游戏、手机游戏产品数量不断增加，进出口规模持续稳步增长。

1. 中国游戏产业出口情况

近年来，中国游戏产业出口呈现稳步增长的态势。2011 年中国国产网络游戏的出口额达到 4. 03 亿美元，相比 2010 年的 2. 29 亿美元增长了 76%。2012 年国产游戏出口规模继续稳步增长，收入达到 5. 87 亿美元，同比增长 45. 7%。尽管增速有所回落，2012 年新增 54 家公司共计 66 款国产网络游戏出口海外，2010～2012 年，累计出口国产网络游戏产品数量已经突破 260 款，参与出口的网络游戏企业接近 100 家，国产网络游戏海外出口收入稳步增长。从产品结构上看，2012 年出口的国产原创网络游戏中，网页游戏数量增加达到 103 款，比 2011 年增加 46 款，同比增长 78. 9%。2014 年国产游戏出口快速增长，收入达到 26. 8 亿美元，比 2013 年增长 194. 5%，增速较 2008 年增长近 37 倍。2010～2014 年，国产网络游戏产品累计出口数量已经突破 500 款，参与出口的网络游戏企业接近 200 家，国产网络游戏海外出口收入稳步增长。①

2. 中国游戏产业进口情况

我国游戏进口以网络游戏为主，尤其是客户端游戏占大头，我国进口的网络游戏产品中仍以韩国、美国、日本等国的客户端游戏为主，运营进口产品的公司也以腾讯、数龙、第九城市、幻方朗睿等大公司为主，进口的游戏类型逐渐丰

① 文化部：14 年中国游戏出口收入 26. 8 亿美元，http：//news. 52pk. com/cyyw/20150708/6469674_3. shtml.

富。在2012年进口的53款网络游戏中，由韩国公司开发的网络游戏共有27款，占总数的50.9%；由日本公司开发的网络游戏共有9款，占总数的17%；由美国公司开发的网络游戏共有8款，占总数的15.1%；由中国台湾公司开发的网络游戏共有4款，占总数的7.5%。除此之外，从白俄罗斯、俄罗斯、法国、芬兰、瑞典进口了各1款网络游戏（见图10－6）。

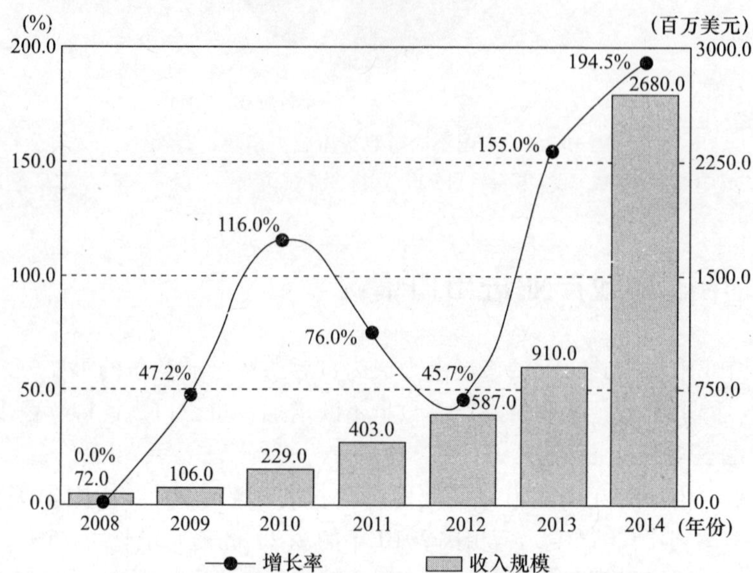

图10－5　2009～2014年我国网络游戏出口收入规模

资料来源：http：//biz.265g.com/media/195103.html.

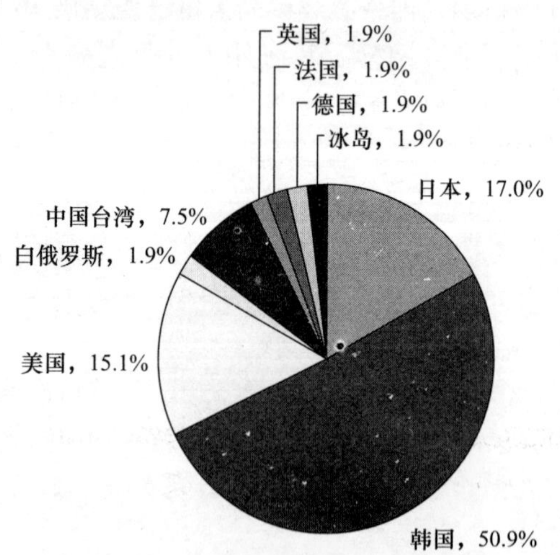

图10－6　2012年进口网络游戏产品生产国家或地区分布

资料来源：http：//news.17173.com/content/2013－06－13/20130613000545144.shtml.

在2012年的53款进口网络游戏产品中，客户端游戏40款，网页游戏6款，移动网游戏7款。从网络游戏载体来看，40款客户端游戏中，韩国23款，美国5款，日本5款，中国台湾4款，德国、冰岛和白俄罗斯各1款；6款网页游戏中，美国3款，韩国2款，日本1款；7款移动网游戏中，日本3款，韩国2款，法国和英国各1款。①

3. 中国游戏市场进出口特点

（1）移动游戏成为出口市场宠儿。由中国版协游戏工委（GPC）发布的《2014年中国游戏产业报告》显示，2014年中国自主研发的网络游戏在海外市场销售收入达到30.76亿美元，其中客户端类游戏数量占总出口的网游游戏数量的27.7%；网页游戏类数量占总出口的网游游戏数量的30.9%；移动游戏数量占总出口的网游游戏数量的41.4%（见图10－7和图10－8）②。根据中国版协游戏工委（GPC）发布的《中国游戏产业报告》，在中国游戏产业海外出口的产品组合中，客户端网络游戏、网页游戏、移动游戏呈现出“三驾马车”并驾齐驱的增长特征，进一步丰富了企业的收入来源。

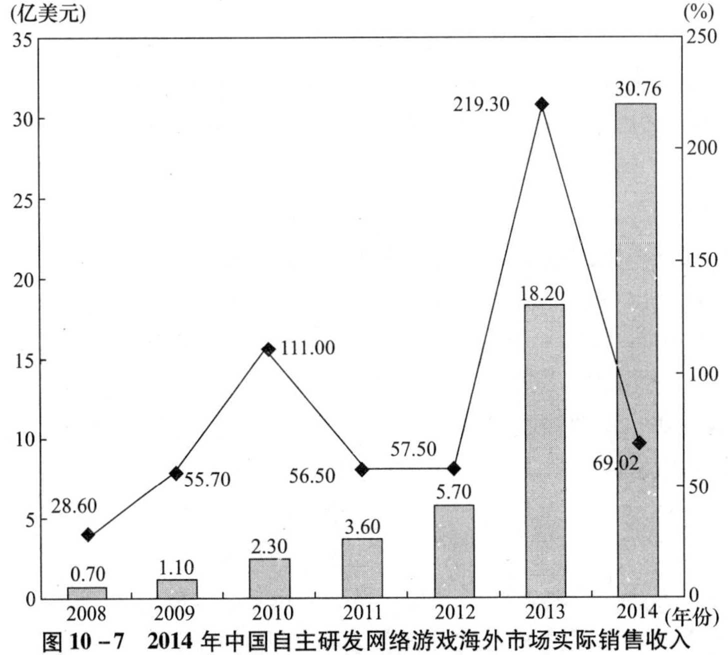

图10－7　2014年中国自主研发网络游戏海外市场实际销售收入

资料来源：中国版协游戏工委．国际数据公司．2014年中国游戏产业报告［M］．北京：中国人民大学出版社，2014.

① http：//news. 17173. com/content/2013－06－13/20130613000545144. shtml.

② http：//news. 17173. com/content/2014－12－17/20141217084500903. shtml.

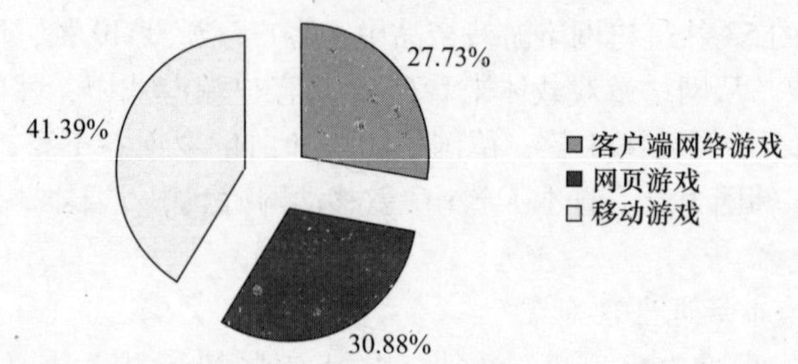

图 10－8　2014 年中国自主研发网络游戏海外市场游戏类型占比

资料来源：中国版协游戏工委．国际数据公司．2014 年中国游戏产业报告［M］．北京：中国人民大学出版社，2014.

（2）主要出口国集中在东南亚地区。中国版协游戏工委（GPC）发布的《2012 年中国游戏产业报告海外版》显示，2012 年中国原创网络游戏主要出口区域为亚洲地区，出口数量为 302 款，占到全球市场份额的 71%①。2014 年中国版协游戏工委（GPC）发布的《中国游戏产业报告》显示，东南亚地区依旧担负着中国游戏企业进军海外市场桥头堡的重任；东亚地区（日本、韩国）、美洲地区（包括南美、北美）、欧洲地区也作为重点出口区域，为中国的游戏出口企业贡献了大量的收入；俄罗斯、中东等市场则进一步打开，成为了新的增长点。

（3）中国成为韩国最大出口市场。随着中国游戏产业迅速崛起，韩国游戏行业正在加快进军中国市场的步伐。韩国内容振兴院近日发布的数据显示，2012 年韩国游戏产品出口额中，对华出口占 12.3%，达到 10.2 亿美元。中国在韩国游戏产业出口市场中所占份额呈现不断上升的态势，由 2008 年的 26.7% 上升至 2011 年的 38.2%，2012 年进一步升至 38.6%②。

（4）我国进口网络游戏结构以客户端游戏为主，进口网络游戏的生产国或地区也比较集中，以韩国、美国、日本等国的客户端游戏为主。

4. 影响中国游戏产业海外市场出口的因素③

（1）海外市场出口驱动因素。首先，移动游戏推动产业发展。Facebook、Twitter、QQ、微信、新浪微博、人人网等移动社交平台的应用，以及智能手机的普及，各种 APP 在移动客户端展开大战。再加上技术等因素，使得移动端成为

① http：//www. chinairn. com/news/20130912/17341497. html.

② http：//news. 500178. com/a/20141007/6061. html.

③ 中国版协游戏工委．国际数据公司．2014 年中国游戏产业报告［M］．北京：中国人民大学出版社，2014.

市场的宠儿。2014 年以来，移动游戏行业，特别是智能移动终端游戏行业出现了跨越式发展，全球多个国家和地区同时表现出智能手机出货量快速增长，移动游戏下载量高速增长，付费用户增加的发展动态，中国游戏公司凭借产品的速度和数量优势，迅速打开国际市场，部分游戏公司自主研发的移动端游戏，甚至能够在谷歌市场（Google Play）平台位于 33 个国家和地区排名前十，创造在全球市场半年收入六千万美元的业绩。

其次，产品本地化速度明显提升。客户端游戏时代，新产品开发时间约需四年，不同市场间产品本地化切换约需 1 ~ 2 年，时间成本极为昂贵。在移动游戏时代，开发时间可缩短至 6 个月，而本地化切换仅需 1 个月的时间，且产品精良程度有了大幅提升，能够满足不同市场的需求。这种提升能够为中国游戏产业带来最直接的影响，就是企业在进行海外市场拓展时，能够用很短的时间完成市场测试、本地化修改、市场推广等各个环节，达到快速抢占市场份额的目的，最大化地利用技术提升所带来的市场红利。

（2）海外市场出口阻碍因素。

1）部分国家或地区抬高准入门槛。全球游戏产业的快速发展，使以往在游戏产业未投入较多注意力的国家（如越南、阿根廷、智利及若干中东国家等），开始意识到在其本土新兴的游戏服务业蕴含着巨大的利润空间。为争取利润，上述国家开始鼓励和扶持本国游戏产业开发商，以期提升本国游戏企业的竞争能力，争夺本国游戏市场。

2）欧美研发给国产游戏持续施压。面对技术条件更加优越、用户需求更加苛刻的欧美、日韩市场，竞争环境更加开放的海外多个国家和地区，中国游戏公司过于强调营销能力和竞争手段的提升，忽视研发创新能力培养的弊端逐渐显现。

3）海外运营资源积累与团队建设仍显不足。现阶段，中国游戏产品研发速度和产量在国际市场上占有优势，但出于对海外市场的不熟悉以及文化差异带来的市场准入门槛，中国游戏企业在开发海外市场时大都采用授权代理的模式，通过与本土运营商合作进行市场拓展。这种模式虽然能够降低初期投入成本，规避市场风险，提升盈利能力，但却将经营的主动权拱手相让。长远看来，达不到积累开发海外市场经验的效果。

三、中国游戏产业贸易发展战略

1. 进一步拓展国内游戏产业领域，注重自主研发，融入中国文化特色

近年来，国家在扶持文化产业发展方面力度不断加大，由中宣部、文化部、

财政部、国家广电总局、新闻出版总署等部门牵头的多项支持文化产业发展的新政策相继出台。在以市场为导向的前提下，大力发展手机游戏和网络游戏的同时，进一步拓展国内游戏产业领域，如电视游戏领域。增加具有自主知识产权的高质量的游戏产品是发展游戏产业的关键，因此需要平衡好自主研发和引进产品的结构。中国深厚的文化底蕴可为网游创作提供丰富的素材和灵感，同时将中国元素的东方神秘感融入游戏的研发将有利于海外市场的开拓。

2. 完善游戏人才培养链，加快游戏专业人才的培养

中国游戏产业的走出去，最关键的一环还是在于管理、研发、推广等人才的培养。尽管目前全国各大大专院校竞相开设游戏开发相关专业，但从实际从业者数量和从业者水平（专业素质及工作经验等）上讲，与游戏产业发达国家相比，我国还存在不小差距，特别是高端创意性人才和管理人才匮乏，已构成制约游戏产业全面发展的“瓶颈”。因此，我国必须着力加快游戏专业人才的培养，既要涵盖核心的研发层面，又要涉及调研、策划、美术、技术、测试、管理、维护等诸多环节，着力打造合理的、完整的游戏人才培养链条。

3. 进一步完善政策布局，引导游戏出口有序发展

目前我国在游戏产业对外贸易方面的政策布局并不完善，应着力做好以下几点：一是进一步完善相关法律体系，采取有效措施保护知识产权，对国产游戏企业提供适度的贸易保护措施，严厉打击抄袭、恶性竞争等不良行为。二是加大资金和税收支持力度，建立鼓励游戏出口的财税机制，鼓励金融企业加大对游戏企业的支持力度。积极倡导担保和再担保机构大力支持文化产业发展、文化企业“走出去”相关的贷款担保业务。三是积极组织参与各种展会与赛事，扩大与深化对世界各地区游戏产业机构、组织的交流，并建立合作机制，向海外大力推广中国游戏。

扩 展 学 习

问题与思考

1. 视频游戏产业的定义是怎样依据其特有的特性而形成的？
2. 根据游戏产业的特性，分析网络游戏的发展方向。
3. 在我国的游戏产业发展过程中，政府该起到怎样的一个推动作用？
4. 中国游戏产业的海外运营需要进行怎样的改变？
5. 分析如果结合中国文化来实现游戏产业的海外发展？

案例研究

腾讯欲开拓海外手游市场《全民突击》成为成功案例

腾讯控股有限公司（Tencent Holdings Ltd. 以下简称腾讯）因为在中国市场占据主导地位而成为全球最大的电子游戏公司。现在，腾讯又将目光投向了海外，准备将中国生产的游戏推向美国及其他海外市场。

通过和旧金山手游发行商格融移动科技（Glu Mobile Inc.）合作，腾讯2016年将其最成功的射击手游《全民突击》（WeFire）推向美国及其他西方市场。腾讯2015年4月收购了格融移动科技（Glu Mobile）的部分股权。据知情人士透露，腾讯2015年还计划2016年将另外一款尚未披露名字的手机游戏通过日本手机游戏发行商艾鸣网络游戏股份有限公司（Aiming Inc.）推向日本市场。

如果腾讯能够成功将中国手游推向海外，该公司将在扩张之路上开启新篇章。腾讯的海外手游业务扩展之举前景广阔，据研究公司Newzoo称，2014年全球手游市场规模估计将增至301亿美元，几乎较2013年的176亿美元增长一倍。

格融移动科技（Glu Mobile Inc.）首席执行长尼科洛（Niccolo de Masi）在接受采访时表示，腾讯在中国已经拥有非常大的市场份额；如果腾讯想更快地增长，它需要在其他国家扩大业务。尼科洛（Niccolo de Masi）表示，来自腾讯和格融移动科技（Glu Mobile Inc.）的数十人组成的一个专门小组正在对《全民突击》进行重新设计，以便增强其对美国和欧洲游戏玩家的吸引力。他说，《全民突击》可能更名，作为格融移动科技（Glu Mobile）开发的《火线指令》（Frontline Commando）和《职业杀手》（Contract Killer）等射击游戏的一部分发布，采用西方玩家更加熟悉的游戏设计和人物。腾讯向海外输出游戏的行动是一个更广泛的趋势，主要西方公司也在不断向亚洲扩大业务。

腾讯通过当地合作伙伴于2014年8月将《全民突击》引入中国台湾，2014年9月引入韩国。根据行业数据，《全民突击》已经成为这两个市场最畅销射击类游戏。腾讯将通过与海外企业的合作，投入更多精力将自己的手游推向海外市场，以此推动公司下一阶段的增长。腾讯游戏副总裁吕鹏指出，公司相信，这些合作项目为腾讯增进对海外手游市场的了解提供了一个良机。

目前，腾讯将游戏业务扩展至海外的努力仍处于初期阶段，其进军国际市场能否获得成功也还是未知数。一些质疑之声指出，将某个游戏从一个市场推向另一个市场，这原本就充满挑战性，而且真正在全球大热的范例也很少。

中国游戏玩家的喜好也许与美国的不同。游戏行业高管指出，除了历史与文化特点的差异，中国的游戏往往在视觉效果上比较繁复，配有大量不同的场景，相比之下，西方的游戏界面通常较为简洁，它们喜欢将复杂性隐藏起来。

格融移动科技（Glu Mobile）的首席执行长尼科洛（Niccolo de Masi）承认，挑战的确存在。2013 年，Glu 曾将中国的手游《暗黑之门：地狱》引入西方市场，但却反响平平，因为美国游戏玩家认为这款游戏的某些部分太过繁复。他表示对《全民突击》在全球获得成功更有信心，因为就架构和玩法而言，这款游戏比较接近西方游戏的特点。他谈道，如果《全民突击》能成功打入西方市场，那么其他游戏也有成功的机会。

思考题：

1. 视频游戏在实现海外扩展时所普遍面临的问题？

2. 为了实现海外扩展，结合《全民突击》案例，分析视频游戏应该注意哪些方面的研发和设计？

中国游戏产业海外出口节节攀升，成长为文化“走出去”的主力军[①]

近年来，政策体系的不断完善为我国的游戏产业营造了良好的发展环境。2010 年文化部实施了动漫游戏产业“走出去”扶持项目，最终确定对 16 家游戏企业“走出去”项目进行扶持，支持企业参加海外知名展会、产品译制及海外推广。2011 年，文化部又发布《互联网文化暂行管理规定》，并开展《网络游戏管理暂行办法》的评估工作，对网络游戏的经营主体、内容管理、运营活动等诸多方面做出了系统的规定，同时制定了严格的处罚措施，以进一步规范网络文化（游戏）市场，为保障网络游戏产业的健康发展提供更全面、更具针对性的管理措施。

2012 年文化部在《“十二五”时期文化产业倍增计划》中进一步明确了游戏产业的发展方向，提出要重点增强游戏产业的核心竞争力，推动民族特色、健康向上的原创游戏发展，提高游戏产品的文化内涵，鼓励研发具有自主知识产权的网络游戏技术、电子游戏软硬件设备，优化游戏产业结构，促进网络游戏、电子游戏等游戏门类协调发展。鼓励游戏企业打造中国游戏品牌，积极开拓海外市场，严厉打击网络游戏“私服”、“外挂”等侵犯知识产权的行为。在游戏出口、搭建国际交流平台、完善相关法规、创新人才培养模式等方面给予了多项政策支持，并令人振奋地提出了未来 3 年网络游戏走出去的总体目标。另外，2013 年

① 柴冬冬．游戏产业：我国对外文化贸易的生力军［J］．中华文化论坛，2014（4）．

《国务院关于促进信息消费扩大内需的若干意见》明确提出要全面推进“三网融合”，加快电信和广电业务双向进入，再加上新闻出版总署与广电总局的合并，大部制改革的推进，更是为网络游戏出版提供了巨大的发展契机。

总体上看，近年来我国游戏产业仍在进一步向前发展，市场规模逐步扩大，产值不断增加。2007 年我国游戏市场（包括 PC 网络游戏、网页网络游戏、手机网络游戏、PC 单机游戏等）实际销售收入首次突破百亿大关，达到 107.6 亿元，2012 年这一数字则攀升到了 602.8 亿元，年均增长率达到了 42% 左右。最新统计数据表明，2013 年 1～6 月中国游戏市场实际销售收入已达到 338.9 亿元人民币，比 2012 年 1～6 月增长了 36.4%，2013 年全年的销售收入达到 840 亿元。

中国游戏市场主要由三大板块构成，分别是网络游戏、移动（网络）游戏和单机游戏。网络游戏市场实际销售收入又可细分为客户端网络游戏市场实际销售收入、网页游戏市场实际销售收入和社交游戏市场实际销售收入。2012 年网络游戏市场实际销售收入为 569.6 亿元，市场占有率为 94.5%；移动游戏市场销售收入为 32.4 亿元，市场占有率为 5.4%；单机游戏市场销售收入为 0.75 亿元，市场占有率为 0.1%。2013 年 1～6 月，网络游戏市场实际销售收入为 313 亿元，市场占有率为 92.4%，移动游戏市场实际销售收入为 25.3 亿元，市场占有率为 7.5%，单机游戏市场实际销售收入为 0.6 亿元，市场占有率为 0.1%。毫无疑问，在现有的游戏市场格局中，网络游戏产业是绝对的主力军。

与整体游戏市场中网络游戏的领头羊地位相对应，网络游戏也已成为最成功的文化“走出去”。2011 年国产网络游戏的出口额达到 4.03 亿美元，相比 2010 年的 2.29 亿美元增长了 76%。2012 年国产游戏出口规模继续稳步增长，收入达到 5.87 亿美元，同比增长 45.7%。尽管增速有所回落，2012 年新增 54 家公司共计 66 款国产网络游戏出口海外，2010～2012 年，累计出口国产网络游戏产品数量已经突破 260 款，参与出口的网络游戏企业接近 100 家，国产网络游戏海外出口收入稳步增长。

在出口模式上，我国网络游戏走向海外大致具有四种不同的运营模式。

第一种是授权代理模式。这种模式主要是与国外的游戏运营商签署代理合作协议，将产品运营权交予代理一方，出口方则负责提供已开发好的游戏产品，并参与后期的技术层面运营维护和版本升级的一种出口形式。其收益可以包括一次性版权购买以及后期运营的提成。这是目前中国自主研发网络游戏最主要也是最为简单和最早的一种出口方式。如完美时空的《诛仙 2 时光之书》、《武林外传》、《完美世界国际版》等游戏的国际运营就是如此。

第二种是独立运营模式。这主要是指企业具有一定的技术、资本实力之后，在海外设立子公司独立运营自身的游戏产品。这种运营的方式使得企业可以完全掌握海外市场的各种数据，及时了解客户需要，并且独享海外收益，同时对于以后针对国际市场的研发、母公司的游戏出口也有很大的帮助。近年来，随着中国游戏企业在海外运营经验的不断丰富和自身资本实力的增强，很多企业已不再满足于简单授权代理海外出口模式，纷纷展开海外并购，以发展自己的独立运营模式。仅在2010年，就发生了三次规模较大的海外收购。九城以2000万美元获得美国网游开发商Red5 Studios多数股权，完美时空以2100万美元全资收购日本网游代理公司C&C Media，获得100%股权，盛大则通过6000万美元和价值2000万美元的盛大游戏股票，收购美国游戏分销和内置广告平台Mochi Media。另外，其他主流的网络游戏企业如腾讯、畅游、金山、网龙、麒麟、趣游等都在海外开设了自己的子公司，如趣游的全球分支机构已达到25个。这些企业的海外运营范围覆盖了东南亚、北美、日韩、港台等诸多国家和地区。

第三种是联合运营模式。这主要是指国内企业和国外企业联合运营（包括合作研发并联合运营项目），并进行收入分成。目前，这种模式在海外的应用并不是特别广泛。主要见于在一些市场发展较为成熟、竞争异常激烈的地区。例如，完美世界在进入韩国市场时，就和韩国知名的游戏运营商NEXON公司共同出资，成立一家全新的合资企业，运营管理企业在韩国的在线游戏业务。相较于设立子公司，此种方式更易进入当地市场，能更有效地利用当地企业的营销、服务资源，以及时有效了解客户需求，从而降低整体风险。

第四种是全球整合模式。这种模式不同于单纯的海外独立运营和联合运营，而是基于二者的有机整合。具体指的是，网络游戏企业立足全球，通过收购海外游戏企业，将全球游戏产业的设计、生产、运营、服务等资源进行有机整合，进行全球化运作。其海外分支机构完全实行本地化发展，不仅会帮助母公司进行产品的研发和运营，同时还在本地进行产品研发。研发出的产品不仅在当地运营，还会同时在全球范围内推广。完美世界、盛大游戏都有采用海外研发全球运营的方式，例如，完美世界北美研发团队Cryptic Studios研发的《无冬之夜OL》，是一款由美国人开发的典型的欧美游戏，但其版权却是属于中国企业，这款产品不仅会在海外进行运营，同时也会引入中国，进而在全球推广。它是在近两年我国游戏产业海外运营经验不断成熟和市场规模不断壮大的基础上出现的。

思考题：

1. 分析我国游戏产业海外出口节节攀升的原因。

2. 结合我国网络游戏出口模式，分析哪种模式对我国的游戏产业更具有“走出去”的优势？

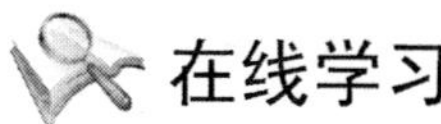

在线学习

进入游戏产业网 http：//www. cgigc. com. cn 及其他相关网站，了解最新的视频游戏产品及其销售情况，分析这些产品成功的原因。

第十一章 计算机与信息服务产业与产品贸易

计算机和信息服务贸易属于文化创意产业的重要相关产业。作为知识和技术密集型的新型服务贸易，计算机和信息服务产业的发展能够促进其他文化创意产业的发展。其中，软件业在计算机和信息服务中占据核心地位，并且在文化创意产业的设计类中也占据着核心的地位。本章将介绍世界及国内计算机和信息产业发展现状及贸易现状，运用贸易竞争力指数和显示性比较优势指数对我国计算机和信息服务贸易的国际地位进行分析，提出进一步提高我国计算机和信息服务贸易的国际竞争力的具体措施。

第一节　计算机与信息服务产业概述

本节首先对计算机与信息服务产业的含义进行解读，之后对计算机与信息服务产业的地位进行介绍。

一、计算机与信息服务的含义

计算机与信息服务由三部分构成：计算机服务、通讯社服务和其他信息提供服务。具体来说，计算机服务包括硬件和软件的相关服务和数据处理服务。这其中又包括：硬件和软件咨询和实施服务；计算机和外围设备的保养和修理；灾后恢复服务；就有关计算机资源管理的事项提供意见和帮助；准备使用的系统的分析、设计和编制程序（包括网页编制和设计）及与软件有关的技术咨询；顾客要求的软件的编制、生产、供应和提供文献资料（包括为特定的用户定制操作系统）；系统保养和其他支助服务，如提供培训作为咨询的一部分；数据处理服务，如在时间共享的基础上进行数据输入、制表和处理；网页接待服务（即在互联网上向主机客户的网页提供服务器空间）以及计算机设施管理。

通讯社服务包括向媒体提供新闻图片和特写文章，例如，通过搜集新闻和新闻材料，表达意见或提供事实，发给一些新闻企业，并且在特殊情况下也发给私人，以便在收费和符合商业法律和规定的情况下，向它们提供一种尽可能完全和公正的新闻服务。

其他信息提供服务包括数据库服务——数据库设想、数据存储和通过联机和磁、光或印刷媒体传播数据和数据库（包括人名地址录和邮寄名单）及网上搜索入门（为输入关键词查询的客户寻找互联网址的搜索引擎服务）。

二、计算机与信息服务的地位

计算机和信息服务是否属于文化创意产业在当今各个国家中具有很大的差异，因为文化创意产业在不同国家和地区有不同的界定。在文化创意产业范围的界定上，英国文体部将软件和计算机服务纳入了文化创意产业的范畴。① 美国在其界定的文化创意产业中将软件和数据库作为其核心的创意产业。我国国家统计局发布的文化企业标准把软件与计算机服务纳入我国的文化产业范畴，韩国、新加坡、新西兰等国的情况与英国相似，也把计算机和软件服务纳入其文化创意产业的范畴。虽然其名称和叫法在各国各不相同，但其主体内容在各国和地区都有很多相似之处。根据世界贸易组织的解释，计算机与信息服务可细分为计算机服务（软件和硬件相关的服务和数据处理服务）、新闻代理服务（对媒体的新闻、图片和特色文章的提供）和其他的信息服务（数据库服务、网络搜索服务等）。② 根据国际货币基金组织（IMF）的解释，计算机和信息服务包括了居民、非居民间的有关计算机的硬件咨询，软件运用、信息服务（有数据建库，处理和代理）以及计算机和相关设备的维护服务。从上面的叙述中我们可以看到，软件业在计算机和信息服务中占据核心地位，并且在文化创意产业的设计类中也占据着核心的地位。

① 英国文体部对软件和计算机信息服务的界定：包括互动休闲软件（游戏开发、出版、分销和零售）和软件设计（软件开发、系统软件、合约、解决方案、系统整合、系统设计与分析、软件结构与设计、项目管理、基础设计）。

② WTO International Trade Statistics 2007，http：//www. wto. org/english/res_ e/statis_ e/its 2007_ e/its07_ toc_ e. htm.

第二节　世界计算机和信息服务产业与贸易发展概况

从全球的产业结构来看，世界计算机和信息服务业在产业发展的地位和作用越来越重要，软件及服务发展日益成为全球信息产业的增长点和驱动力。本节先介绍世界计算机和信息服务产业的现状，之后对该产业的进出口贸易情况进行分析。

一、世界计算机和信息服务产业发展概况

近10年来，全球电子信息产业一直保持快速发展，增长速度超过5%，特别是软件和信息服务更是保持两位数的速度增长。2012年，全球电子信息产业发展规模接近4万亿美元，其中，软件及相关服务收入达到16208亿美元，占电子信息产业比重的30%左右（见图11－1）。目前，美国、欧盟软件及服务收入占据世界前两位，所占比重分别约为29.3%、24.9%；中国占24.3%，跃居世界第三位；日本排第四位，所占比重为6.3%；印度排第五位，所占比重为6.2%。

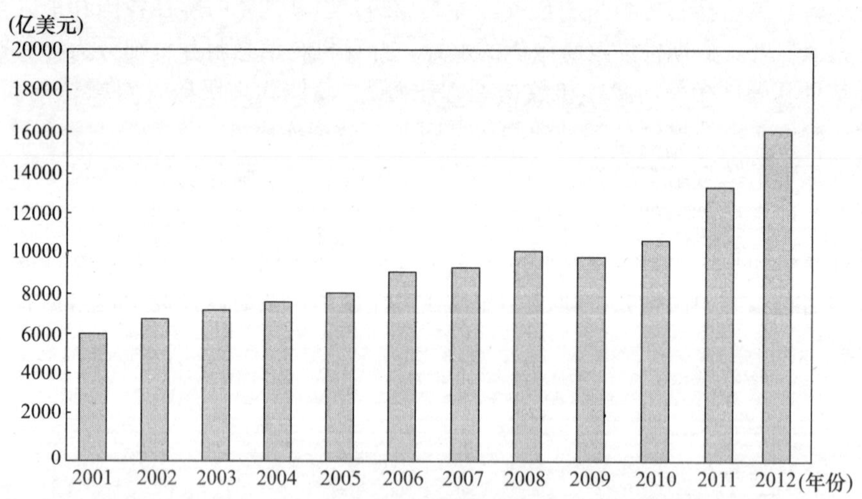

图11－1　2001～2012年世界软件及服务收入增长情况①

资料来源：工业和信息化部。

① 中华人民共和国商务部．中国服务贸易发展报告2013［M］．北京：中国商务出版社，2007.

随着网络时代和知识经济时代的来临，计算机与信息服务贸易也进入一个高速发展的时期。计算机与信息服务贸易在一国经济实力中的表现日益加强，有力地提升了该国的竞争优势。由于现代科技的迅速发展和广泛应用，世界市场的竞争也相应地由价格竞争转向了非价格竞争，计算机与信息服务贸易发展状况也成为衡量一国软实力和综合国力的指标。

二、世界计算机和信息服务贸易出口情况

随着世界经济逐步发展，全球软件和相关服务业发展速度将进一步加快，特别是国际计算机和信息服务。金融危机后，各国都采取了调整产业结构和应用信息技术的措施，对软件及信息服务的需求大幅增加，世界计算机和信息服务贸易产业面临较好的发展机遇。

根据世界贸易组织在2013年公布的数据，2012年，世界计算机和信息服务贸易出口继续高速增长，出口总额为2650亿美元，占世界服务出口总额的6.1%，增长6%。

从地区来看，独联体、中东、中南美地区计算机和信息服务出口实现高速增长，增速分别为28%、19%和17%，亚洲、北美和非洲分别比2011年增长9%、6%和5%，欧洲与2011年相比仅增长3%。从绝对量来看，欧洲地区计算机和信息服务出口绝对规模仍然最大，总额为1420亿美元，占世界计算机和信息服务出口总额的比重为54.1%，比2005年下降6.8个百分点；亚洲地区居于第二位，出口740亿美元，占世界计算机和信息服务出口总额的20.7%，比2005年上升7.6个百分点；北美地区实现出口额240亿美元，占世界计算机和信息服务出口总额的9.1%，与2005年相比有所下降。独联体、中南美洲地区虽然所占份额较小，但增长速度较快，2005～2012年，年均增长率分别为33%、27%，远远超过全球14%的平均增长水平（见表11－1）。①

2012年，共有81个国家和地区向世界贸易组织报告计算机和信息服务出口数据，总额为2282.4亿美元，占世界服务贸易出口总额的比重为5.2%，占世界计算机和信息服务出口总额的比重为91.3%；在81个经济体中，排名前20位的国家和地区共出口2082.7亿美元，占81个国家和地区计算机和信息服务出口额的91.3%，占世界计算机和信息服务贸易出口总额的83.3%。印度、爱尔兰、德国、中国和英国位居出口前五名，出口额共计1425.1亿美元，占81个经济体计算机和信息服务出口额的62.4%，占世界计算机和信息服务贸易出口总额的

① 中华人民共和国商务部．中国服务贸易发展报告2013［M］．北京：中国商务出版社，2007.

57.0%。印度超过爱尔兰成为第一大出口国，2012 年计算机和信息服务出口额为 473.2 亿美元，占全球计算机和信息服务出口额的 18.9%。中国在已有数据的 81 个国家和地区中排名第 4 位，占 81 个报告国的总额的比例为 6.3%。

表 11-1　2012 年世界计算机和信息服务贸易出口分地区情况

地区 \ 项目 / 年份	出口额（十亿美元）		占比（%）		年变化率（%）		
	2011	2012	2005	2012	2005~2012	2011	2012
世界	250	265	100.0	100.0	14	14	6
北美	23	24	12.3	9.1	9	9	6
中南美	5	6	1.0	2.1	27	23	17
欧洲	138	142	60.9	54.1	12	13	3
欧盟 27 国	132	136	58.8	51.6	12	15	3
独联体	3	4	0.5	1.5	33	34	28
非洲	1	1	0.3	0.5	21	20	5
中东	10	11	4.4	4.4	14	22	19
亚洲	68	74	20.7	28.3	19	14	9

资料来源：根据世界贸易组织提供的数据整理。

三、世界计算机和信息服务贸易进口情况

2012 年，共有 89 个国家和地区向世界贸易组织报告计算机和信息服务进口数据，总额为 930.1 亿美元，占世界服务贸易进口总额的比重为 2.2%。在 89 个经济体中，排名前 20 位的国家和地区共进口 810 亿美元，占已有数据的 89 个国家和地区计算机和信息服务进口额的 87.1%。德国、英国、法国、荷兰和意大利位列进口前五名，其进口额共计 392.5 亿美元，占已有数据的 89 个国家和地区计算机和信息服务进口额的 42.2%。德国作为第一大进口国，2012 年计算机和信息服务进口额为 169.2 亿美元，占已有数据 89 个国家和地区计算机和信息服务进口额的 18.2%。中国在已有数据的 89 个国家和地区中排名第 10 位（见表 11-2）。①

从世界计算机和信息服务进出口贸易的发展现状来看，高新技术的在促进世

① 中华人民共和国商务部. 中国服务贸易发展报告 2013［M］. 北京：中国商务出版社，2007.

界经济发展中起到了不可估量的作用，它改变了原有的国际分工格局，为服务贸易发展提供了技术支持，它让计算机与信息服务贸易这种无形的贸易可以方便、顺畅地在国家之间进行，扩大了服务市场，不断为计算机与信息服务贸易的发展带来新的思路和契机。技术上的进步不仅可以扩大计算机与信息服务贸易的服务范围，而且也让服务质量大大提升，让服务更便捷、更高效、更安全，同时这也意味着在国际竞争中可以占据更多的市场份额，国际竞争力可以大幅提高。

表 11-2　2012 年世界计算机和信息服务主要国家和地区情况

单位：亿美元

排名	国家和地区	出口额	出口占比（%）	排名	国家和地区	进口额	进口占比（%）
1	印度	473.2	20.7	1	德国	169.2	18.2
2	爱尔兰	469.3	20.6	2	英国	66.5	7.1
3	德国	194.0	8.5	3	法国	56.9	6.1
4	中国	144.5	6.3	4	荷兰	53.8	5.8
5	英国	144.0	6.3	4	意大利	460	4.9
6	以色列	113.3	5.0	6	日本	45.0	4.8
7	瑞典	80.6	3.5	7	巴西	44.5	4.8
8	西班牙	62.7	2.7	8	比利时	40.7	4.4
9	荷兰	61.4	2.7	9	瑞典	38.5	4.1
10	芬兰	59.4	2.6	10	中国	38.4	4.1
11	比利时	53.1	2.3	11	西班牙	28.4	3.1
12	法国	45.0	2.0	12	俄罗斯	26.5	2.8

资料来源：根据世界贸易组织提供的数据整理。

第三节　我国计算机和信息服务产业与贸易发展状况

中国的计算机与信息服务业起步较晚，在 20 世纪 80 年代后期才开始逐步发展，但是，中国政府高度重视计算机和信息服务产业的发展，先后出台了多项优惠政策，近年来我国计算机和信息服务产业一直保持较快的发展速度，我国计算机与信息服务贸易的国际市场占有率逐年提高。本节将介绍我国计算机和信息服务产业发展现状及其进出口贸易情况，通过国际贸易优势指数和显示性比较优势两个指标来衡量目前我国计算机和信息服务贸易的国际竞争力。

一、我国计算机和信息服务产业现状

自2000年以来，我国政府颁布了一系列政策措施鼓励计算机和信息服务产业的发展，近些年来计算机与信息服务贸易飞速发展，我国计算机与信息服务贸易的国际市场占有率逐年提高。2012年，中国电子信息产业销售收入达到11万亿元，比2011年同期增长15%以上。其中，软件及相关服务收入达到24794亿元，比2011年同期增长31.5%，占电子信息产业的比重超过20%，占全球软件及服务收入的6%。从收入构成看，软件产品收入为7857亿元，信息系统集成服务收入为5583亿元，信息技术咨询服务收入为2435亿元，数据处理和存储服务收入为4156亿元，嵌入式系统软件收入为3992亿元，IC设计收入为770亿元。截至2012年底，中国从事软件及相关服务的规模以上企业29205家，从业人员418万人。

二、中国计算机和信息服务贸易发展现状

我国计算机与信息服务贸易有很强的发展势头，其出口额呈现逐年递增的趋势，近年来增速趋于稳定。2012年，中国计算机与信息服务出口额为144.5亿美元，比2011年增长18.6%；进口额为38.4亿美元，比2011年略有下降。2003~2012年，中国计算机与信息服务贸易出口额从11.2亿美元增长到144.5亿美元，年均增长38.2%，占中国服务贸易出口总额的比重由2.4%增长到7.6%；进口额从10.4亿美元提高到38.4亿美元，年均增长14.2%，占中国服务贸易进口总额的比重由1.9%增长到1.4%。2003年以来，中国计算机与信息服务贸易连年顺差，2012年顺差额达到106.1亿美元（见图11-2）。①

从出口规模来看，我国计算机与信息服务2012年出口额为144.5亿美元，世界排名为第四位（见表11-3），虽然排名较靠前，但与印度和爱尔兰两个计算机与信息服务贸易强国相比差距明显，我国计算机与信息服务贸易出口额不到印度或爱尔兰的1/3；从贸易差额来看，我国计算机与信息服务贸易处于贸易顺差，从某种程度上反映出我国在计算机与信息服务贸易方面具有一定的实力，但

① 中华人民共和国商务部．中国服务贸易发展报告2013［M］．北京：中国商务出版社，2007.

挤进强国行列还有不小的距离；从进出口总额来看，我国参与计算机与信息服务贸易的程度并不十分突出，这说明我国在参与计算机与信息服务方面需要进一步加强。总体上说，我国计算机与信息服务贸易总体规模较大，但赶上世界强国尚需时日。

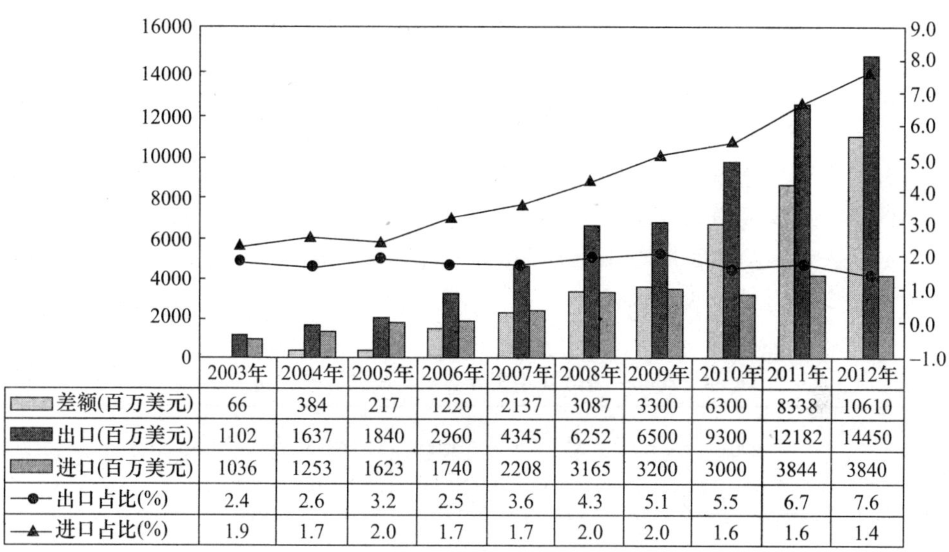

	2003年	2004年	2005年	2006年	2007年	2008年	2009年	2010年	2011年	2012年
差额(百万美元)	66	384	217	1220	2137	3087	3300	6300	8338	10610
出口(百万美元)	1102	1637	1840	2960	4345	6252	6500	9300	12182	14450
进口(百万美元)	1036	1253	1623	1740	2208	3165	3200	3000	3844	3840
出口占比(%)	2.4	2.6	3.2	2.5	3.6	4.3	5.1	5.5	6.7	7.6
进口占比(%)	1.9	1.7	2.0	1.7	1.7	2.0	2.0	1.6	1.6	1.4

图 11－2　2003～2012 年中国计算机和信息服务服务进出口情况

资料来源：国家外汇管理局。

表 11－3　2012 年计算机与信息服务贸易出口前十位国家贸易规模

项目 国家	出口额（百万美元）	进口额（百万美元）	差额（出口—进口）（百万美元）	进出口总额（百万美元）	出口额排名
印度	47323	2497	44826	49820	1
爱尔兰	46929	771	46158	47700	2
德国	19399	16925	2474	36324	3
中国	14454	3843	10611	18297	4
英国	14403	6649	7754	21052	5
以色列	11329	—	—	—	6
瑞士	8062	3851	4211	11913	7
西班牙	6267	2843	3424	9110	8
荷兰	6136	5385	751	11521	9
芬兰	5936	2462	3474	8398	10

资料来源：根据世界贸易组织公布数据统计并整理。

三、中国计算机和信息服务贸易国际竞争力的指标分析

我们选取国际贸易优势指数和显示性比较优势两个指标来具体衡量目前我国计算机和信息服务贸易的国际竞争力。

国际贸易优势（TC）指数是反映产业国际竞争力的重要指标，这一指标是用一个国家或地区某种贸易产品的进出口差额与其进出口总额相比，即 $TC_i = (X_{ij} - M_{ij})/(X_{ij} + M_{ij})$，其中 X_{ij} 为 i 国第 j 种产品的出口，M_{ij} 为 i 国第 j 种产品的进口，通常贸易竞争指数的取值范围为 [-1，1]；如果 $TC_i > 0$，意味着 i 国是 j 产品的净出口国或净供应国，该国的 j 产品具有较强的竞争力；如果 $TC_i < 0$，意味着 i 国是 j 产品的净进口国，该国在 j 产品上缺乏竞争力；如果 $TC_i = 0$，则称之为中性竞争力（见表 11 -4）。

表 11 -4　2002 ~2012 年中国计算机与信息服务贸易 TC 指数

指标＼年份	2002	2003	2004	2005	2006	2007	2008	2009	2010	2011	2012
TC 指数	-0.2795	0.0309	0.1329	0.0627	0.2595	0.3261	0.3278	0.3365	0.5148	0.519	0.5799
TC 指数变化率（%）	-294.21	31.04	330.42	-52.84	314.17	25.66	0.52	2.64	52.99	0.82	11.74

资料来源：根据世界贸易组织网站历年统计数据整理得出。

从表 11 -4 中 TC 指数看，2002 ~2012 年的 11 年我国在计算机与信息服务贸易的国际竞争力上有了很大的变化。2005 年之前，TC 指数比较不稳定，而且数值偏小，特别是 2002 年的 TC 指数为负值，说明处于比较劣势。2005 年后 TC 指数稳步上升，且都为正值，这意味着我国在计算机与信息服务贸易上基本上处于顺差的状态，具有了一定的国际竞争力。

显示性竞争优势（CA）指数分析。显示性竞争优势指数是用来测定该国或地区这一产品在世界出口格局中的地位，这一指标计算一个国家或地区某种产品出口占该国家或地区总值的份额与世界该类产品出口占世界总出口份额的比例，即 $CA_{ij} = (X_{ij}/X_{it})/(X_{wj}/X_{wt})$，其中 RCA_{ij} 是 i 国 j 产品的显示性比较优势指数，X_{ij} 是 i 国 j 产品的出口额，X_{it} 是 i 国的出口总额，X_{wj} 是世界 j 产品的出口总额，X_{wt} 是世界各类产品的总出口额。如果 $RCA_{ij} > 2.5$，表明 i 国在 j 产品上具有极强的国际竞争力；如果 RCA_{ij} 介于 1.25 ~2.5，表明具有较强的国际竞争力；如果 RCA_{ij} 介于 0.8 ~1.25，表明具有中度的国际竞争力；如果 $RCA_{ij} < 0.8$，则表明国

际竞争力较弱。这一指数剔除了国家总量波动和世界总量波动的影响，较好地反映了该产业的相对优势（见表 11－5）。

表 11－5　2002～2012 年中国计算机与信息服务贸易 CA 指数

项目＼年份	2002	2003	2004	2005	2006	2007	2008	2009	2010	2011	2012
CA 指数	－0.2241	0.0007	0.0565	－0.0027	0.0944	0.1297	0.1487	0.1736	0.3021	0.3511	0.4004
CA 指数变化率(%)	－659.62	22.48	7814	－104.72	9.71	37.35	14.65	16.73	73.99	16.22	14.05

资料来源：根据世界贸易组织网站历年统计数据整理并计算得出。

显示性竞争优势指数（CA）不仅考虑出口的影响，更考虑了进口的影响，因此可以很好地表现一国某产业的国际竞争力。该指数的计算公式为：$CA_{ij} = (X_{ij}/X_{it})/(X_{wj}/X_{wt}) - (M_{ij}/M_{it})/(M_{wj}/M_{wt})$，其中，$CA_{ij}$表示 i 国 j 产品的显示性竞争优势指数；$X_{ij}$是 i 国在 j 种产品上的出口，$M_{ij}$是 i 国在 j 种产品上的进口，$X_{wj}$是 j 种产品在世界上的总出口，$M_{wj}$是 j 种产品在世界上的总进口，$X_{it}$是 i 国在 t 时期的总出口，$M_{wt}$是世界市场上 t 时期的总进口。如果一国 CA 指数大于 0，说明该国服务贸易具有比较优势；若 CA 指数小于 0，则说明该国服务贸易不具有比较优势。该指数越高，该国服务贸易国际竞争力越强；反之，该指数越低，该国服务贸易国际竞争力越弱。

CA 指数变化率公式：$CA_d = (C_i - C_{i-1})/C_{i-1}$。其中：$CA_d$ 为 CA 指数变化，负数表示指数下降，正数表示提升；C_i 为一国 i 种产品，CA 指数当年值，C_{i-1}为 CA 指数上一年的值。

从表 11－5 中 CA 指数看，2002～2005 年有较大幅度的波动，国际竞争力非常不稳定，2002 年和 2005 年处于负值，这表明我国在计算机与信息服务贸易方面的发展还处于初级阶段，国际竞争力较弱；但 2006 年以来，CA 指数由负变正且指数值逐年不断提升，特别是 2010 年，CA 指数提升速度高达 73.99%。反映出我国计算机与信息服务贸易规模扩大的同时，国际竞争力不断增强。

四、我国计算机和信息服务行业加入世界贸易组织后发展面临的困难与机遇

1. 中国政府在计算机及其相关服务领域加入世界贸易组织的主要承诺

在市场准入方面，对与计算机硬件安装有关的咨询服务及数据处理和制表服务、分时服务，没有限制。对软件实施的服务（系统和软件咨询服务、系统分析

服务、编程服务和系统维护服务和数据处理服务），仅限于合资企业形式，允许外资拥有多数股权。

在国民待遇限制方面，以自然人移动方式提供服务的，必须是注册工程师或具有学士（或以上）学位并在该领域有3年工作经验的人员。

目前，中国在市场准入和国民待遇等方面已经实现所有相关承诺。对于提供软件实施服务的外国企业已经可以以合资形式在中国建立企业，并拥有多数股权。

2. 目前面临的主要困难

我国计算机和信息服务行业加入世界贸易组织后面临着一些困难。这些困难成为我国软件业发展的制约因素。这些困难主要包括以下几方面：

第一，企业知识产权保护意识不足。一方面我国的知识产权保护意识不足，盗版猖獗，这不仅严重制约了我国软件企业自身的发展而且损害了我国企业在国际上的形象。另一方面企业本身缺乏知识产权保护意识，使专利资源无形流失，造成巨大的经济损失和发展制约。

第二，企业创新能力不足。我国软件企业的科技创新能力不足，我国出口的软件制成品主要依赖国外的核心技术加工品，国内很多企业不愿或者拿不出资金投入到产品的创新上，致使企业的创新能力薄弱，导致我国软件产业的发展长期受制于人。这也是竞争能力低下的一个因素。

第三，单个企业抗风险能力较差。我国软件企业规模较小，单个企业的抗风险能力更差。企业规模小造成企业资金匮乏、技术人才分散，在市场方面不能形成规模效应，缺乏市场竞争的能力和抵御风险的能力，其模式还仅限于模仿、复制式的手工作坊式，难以得到很好的发展。这些均已成为制约我国软件产业竞争力的一个重要因素。

第四，软件产业人才相对短缺。我国软件产业人才的短缺集中在两个方面，一是人才流失严重；二是不合理的人才结构，我国软件业的人才结构存在两头小、中间大的问题，即缺乏高级设计人才、高水平的系统分析员、管理人才和低端的软件操作员，而中端的人才相对比较多。这就造成了我国软件人才的相对缺乏。

第五，我国软件企业的研发（R&D）投入不足。软件产业是一个高投资、高风险、高收益的行业，需要有效的政策引导和大量的资金支持。我国大部分软件企业的规模较小，其研发投入占销售收入的8%左右，能得到风险资金的软件企业也仅占我国软件企业的3%左右，严重低于发达国家，资金的研发投入不足以支持软件业的技术需求和创新需求。

第六，我国软件业的标准化程度不够。计算机软件贸易和其他产业贸易一样，也存在诸多贸易保护的问题，而我国的软件业标准化程度不够，使他国有更

多的机会来运用保护主义。

3. 我国计算机和信息服务行业发展的有利因素

针对我国计算机和信息服务发展的不足和竞争力低下的情况，为改善软件业发展的政策环境，我国政府相继发布了一系列的文件来鼓励、支持和发展软件业。2000 年国务院发布了《关于鼓励软件产业和集成电路产业发展的若干政策》，对软件产业在投融资、税收、出口、收入分配、知识产权保护以及行业管理等方面的问题，制定了全面、系统的鼓励性措施。相关部委出台了《软件企业认定标准及管理办法》、《软件产业管理办法》、《鼓励软件产业和集成电路产业发展有关税收政策问题》、《关于软件出口有关问题的通知》和《国家软件产业基地管理办法》等一系列政策，进一步明确了国家发展软件产业的方向。

2002 年 11 月，《振兴软件产业行动纲要（2002～2005 年）》在培育国内市场、扩大软件出口、扶植软件企业、支持核心技术开发、软件人才培养、优化产业环境六方面实现了重大突破，为大力促进软件产业发展给予了政策支持。

2005 年 1 月 8 日，《国务院办公厅关于加快电子商务发展的若干意见》正式公布，提出了一系列促进电子商务发展的具体措施。

2006 年 9 月 19 日，中国商务部、信息产业部等六部门联合发布了《关于发展软件及相关信息服务出口的指导意见》，从培育出口促进服务体系、完善税收和金融政策、促进人才培养等方面出台了多个政策措施，为促进软件和信息服务及贸易发展创造良好的条件。

2007 年初，国务院出台了《关于加快发展服务业的若干意见》，从优化服务业发展结构、调整发展布局、发展农村服务业、提高对外开放水平等方面提出了多项税收和融资支持措施，软件及信息服务业作为服务业中的先导和高技术行业，是政策支持的重点领域。

这一系列的政策表明，我国政府对计算机和信息服务业的发展给予了高度的重视，建立了优良的政策环境，而这些政策的颁布和实施也为更好地促进我国计算机和信息服务业发展提供了保障、指明了道路。

五、提升我国计算机和信息服务行业国际竞争力的措施

1. 加强相关法律法规建设，提升企业认识并利用法律法规保护企业“无形资源”的能力

我国在知识产权方面的法律主要有《中华人民共和国著作权法》、《中华人民共和国商标法》、《中华人民共和国专利权法》，据统计，国内拥有自主知识产权核心技术的企业，仅占大约万分之三，99% 的企业没有申请专利，60% 的企业

没有自己的商标，一些中小企业的产品主要靠模仿，原创产品根本没有。对我国来说，完善竞争机制，建立健全知识产权保护体系，完善知识产权保护制度，加强知识产权执法队伍建设，提高知识产权保护执法水平，加大对各种侵权行为的打击力度，营造尊重知识、尊重创造和保护知识产权的法治环境任重而道远。

2. 进一步创造良好的政策环境

软件产业的健康、快速、持续的发展离不开良好的政策环境。虽然目前我国已经出台了许多政策鼓励和支持软件业，但是通过进一步建立完善的法律框架，制定相应的政策措施以保证软件产业结构更加合理的调整，对软件开发投入提供财务支持和税收优惠，以提高软件企业进行研究开发的积极性。

3. 加快对我国软件市场的监控和管理，促进软件产业产品的标准化和质量认证体系

为加强对软件企业、软件产品和应用系统的行业管理，建立公平的市场竞争机制，应实行严格的软件企业认定制度，规范软件企业经营，严格质量控制。我国在软件企业中推行 ISO9000 软件质量保证体系和 CMM 认证。然而全国通过 CMM2 级以上评估的软件企业仅有 100 多家。仅华为一家通过了 CMM4 的认证。与我国相比，印度 2003 年超过 175 家软件企业拥有 ISO9001 证书；近 50 家拥有 SW－CMM3 级或更高级别的证书。世界上拥有 CMM5 级证书的公司中超出 55% 在印度（全球 47 家 CMM5 软件企业中 29 家在印度），并且许多印度软件公司还拥有 P－CMM 和六西格玛（Six Sigma）。很明显，和印度相比我国通过认证的企业极少。企业认证和质量认证体系对于软件产业的产出效率存在着显著的正向影响。

4. 注意对我国软件产业中各个层次人才的培养

我国应建立各个层次的人才培养体系，同时对工作进行重新设计，在保证工作效率的情况下降低企业的人力成本。我们可以从以下几方面来推进我国软件人才的培养：第一，大力推进软件开发规范化的职业教育，软件产业的人才需求是呈金字塔形的，位于底层的软件蓝领——程序员是国际市场上急需的人才，在我国这点表现得尤为突出，大力推进软件开发规范化的职业教育是解决底层人才缺口的有效途径之一。第二，要培养实用技能型人才。软件业是一个实践性很强的产业，现在我国大部分的软件院校教学和产业链严重脱离，我们应该使教学与产业界挂钩，产学研结合，给人才成长及供应方和需求方搭建平台，在供需平台上实现人才培养计划，培养出实用技能型的人才来解决我国目前面临的人才水平不高的问题。

5. 加快企业实施品牌战略

品牌给企业带来的是知名度、信誉度，是额外利润的来源，企业一定要有自己的品牌。综观软件行业，不难发现，国外的众多企业如微软、IBM 等有很强的

品牌意识。像微软这样的全球知名品牌，其价格主要是由其品牌价值决定的，企业单凭品牌的价值就会获得巨大的利润。只有全国软件企业都重视品牌，国内的软件市场才能红火起来，才能走出国门，走向世界。

6. 拓宽软件企业融资渠道，消除制约软件业发展的资金瓶颈

首先，政府要适度加大对软件业的财政支持力度，各级财政预算安排的科技和技改方面的专项资金要有计划地安排一定比例用于软件技术研究和软件项目开发。其次，促进风险投资事业的发展，鼓励和引导风险投资基金逐步介入软件产业。最后，为软件企业的直接融资创造便利条件，继续规范和发展创业板市场和小额资本市场，鼓励具备条件的软件企业公开发行股票筹措资金或进入国际资本市场融资。

7. 提高我国软件企业的创新和研发能力

作为高新技术产业，技术淘汰率高。因而，软件产业的发展需要相应的技术创新机制，实施以技术创新为动力的长远发展战略，加快核心软件技术和产品创新及产业化。我国应大力鼓励有能力的企业建立研究中心，提高技术创新能力。

8. 积极扶持规模化的本土领先软件企业，使软件企业产业化，规模化，形成集聚效应

目前，我国软件企业数量是印度的 5 倍以上，而从业人员却比印度少 20 万人。印度软件企业动辄几千人，而我们却有许多 50 个人左右的软件“作坊”。因为企业规模过小，不可能经受激烈的市场竞争和冲击。中国加入世界贸易组织后，将适应国际游戏规则，与世界贸易组织接轨，当国外有实力的大企业走进来享受国民待遇时，中国软件业将更加感受到危机。软件产业化是中国软件企业做大、做强，充分参与国际竞争的前提和基础。这要求中国软件业实现规模化，即通过内部和外部资源的有效整合，通过分层次的研发体系，形成产业规模，打造中国软件企业的旗舰。

9. 促进软件协会的形成，加强行业协会对软件企业的引导和支持

针对我国软件企业规模小、资金不足、竞争力弱等缺陷，我国应该在各地促进软件协会的形成，加强协会对软件企业的引导和支持，应该积极加强与软件服务企业间的联系；为企业提供开拓国外市场的信息，组织软件企业参与国际软件展会、论坛等；推动国外企业与我国软件企业建立联系。

六、计算机和信息服务行业展望

当前软件及服务发展日益成为全球信息产业的增长点和驱动力，而且在软件及服务领域本身也出现了一些新的趋势，特别是技术、业务、企业的融合方面发

展势头明显：一是软件与硬件的融合，硬件日益成为推动软件和信息服务发展的一个重要媒介，特别是基于大型工业和消费电子产品的嵌入式软件及数字内容开发前景广阔。二是软件与服务的融合，软件服务化趋势明显，收取服务费成为重要的商业模式；同时软件外包蓬勃兴起，发展中国家的软件企业凭借较低的人力成本，利用软件和网络技术承接跨国公司的各种服务外包，成为全球软件及服务贸易发展的重要趋势。三是软件与网络的融合，随着通信、计算机、广播电视等网络加快融合发展，信息化发展和数字内容开发的基点日益从终端转向网络，后者日益成为软件和服务开发及贸易发展的重要平台。四是软件企业的融合，跨国软件公司并购发展中国家的优势软件企业、其他行业的大企业并购中小软件企业都将掀起新的热潮，行业和贸易发展的格局面临新的洗牌。五是软件技术的融合，各种开放源代码技术、构件技术的广泛应用使软件及服务开发更加透明，数字内容拓展更加广泛，也促进软件与服务的规模和效率快速上升。

扩 展 学 习

问题与思考

1. 对于我国计算机和信息服务业的发展，分析政府所能起到的实际作用。
2. 分析怎样改进我国软件产业人才的培养战略。
3. 与印度相比，分析我国软件产业发展中存在的不足之处。
4. 在我国计算机和信息服务高新技术仍在发展中的情况下，该怎么保持我国的软件出口数额？
5. 分析软件协会在我国所应起到的实际作用。
6. 分析该怎样实现软件业在计算机和信息服务行业中的进一步发展。

移动平台开创定制化服务的未来①
——Datalex 软件公司网络化服务化的发展战略

目前，美国软件产业处于世界软件产业链的最上游位置，是软件产业技术的

① http：//business. sohu. com/20110823/n317112398. shtml.

主要创新者和核心技术的掌握者。美国软件业是美国经济的主导力量之一。美国掌握了操作系统、数据库、基础软件、网络管理和安全软件的核心技术，依靠技术创新和专有知识产权保护，占据全球软件业产业链的最上游位置，以标准化的产品、服务规范和引导位于中下游的软件产业门类，瞄准国内市场和国际市场，带动产业规模，牢牢控制世界软件业的发展趋势，赢取高额利润。

欧洲国家软件产业发展水平明显低于美国，但也有一定数量和质量的核心技术。在产业规模上，随着政府的重视，在政府的引导下软件产业发展迅速。欧洲软件大国爱尔兰在20世纪50年代开始制定发展高科技的战略目标，并明确了要以长期战略性眼光来制定工业政策的思路，选择了制药和电子两个工业为重点，并主要集中在技术的发展创新，使之成为高增值、高技术的产业。时至今日，爱尔兰的软件产业已跻身世界第三强。代表性公司有Baltimore、Riverdeep、MSC、Datalex、Aldiscon、Euristix、Cognotec等公司，这些公司的产品和技术覆盖到通信、多媒体与电脑辅助教育、银行与金融、互联网工具与应用、软件工具与中间件等方面。

软件产业下一步发展将呈现网络化、服务化和国际化的趋势。软件的服务化趋势将彻底改变目前软件产业的盈利模式。现在的软件都是软件开发商根据市场需求，将软件分成不同的版本，通过出售软件使用权来获取利润。在服务模式下，软件开发商则要根据客户的具体需求，为客户量身定制软件。软件可以依靠网络实现自动分发，客户则根据需要购买不同的服务，甚至可以选择通过接受广告来获取免费的软件服务。软件厂商则可以根据大客户原则将主要盈利点放在大客户上，既节约成本又提高效率。

爱尔兰旅游分销软件及解决方案供应商Datalex在软件开发的基础上，大力实现软件外包服务和离岸开发业务，帮助航空公司优化在所有数字渠道、全网以及移动终端的多产品服务的价格和促销信息。每年有超过10亿的人使用Datalex的软件购买旅行所需的机票等产品。这家2013年获得全球旅行大奖（The 2013 World Travel Awards）的公司，目前服务于全球包括中国国航、德尔塔航空、维珍澳大利亚公司、JetBlue等50多家航空公司。这家平台软件及服务商可以帮助航空公司优化在所有数字渠道、全网以及移动终端的多产品服务的价格和促销信息。基于收集到的数据，Datalex还可以帮助航空公司细分自己的客户群体并了解和预测实时的出行者诸如订机票、经过机场和如何消磨飞行时间等需求。

Datalex抓住的是“实时在线”的用户需求，借助数据分析，帮助航空公司提升用户的数字化体验，从中产生创新。对于航空行业而言，数字渠道的体验将成为各家航空公司争夺用户的关键。实际上，在未来5年左右的时间，消费体验跨物理环境和虚拟环境彻底融合。在这种情形下，数字化渠道不再仅仅是与顾客进行互动的“一种成本较低的方式”；它们还在开展促销活动、刺激销售和增加市场份额方面起到了重要作用。据弗雷斯特调研公司声称，到2016年，互联网将影响所有零售交易的一半以上，带来近2万亿美元的潜在销售机会。这绝不是航空公司想要错过的。

对于航空公司而言，这需要在数据挖掘、设计体验和交付三方面来管理消费者决策历程。这正是Datalex所能提供的价值。Datalex是爱尔兰证券交易所上市公司，目前市值约为2.26亿美元。Datalex在2015年完成的最大一笔交易是为美国捷蓝航空（JetBlue Airways）提供服务。捷蓝航空的CEO Robin Hayes表示，自从使用了Datalex的营销平台，该公司实现了2亿美元的边际收益，这个营销平台“相当不错”。2014年6月，Datalex在北京设立了办公室，开始进军中国市场。2015年，Datalex与中国的广西北部湾航空有限责任公司（简称“北部湾航空公司”，是海航集团旗下品牌）签约。这也是Datalex在中国继国航和西部航空后的第三家客户。

思考题：

1. Datalex公司的软件开发具有怎样的特点？

2. 结合软件产业服务化的发展方向，试分析中国软件企业如何提升国际竞争力？

软件开发业不是吃青春饭①

英特尔公司软件产品部全球业务发展与营销总监、首席软件专家仁达敬（James Reinders）近日在接受腾讯科技专访时表示，软件开发业绝不是吃青春饭。技术人员都应该保持对技术，特别是新技术的渴望，不断地去学习新技术。以下是腾讯科技专访实录：

1. 用软件开发促进硬件创新技术融入市场

腾讯科技：那么我还想再问一个问题，就是大家都知道英特尔（Intel）是一家全球知名的芯片厂商，英特尔为什么现在会选择软件开发这个领域呢？

James：因为我们在硬件方面有很多的创新技术，我们非常希望大众在很短的时间接受这个新技术，这个也是我们为什么去开发这些新的开发工具，开发软

① http：//www.zhaoshang800.com/news/n-8244.html.

件去促进，去搭一个桥梁，让我们在硬件上创新的技术，会在很短的时间进入市场。我们并不是说专门要把软件作为一个独立业务来扩展。

腾讯科技：紧接着一个问题就是您刚才说硬件和软件的结合，有没有一个具体的，针对普通用户的产品？

James：实际上是这样子的，我们的这些软件产品并不是面向普通的终端用户的，我们提供的产品是给软件开发人员用的。比如说我们帮助美国 Oracle 公司，在开发他们的数据库的时候，让数据库系统跑得更快。在做各种交易时，我们会感觉到这个时间非常短，非常快。

第二个例子，我们与很多做图形图像处理的公司有很紧密的合作，像微软的媒体播放器（Media Player）播放视频，通过我们的软件优化，它的性能有了大幅度的提升。作为终端用户来说，他们在播放这些视频的时候会感觉很流畅，没有出现卡的状况，用户会得到很好的体验。

腾讯科技：英特尔（Intel）在一些硬件营销方面或者是软件方面应该说是会有一些区别，软件这一块应该说会有一些独到的见解，能不能简单地聊一点。

James：从整个产品线来说，我们可以看到硬件和软件所面对的客户是不一样的，对英特尔（Intel）的硬件部门来说，客户主要是大型的 OEM 厂商，像 DELL、IBM、HP、SUN、SGI 等这些，包括中国的联想、浪潮。这些都是我们比较大的一些硬件客户，所以我们的销售模式在硬件方面主要是针对一些大的厂商。在软件方面我们所面对客户，首先是开发人员，开发人员和 OEM 厂商可能没有什么直接联系，所以是不同的客户群有不同的要求。对我们的销售渠道来说，对象也不是硬件的那些 OEM 厂商，而是纯粹做软件经销的或者是销售的软件销售商。

2. 软件开发领域发展非常迅速，软件开发人员必须不断学习

腾讯科技：我想知道您对中国软件市场是怎么样一个看法。

James：10 年前我就来中国，在 10 年间我也多次来到中国。看到很多中国软件市场的发展，也看到很多跟其他地区或者是国家不同的地方。比如说去年我来过中国，在北京举办了一个非常大的软件开发者大会，上千的听众，也听了我的演讲，所以我感觉这是非常值得庆幸的事情。另外，我们在中国也招了不少在软件开放人才，特别是在上海，在北京也招了一部分，我们可以看到这些人的技术水平也越来越高，我觉得中国的软件水平也不断地在提高。

腾讯科技：我知道您在软件方面有很多年的经验，在此我想知道您对中国软件开发者的建议？

James：作为一个在 IT 行业的软件开发人员来说，我认为软件开发领域发展非常迅速，就迫使你不断去学习，不断去更新你的知识。我也鼓励我们的软件开

发人员不断去尝试新的技术，我认为这是非常重要的一点。另外，我觉得目前有两个领域值得关注，一个是并行编程领域，第二点叫作视觉计算领域，Intel 本身也非常关注这两个领域。我觉得这两个领域今后会有比较大的发展。

3. 并行编程将是每个开发人员必须掌握的知识

腾讯科技：刚才您谈到了并行编程，我们看到了多线程也成为开发人员必须掌握的技巧，我想问一下今后的类似于多线程发展趋势是怎么样的？

James：觉得并行编程变得越来越流行，在 10 年以内，并行编程是每个开发人员必须掌握的知识。另外，我提到一点就是并行编程里面最重要的，也是最难掌握的，程序架构并行化。不是说每一个人都可以成为这方面的专家，但是需要有些人成为应用程序架构这方面的专家。其他的人都是在这个架构设计好了以后，应用一些不同的开发工具去完善，去提高我们的开发效率，这个是非常重要的。对我来说，我首先一点就是并行编程的架构师需求是越来越大。

4. 软件开发业不是吃青春饭

腾讯科技：在 IT 行业有一种观点认为，软件开发工作都是 20 ~ 30 岁的年轻人的工作，被认为是吃青春饭，因为年龄大一点的话，智力方面，精力方面会减弱很多，您怎么看待这个问题呢？

James：在国外其实不是这个情形，国外很多程序开发人员年纪都非常大。我们有一个非常好的特点就是相比年轻一代工作效率非常高，这个足以去弥补我们在年龄和体力方面的一些弱势。另外，对于英特尔（Intel），或者是对于其他大的 IT 公司来说，技术人员有两种不同的发展路线，一种路线是做管理，从管理这条路线上去发展，我可能会成为一个经理，或者成为一个更高的管理者。还有成为技术专家这条路线。在国外技术专家地位丝毫不亚于高级经理，技术专家是非常难得的人才，是经过多年技术培训，技术沉淀的结果，不是随便一个新人可以去取代的。

5. 英语、技能与沟通能力是进入 Intel 的敲门砖

腾讯科技：中国有很多国有软件开发团队，或者是一个工作室，他们可以通过哪些途径加盟 Intel？需要具备哪些素质？

James：其实 Intel 在中国也不断地去扩展软件开发团队。在上海我们有 Intel 亚太研发有限公司，在这里我们招募了上千名工程师，其实我们还在不断地在招我们认为比较合适的技术人才加入我们这个团队。对于想加入 Intel 的年轻人，或者是开发人员，我有几点建议。

第一点是英语水平，英特尔（Intel）是一个全球化非常高的公司，员工需要和不同地区的人去进行交流，所以语言水平要看重。第二点就是你的技术水平，在某一个领域的技术非常高，英特尔（Intel）非常需要这样的人才。第三点就是

与团队成员沟通的能力非常重要。包括你的沟通技巧非常重要，如何把你自己做的这些工作或者是一些建议，有效传达给同事或者是你的上级，或者是其他部门的同事这点非常重要。你要和你的团队有效沟通，要做到把个人与团队的关系处理好。

6. 技术人员需对新技术保持渴望，不断去学习

腾讯科技：您能否给国内的软件开发者们一些好的建议，今后都有哪些注意事项？

James：第一点，就是作为技术人员，大家都去保持对技术，特别是新技术的渴望，不断地去学习新技术，我觉得这点非常重要。第二点，在这个团队里面跟其他人沟通，要做好这个的话，还要在一些地方有自己的见解和主意，甚至有一种勇于承担责任的这么一个工作，去带领一个团队在哪些方面去进行一个不断的创新，这个是非常重要的。领导能力及与别人相处的技巧，我觉得对于技术人员来说也非常重要。

思考题：

1. 分析英特尔（Intel）的软件开发战略。

2. 结合我国软件产业发展中的问题，分析软件开发团队应该具备怎样的素质，如何能促进我国软件产业的快速发展？

在线学习

进入世界贸易组织（https：//www. wto. org）和联合国贸易与发展会议（UNCTAD，http：//unctadstat. unctad. org）网站，了解更多有关计算机与信息服务产业及贸易的相关报告与数据。

第十二章 知识产权产业与产品国际贸易

在国际上对于知识产权是否应当作为文化创意产品贸易的一部分有一定的争议。根据联合国贸易和发展会议的观点认为，知识产权的确是文化创意产业的核心部分，但是由于创新存在于全部产品的发展中，特别是工业技术产权的价值更是庞大，而这部分知识产权的价值在统计方法上还没有从文化创意产品价值中分离，因此本书根据联合国贸易和发展会议的统计方法并未将其加入到文化创意产品贸易总值中，只是在此单独介绍。

知识产权在一定程度上可以反映一国的创新能力，也是衡量一国国际竞争力的关键。知识产权贸易将成为国际贸易及世界经济的另一个重要增长点。本章将介绍世界范围内知识产权贸易现状，对各国知识产权贸易市场占有率、贸易竞争优势指数进行比较，分析我国知识产权贸易的国际地位，之后将重点介绍知识产权贸易的重要组成部分——版权贸易，并介绍具有代表性的版权贸易大国——美国的对外版权贸易，以及我国的对外版权贸易。

第一节 知识产权产业概述及行业界定

知识产权是指法律赋予知识产权所有人对其创造性的智力成果所享有的专有权利。世界贸易组织将知识产权贸易视为其三大支柱之一。

20 世纪 80 年代以来，伴随知识经济深入发展的结果之一是知识产权市场的蓬勃发展。知识产权市场促进了创新者和创新采用者之间的劳动分工，加快了创新扩散的过程，成为开展创新的重要基础设施。对于技术欠发达的发展中国家和地区，国际技术贸易有利于提高其技术能力，改善其创新诱导反应机制。基于知识产权交易的创新市场将给企业和地区的竞争力带来深远影响。

一、知识产权的概念

知识产权最早是由17世纪中叶法国学者卡普佐夫提出的，之后比利时著名法学家皮卡第进一步研究，将知识产权界定为“一切来自知识活动的权利”，而知识产权被社会广泛使用是在1967年《世界知识产权组织公约》签订以后。根据1994年世界贸易组织发布的《与贸易有关的知识产权协定》（TRIPS协定），知识产权（Intellectual Property）是指公民或法人对其在科学、技术、文化、艺术等领域的发明、成果和作品依法享有的专有权，也就是人们对自己通过脑力活动创造出来的智力成果所依法享有的权利。知识产权包括版权、商标、地理标识、工业品外观设计、专利、集成电路布图设计、未披露的信息等。

二、知识产权的特点

知识产权有如下几大特征：①无形性。知识产权有别于动产、不动产等有形财产，是一种非物质的或无形的精神财富。②排他性。知识产权与所有权相同，具有排他性和垄断性的特点。同一项知识财产，只能有一项知识产权；知识产权人对其知识产品的专有权受法律的严格保护，权利人以外的任何人均不得侵犯这种权利，未经权利人许可或者法律规定的特殊情况，任何人不得随意使用受保护的知识产权。③地域性。知识产权只有在以下两种情况下被承认，即在授予其权利的国家和确认其权利的国家这两种情况，并且只在这两种情况下产生法律效力，并受到法律保护。④时间性。知识产权受时间限制，如果超过法律规定的有效期限，这一权利就不复存在，相关知识产权产品不再具有专有性，而成为社会共同的财富。

三、知识产权贸易的界定

知识产权贸易的发展史最早可追溯到1886年欧美国家对版权贸易出台的《伯尔尼公约》，尤其是英国重视技术的自主研发及知识产权的保护，但是由于缺乏侵犯知识产权的制裁措施，其在知识产权贸易上的优势在第二次世界大战被美国、德国所超越。20世纪70年代美国意识到知识产权保护的重要性，于1973年出台了《反假冒物品条例》和《版权法》，推动了知识产权贸易的发展。在最近十几年中，世界知识产权贸易更是得到了长足的发展。在世界贸易组织框架下，1986~1994年乌拉圭回合谈判将知识产权列入了贸易谈判的议题，出台了

《与贸易有关的知识产权协定（TRIPs）》，知识产权贸易已经上升为与货物贸易、服务贸易同等地位的三大支柱之一。

根据国内外学者的界定，知识产权贸易（Trade of Intellectual Property Rights）有广义与狭义两种划分。狭义的知识产权贸易是指以知识产权为标的的贸易，即企业、经济组织或个人之间，按照一般商业条件，向对方出售或从对方购买知识产权使用权的一种贸易行为，主要包括专利贸易、商标贸易和版权贸易等内容。

广义的知识产权贸易包括一切人类智力创作的成果的贸易，除了包括狭义的知识产权贸易内容外，还包括拥有高新技术含量的高附加值的高科技产品及商业秘密，如集成电路、半导体、芯片、视听产品、音像制品、航天设备、文学作品等的贸易行为。

第二节　世界范围内的知识产权贸易概况

20 世纪 80 年代以来，世界知识产权对外贸易的交易规模迅速扩大，占服务业比重稳步提高，但是，国际知识产权贸易分布极端不平衡。传统的发达国家是国际知识产权贸易的主要参与者。随着全球化的迅猛发展，越来越多的发展中国家和新兴经济体加入到国际知识产权贸易的大潮中并表现出比发达国家更大的发展活力。对世界范围内知识产权贸易现状的介绍及国际竞争力的比较是本节的重点。

一、世界范围内知识产权贸易现状

在世界范围内，知识产权贸易首先从欧美发达国家开始发展起来，大规模的对外知识产权贸易活动在第二次世界大战以后才逐步发展起来，并在 20 世纪 70 年代末形成高潮。2010 年，全球知识产权出口贸易总额为 2451 亿美元，占全球服务贸易出口额的 6.6%，占全球贸易出口总额的 1.3%，2001 ~ 2010 年全球知识产权贸易出口年均增长率为 12%。美国国家知识产权执法协调委员会 2006 年的调查报告显示，知识产权出口额占美国出口总额的一半，美国经济增长中 40% 得益于知识产权产业的发展，知识产权产业就业人数达 1800 万人，其从业人员收入超过平均收入的 40%，知识产权产业占美国全部企业价值的 1/3 以上，相当于美国 GDP 的一半，知识产权产业已经成为美国的核心产业。由此可见，知识产权贸易将成为国际贸易及世界经济的另一个重要增长点。

从表 12－1 来看，不管是出口额还是进口额，美国和欧盟在世界知识产权贸易都排名前二。在世界知识产权贸易出口额排名国家中，美国世界知识产权出口额最多，占 42% 左右，美国、欧盟和日本的知识产权出口额就占到了 85%。这说明，美国、欧盟和日本在世界知识产权贸易中占据着主导地位，特别是美国和欧盟，知识产权贸易竞争优势明显。在排名前十的国家中，中国是唯一的发展中国家。中国知识产权贸易出口额只有美国的 0.75%，欧盟的 0.96%，中国与其他发达国家的差距非常明显。在世界知识产权贸易进口额排名国家中，欧盟的知识产权贸易进口额稳居第一，是知识产权消费大国，美国紧随其后。中国排名第六，说明中国也是知识产权消费大国。中国台北排名第十，进口额是中国的1/4。在世界知识产权贸易进口额排名国家和地区中，除中国外，还增加了俄罗斯和中国台北。发展中国家或地区已逐渐显示出在知识产权贸易中的重要性。①

表 12－1　2012 年世界知识产权贸易排名

排名	国家或地区	出口额（百万美元）	排名	国家或地区	进口额（百万美元）
1	美国	124303	1	欧盟（27 国）	117792
2	欧盟（27 国）	96662	2	美国	41992
3	日本	31846	3	瑞士	—
4	瑞士	—	4	日本	19919
5	韩国	3436	5	新加坡	16511
6	加拿大	3583	6	中国	17749
7	新加坡	1649	7	加拿大	10563
8	以色列	1146	8	韩国	8387
9	澳大利亚	854	9	俄罗斯	7629
10	中国	930	10	中国台北	4549

资料来源：世界贸易组织官方网站数据库和 International Trade Statistics 2012，并整理所得。

由表 12－2 可知，2003～2012 年世界主要国家的知识产权出口呈增长趋势，但各国的年增长率情况又相差较大。2008 年的金融危机，直接导致 2009 年众多国家知识产权年出口呈现负增长。新加坡是唯一知识产权出口额没有出现负增长的国家。除个别年份负增长，美国、日本、韩国、英国和法国知识产权年出口基本保持稳定增长态势。印度是知识产权出口年增长率平均值最高的国家，历年年

① 山世英．中国知识产权贸易竞争力的国际比较［J］．改革与战略，2015（1）．

增长率波动也很大，说明这几年来印度大力发展知识产权贸易，知识产权贸易扩张速度非常快。中国紧随其后，知识产权年增长均值也已达到42.3%，特别是2010年达到93%，中国已越来越重视知识产权贸易的发展。

表12－2　2003～2012年世界主要国家知识产权出口年增长率

国家＼年份	2003	2004	2005	2006	2007	2008	2009	2010	2011	2012
美国（%）	6	21	14	10	20	11	－4	7	9	11
英国（%）	16	17	13	9	11	－9	－19	10	7	13
法国（%）	22	26	21	0	42	26	－15	8	6	12
德国（%）	16	22	28	－2	16	25	35	－13	33	21
日本（%）	118	28	12	14	16	11	－16	23	15	14
加拿大（%）	13	7	－8	15	10	3	－5	11	9	10
韩国（%）	57	42	3	7	－15	37	34	－2	－23	15
新加坡（%）	2	99	25	9	24	11	0	38	23	12
中国（%）	－20	121	－33	31	67	66	－25	93	55	68
印度（%）	20	121	289	－70	167	－9	30	－33	12	35

资料来源：世界贸易组织官方网站数据库和International Trade Statistics 2012，并整理所得。

二、世界知识产权贸易的国际竞争力比较

1. 各国知识产权贸易市场占有率的比较

出口市场占有率和出口年增长率是考察一国或地区某行业贸易国际竞争力的两个最直观的指标。美国的市场份额近10年来基本都占40%左右，位于第二位的日本市场占有率只有12%左右，和位于第一的美国相差甚远。美国在知识产权贸易出口中已显示出明显的优势地位。紧随其后的是英国、法国和德国，这三个欧洲国家知识产权贸易出口份额共占到15%左右，美国、日本和欧盟这三个经济体在世界知识产权贸易出口中占据主导地位（见表12－3）。

表12－3　2003～2012年世界主要国家知识产权出口额市场占有率

国家＼年份	2003	2004	2005	2006	2007	2008	2009	2010	2011	2012
美国（%）	46.43	42.61	42.48	40.24	43.48	42.60	40.81	39.10	42.60	42.70

续表

国家＼年份	2003	2004	2005	2006	2007	2008	2009	2010	2011	2012
日本（%）	12.13	11.80	11.65	12.97	12.23	11.94	9.86	10.89	11.68	11.28
英国（%）	9.98	8.84	8.78	8.90	8.28	6.56	5.35	5.34	5.32	5.33
法国（%）	4.03	3.86	4.11	3.82	4.56	4.96	4.24	4.14	4.08	4.10
德国（%）	4.45	4.15	4.66	4.26	4.18	4.53	6.19	4.89	4.59	4.97
加拿大（%）	2.78	2.26	1.82	2.09	1.84	1.66	1.55	1.56	1.55	1.67
韩国（%）	1.30	1.40	1.26	1.32	0.91	1.11	1.45	1.28	1.50	1.46
新加坡（%）	0.36	0.55	0.60	0.47	0.43	0.67	0.61	0.76	0.60	0.63
中国（%）	0.11	0.18	0.10	0.13	0.18	0.27	0.20	0.34	0.28	0.31
印度（%）	0.02	0.04	0.12	0.04	0.08	0.07	0.09	0.05	0.06	0.06

资料来源：世界贸易组织官方网站数据库和 International Trade Statistics 2012，并整理所得。

2. 贸易竞争优势指数的比较

国际上在衡量一国的贸易竞争力时，通常使用的一个指标是贸易竞争力指数。贸易竞争力指数表示的是一国某产业或商品贸易差额占其贸易总额的比值，该指标均在［-1，1］。TC >0.4 时，代表该国知识产权贸易具有极强的国际竞争力；0.1 < TC <0.4 时，具有较强的国际竞争力；0 < TC <0.1 时，具有中等国际竞争力；-0.4 < TC <0 时，具有较弱的国际竞争力；TC < -0.4 时，不具有国际竞争力。

表 12-4 显示，美国、英国、法国和日本这四个国家的知识产权贸易 TC 指数均值是正数，其他国家均值都为负。美国知识产权贸易 TC 指数均值达到了 0.511，10 年内都保持在 0.4 以上，且呈现逐年递增的状态，说明美国在知识产权贸易方面显示出较强的国际竞争力。英国和法国的知识产权贸易 TC 指数均值处于 0.1 ~0.4，也具有中等国际竞争力。日本紧随其后，在知识产权贸易方面有着中等的国际竞争力。德国和加拿大有着较弱的国际竞争力。这些国家相较于其他国家，在世界知识产权贸易中处于有利地位，特别是美国，具有主导地位。中国、印度、韩国和新加坡知识产权贸易 TC 指数均值都低于 -0.4，不具有任何的国际竞争力，贸易逆差非常严重。在这 10 国中，中国的知识产权贸易 TC 指数最低，显示出中国知识产权贸易竞争力与发达国家的巨大差距。

表 12-4 2003~2012 年世界主要国家知识产权贸易总体 TC 指数

国家＼年份	2003	2004	2005	2006	2007	2008	2009	2010	2011	2012
美国	0.42	0.41	0.44	0.5	0.54	0.56	0.57	0.53	0.56	0.58
英国	0.12	0.13	0.17	0.2	0.29	0.16	0.13	0.18	0.14	0.16
法国	0.25	0.26	0.34	0.31	0.3	0.34	0.28	0.3	0.32	0.39
德国	-0.08	-0.03	-0.09	-0.15	-0.16	-0.11	-0.02	-0.01	-0.01	-0.01
日本	0.05	0.07	0.09	0.13	0.16	0.17	0.13	0.17	-0.15	-0.13
加拿大	-0.33	-0.37	-0.43	-0.38	-0.4	-0.41	-0.41	-0.39	0.37	-0.4
韩国	-0.46	-0.41	-0.41	-0.39	-0.49	-0.41	-0.38	-0.48	-0.44	-0.39
新加坡	-0.89	-0.83	-0.82	-0.81	-0.76	-0.8	-0.79	-0.79	-0.78	-0.76
中国	-0.94	-0.9	-0.94	-0.94	-0.92	-0.89	-0.93	-0.88	-0.89	-0.86
印度	-0.92	-0.84	-0.53	-0.86	-0.75	-0.82	-0.81	-0.89	-0.88	-0.76

资料来源：世界贸易组织官方网站数据库和 International Trade Statistics 2012，并整理所得。

三、我国知识产权贸易发展

从全球的经济发展趋势来看，国际贸易优势已经从自然禀赋等被动优势向知识技术等主动优势转型，我国在知识产权贸易方面的表现却不尽人意。2010 年我国知识产权出口额为 830 百万美元，在世界排名第九，仅占世界知识产权出口额的 0.34%。2012 年，我国知识产权出口额为 930 百万美元，中国这 10 年来的世界知识产权贸易出口份额略有上涨，但尚达不到世界份额的 1%，与美国的差距非常大。2010 年我国知识产权进口额为 13040 百万美元，在世界排名第六。2010 年中国知识产权出口额仅为进口额的 6%，贸易逆差巨大，发达国家在知识产权数量和质量上占据绝对的优势。2012 年中国知识产权进口额为 17749 百万美元，世界排名第六，中国已成为知识产权消费大国。另外，我国知识产权贸易年增长率表现不菲，很多年都保持增长率第一的位置，2008 年 6 月，我国出台《国家知识产权战略纲要》，将知识产权保护上升到国家战略层面，说明我国重视知识产权贸易的发展，而知识产权贸易也必将为我国的国际贸易以及经济发展做出强有力的贡献。

第三节　版权贸易

版权贸易是知识产权贸易的重要组成部分。在当今知识爆炸的年代，版权贸易在经济社会中扮演着重要的角色。在国内，版权贸易的发展促进了科教、技术、制度创新；在国际上，对外版权贸易的发展促进了各国之间文化、科学、技术的交流，并且促进了世界文明的进步。

一、版权及版权贸易的定义

版权又称著作权，是指文学、艺术和科学技术作品的创作者，依法对自己创作的作品享有的专有权利，这些权利包括人身权利（精神权利）和财产权利（经济权利）。人身权利包括作品的署名权、发表权、修改权和保护作品完整权。财产权利是指经多种形式使用作品后获得报酬的权利。这些权利包括复制权（出版、印刷、复印、录音、录像等）、发行权、出租权、展览权、表演权、放映权、广播权、信息网络传播权、摄制权、改编翻译权、汇编权等。版权随作品的形成而产生，版权相关的权利在作品的传播中得以体现，版权的人身权利部分属于著作权人独有，财产权部分由著作权人和传播者依照有关法规和合同而共有和转移。

版权贸易不同于有形商品的贸易，它是围绕版权许可或版权转让而进行的一种贸易活动，属于许可证贸易范畴。版权许可和版权转让存在本质区别，版权许可是指通过签订许可协议允许他人在一定条件下使用其版权产品，而版权所有人仍保持其全部所有权。软件、录音音像制品等的版权一般通过许可方式进行贸易。版权转让则是指版权所有者向他人转让其对版权产品的部分或全部所有权。

版权贸易以无形的知识产权进行交易，又以有形的标的物表现。其中涉及的是文学、艺术和科学技术作品的著作者、使用者和传播者之间的经济贸易关系。版权贸易中涉及主体、客体和载体形式三个概念①

主体：版权贸易的主体是文学、艺术和科学技术作品的著作权人和作品的传播者。主体的一方为著作权人，可以是作者本人（享有著作权的公民）、法人或其他组织。主体的另一方是作品的传播者，是版权贸易的受让方，即图书出版者、音像出版物出版者、电子出版物出版者、广播电视组织等。

① 谢晋洋．关于版权贸易方面的一些基础知识［J］．出版视野，2005（6）．

客体：版权贸易的客体是主体当事人双方权利和义务共同指向的对象，即版权的财产权利中的被许可或被转让的权利。

载体形式：版权是一种无形财产权，它必须依附于一定的载体才能得以表现。因此，版权贸易的双方还必须共同确定客体的载体形式，如图书、期刊、报纸、音像制品、影视作品、电子出版物、软件等。

二、美国的对外版权贸易

美国是世界上最大的版权贸易国。1995～2005 年，美国各年的世界版权出口市场占有率均在 50% 左右，远远超过了其他国家。2002～2005 年，美国的版权出口年增长率均在 9% 左右，以较稳定的速率增长。通过对贸易竞争力指数的分析可知，美国的版权贸易在 1995～2005 年一直保持贸易顺差，并且一直保持着稳定且较强的竞争力。美国在世界版权贸易中处于名副其实的霸主地位。同时，根据美国国际知识产权联盟（IIPA）发布的《美国经济中的版权产业》报告，美国的版权贸易在其国民经济中同样发挥着举足轻重的作用，到 2010 年，美国的核心版权产业①的产值达到了 9310 亿美元，占美国 GDP 的 6.4%。版权出口额为 1340 亿美元，超过了飞机制造业、自动化业、农业和医药行业。从中可以看出，不论是从对 GDP 的贡献，还是从进出口贸易来看，版权业都是美国经济的支柱性产业，同时也是促进经济增长的重要动因。

美国的版权贸易之所以能如此稳步增长且一直保持较高国际竞争力，原因可以归结为以下几点：

1. 美国版权产业的发展有力地促进了美国版权贸易的发展

（1）美国版权贸易增长情况。美国国际知识产权联盟（IIPA）从 1990 年开始委托有关机构发表《美国经济中的版权产业》报告，这些报告从增值、就业和出口等方面反映了美国版权产业概况及对美国经济做出的贡献。

从表 12－5 可以看出，2002～2010 年，除了 2009 年全球金融危机的影响外，美国的版权产业在出口或外销都有不错的增长率。2004 年的增长率达到了 10.3% 之多，金融危机以前的 2007 年，其增长率达到了 8.4%。虽然受金融危机的影响，在 2009 年出现了负增长，但是危机的浪潮还没有完全退去的 2010 年，增长率就回升到了 3.8%。由此可见，美国版权出口贸易的优势是十分明显的，

① 美国的“核心版权业”是指以创作享有版权的作品作为其初级产品的产业。这些产业包括电影业（电视、戏剧和家庭录像）、录音业（唱片、磁带和激光唱片）、音乐出版社、图书、杂志和报纸出版业、计算机软件业（包括数据处理、商用软件和在所有平台上的交互式软件）、合法广告和无线电、电视以及有线广播等。

能在萧条的经济环境下保持如此高的增长率是非常难得的，体现了其在国际市场上的强大优势。

表 12－5　2002～2010 年美国核心版权产业出口增长率

年份	2002	2003	2004	2005	2006	2007	2008	2009	2010
增长率（%）	1.1	6.7	10.3	4.3	5.8	8.4	4.4	－3.3	3.8

资料来源：Stephen E. Siwek. IIPA2011 版权产业年度报告［EB/OL］. 美国国家统计局，http：//www. census. gov. IIPA2003～2007 版权产业年度报告［EB/OL］. 美国国家统计局，http：//www. census. gov.

（2）美国核心版权产业贸易对经济的贡献。从表 12－6 可以看出，美国版权产业的出口占美国出口总额的比例是很高的，而且很稳定，一直维持在 7% 左右，单从比例上来说，版权产业的贸易在美国经济中的地位非常重要，美国本身贸易逆差很严重，版权贸易是其保持出口增加的重要部门，同时该部门的优势在全球范围内是十分明显的。在金融危机蔓延的 2009 年，该比例上升到了 8.20%，增加了 1 个百分点，虽然总的出口额下降了，但是版权贸易的相对重要性得到了凸显，对出口贸易的贡献率进一步增加。①

表 12－6　2007～2010 年美国版权产业出口额

项目＼年份	2007	2008	2009	2010
总出口额（亿美元）	16546	18427	15750	18376
版权产业出口额（亿美元）	1279	1335	1291	1340
所占百分比（%）	7.73	7.24	8.20	7.29

资料来源：美国国家统计局 . IIPA2011 版权产业年度报告［EB/OL］. http：//www. census. gov.

美国国际知识产权联盟公布的报告指出了美国版权产业的规模及其发展趋势，可以看出，美国版权产业在其国民经济中占据重要地位，而且报告也揭示出美国版权产业规模处于快速增长中。这便为美国版权贸易的发展奠定了坚实的基础和根本的保障。

2. 不断完善的立法和执法保护为美国版权贸易的发展提供了法律保障

版权产业和版权贸易是以版权的立法和执法保护为生命线的。没有完善的版

① Stephen E. Siwek. IIPA2011 版权产业年度报告［EB/OL］. 美国国家统计局，http：//www. census. gov.

权法律和强有力的执法保护，版权产业和版权贸易的发展根本无从谈起。美国的版权相关法律比较健全，而且相应的执法也比较有效率。

美国独立战争结束后不久，于1790年颁布了第一部版权法，开始对作者的原创性作品进行保护。之后的百余年以来，美国不断颁布、实施新法，同时也致力于完善现行法律内容，通过配合有效的司法、行政职能部门运作，美国逐渐建立了较为科学的版权保护体系。期间，在1998年10月28日，美国总统克林顿签署了《数字化千年版权法案》（DMCA）。这是自1976年以来美国对版权法所做的最重要的一次修改，是美国国会为适应世界知识产权组织（WIPO）的《版权公约》和《表演及录音公约》的要求而与之接轨的重要举措，充分体现了美国版权立法与时俱进的特质。

现在美国实行的版权法是第106届国会于2000年公布的修订本。该法对信息时代的版权进行了全面的界定，对版权所有权的确立和转让、版权的侵权和救济、版权的保护和管理体系等重要方面都做了详尽的规定，是一部较为完善的版权法。同时，美国依据该法成立了版权办公室，负责对版权登记、版权公告和版权纠纷的行政处理。同时，为了适应21世纪的种种变化和挑战，美国版权办公室于2002年制定了2002~2006年财政年度的战略计划。该计划把管理、维护一个高效的国家版权体系作为重要使命，并提出了战略任务和执行目标，以大大加强美国版权的立法和执法保护的力度，为版权产业和版权贸易的发展创造更加适宜的条件。

在完善版权立法的过程中，美国人认为，在这样一个信息技术和网络技术迅速发展的时代，大力推动版权的国际性保护，有利于美国版权产业在下一世纪的继续繁荣发展。在这种全方位的法律保护下，人们从事版权产品创作的积极性和热情将被大大激发，从而有利于版权产业和版权贸易的可持续发展。

3. 先进的产业结构为美国版权贸易的发展提供了有利条件

20世纪70年代以来，伴随着世界高新科技革命的发展，尤其是信息技术及其产业化的迅速发展，一种新型的经济，即建立在知识和信息的生产、分配、使用（消费）之上的经济，正在逐渐形成。如果说，200年前，以制造业为标志的工业经济开始代替农业经济，那么今天，知识经济正在代替工业经济。美国正是实现了这种转型并且具有知识经济社会特征的典型国家。

近十几年来，美国实现了从以制造业为主的工业经济向以第三产业为主和以知识为基础的经济转型。这种成功地转型为美国版权产业和版权贸易的发展提供了更广阔的空间。我们看到，当知识资源可以低成本地不断复制并产生增量收益的时候，经济增长方式就不再是资源依赖型了。这不仅使长期经济增长成为可能，而且也使经济的可持续发展成为可能。版权贸易具备了上述特征，它对知识

经济时代美国国民经济的发展影响重大。知识经济时代的到来已经决定了版权贸易必将成为国民经济的重要部门。

总之，版权产业的蓬勃持续发展、不断完善的立法和执法保护以及先进的产业结构为美国版权贸易的发展提供了保障和动力。这些因素都促使美国版权业在世界市场中保持着较高的贸易竞争力，奠定了其版权贸易霸主的地位。

三、中国的对外版权贸易及发展

近些年来，世界版权贸易的规模不仅在绝对值上保持着增长，而且增长速度也很快。因此，版权贸易的发展应该引起各国的重视，包括正在建设创新型国家的中国。

1. 中国对外版权贸易的发展历程

回顾中国对外版权贸易的发展历程，可以将其划分为四个阶段。

（1）1981 年以前。这一阶段是我国对外版权贸易发展的萌芽阶段。开展对外版权贸易的规模和对象国都十分有限。新中国成立初期，大量的马列著作和苏联小说翻译作品进入中国，但当时我国和欧美发达国家还没有开展对外版权贸易活动，仅有中国图书进出口总公司用外汇购回少量的科技图书和资料，这些图书和资料一般也仅供大型图书馆收藏。外文书店内也只有少量的外文图书、资料和少量的港台图书、资料。

（2）1981 年至 1990 年 9 月。这一阶段是我国对外版权贸易进一步发展的阶段。这一阶段中，政府标志性的举措是国务院和文化部分别下发了有关版权的文件。这两个文件的下发在一定程度上促进了我国对外版权贸易的发展。

1981 年，国务院下发了文件《出版社在合作出版中应注意的一些问题》，不久，文化部也下发了一个内部文件——《图书期刊版权保护条例》。这两个文件中都提到了与海外出版机构合作中应当注意的若干问题以及部分涉及版权保护的问题。同时文件也指出，与海外出版社的合作是我国对外开放的一部分。在这一阶段，国内一些大型出版机构与境外、海外出版社开始有了少数版权贸易往来（包括版权引进与出版物实物输出），但特点是数量少，没有形成规模，而且运作不规范。

（3）1990 年 9 月至 2001 年。这一阶段是我国对外版权贸易全速发展的阶段。在这一阶段中，我国出台了保护版权的法律并加入了相关的国际公约。这些都为我国顺利开展对外版权贸易奠定了法律基础，优化了我国发展对外版权贸易的制度化环境。

国务院于 1990 年 9 月颁布了《中华人民共和国著作权法》（以下简称《著

作权法》)，此法于1991年6月开始正式实施。1992年10月15日和30日，我国相继加入了保护文学艺术作品的《伯尔尼公约》和《世界版权公约》。1992年9月25日，国务院颁布了《关于实施国际著作权公约的规定》，就中国《著作权法》中个别与国际版权公约相比不尽一致或不尽明确之处做出进一步规定，以保证有关的外国作品在中国受到充分保护。从此，版权贸易有了法律依据，我国出版业的对外版权贸易活动进入了一个全新的发展时期。对外版权贸易工作从少数国家（苏联和东欧国家）发展到以欧美为主的大多数发达国家；从意识形态作品占主流发展为广泛吸纳各国优秀的历史、文化、艺术和科技作品；从国家指令几家出版单位开展版权贸易到鼓励有条件的出版单位都可以开展版权贸易。

而且，在这一阶段，政府批准成立了若干版权代理公司，协助出版社开展对外版权贸易。

（4）2001年至今。这一阶段是我国对外版权贸易发展更加活跃的阶段。随着我国在2001年加入世界贸易组织，我国在国内出台了更多保护版权的法律法规，同时也积极加入世界贸易组织中保护版权的相关条约，这些都使我国对外版权贸易的发展更加活跃。

2001年，我国加入世界贸易组织。按照我国加入世界贸易组织时签署的有关协议，我国逐步放开了出版物市场，国际版权贸易逐步活跃。中国加入世界贸易组织，给中外出版业进一步加强交流与合作提供了机遇。加入世界贸易组织后，我国对一些政策做了调整，进一步扩大了外商在我国出版相关行业的投资领域。在印刷方面，外国投资者现在可以在中国投资设立中外合资、中外合作出版物印刷企业，也可以设立独资的包装、装潢、印刷企业。根据我国加入世界贸易组织的承诺，我国已经对外国投资者开放了图书、报纸、期刊的零售市场，而且在2004年底，书、报、刊的批发市场也开始对外开放，即外商可以在中国投资设立中外合资、合作和外商独资的书、报、刊批发和零售企业。

随着出版物分销服务的逐步放开，版权贸易日趋活跃，国际竞争更加激烈。这对我国版权保护制度和水平提出了新的要求和挑战。2004年，中国政府多次郑重对外宣布，将在适当的时候加入世界知识产权组织的两个“国际互联网条约”，即《世界知识产权组织版权条约》（WCT）及《世界知识产权组织表演和录音制品条约》（WPPT）。2006年12月29日，十届全国人大常委会审议并做出中国加入《世界知识产权组织版权条约》的决定。2007年3月6日，中国政府向世界知识产权组织正式递交加入书，6月9日，《世界知识产权组织版权条约》在中国正式生效。在国内，《著作权集体管理条例》于2005年3月1日颁布，这些举措都促进了我国版权贸易更加活跃的发展。

2. 中国对外版权贸易的发展现状

（1）版权贸易总体增长情况。改革开放以来，我国的版权贸易已经取得了

长足的进步，但是进步的同时也面临着诸多的问题。近年来，我国对外版权贸易的发展十分缓慢，由表12－7可以看出，我国的版权贸易总量的总体趋势是增长的，尤其是从2007年以后，贸易额大幅度增加。与此同时，可以看出在贸易总量增加的同时，版权贸易逆差一直保持在较高的水平上，而且这一现象一直没有得到缓解的迹象。中国正处在高速发展的阶段，需要从发达国家引进一些先进的知识和文化，这对发展社会主义文化是非常重要的。但是，版权贸易逆差的持续存在对出版业来说是巨大的压力。

（2）主要版权贸易产品的输出与引进情况。我国版权贸易起步较晚，进行国际版权贸易的产品类型也在逐渐增加。从表12－8中可以看出，对我国版权输出贡献最大的就是图书版权的输出，是版权贸易的主要力量，其数量基本上是相当于我国版权输出的总量。2009年开始，电视节目的版权输出有大幅度增加，达到了988种，增长速度相当迅速，这与我国加强版权输出力度不无关系。然而，软件行业的版权输出是非常薄弱的环节，多年来一直没有得到发展，这与我国信息技术行业发展还不够完善有很大关系。从表12－9可以看出，我国版权引进的总量不断增加，主要集中在图书版权的引进。我国所引进的图书、电影等版权都是国外畅销的，其版权税是相当可观的，而输出版权所得到的版权税相对来说是比较少的。由此所产生的经济影响显而易见。

表12－7　2005～2013年中国版权贸易数据统计

项目＼年份	2005	2006	2007	2008	2009	2010	2011	2012	2013
版权输出（种）	1517	2057	2593	2455	4205	5691	7783	9365	10401
版权引进（种）	10894	12386	11101	16969	13793	16602	16639	17589	18167
贸易总量（种）	12411	14443	13694	19424	17998	22293	24422	26954	28568
贸易逆差（种）	9377	10329	8508	14514	9588	10911	8856	8824	7766

资料来源：中华人民共和国国家版权局网站，http：//www. ncac. gov. cn.

表12－8　2007～2013年全国版权输出情况

年份＼项目	合计（种）	图书（种）	录音制品（种）	录像制品（种）	电子出版物（种）	软件（种）	电影（种）	电视节目（种）	其他（种）
2007	2593	2571	0	19	1	0	0	2	0
2008	2455	2440	8	3	1	3	0	0	0
2009	4205	3103	77	0	34	0	0	988	0
2010	5691	3880	36	8	187	0	0	1561	19

续表

项目 年份	合计（种）	图书（种）	录音制品（种）	录像制品（种）	电子出版物（种）	软件（种）	电影（种）	电视节目（种）	其他（种）
2011	7783	5922	130	20	125	5	2	1559	20
2012	9365	7568	97	51	115	2	0	1531	1
2013	10401	7305	300	193	646	20	0	1937	0

资料来源：国家版权局网站。

（3）我国版权引进的主要贸易对象国及地区和版权输出的主要目的地国及地区存在差异。总体来说，我国和欧美发达国家以及亚洲国家及地区均有版权贸易往来。但具体来说，我国引进版权的前四位国家分别为美国、英国、德国、法国，均为欧美发达国家。我国输出版权的主要四个目的地国及地区分别为韩国、中国香港地区、中国澳门地区和中国台湾地区，均为亚洲国家及地区。这说明我国在版权引进地和输出地的分布结构是不对称的。引进地大部分是西方国家，而输出地却是亚洲这些深受汉文化影响的国家。而且港澳台地区的版权贸易从某种意义上来说应该算是“内贸”，这样一来我国的版权贸易逆差就更加巨大，不利于中国版权产业的长期有效发展，更阻碍了中国的知识和文化走向世界。

表 12－9　2007～2013 年全国版权引进情况

项目 年份	合计（种）	图书（种）	录音制品（种）	录像制品（种）	电子出版物（种）	软件（种）	电影（种）	电视节目（种）	其他（种）
2007	11101	10225	270	106	130	337	1	0	2
2008	16969	15776	251	153	117	362	0	2	308
2009	13793	12914	262	124	86	249	0	155	3
2010	16602	13724	439	356	49	304	284	1446	0
2011	16639	14708	278	421	185	273	37	734	3
2012	17589	16115	475	503	100	189	12	190	5
2013	18167	16625	378	538	72	169	0	381	4

资料来源：国家版权局网站。

3. 中国对外版权贸易的发展之道

根据上文的分析，目前我国的对外版权贸易存在着严重的逆差，在国际版权出口市场中占有的份额很小，版权贸易的整体国际竞争力较差，而且版权输出对象大多为亚洲国家和地区，版权出口市场有待进一步开拓。

美国哈佛大学教授迈克尔·波特（Michael E. Poter）提出了著名的国家竞争优势理论[1]。这一理论着重讨论了特定国家（地区）的特定产业在国际竞争中赢得优势地位的各种条件，即国家和地区的产业竞争优势与以下四个要素密切相关：生产要素，需求条件，相关产业以及支撑产业的状况，公司的战略、结构和竞争。波特同时指出，竞争力也会受到机遇和政府两个辅助因素的影响。根据国家竞争优势理论分析我国版权贸易及产业的发展之道。

（1）要素条件。根据国家竞争优势理论，如果一国拥有对产业发展十分重要的低成本要素或独特的高质量要素，该国就可能在该产业获得竞争优势。要素又可进一步分为基本要素和推进要素，基本要素是自然具备的、既定的要素；推进要素则需要经过后天努力、投资才能获得。对于出版业而言，基本要素包括纸张及其他原材料、资金、非技术人员（主要是各种后勤人员）、半技术人员（主要是各种助理编辑、排版和印刷工人），推进要素包括高质量人力资本（出版家、作者、编辑和高层次营销人员）、高科技的出版介质和使出版流程电子化的机器设备，最重要的是知识资本和具有国际视野的专业人员。推进要素是稀缺的，它所创造的竞争优势不容易被取代，因而是竞争优势的长远来源。对推进要素加以培育、获得的过程，就是不断提升竞争优势的过程。

我国版权贸易及产业要想在要素方面获得竞争优势，就必须培养、优化推进要素，即着重培养高水平的作者、编辑出版人员、版权贸易人员。通过严格的选拔录用和在职培训使得相关人员不仅具有优秀的编辑出版技术，而且要能够洞悉国内外出版物市场需求的变化，能够参与到与版权贸易有关的各个环节。同时，技术要素对于版权贸易尤其是软件和影视制作十分重要，因此我国应该注重培养软件开发人员以及推进技术创新。

（2）需求条件。根据国家竞争优势理论，需求条件是指国内对于该特定产业的产品或服务的需求。国内需求对于产业竞争优势的影响主要通过老练挑剔的买主、前瞻性的买方需求等环节起作用。就出版业而言，其作用表现在以下几方面：第一，老练、挑剔的买主有助于产品高标准的建立。国内具有较高文化教育、科技水平的读者往往对出版物内在内容、外在装帧及印刷质量有较高要求，从而促使出版企业不断改进和创新。第二，前瞻性的买方需求有助于国内出版企业在国际竞争中取得领先地位。一方面，如果国内读者对于图书的需求领先于国外读者，国内出版企业将率先意识到新的国际图书需求的来临，并积极从事开发，使出版企业不断处于国际出版业前沿；另一方面，领先的需求又会使出版企业先进的出版物更容易寻找到国内市场，从而不断发展壮大。第三，国内市场需

[1] ［美］迈克尔·波特. 国家竞争优势［M］. 北京：华夏出版社，2002.

求与国际市场需求的重叠也将影响版权产业的发展，有助于版权的输出。如在知识经济时代，专业性、技术性图书及版权往往同时拥有国内外市场，世界市场较为广阔。

随着我国科学技术的不断提升和经济发展水平的不断提高，我国国内读者对科技、财经类图书的需求与日俱增，为适应读者需求，我国国内完全可以创作出高质量的科技类、财经类图书，并与发达国家在该领域开展版权贸易。但我国国内众多出版社目前普遍存在急功近利的倾向，将大量资源浪费在满足应试教育的教辅类图书的重复出版上，一般图书的出版空间受到挤压，使得众多出版社面临科技、文化积淀的严重不足，高水平的一般图书只能通过进口来满足国内高层次读者的需求，出口则更是无从谈起。根据统计，目前我国出版社 80% 的利润来自教辅类图书，课本总印数占了图书总印数的 52%。可以说，片面重视应试教育的图书需求、忽视一般图书的国内需求是影响我国版权贸易竞争力的重要原因。因此，对于国内需求敏锐的洞察力是获得竞争力不可缺少的条件。

（3）相关产业和支撑产业。根据国家竞争优势理论，相关产业指与某产业共用相同或相近的技术、营销渠道的产业，支撑产业指向某产业提供投入的产业。前者能够给某产业带来先进技术，帮助其迅速进入国际市场，后者可以降低某产业的成本、提供先进技术。版权贸易的竞争优势在很大程度上依赖于出版产业的相关产业与支撑产业的支持。支撑产业主要指作者队伍、造纸业、出版印刷设备供应商等后向产业。其中，作者队伍尤为重要。作者质量越高、人数越多、结构越多元化，作品越具竞争力。相关产业指与出版有关的运输服务业、图书馆业、批发零售等产业，这些产业通过产业链间接作用于出版业及版权贸易的竞争力。

要发展版权贸易的相关产业和支撑产业，具体以版权代理为例。从降低交易成本的角度考虑，发挥专业人才优势，开展版权代理是提高我国版权贸易竞争力的重要手段。2002 年底，我国经国家版权局批准成立的图书版权代理机构有 23 家，不仅相对于全国 560 多家出版社、200 多家电子音像出版社、8000 多家杂志社、2000 多家报社、数百家网站和其他版权相关产业而言，数量上微不足道，而且这 23 家机构多为国有企（事）业单位，经营机制不灵活，不少未真正规模化运作，难以满足版权贸易代理的需求，使版权贸易产业链在这里形成瓶颈。

因此，通过推进改革，施行利好政策等发展版权相关产业和支撑产业也可提高我国版权贸易及产业的竞争力。

（4）企业的结构、战略和竞争。根据国家竞争优势理论，这一因素是指一国对于公司成立、组成、管理的规定以及国内特定行业竞争的状况。

从这一角度考察，我国对版权贸易的母体出版业实行的仍是严格的进入审批制，造成了出版行业的行政垄断。它使出版企业依靠行政垄断就能够获得高额垄断利润，缺乏竞争、创新的压力。难以想象在一个竞争不足的产业内能够生产出有国际竞争力的产品。在企业组织结构方面，为适应国内外竞争的需要，近年来我国也成立了不少出版产业集团，但其中有些不是版权企业基于竞争的需要自发成立的，而是通过行政拉动组成的，不少集团不仅“集而不团”，甚至产生了内耗现象，对竞争力的提高反而起了负面作用。

在这方面，我国应该采取有力措施，促使企业优化其结构、战略，促进行业内的良性竞争。具体就出版物而言，在坚持正确的舆论导向的同时，适当放宽版权产业领域的进入许可、提高该产业的竞争性对资源的优化配置是不可或缺的。但鉴于我国国情，实行西方式的自由竞争显然不现实。我国可以借鉴西方的成功经验，一方面对准入制定一个较高的门槛，减少鱼龙混杂的现象，另一方面对准入企业实行严格的追惩制度，增强版权生产企业的自律性。在国内外版权贸易市场开放度不断提高的背景下，我国对图书的进出口权特别是出口权应逐渐放宽，版权代理机构的垄断也应逐渐被打破。对目前的代理机构可规定一个业绩标准，如果达不到标准，予以惩戒。从权利与义务平衡的角度来看，版权代理机构有一定的垄断权，就应承担相应的义务。对版权生产企业集团的组建应逐渐打破条块分割，允许按照市场竞争的需要，实行跨地区、跨行业的并购重组，建立真正具有国际竞争力的微观主体。

（5）机遇和政府因素

根据国家竞争优势理论，机遇因素，例如，大的革新可以令一个行业的结构重组，可以为一个国家的公司提供取代另一国家公司的机会。对于政府因素，政府对于政策的选择可以降低或提升一国产业或贸易的国家竞争力。例如，政府施行的规定可以改变一国的需求条件，反垄断法令的实施会影响一国某行业竞争的密集度，而且政府对于教育的投资会改变一国的要素禀赋。

在机遇与政府作用方面，我国加入世界贸易组织逐渐对外国开放出版分销市场，作为对等优惠，我国出版物也能够更方便地进入国外市场，这应是发展我国版权贸易的重要机遇。但我国政府对出版企业、版权代理及图书进出口权严格的审批制影响着我国版权贸易及产业对机遇的把握。在市场上凭借特权能够获得资源的企业是没有参与竞争的积极性的。

鉴于这种情况，我国可以利用政策法规改变我国在竞争中的不利地位，同时，可以利用政府的政策导向促使上述四种因素发生变化从而推动版权贸易竞争力的加强。

扩 展 学 习

问题与思考

1. 结合知识产权贸易的概念，分析知识产权贸易有何作用。

2. 知识产权为什么需要保护，我国知识产权应该借鉴美国等西方国家知识产权产业发展哪些方面的经验?

3. 结合版权贸易的定义，谈谈版权贸易的特点。

4. 结合中美版权贸易的现状，谈谈我国版权贸易目前存在的问题，应该如何加快版权贸易的健康发展?

案例研究

《阿凡达》的原动力来自版权制度①

飞升的《阿凡达》的背后，是美国《版权法》、《伯尔尼公约》、《TRIPS 协议》的制度支撑。该片在北美创下 5.9 亿美元票房收入，打破《泰坦尼克号》6 亿元纪录指日可待。

詹姆斯·卡梅隆，一向以不惜血本打造惊世骇俗大片而闻名国际影坛的著名导演，斥资 4 亿多美元拍摄 3D 科幻大片——《阿凡达》。上映以来，在包括中国在内的世界广大电影市场激起了强烈反响，舆论惊呼该片“开启了好莱坞电影的新时代”。美国电影产业之所以能取得今天这样的重要地位，除了自身通过不断的艺术探索以发展壮大之外，知识产权的立法和保护则起着至关重要的作用。

1. 好莱坞不是政府抓大的，而是法律保护大的

自 1907 年导演弗兰西斯·伯格斯在人烟稀少的加州小镇洛杉矶拍摄《基督山伯爵》以来，经过 100 多年的发展，洛杉矶已经成为美国电影行业的大本营，成为美国电影神话的发祥地。在好莱坞的发展历程中，美国联邦、加州乃至洛杉

① http：//finance. qq. com/a/20100202/002029. htm.

矶市或县的政府均出台了相关政策，予以大力扶持。不过，与一些国家通过成立相关机构来统筹电影事业发展不同，美国并没有设立一个统抓全国文化或电影事业的、类似于中国文化部这样的行政管理机构，并且始终没有出台一套官方文化产业政策，而主要从法制的角度保护电影产业发展。

美国是世界上第一个开展文化立法的国家。在电影业方面，就是实施版权保护战略，制定版权保护法，并予以严格落实，保护电影产业的健康和可持续发展。美国政府从立法的角度保护文化产业的版权主要出现在 20 世纪 70 年代以后。这一时期，好莱坞把电影的生产制作活动转移到海外，既降低了生产成本，又规避了贸易壁垒，大大提高了美国电影的影响力和竞争力。

许多国家为了限制美国的文化影响，保持本国文化的独立性，如法国和德国等国家，对进口的美国影片数量进行严格限制。但也引发了一个负面效应：由于观众通过正常渠道无法满足要求，影片盗版应运而生，这一现象在许多国家都有出现，使好莱坞蒙受巨额损失。在此情况下，美国开始积极加入以《伯尔尼公约》为代表的国际版权保护体系，不断推动国际版权保护合作，为美国版权产品和版权产业在海外提供了更好的保护。美国还积极推动建立与国际贸易相关的新型国际版权保护体制，通过关贸总协定乌拉圭回合谈判的机会，最终形成《TRIPS 协议》，在提高国际知识产权保护水平的同时，也建立了行之有效的法律实施机制和争端解决机制。与此同时，美国为了维护其经济利益和促进版权产业发展以及全球竞争力的提升，开始全面实施版权战略，加强版权保护。为此，美国政府先后通过了《版权法》、《半导体芯片保护法》、《跨世纪数字版权法》、《电子盗版禁止法》、《伪造访问设备和计算机欺骗滥用法》等一系列版权保护法规，形成了全球保护范围最广、相关规定最为详尽的法律体系。

2. 保护知识产权，就是保护电影创作的动力

近年来，美国不断完善版权保护制度，推出了包括数据库保护在内的众多立法议案。与此同时，美国还不断修订版权法，1976 年修订时把 1909 年制定的 28 年的有效期延长到 75 年或者作者去世后 50 年。1998 年，这一期限进一步延长到 95 年/120 年或者作者去世后 70 年。这使得编剧和相关创作人员无须担心自己的作品会被人剽窃，从而彻底消除了后顾之忧，创作激情不断迸发，深受国内外观众欢迎的优秀作品不断涌现。与此同时，联邦政府还成立了隶属于国会图书馆的版权办公室，负责版权的登记、申请、审核等工作，并为国会等行政部门提供版权咨询。美国贸易代表署（负责知识产权方面的国际贸易谈判）、商务部国际贸易局和科技局、版权税审查庭和海关（主要负责知识产品的进出口审核）等相关行政部门也积极履行版权保护职能。为满足版权发展的需要，美国政府还成立了一些政府机构直属的工作小组。

为了适应当前互联网和数字化技术突飞猛进的时代特点，美国积极实施数字化版权保护战略。美国1998年10月通过了《跨世纪数字版权法》，该法针对数字技术和网络环境的特点，对美国《版权法》做了重要的补充和修订。

思考题：

1. 为什么说《阿凡达》成功的原动力来自美国的版权制度？

2. 结合案例，分析知识产权国际保护的重要性，中国企业应如何应对来自外国对侵害我国知识产权的挑战？

进一步提升知识产权保护的法治化水平①

“加大知识产权侵权行为惩治力度。推动知识产权保护法治化，发挥司法保护的主导作用，完善行政执法和司法保护两条途径优势互补、有机衔接的知识产权保护模式。”前不久出台的《国务院关于新形势下加快知识产权强国建设的若干意见》（以下简称《意见》）对知识产权保护做出了全面部署，受到社会各界广泛关注。“《意见》提出的关于知识产权保护的具体措施较为完善，对于我国进一步优化创新创业环境、加快知识产权强国建设具有重要的意义。”对此，中南大学知识产权研究院执行院长何炼红如是表示。

近年来，我国知识产权保护力度不断加大，形成了行政保护与司法保护两条途径“优势互补、有机衔接”的保护模式。据统计，“十二五”时期，全国知识产权系统共查处专利侵权假冒案件8.7万件，是“十一五”时期的近十倍；全国29个省（区、市）开通了“12330”知识产权维权援助与举报投诉服务热线，8个产业集聚区设立了知识产权快速维权中心，为创新主体开创了多种低成本、高效率保护知识产权合法权益的渠道。截至目前，专利法修订草案已由国务院法制办向社会公开征求意见，27个省（区、市）和18个较大的市出台了地方专利法规，从立法层面进一步完善知识产权保护。2012年，中国首次开展知识产权保护社会满意度调查，得分63.69；2013年满意度提高了1.27分，得分64.96；2014年满意度提高了4.47分，得分69.43。全社会对知识产权保护的满意度连年提升。

在何炼红看来，我国在知识产权保护工作上成绩斐然，但仍存在亟须解决的

① http://www.iprchn.com/Index_NewsContent.aspx?newsId=92695.

问题，需要进一步优化行政执法和司法保护两条途径的互补与衔接，提升知识产权保护法治化水平。“应当整合行政和司法资源形成知识产权保护合力。具体而言，可以通过对知识产权纠纷行政调解协议进行司法确认，赋予其生效判决的效力。如此不仅可以给予行政调解实质意义上的支持，也可以使法院在行使监督和制约职能的同时，扩大其司法保护的影响，实现行政执法和司法保护的‘优势互补’”，何炼红说。

何炼红还指出，要使两条途径有机衔接，应协调好行政机关和司法机构在处理同一知识产权侵权纠纷时的关系，避免对同一纠纷重复处理或者矛盾处理。同时，应统一知识产权行政机关和司法机关的执法标准，统一行政机关与法院对证据的收集程序、认定标准和证明力的认定要求，实现民事证据、行政证据与刑事证据之间的有机衔接。

《意见》提出，加大知识产权犯罪打击力度。依法严厉打击侵犯知识产权的犯罪行为，重点打击链条式、产业化知识产权犯罪网络。进一步加强知识产权行政执法与刑事司法衔接，加大涉嫌犯罪案件移交工作力度。对此，何炼红认为，应当从立法层面对行政执法和刑事司法的衔接加以完善，并规范刑事处罚标准。

“近年来，随着互联网技术和新商业模式的迅猛发展，对于打击知识产权犯罪提出了新的挑战，尤其是针对链条式、产业化知识产权犯罪，犯罪手段和行为更加隐蔽，涉及面更广，后果更严重，调查取证的难度也更大。打击知识产权犯罪需要加大刑事制裁的力度。应当规范刑事处罚标准，适当降低知识产权刑事门槛，根据经济社会发展的实际需要设立新的犯罪情形及罪名。”何炼红表示，“我国目前需要从法律层面对知识产权刑事案件做出明确规定。确定案件移送过程中的证据、移送时间、相关的手续和材料等，才能确保涉嫌犯罪的案件及时移送司法机关，做到执法必严、有罪必究”。

何炼红认为，保护知识产权不仅要打击知识产权侵权和犯罪，还要加强知识产权宣传教育，提高社会公众的知识产权维权意识，提升知识产权风险预警防范能力，营造尊重知识产权的文化氛围，才能减少知识产权犯罪行为、降低知识产权犯罪的危害后果。《意见》中提出，建立健全知识产权保护预警防范机制。构建公平竞争、公平监管的创新创业和营商环境。“市场经济是信用经济，良好的社会信用是现代市场经济得以良性运行的基石。假货产生的根源是信息不对称和信用制度的不健全，若要从根本上杜绝制假售假现象，建立事前的预防和约束体系——即知识产权信用体系刻不容缓。”《深入实施国家知识产权战略行动计划（2014～2020年）》中明确提出，要探索建立与知识产权保护有关的信用标准，将恶意侵权行为纳入社会信用评价体系，向征信机构公开相关信息，提高知识产权保护社会信用水平。《意见》再次强调，将故意侵犯知识产权行为情况纳入企业和个人信用记录，体现了我国对知识产权保护的重视，以及对建立健全知识产权保护预警防范机制的迫切要求。何炼红希望，在《意见》的指导下，我国能尽快建立守信激励失信惩戒机制，将故意侵犯知识产权的行为与企业和个人的信誉、奖励、融资、评审等其他制度挂钩，形成黑名单，建立退出机制，从而提高侵权代价，降低维权成本，"让守信者一路畅通，让失信者寸步难行，构建公平竞争、公平监管的创新创业和营商环境"。

思考题：

1. 实现知识产权法治化与发展文化创意产业之间的关系是什么？
2. 结合我国知识产权发展现状及问题，分析我国应如何加强知识产权保护？

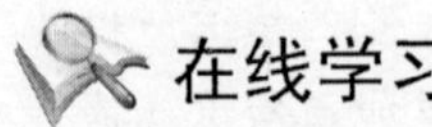

在线学习

进入国家版权局网站（http：//www. ncac. gov. cn/）、世界贸易组织（https：//www. wto. org）和联合国贸易与发展会议（UNCTAD，http：//unctadstat. unctad. org）网站，了解更多有关知识产权产业及贸易的相关报告与数据。

参考文献

［1］谢杜萍，潘瑾．中国设计产业的问题及对策研究［J］．企业导报，2011（16）：97－98.

［2］马明．中国对外演艺业发展的问题与探索［J］．同济大学学报，2014（10）：58－66.

［3］陈思．中国演艺产业发展现状及提升策略研究［J］．山东社会科学，2012（8）：107－109.

［4］尹鸿，彭侃，尹一伊．世界电影产业发展趋势研究报告［J］．现代传播（中国传媒大学学报），2014（8）：1－8.

［5］高超．中国广告产业的“走出去”之路［J］．中华文化论坛，2014（4）．

［6］熊澄宇，刘晓燕．国际数字动漫产业现状、趋势及对我国的启示［J］．东岳论丛，2014（1）．

［7］于军．美日韩三国文化产品出口的比较分析及对我国的启示［J］．发展研究，2012（10）：67－70.

［8］苏峰．中国对外动漫产品贸易年度发展研究［J］．湖南社会科学，2014（3）：236－241.

［9］张笑，魏婷．中国动漫产业国际竞争力分析［J］．国际经贸探索，2009（3）．

［10］薛梅．奏议当前我国动画业面临的竞争新态势［J］．上海大学学报，2005（3）．

［11］蔡八弟．动漫产业的土洋博弈［J］．中华商标，2006（6）：31－33.

［12］梁维科．试论美国游戏产业发展对我国的启示［J］．黑河学刊，2011（9）：7－9.

［13］柴冬冬．游戏产业：我国对外文化贸易的生力军［J］．中华文化论坛，2014（4）．

［14］山世英．中国知识产权贸易竞争力的国际比较［J］．改革与战略，2015（1）：77－79.

［15］谢晋洋．关于版权贸易方面的一些基础知识［J］．出版视野，2005（6）.

［16］张小薇，李岱松．对中国工业设计产业发展模式的思考［J］．科技智囊，2010（7）：34－41.

［17］白远，池娟．文化创意产业发展比较研究——理论与产品的国际贸易［M］．北京：中国金融出版社，2009：127－140.

［18］白远，王冠群，中国文化创意产业发展——总论与行业分析［M］．北京：首都经济贸易大学出版社，2011.

［19］蔡嘉清．文化产业营销［M］．北京：清华大学出版社，2013：96－99.

［20］金冠军，郑涵，吴信训．文化创意产业引论［M］．北京：中国书籍出版社，2011（3）：22－23

［21］凌继尧．艺术设计十五讲［M］．北京：北京大学出版社，2006：190.

［22］祁述裕．中国文化产业发展前沿："十二五"展望［M］．北京：社会科学文献出版社，2011：157－159.

［23］石杰，司志浩．文化创意产业概论［M］．北京：海洋出版社，2008.

［24］屠曙光．设计概论——现代艺术设计的观察与剖析［M］．南京：南京师范大学，2009：133－141.

［25］魏鹏举．文化创意产业导论［M］．北京：中国人民大学出版社，2010.

［26］叶朗．中国文化产业年度发展报告：2015［M］．北京：北京大学出版社，2015：154－160.

［27］李思屈，李涛．文化产业概论［M］．杭州：浙江大学出版社，2010：142.

［28］陈少峰，张立波．中国文化企业报告2012［M］．北京：华文出版社，2012：43.

［29］约翰·霍金斯．创意生态［M］．林海译．北京：北京联合出版公司，2011：43.

［30］理查德·鲍曼．作为表演的口头艺术［M］．杨利慧，安德明译．桂林：广西师范大学出版，2008：3－28，65.

［31］迈克尔·波特．国家竞争优势［M］．北京：华夏出版社，2002：2.

［32］张大为．我国设计产业发展模式研究［D］．东华大学博士学位论文，2011.

［33］任重远．上海市创意设计产业园区的升级研究［D］．上海市社会科学院博士学位论文，2014.

［34］张建达．意大利文化创意产业的现状与发展［N］．中国文化报．2012－02－01.

［35］张京成．中国创意产业发展报告：2011［M］．北京：中国经济出版社，2011：418－429.

［36］张晓明，王家新，章建刚．中国文化产业发展报告(2012～2013)［M］．北京：社会科学文献出版社，2013：98.

［37］中欧商学院．中国时尚产业蓝皮书（2014～2015）［M］．北京：经济管理出版社，2015.

［38］卢斌，郑玉明，牛兴侦．2014 年度中国动漫产业发展报告［M］．北京：社会科学文献出版社，2014.

［39］中华人民共和国商务部．中国服务贸易发展报告 2013［M］．北京：中国商务出版社，2007.

［40］日本动画协会．中国动漫产业报告书[EB/OL]．http：//www. aja. gr. jp.

［41］John Maynerd Keynes. The Economics Consequence［M］．北京：清华大学出版社，1995：30－40.

［42］艺恩咨询．2014～2015 年中国电影产业研究报告［EB/OL］．http：//www. entgroup. cn/report/f/0518133. shtml.

［43］Stephen E. Siwek. IIPA2011 版权产业年度报告，IIPA2003～2007 版权产业年度报告［EB/OL］．美国国家统计局，http：//www. census. gov. http：//www. docin. com/p－305706711. html.

［44］中华人民共和国商务部．中国服务贸易发展报告 2013［M］．北京：中国商务出版社，2007.

［45］韩国文化体育观光部，张守荣．美国动漫的特点及运作模式［J］．新闻爱好者，2011（12），http：//media. people. com. cn/GB/22114/2068 96/225646/15041642. html.

［46］韩国文化产业振兴院．2015 韩国游戏产业白皮书概述（中）［EB/OL］．http：//www. baijingapp. com/article/2297，2015－11.